Carlos gomes – um tema em questão

FUNDAÇÃO EDITORA DA UNESP

Presidente do Conselho Curador
Herman Jacobus Cornelis Voorwald

Diretor-Presidente
José Castilho Marques Neto

Editor-Executivo
Jézio Hernani Bomfim Gutierre

Conselho Editorial Acadêmico
Alberto Tsuyoshi Ikeda
Áureo Busetto
Célia Aparecida Ferreira Tolentino
Eda Maria Góes
Elisabete Maniglia
Elisabeth Criscuolo Urbinati
Ildeberto Muniz de Almeida
Maria de Lourdes Ortiz Gandini Baldan
Nilson Ghirardello
Vicente Pleitez

Editores-Assistentes
Anderson Nobara
Henrique Zanardi
Jorge Pereira Filho

LUTERO RODRIGUES

CARLOS GOMES – UM TEMA EM QUESTÃO
A ÓTICA MODERNISTA E A VISÃO DE MÁRIO DE ANDRADE

© 2011 Editora Unesp

Fundação Editora da Unesp (FEU)
Praça da Sé, 108
01001-900 – São Paulo – SP
Tel.: (0xx11) 3242-7171
Fax: (0xx11) 3242-7172
www.editoraunesp.com.br
www.livrariaunesp.com.br
feu@editora.unesp.br

CIP – BRASIL. Catalogação na fonte
Sindicato Nacional dos Editores de Livros, RJ

R611c

Rodrigues, Lutero
  Carlos Gomes – um tema em questão : a ótica modernista e a visão de Mário de Andrade / Lutero Rodrigues. – 1.ed. – São Paulo : Editora Unesp, 2011.
  344p.
  ISBN 978-85-393-0183-6
  1. Gomes, Carlos, 1836-1896 – Crítica e interpretação. 2. Andrade, Mario de, 1893-1945. 3. Música – Brasil – Séc. XX – História e crítica. 4. Modernismo (Arte). I. Título.

11-6898.
CDD: 780.981
CDU: 78(81)

Editora afiliada:

Asociación de Editoriales Universitarias
de América Latina y el Caribe

Associação Brasileira de
Editoras Universitárias

À memória de meus pais, Antonio e Maria José, com muita saudade.

À memória de meu grande amigo, Pe. José Penalva, que me abriu os olhos para ver Carlos Gomes.

AGRADECIMENTOS

Agradeço à profa. dra. Flávia Camargo Toni, pela orientação e incentivo, que me deram motivação para alcançar meu objetivo; à Cristina, minha esposa, e aos meus filhos Pamina e Lucas, pela compreensão e ajuda durante todo o período em que me dediquei a este trabalho; e a todos que muito me auxiliaram, com informações, ideias e materiais: Régis Duprat, Vicente Sales, Mercedes Reis Pequeno, Flávio Silva, Maria Francisca Junqueira, Elizete Higino, Flora Pacheco, Ronaldo Bologna, André Cardoso, Manoel Aranha Corrêa do Lago, Guido Levi, Paulo Ramos Machado e Sérgio Casoy.

Meus sinceros agradecimentos também à Biblioteca do Instituto de Estudos Brasileiro da Universidade de São Paulo (IEB-USP), à Divisão de Música e Arquivo Sonoro da Biblioteca Nacional (BN), ao Centro de Ciências, Letras e Artes (CCLA) de Campinas e ao Real Gabinete Português de Leitura

Sumário

Introdução   1

1 Carlos Gomes antes da Semana de Arte Moderna:
   sua bibliografia e imagem   11
2 Carlos Gomes: um tema em questão   129
3 Carlos Gomes e o modernismo: o legado cultural   243

Conclusão   297
Referências   307
Anexo I – Relação das publicações relacionadas a Carlos Gomes,
   até 1922, citadas nas obras bibliográficas de referência   319
Anexo II – Curemos Peri   322

Introdução

A primeira parte deste livro, "Carlos Gomes antes da Semana de Arte Moderna: sua bibliografia e imagem", concentra-se na tentativa de realizar a revisão bibliográfica, mais ampla possível, das publicações relacionadas ao compositor Antônio Carlos Gomes existentes até 1922. Essa primeira limitação temporal justifica-se porque a parte seguinte terá como ponto de partida as controvérsias que envolveram o compositor, sobretudo no período em torno da Semana de Arte Moderna e dos primeiros anos do movimento modernista.

Pretende-se que a revisão bibliográfica possa contribuir para avaliar o conhecimento que se tinha de Carlos Gomes, à época da Semana, assim como a natureza e as principais características desse conhecimento. Almeja-se ainda vislumbrar as projeções que sua imagem simbólica continuava a exercer sobre o pensamento daquele novo momento histórico.

Entre os modernistas que estarão no centro das polêmicas, o foco será Mário de Andrade, pois era o único músico entre eles, e este livro se ocupará também, em momento posterior, da relação do escritor com Carlos Gomes e sua obra. Por essa razão, todo o processo da revisão bibliográfica será acompanhado por constante tentativa de identificar possíveis contatos do escritor com as obras compreendidas na revisão.

A bibliografia de Carlos Gomes não é das mais escassas, entre os grandes artistas do Brasil. A figura miraculosa desse campineiro que, pela primeira vez em arte, fez a Europa curvar-se ante o Brasil, aguçou muitas vezes nossa extrema ilusão patriótica. Não apenas estudos longos já se têm escrito sobre a vida dele, e sempre o nome de Carlos Gomes aparece nas revistas, como até livros buscam nos dar o sentido do autor do *Escravo*.[1]

Embora o universo da pesquisa não inclua as inumeráveis matérias sobre Carlos Gomes que frequentaram os jornais de todo o país, elas não serão ignoradas. Considerável amostragem dessas matérias encontra-se reproduzida em muitas das publicações que serão objeto deste estudo.

O passo inicial foi levantar a bibliografia existente sobre o compositor, tomando-se como referência duas das mais importantes obras bibliográficas brasileiras, específicas da área musical. A primeira delas, a *Bibliografia musical brasileira* (1952),[2] de Luiz Heitor Correia de Azevedo, obra pioneira do gênero que procura abranger toda a nossa produção relacionada à música, espinha dorsal da pesquisa na área, até os dias de hoje. Seu autor foi o mais renomado musicólogo brasileiro do século XX, tendo sido também crítico musical, bibliotecário do Instituto Nacional de Música e folclorista.

A segunda obra, que se restringe ao assunto pesquisado, é da autoria do historiador e musicólogo Vicente Salles, um dos mais conceituados estudiosos brasileiros que se ocupam do compositor: *Bibliografia brasileira de Antônio Carlos Gomes* (1996).[3] Sem exercer a mesma função que as duas obras mencionadas, contou-se também com o trabalho de Roberto Seidl, Carlos Gomes: ensaio de bibliographia (1936),[4] o qual foi utilizado como texto de apoio, fornecendo informações complementares.

Na obra de Azevedo, em sua seção E, "Os Músicos (A Personalidade e a Obra)", em que há toda a bibliografia específica sobre cada um dos principais personagens de nossa história da música, sob o nome de Carlos Gomes encontra-se uma das mais numerosas bibliografias (p.135-50). Vinte e oito publicações ali relacionadas enquadram-se nas especificidades e nos limites propostos; somam-se a elas mais quatro publicações, distribuídas entre diferentes seções do livro,[5] perfazendo um total de trinta e duas publicações.

---

1 Andrade, M. de, *Música e jornalismo: Diário de S. Paulo*, p.246.
2 Azevedo, L. H. C. de *Bibliografia musical brasileira (1820-1950)*.
3 Salles, V. *Bibliografia brasileira de Antônio Carlos Gomes*.
4 Seidl, Carlos Gomes: ensaio de bibliographia. *Revista Brasileira de Música*. v.3, n.2, p.445-57, jul. 1936.
5 Quatro títulos da seção E não foram computados porque integram uma única publicação que se encontra somente na obra de Vicente Salles e será estudada individualmente: a *Revista*

A obra de Salles complementa a bibliografia de Azevedo, porém possui organização interna diferente, subdividida somente em duas seções: as publicações convencionais e as polianteias.[6] Na primeira seção, há oito publicações e, na seção das polianteias, mais dez, perfazendo dezoito publicações adicionais, sempre considerando os mesmos critérios de escolha já adotados. Somando-se os números de Azevedo e Salles, chega-se ao total de cinquenta publicações que constituem o universo compreendido na revisão bibliográfica que será empreendida.[7]

A procedência das publicações é variada: a maioria origina-se do Rio de Janeiro e de São Paulo, mas também do Pará, estado que acolheu Carlos Gomes ao final de sua vida; em menor número, procedem de alguns estados do Nordeste (Bahia, Pernambuco, Rio Grande do Norte, Ceará) e até de Portugal e do Uruguai.

Além dos convencionais dados bibliográficos, Azevedo e Salles acrescentam ainda breve comentário sobre a natureza do conteúdo de cada publicação mencionada; essa informação, associada ao estudo dos próprios textos, faculta-nos empreender uma tentativa de classificação das publicações, estabelecendo categorias que possam englobá-las, de acordo com suas próprias características.

Assim procedendo, doze publicações estariam compreendidas na categoria das "biográficas", pois são destinadas a algum tipo de estudo biográfico de Carlos Gomes. Entende-se por estudo biográfico todo o texto que se ocupa, sobretudo, da narração cronológica da vida do compositor, incluindo os escorços biográficos, como também a narração factual de episódios específicos de sua vida.

---

do Gremio Literario da Bahia. Na seção B, "Etnografia e folclore", encontra-se: *A musica no Brasil*, de Guilherme Pereira de Mello (p.41); na seção C, "História": *Artistas do meu tempo*, de Alexandre J. Mello Moraes Filho (p.69); na seção L, "Dicionários e enciclopédias": *Diccionario bibliographico brazileiro*, de Sacramento Blake (p.226); é ainda computado o *Correio Musical Brasileiro* (p.142) porque reproduz a primeira biografia do compositor, de autoria de Luiz Guimarães Junior, que será estudada neste trabalho, em sua publicação original.

6 O *Novo dicionário da língua portuguesa*, de Aurélio Buarque de Holanda, remete a um sinônimo, "miscelânea", para definir "polianteia", que seria uma "mistura de variadas compilações literárias". Nesse gênero de publicação, muito popular no período estudado, coexistem textos em prosa e poesias, destinados a homenagear, geralmente, um único personagem.

7 A relação de todas as publicações compreendidas na pesquisa encontra-se no "Anexo I", no fim do livro.

A categoria mais numerosa é a das "polianteias", às quais se acrescenta o *Correio Musical Brasileiro*, já mencionado, perfazendo dezoito publicações. De natureza similar, a categoria dos "discursos e palestras" compreende seis unidades. Deve ainda ser observado que, entre as publicações referidas, há algumas classificadas como "polianteias" que incluem resumos biográficos, e aquelas consideradas "biográficas", que trazem também poesias e discursos.

Entre as publicações restantes, cinco são aquelas consideradas pertencentes à categoria denominada "fonte primária na construção das biografias", porque são trabalhos que se ocupam, sobretudo, da transcrição de documentos variados, como cartas do compositor ou de pessoas a ele ligadas, matérias de jornais e periódicos, ou mesmo relatórios, descrição de acervos e até o regulamento de instituições.

Cinco também são os textos classificados na categoria de "críticas e apreciação de obras", nos quais podem ser encontrados alguns exemplos pioneiros de análise musical, raros na bibliografia brasileira da época. Classificaram-se as quatro restantes na categoria de "outras", por julgá-las não pertencentes a nenhum dos grupos anteriores.[8]

Pode-se tentar ainda mais um exercício analítico e distribuir as publicações segundo sua natureza física, baseando-se no que se possa inferir das informações bibliográficas e no contato com as próprias publicações. De um universo de cinquenta unidades, apenas três delas são livros inteiramente dedicados ao estudo do compositor ou de sua obra, um dos quais não é senão um opúsculo de cerca de setenta páginas. Nove são capítulos ou partes de livros; também nove são os artigos de revistas.[9] Todas as demais, inclusive as polianteias, não passam de pequenas publicações, geralmente brochuras, das quais a maioria tem menos de trinta páginas.

Após o estudo individualizado de cada publicação, o próximo passo foi confirmar possíveis contatos de Mário de Andrade com elas. Esses contatos têm especial interesse porque o escritor será personagem de grande im-

---

8 As publicações dessa categoria não foram encontradas; segundo as informações disponíveis, uma é de Lisboa, trazendo notas sobre o pintor Pedro Américo e Carlos Gomes; outra é do Pará, tendo por título *Carlos Gomes e a arte cristã*; as duas restantes tratam somente dos textos das óperas: a tradução integral do libreto de *Salvador Rosa* e a descrição do enredo d'*O Guarany*.

9 A biografia de Carlos Gomes, de André Rebouças, foi publicada de forma seriada (Notas biographicas: Carlos Gomes) na *Revista Musical e de Bellas Artes* (n.1-27, jan.-jul. 1879), em vinte e sete pequenos capítulos. Naturalmente, é considerada somente como uma unidade.

portância, tanto no estudo dos acontecimentos próximos à Semana de Arte Moderna como no estudo de sua relação com a obra e imagem de Carlos Gomes, durante os anos seguintes.

A busca dos supostos contatos de Mário de Andrade com as obras estudadas recorre, pelo menos, a três fontes de informações. A primeira, o acervo que pertenceu à biblioteca do próprio escritor, que se encontra, em sua quase totalidade, incorporado à Biblioteca do Instituto de Estudos Brasileiros da Universidade de São Paulo (IEB-USP); a segunda, o denominado *Fichário Analítico* de Mário de Andrade, que se encontra também no IEB-USP; a última e menos evidente, as eventuais referências a tais publicações que porventura possam ser encontradas, na imensa produção literária do escritor.[10]

O *Fichário Analítico* é formado por fichas manuscritas, com apontamentos de Mário de Andrade, sobre obras e objetos relacionados a um determinado personagem ou assunto de seu interesse, que se encontram organizadas e classificadas. É documentação que permite conhecer a privacidade do escritor, revelando suas leituras, e que ele mesmo assim o definiu:

> Como desde muito cedo tive memória pouca mas estimo ter resposta pronta às minhas perguntinhas, tomei o hábito virtuoso de fichar. Os anos, não eu, reuniram assim um regular deserto de fichas. Apelidei "deserto" aos meus fichários, não vaidoso do número das minhas fichas, incomparavelmente menos numerosas que os grãos de areia de qualquer prainha, quanto mais deserto. Disse "deserto" mas foi por causa das miragens. Há os que me chamam de culto apenas porque tenho alguma paciente leitura. Há momentos em que me acredito seguro de um assunto, apenas porque sobre ele tenho cento e vinte fichas. Perigosas miragens...[11]

No texto introdutório do Índice Geral do *Fichário Analítico*, encontra-se um comentário, da pesquisadora que o organizou,[12] situando o momento em que Mário de Andrade teria começado a elaborar seu *Fichário*, prova-

---

10 No acervo da biblioteca do IEB-USP, todas as obras que pertenceram à biblioteca de Mário de Andrade estão identificadas com códigos especiais, podendo ser consultadas.
11 Andrade, M. de, *Namoros com a medicina*, p.6.
12 Este trabalho foi realizado pela pesquisadora Vera Lúcia Natale, sob a coordenação das professoras Telê Ancona Lopez e Flávia Camargo Toni, entre 1991 e 1992.

velmente em 1921, data mais recuada dos recortes encontrados. Essa informação leva-nos a supor que, se a inclusão no *Fichário Analítico* era ato contíguo à leitura do texto, sua contribuição para desvendar o que Mário de Andrade teria lido, até 1922, seria mínima, considerando o curto espaço de tempo entre as duas datas, mas poderia ser muito útil para revelar suas leituras posteriores.

Há várias fichas sob o nome de Carlos Gomes, mas poucas são aquelas que se referem às obras publicadas no período estudado. Entre estas, há um caso curioso que não pertence a nenhuma das publicações relacionadas pelos dois autores referenciais, possivelmente porque não provém da bibliografia musical, mas da literária. Trata-se de um poema de Castro Alves, "A minha irmã Adelaide", que faz alusão indireta ao compositor.[13]

Além da bibliografia que porventura possa ter conhecido, há outro indício inequívoco do interesse de Mário de Andrade por Carlos Gomes: a existência, em sua biblioteca, de todas as óperas do compositor, com exceção de *Condor*, em edições reduzidas para canto e piano, partituras que trazem significativo número de notas marginais e outras indicações realizadas por Mário de Andrade.

Ao se iniciar o estudo individualizado das publicações, é necessário esclarecer alguns procedimentos adotados. Os textos foram estudados em grupos, conforme a classificação adotada anteriormente, em categorias diferenciadas por seu conteúdo. Tratando-se de textos antigos, adotou-se a atualização da grafia, com exceção dos nomes das obras, dos autores, e demais dados bibliográficos que foram mantidos na forma em que se encontram, nas páginas de rosto das publicações.

Deve ser lembrado que Azevedo, em sua *Bibliografia musical brasileira*, observou parcialmente as regras do Acordo Ortográfico de 1943, mesmo procedimento depois adotado por Salles, o que acarretará algumas flutuações entre este texto e as duas obras bibliográficas que lhe servem de referência.

Títulos de óperas e de trechos de óperas foram mantidos nos formatos empregados pelos autores, em seus textos respectivos, ora em italiano, ora

---

13 Série manuscritos Mário de Andrade – *Fichário Analítico*, n.2747, Fundo Mário de Andrade, IEB-USP. Uma reprodução fotográfica do poema, com as anotações de Mário de Andrade, encontra-se nas páginas 170-2 deste livro. Quando forem estudadas as polianteias, retornar-se-á a esse poema.

em português. Optando por iniciar com a categoria dos "textos biográficos", decidiu-se abordá-los em ordem cronológica, o que se mostrou mais lógico, pois várias publicações reproduzem informações de textos que as precederam. A mesma disposição cronológica será mantida em todas as categorias de textos que serão estudados, à medida do possível.

O assunto central de "Carlos Gomes, um tema em questão" nasceu da prospecção por referências a Carlos Gomes, nos textos dos autores modernistas mais atuantes, em torno da Semana de Arte Moderna. Partiu-se de algumas manifestações mais conhecidas – como o célebre artigo de Oswald de Andrade que será estudado posteriormente, publicado às vésperas da notória Semana de 22, atingindo tão duramente o compositor – e buscou-se o maior número possível de textos coevos que permitissem o estudo do que dele pensavam os modernistas, naquele momento histórico.

Por causa do número desigual de ocorrências encontradas por autor, a pesquisa foi centralizada, naturalmente, em torno daqueles mais frequentes, porém o trabalho não excluirá contribuições de menor expressão numérica. Mário de Andrade, Oswald de Andrade e Menotti Del Picchia serão os nomes mais citados, além de Renato Almeida, que, embora tenha sido personagem de pouca expressão nos eventos da Semana, assumirá papel de relevo na historiografia musical brasileira subsequente.

Esta parte do livro abrangerá toda a década de 1920, com maior ênfase em seus primeiros anos. A participação dos diversos autores obedecerá a um critério, previamente escolhido, que tentará estabelecer paralelo com a evolução do próprio movimento modernista. Sendo assim, em um primeiro momento em que o grupo apresenta-se relativamente unido, todos participarão. Por volta de 1924, quando começarem a ser delineadas tendências divergentes e alguns autores assumirem posições cada vez mais próprias, a estratégia será diferente e mais individualizada.

A maioria dos autores deixará, pouco a pouco, de referir-se a Carlos Gomes, assunto que quase não lhes dizia respeito, porém o mesmo não sucederá com Mário de Andrade, o músico entre os modernistas. O compositor será, para ele, um personagem recorrente. Tal é a importância de Mário de Andrade que, a partir de certo ponto, somente suas contribuições continuarão sendo estudadas.

O limite superior, estabelecido para o período a ser pesquisado, é sugerido pelo próprio historiador do movimento modernista, Mário da Silva

Brito: "Pelas alturas de 1930, tinha o modernismo cumprido o seu ciclo histórico e posto por terra os tabus que lhe motivaram a luta".[14]

Ao estabelecer contato com um número maior de textos, constatou-se que somente o estudo dos escritos que se referiam diretamente ao compositor seria insuficiente para se alcançar a meta desejada. Em muitos textos, o assunto central não era ele, mas um de seus personagens, o índio Pery; Carlos Gomes passava a ser responsabilizado por tê-lo criado. Assim, estendeu-se a pesquisa ao personagem indígena e verificou-se que seria impossível dissociá-lo do indianismo romântico. Por conseguinte, as referências a Pery, ou ao "índio de ópera", tornaram-se mais um tema de importância, e o indianismo, que não é objeto deste livro, virá à tona algumas vezes, sem qualquer pretensão de ser aprofundado.

O nacionalismo é outro agente que provocará diferentes visões do personagem Carlos Gomes. Por essa razão, no período considerado, tentou-se estabelecer o acompanhamento paralelo da evolução do pensamento nacionalista, sempre que possível, nos mesmos textos em que estiverem presentes as referências ao compositor ou seu personagem, sobretudo quando aquele pensamento for a diretriz da conduta dos autores estudados. Quando a tarefa tornar-se inviável dessa maneira, será feita por meio de textos correlatos ou da mesma publicação.

A evolução histórica do movimento modernista, imprescindível para contextualizar os autores e seus textos, será realizada como contraponto ao discurso principal. Deverá aflorar nos pontos de inflexão do mesmo movimento, em medida discreta que o propósito do trabalho possa permitir.

Um tema secundário será a ópera e seus diversos desdobramentos, entre eles a relação dos modernistas com esse gênero de espetáculo, a presença do wagnerismo, referências históricas da ópera em São Paulo e os sistemas de produção de óperas vigentes no Brasil da época. Sempre que possível, os assuntos estudados são associados a Carlos Gomes.

Trata-se de um levantamento bibliográfico por excelência; a pesquisa foi dirigida a algumas vertentes principais: a obra crítica, literária e epistolar de Mário de Andrade e, em menor escala, a obra jornalística de Oswald de Andrade e Menotti Del Picchia, enfatizando o período considerado;

---

14 Brito, M. da S., *Panorama da poesia brasileira:* o modernismo, v.6, p.XXI.

obras históricas e críticas sobre a Semana de Arte Moderna e o movimento modernista; obras de apoio sobre o contexto sociocultural estudado.

Quanto aos numerosos textos jornalísticos considerados, em razão da dificuldade de acesso, foram utilizadas na maioria das vezes fontes secundárias, mesmo sabendo que seria melhor utilizar fontes primárias. Em alguns casos, como nos textos de Menotti Del Picchia, utilizou-se fonte híbrida, ora primária, ora secundária. Em não se tratando de tese da área de literatura, as fontes importam mais por razões historiográficas. Nos textos de Mário de Andrade, a conduta às vezes flutua porque os transcritores nem sempre adotam suas idiossincrasias, as quais, sempre que possível, foram mantidas.

Em "Carlos Gomes e o modernismo: o legado cultural", percebe-se que a bibliografia sobre Carlos Gomes sofrerá notável incremento em torno de 1936, ano em que se comemorará o centenário de nascimento do compositor. A maioria dos novos livros será consequência de iniciativas individuais, de admiradores e pesquisadores, mas haverá também diversas publicações com a chancela oficial. O Governo Federal demonstrará grande interesse pelo assunto, oficializando a efeméride que virá a calhar em um momento político de exaltado nacionalismo. Será retomado o antigo discurso que dava, ao compositor, a estatura de herói nacional.

Entre os novos livros que serão publicados, vão predominar as biografias que enriquecerão o conhecimento sobre Carlos Gomes, embora mantenham praticamente as mesmas características de suas similares do século XIX, também estudadas na primeira parte. Nessas obras, não costuma haver qualquer alusão aos questionamentos modernistas, com raras exceções, pois seus autores estarão interessados, antes de tudo, em enaltecer o compositor.

As heranças modernistas manifestar-se-ão em obras de história da música, da cultura brasileira e em estudos específicos sobre a obra musical de Carlos Gomes. Alguns autores serão nomes já conhecidos, como Mário de Andrade e Renato Almeida; quase todos os demais vão basear-se nesses autores para produzir suas próprias obras.

No intuito de acompanhar a influência modernista sobre o período subsequente, sobretudo naquilo que se refere a Carlos Gomes, elegeu-se um determinado universo de obras julgadas pertinentes, adotando para tanto alguns critérios de escolha. O primeiro deles consiste em dar preferência aos autores já estudados que voltarão a produzir textos, sob nova ótica, mas também reformularão obras anteriores, como é o caso de Mário de Andrade e Renato Almeida. O trabalho se limita, assim, às obras de historiografia musical, exclusivamente, com exceção de um escorço biográfico de Carlos Gomes, de Renato Almeida, que não só exemplificará a participação da política oficial brasileira da época, como será reaproveitado em obra historiográfica posterior.

O segundo critério é temático, ou seja, foram escolhidas obras que tratam de Carlos Gomes, exclusivamente. Não serão incluídas as biografias que, como dito, pouco ou nada receberam da influência modernista. Destaca-se, então, o número especial da *Revista Brasileira de Música*, de 1936, dedicado ao centenário de nascimento de Carlos Gomes.

Serão estabelecidos novamente limites temporais, dessa vez, restringindo-se ao período entre 1930 e o fim da década de 1940, tanto por razões práticas como porque, nessa década, encerrou-se a existência de Mário de Andrade, autor referencial deste trabalho.

Entretanto, para melhor conhecer a penetração de Carlos Gomes na vida cultural da sociedade, bem como o efeito que lhe causou o pensamento modernista, será necessário transpor as fronteiras limitadas da historiografia musical, recorrendo também a algumas obras dedicadas ao estudo geral da cultura brasileira. A essas obras, naturalmente, não será possível impor o limite da década de 1940, em prol da qualidade e representatividade das mesmas, embora esse limite deva ser transgredido somente uma vez; em contrapartida, o trabalho será enriquecido com essa transgressão.

1
CARLOS GOMES ANTES DA SEMANA DE ARTE MODERNA:
SUA BIBLIOGRAFIA E IMAGEM

"A pátria de Rossini, o berço das artes, laureou o vosso nome, ilustre Maestro. Mas vós laureais a vossa pátria".

José de Alencar

Textos Biográficos

Luiz Guimarães Junior – A. Carlos Gomes: perfil biographico.

A. *Carlos Gomes*: perfil biographico é a publicação mais antiga e primeira obra do gênero, impressa em 1870, no Rio de Janeiro, com 71 páginas,[1] que contamos entre os livros mencionados na "Introdução". Luiz Caetano Pereira Guimarães (1847-1898) era carioca e estudou na Faculdade de Direito de São Paulo, em 1865, onde certamente ouviu falar de Antônio Carlos Gomes, que era ligado afetivamente àquela instituição – ali, publicou suas primeiras poesias.

Integrava a redação do *Diário do Rio de Janeiro* quando escreveu *A. Carlos Gomes: perfil biographico*. A partir de 1872, ingressou na carreira diplo-

---

[1] Guimarães Junior, A. *Carlos Gomes: perfil biographico*. O texto está entre as páginas 7 e 68. Nas páginas 69 e 70, é reproduzida a letra do "Hino acadêmico" e uma nota fala de duas outras óperas que Carlos Gomes estaria compondo: *Mosqueteiros do Rei* e *Triunfo às Avessas*. Na última página, estão os agradecimentos de costume.

mática e serviu em vários países, entre eles a Itália, sem nunca abandonar as atividades de escritor. Tornou-se mais conhecido como poeta do que diplomata: foi autor de produção literária diversificada, que inclui até peças de teatro. Faleceu em Portugal, em 1898.[2]

A publicação é uma brochura que contém, no frontispício, um belo retrato do compositor e, na página subsequente à página de rosto, a dedicatória: "À Cidade de Campinas – glorioso berço do Maestro do Guarany". Segundo Luiz Heitor Correia de Azevedo, a brochura foi distribuída no Teatro Lírico Fluminense no dia 2 de dezembro de 1870, por ocasião da estreia brasileira do *Guarany*.[3] O texto está dividido em três capítulos, não intitulados, aos quais se poderia dar nomes hipotéticos, de acordo com o conteúdo de cada um deles: "Introdução", "Biografia" e "Comentários sobre a obra", respectivamente.

De início, o autor afirma que conhecera Carlos Gomes no dia 8 de agosto de 1870, por ocasião de seu retorno triunfal ao Brasil após o sucesso da ópera *Il Guarany*, no Teatro Scala de Milão, informação que se tornará motivo de polêmica, anos depois.

Sem dissimular propósito claramente laudatório, o autor enaltece o talento e o trabalho do compositor (p.8-9), passando então a narrar fatos relacionados a sua chegada ao Rio de Janeiro. Entre eles, Carlos Gomes surpreendeu-se ao saber que, para garantir a sobrevivência, Henrique Alves de Mesquita, um dos músicos mais talentosos de seu tempo, tocava trompete em teatro de revista. Aproveitando a deixa, Guimarães Junior faz longa reflexão sobre a dura situação do artista no Brasil (p.11-4).

No fim do capítulo introdutório, o autor expõe suas dúvidas sobre o estilo do texto que estava prestes a escrever e como chegou à sua decisão.

No dia em que eu determinei escrever a biografia de Carlos Gomes, tive sérios pressentimentos pelo futuro desta publicação. Principiei por imaginar um estilo que nem fosse o de folhetim nem o de ata de Instituto. Entrar em grandíssimas considerações artísticas não é para mim; deixar brincar a pena como num capricho leve, foi coisa que repudiou meu espírito logo! Armado com essas

---

2 Blake, *Diccionario bibliographico brazileiro*, v.5, p.372-5.
3 Azevedo, L. H. C. de, *150 anos de música no Brasil*, p.79.

considerações, abordei o *maestro* e sem mais preâmbulos pedí-lhe notícias de sua vida.[4]

Subentende-se, a partir dali, que o texto seguinte foi narrado pelo próprio compositor. Homem de letras, o autor não poderia ser infiel ao pensamento de sua época que não tolerava, o que se pode inferir da citação acima, a objetividade das "atas de Instituto", em texto biográfico. Por conseguinte, ele expressa-se na costumeira linguagem literária de seu tempo, associando, com frequência, os fatos descritos a imagens da natureza ou figuras poéticas, transparecendo certa dose de fantasia que, no entanto, ainda dá a impressão de que ali estão fatos reais.

Poucos são os episódios que aparentam ser somente produto da fantasia do autor, como, por exemplo, a misteriosa profetisa que, ocultando sua identidade, em uma das récitas de *Joanna de Flandres*, predisse o sucesso do compositor, no Teatro Scala de Milão (p.38-9). Entretanto, a fantasia de Guimarães Junior será superada, e muito, pelos autores dos textos biográficos que lhe sucederão.

Ao longo dos anos, a credibilidade de seu texto tem permanecido: sempre é citado com respeito, principalmente por estudiosos com suficiente sensibilidade para vê-lo no contexto de sua época. Em um dos mais importantes textos de Azevedo sobre Carlos Gomes, encontram-se estas palavras, referentes ao livro de Guimarães Junior: "que merece toda fé, pois foi escrito sob os olhos do mestre, com apontamentos por ele mesmo fornecidos".[5] Quando se tem em mente os textos biográficos posteriores, pode-se perceber a importância da obra de Guimarães Junior. Em citações ou paráfrases, nem sempre mencionado, o autor será reproduzido inúmeras vezes.[6]

No segundo capítulo, começa a biografia, narrando os principais episódios da vida de Carlos Gomes, desde a infância, em ordem cronológica. Surge mais um dado polêmico, a data de nascimento de Carlos Gomes, ci-

---

4 Guimarães Junior, op. cit., p.14-5.
5 Azevedo, L. H. C. de, *Música e músicos do Brasil*, p.166.
6 Com frequência será utilizado como texto básico, subjacente a outras publicações, o que seria sugerido pela desproporção que apresentam entre a maior quantidade de páginas dedicadas ao período que se encerra com a estreia do *Guarany*, justamente até onde vai *A. Carlos Gomes: perfil biographico*, e o menor número daquelas que se ocupam da metade final da vida do compositor, período em que suas realizações foram ainda mais numerosas.

tada como sendo 14 de junho de 1839 (p.17). Essa data vigorou nas publicações do século XIX, tanto no Brasil como na Itália; foi desmentida pelo compositor e pessoas a ele ligadas, passando a ser 11 de julho de 1836, data já presente em algumas publicações do século XX aqui estudadas. Entretanto, por muitos anos, ambas as datas – e suas variantes – alternaram-se nas novas publicações que surgiam.

O texto afirma que Carlos Gomes cantava, até os 16 anos, com bela voz de soprano *sffogato*, tendo saído da escola, aos 11 anos, para "entregar-se completamente à arte" que seu pai desejava (p.18). Há um interessante comentário sobre a composição de duas missas "da escola Passiniana" e, aos 20 anos, além de compor marchas, também regia a banda para que o pai pudesse descansar (p.19). Antes disso, aos 15 anos, havia encontrado um *spartito* de *Il Trovatore*, sentindo tal emoção ao estudá-lo que compôs, no mesmo dia, uma marcha sobre motivos daquela ópera. O autor detém-se um pouco mais nesse episódio (p.20-1).

A ida a São Paulo, na companhia do irmão, com o propósito de realizar concertos para os estudantes da Faculdade de Direito, é outro episódio bem explorado pelo autor, que aparenta ter conhecimento de causa, afinal ele também fora estudante daquela escola (p.21-4). Naquela cidade, compôs o "Hino acadêmico", a modinha "Tão longe de mim distante" e, estimulado pelos estudantes, decidiu partir para o Rio de Janeiro (p.24-7).

Muitas são as informações sobre a passagem do compositor pelo Rio de Janeiro: hospedou-se com o Senhor Azarias e, pesaroso, decidiu escrever ao pai (p.28-9); recebeu sua resposta e seu perdão, tendo tido sonhos fantásticos na mesma noite (p.29-30). Possuindo uma carta de apresentação a ela endereçada, foi visitar a Condessa do Barral e, finalmente, com sua intermediação, conseguiu falar com o imperador, que lhe pediu um memorial; porém, ele não sabia o que era um memorial (p.30-3).

São mencionadas as principais realizações musicais de Carlos Gomes após ingressar no Conservatório, por indicação do imperador, com as respectivas datas dos acontecimentos: as duas cantatas – a primeira delas estreada quando o compositor convalescia de febre amarela (p.35) – e as duas óperas, *A Noite do Castello* e *Joanna de Flandres* (p.35-7).

Segundo o autor, o governo tencionara enviá-lo para a Itália, logo após a execução de *A Noite do Castello* (1861), mas o compositor relutou. Tomou essa decisão só depois da estreia de *Joanna de Flandres* (1863). Embora o imperador tivesse preferência pela Alemanha, Carlos Gomes optou por estudar na Itália e, entre Milão e Nápoles, escolheu Milão (p.37-8).

É dos únicos textos biográficos que se ocupa, com mais detalhes, da longa viagem do compositor até Milão, passando por Lisboa, Madri e Paris. Durante quase dez páginas, narra vários acontecimentos pouco conhecidos, entre eles as óperas a que assistiu em Lisboa (p.41) e Paris (p.44-5).

Ao chegar a Milão, em pleno inverno, com bronquite, levava consigo algumas cartas de apresentação; uma delas era para o editor Lucca, que o aconselhou a estudar com Lauro Rossi (p.46-8). Por ser estrangeiro, não foi aceito no Conservatório, passando a ter aulas particulares com o renomado mestre, mas conseguiu realizar, com bom resultado, os exames finais daquela instituição, um ano antes do prazo que lhe fora dado pelo governo brasileiro (p.48).

Fornece detalhes da música composta para o teatro de revistas, *Se sa minga*, mencionando seus trechos de maior sucesso (p.49-50). É quando surge importante afirmação: "Nessa época imaginava, concebia e executava A. Carlos Gomes a sua primeira *partitura: Il Guarany*" (p.50). Em seguida, refere-se à outra revista, *Nella Luna*, posterior, que também alcançou sucesso. Retorna ao *Guarany*, relatando episódio cronologicamente anterior: a descoberta do texto de Alencar, traduzido para o italiano, nas mãos de um vendedor de livros ambulante. Permitindo-nos uma digressão, esse episódio despertará a fantasia de autores futuros, talvez por não se tratar de fato comprovado, mas insólito, ocasional.

Não obstante a clareza, no que se refere à ordem dos acontecimentos no texto anteriormente citado, com o passar do tempo impôs-se a crença de que a composição do *Guarany* foi posterior a *Se sa minga* e *Nella Luna*. Azevedo demonstrou, por meio da correspondência do compositor, que a gênese da ópera começara antes, e não depois das revistas. Reconheceu também que a verdade já estava explícita em *A. Carlos Gomes: perfil biographico*.[7]

---

7 Cf. Azevedo, L. H. C. de, *Música e músicos do Brasil*, p.211. Guimarães Junior narra o episódio da descoberta do livro, traduzido para o italiano, não antes, mas *depois* de mencionar as tais revistas, voltando com isso a assunto anterior que rompe a sequência cronológica do discurso. Se a leitura acurada do texto não gera dúvidas sobre a ordem dos acontecimentos, o mesmo poderia não se dar, caso a leitura fosse rápida ou superficial: a ordem da narração poderia induzir ao erro. Supomos que essa razão possa ter gerado o falso entendimento, ou pelo menos tenha contribuído para perpetuá-lo.

O ponto culminante do texto, suas vinte páginas finais, é dedicado aos acontecimentos que cercaram a estreia de *Il Guarany*. É narrado todo o processo preparatório, desde a escolha dos cantores principais, o tenor Villani (p.52-3) e a soprano Maria Sass (p.55); a difícil busca por instrumentos "indígenas", em pleno solo italiano (p.54); os ensaios da ópera e a emoção de seu mestre Luigi Rossi ao assisti-los (p.56-7); os pormenores da noite de estreia (p.58-60), até a repercussão imediata, após a execução da ópera. Entretanto, não há um notável episódio que é narrado em biografias posteriores, talvez o mais célebre e controverso deles: a profecia que G. Verdi teria feito durante a execução da ópera.[8]

No terceiro capítulo (p.61 em diante), o autor retoma a descrição da execução da ópera e surpreende pelo conteúdo e pertinência de seus comentários, revelando capacidade de análise e apreciação que não se esperaria de um poeta não músico. Em contrapartida, a descrição da música desperta a sensibilidade do poeta, que traduz os acontecimentos musicais em linguagem rica de imagens, como, por exemplo, os comentários sobre o "Coro dos Aymorés":

> É um prodígio de originalidade e instrumentação [...] Como são extravagantemente belas aquelas encontradas harmonias, que se enroscam como serpentes ou como os galhos dos jequitibás frondosos (p.64-5).

Adiante, destaca um acontecimento que teria interesse para os estudiosos de semântica musical, dentre eles Mario de Andrade:[9] "O 'passo das flechas', onde se descobre uma engenhosíssima imitação do silvo e do vôo das setas indianas" (p.65). Pontos como esses enfatizam a apreciação musical, mas serão ignorados, inclusive em publicações futuras que se baseiam em Guimarães Junior, quiçá por não se tratarem de episódios puramente biográficos. Termina o texto com frase lapidar: "O gênio é o viajante incansável; o trabalho é uma ponte atirada sobre abismos, que vai ter à imortalidade!" (p.68).

Pelos já citados comentários de Guimarães Junior sobre a gênese de seu texto, não se pode esperar que o autor tenha preocupação documental, mas ele transcreve, integralmente, uma carta e um bilhete que se tornarão cé-

---

8 *Questo giovane comincia da dove finisco io.* Geralmente apresentada em português com a seguinte tradução: "Este jovem começa por onde eu acabo". É, portanto, um acréscimo posterior à biografia do compositor.

9 Cf. Coli, J., *Música final*: Mário de Andrade e sua coluna jornalística *Mundo musical*, p.19-22.

lebres: a carta do compositor ao pai, pedindo-lhe perdão por haver fugido de casa para estudar no Rio de Janeiro (p.28-9) e o bilhete do professor de Carlos Gomes, Luigi Rossi, diretor do Conservatório de Milão, congratulando-o pelo sucesso obtido na estreia de *Il Guarany* (p.66).

Surpreendente é também a preocupação do autor em precisar datas de vários acontecimentos narrados, incorrendo em alguns erros, é verdade, porém detectados somente muitos anos depois, à luz de privilegiada documentação. Essas datas passaram a ser reproduzidas nos textos posteriores, disseminando os erros ocasionais.

Pode-se afirmar que a maioria dos episódios mais conhecidos da vida do compositor, narrados em suas biografias posteriores, tem sua origem em *A. Carlos Gomes: perfil biographico*. Alguns deles, em especial, estimularam a fértil imaginação de autores da época e seus sucessores, recebendo então novas versões, ricas em fantasia; são eles: o primeiro contato do compositor com a partitura do *Trovatore*, de Verdi; a passagem por São Paulo, a criação do "Hino acadêmico", a ida para o Rio de Janeiro e a vida incerta na capital do Império; a descoberta ocasional do texto do *Guarany* e sua estreia, como ópera, na Itália.

Para retomar questão mencionada no início do texto, observa-se que, mesmo afirmando que conheceu Carlos Gomes no momento em que este retornava ao Rio de Janeiro, após o triunfo na Itália, os primeiros textos biográficos, do início do século XX, colocarão Guimarães Junior como uma das testemunhas oculares da estreia italiana do *Guarany*.

Essa informação persistirá a partir de então, tornando-se ainda mais intrigante com a publicação de *A vida de Carlos Gomes*, de Itala Gomes Vaz de Carvalho, filha do compositor, em 1935. A autora cita textualmente cerca de três páginas de determinado texto biográfico, atribuído a Guimarães Junior, sem oferecer, porém, dados que permitam sua localização. O texto citado descreve justamente a estreia do *Guarany*, mas inclui o autor de *A. Carlos Gomes: perfil biographico* entre os brasileiros que estiveram presentes à estreia da ópera, em Milão, e ainda acrescenta dados inexistentes na publicação anterior, como a profecia de Verdi, por exemplo, traduzida para português.[10]

---

10 A citação é introduzida por curta explicação, afirmando que "o poeta Guimarães Junior, então secretário da legação brasileira em Roma, foi especialmente a Milão para assistir à estreia do 'O Guarany' e nos deixou uma pitoresca descrição daquela noite memorável". Cf. Carvalho, *A vida de Carlos Gomes*, p.96-100.

Na segunda metade do século XX, alguns autores puseram-se a questionar essa afirmação, baseando-se no texto original que é estudado aqui.[11] É bem provável que o fato de o autor ter sido diplomata e ter passado longos anos longe do Brasil – é verdade que serviu em Roma, mas em outro período – tenha favorecido o surgimento dessa nova versão que, por mais que se procurasse sua origem, até o momento não foi possível encontrá-la.

Azevedo e Salles não acusam a existência de outros textos biográficos escritos pelo mesmo autor, ou mesmo posteriores publicações de *A. Carlos Gomes:* perfil biographico, a não ser, cinquenta anos mais tarde, em São Paulo, no *Correio Musical Brasileiro* (1921), publicação que será estudada posteriormente.

O exemplar de *A. Carlos Gomes:* perfil biographico utilizado neste livro pertence à Biblioteca do Instituto de Estudos Brasileiros da Universidade de São Paulo (IEB-USP) e não integra o acervo deixado por Mário de Andrade, porém os cinco números do *Correio Musical Brasileiro,* que ali estão, pertenceram-lhe. O escritor não somente conhecia a publicação, como veio a tornar-se um de seus colaboradores. Além disso, seu *Fichário Analítico* menciona, em ficha dedicada a Carlos Gomes, o nome do *Correio Musical Brasileiro.*[12]

André Rebouças – "Notas biographicas: Carlos Gomes"

"Notas biographicas: Carlos Gomes" é um texto que foi publicado como folhetim, de forma seriada, em vinte e sete números da *Revista Musical e de Bellas Artes* durante o ano de 1879.[13] Essa publicação era semanal e

---

11 Cf. Penalva, Verdi e Carlos Gomes. *Boletim Informativo da Casa Romário Martins,* v.23, n.109, p.102, jan. 1996.
12 Série manuscritos Mário de Andrade – *Fichário Analítico,* n.2768, Fundo Mário de Andrade, IEB-USP.
13 Rebouças, Notas biographicas: Carlos Gomes. *Revista Musical e de Bellas Artes,* n.1, p.1-3, jan. 1879; n.2, p.3, jan. 1879; n.3, p.2-3, jan. 1879; n.4, p.2-3, jan. 1879; n.5, p.2-3, fev. 1879; n.6, p.2-3, fev. 1879; n.7, p.2, fev. 1879; n.8, p.2-3, fev. 1879; n.9, p.2-3, mar. 1879; n.10, p.2-4, mar. 1879; n.11, p.2-3, mar. 1879; n.12, p.3-4, mar. 1879; n.13, p.3-4, mar. 1879; n.14, p.2-4, abr. 1879; n.15, p.3-4, abr. 1879; n.16, p.3-5, abr. 1879; n.17, p.3-4, abr. 1879; n.18, p.3-4, maio 1879; n.19, p.3-4, maio 1879; n.20, p.3-4, maio 1879; n.21, p.3-4, maio 1879; n.22, p.3-4, maio 1879; n.23, p.3-4, jun. 1879; n.24, p.3-4, jun. 1879; n.25, p.3-4, jun. 1879; n.26, p.3-4, jun. 1879; n.27, p.3-4, jul. 1879.

tinha por sede o estabelecimento comercial de Arthur Napoleão e Leopoldo Miguez, sócios e também seus editores.

Esse é um dos textos mais desconhecidos de toda a revisão bibliográfica, principalmente porque não foi publicado novamente. Seu estudo somente foi possível após o acesso ao conjunto de todos os números da *Revista*, pertencentes à Divisão de Música da Biblioteca Nacional (BN), no Rio de Janeiro. Em se tratando de texto tão raro, decidi estudá-lo de outra maneira, ou seja, detendo-me a mais detalhes e, assim, possibilitando o seu conhecimento a muito mais pessoas.

André Pinto Rebouças (1838-1898) nasceu na Bahia, de onde sua família foi obrigada a transferir-se, em 1846, por causa de problemas políticos enfrentados por seu pai, severo combatente do tráfico de escravos. No Rio de Janeiro, recebeu esmerada formação humanística, mesmo tendo optado por matemática e ciências físicas, e ingressou também no Exército. Na Europa, tornou-se engenheiro especialista em estradas de ferro e portos; após retornar ao Brasil, passou a exercer importantes funções nessas áreas, como professor e engenheiro.

Era amigo e admirador do imperador Pedro II e, em dezembro de 1870, conheceu Carlos Gomes, passando a ser um de seus mais fiéis amigos até o fim da vida. Correspondeu-se com o compositor e publicou numerosos textos sobre ele e sua obra, dos quais veio a tornar-se um dos maiores divulgadores. Tendo-se autoexilado, após a República, em solidariedade ao imperador, faleceu na ilha de Funchal, Portugal, sem haver retornado ao Brasil.[14]

Antes de conhecer "Notas biographicas: Carlos Gomes", tive em mãos outro texto de Rebouças que também integra este livro, "Ephemerides de Carlos Gomes: notas para o Taunay"[15] (1910), habituando-me a sua linguagem concisa e objetiva, tal como a de um diário. Em seus vários artigos sobre o compositor, publicados em *O Novo Mundo*,[16] que são verdadeiras crônicas sobre a recepção das óperas de Carlos Gomes na Europa, novamente predomina a objetividade, diferindo da linguagem literária empregada por seus contemporâneos. Porém o texto que ora é estudado é total-

---

14 Cf. Blake, op. cit., v.1, p.82-5; Rebouças, *Diário e notas autobiográficas*, p.13 et seq.
15 Rebouças, Ephemerides de Carlos Gomes: notas para o Taunay. *Revista do Instituto Historico e Geographico Braziliero*, v.73, parte II, p.75-86, 1910.
16 *O Novo Mundo*: periodico illustrado do progresso da edade, v.I-IX, n.1-108, out. 1870/nov. 1879. Disponível em: <http://www.onovomundo.net>. Acesso em: 10 maio 2011.

mente distinto, de outra natureza, tendo sido definido, pelo próprio autor, como "uma espécie de romance biográfico",[17] ao qual, aparentemente, dava pouco valor.

Tudo leva a crer que tenha sido o fato de escrever uma biografia, em forma de folhetim, a razão para romanceá-la. Afinal, folhetim era um gênero de publicação que impunha seu próprio estilo e o que mais os folhetins publicavam eram romances. Não se pode esquecer de que o poeta Guimarães Junior, no texto anterior, já havia considerado a possibilidade de adotar o estilo de "folhetim", embora não o tivesse feito, no qual poderia "deixar brincar a pena como num capricho leve".[18] Supõe-se que sua utilização, por Rebouças, tenha sido para melhor divulgar e – por que não – popularizar a imagem do amigo querido, mediante o uso do meio de expressão que mais gozava da aceitação popular em seu tempo.[19]

O texto biográfico só começa depois de curta introdução, em que o autor fala sobre a imortalidade alcançada por Carlos Gomes. Enaltece então a cidade de Campinas, terra que viu "nascer o primeiro gênio musical não só da América do Sul, como de todo o Novo Mundo" (n.1, p.2).[20] Lembremos que Guimarães Junior também dedicara seu livro àquela cidade. A esse autor, deve-se a origem da maior parte das informações do texto de Rebouças. É natural que difiram em alguns pontos, como a data de nascimento do compositor, que deixa de ser 14 de junho de 1839 e passa a ser o dia anterior, 13, dia de Santo Antônio.

A descrição do contexto cultural da época é uma das mais originais e importantes contribuições do texto, abrindo-nos a possibilidade de outra compreensão dos fatos. O primeiro exemplo é a série de comentários sobre o gosto musical, no Brasil da época, onde "fazia-se a transição da música de Auber para a música de Verdi [...] a massa popular morria pelas esplêndidas marchas de Auber" (n.2, p.2).

---

17 Boccanera Junior, *Um artista brasileiro*, p.446.
18 Guimarães Junior, op. cit., p.14-5.
19 No fim do fascículo 27, o último deles, a biografia alcança a estreia da ópera *A Noite do Castello* e sua repercussão na imprensa, em 1861. Embora em cada número da *Revista* "Notas biographicas: Carlos Gomes" não ocupe sequer uma página e meia, no conjunto torna-se um texto de média extensão, se comparado aos demais estudados. Essa dimensão, relativamente ampla para o curto período de tempo que descreve, permite ao escritor detalhar os fatos e seus contextos, mas também poder entregar-se à fantasia, quando lhe aprouver.
20 As referências, no estudo dessa obra, indicam o número do fascículo e sua respectiva página.

Reputa a esse contexto, vivido no período de sua formação, o nascimento do dom que tinha Carlos Gomes de fazer música com grande aceitação popular, como o *Guarany*, "que é hoje tão conhecido na Itália como a *Norma* e o *Barbeiro de Sevilha*" e *Salvator Rosa* (n.2, p.2). Comenta que os "ensaios musicais" do compositor, em sua adolescência, eram baseados em Auber e Verdi (loc. cit.), chegando a afirmar que a música do "Hino acadêmico" tem "reminiscências da marcha triunfal da *Muette de Portici*", de Auber. Acrescenta algo pouco sabido: o "Hino acadêmico" tornou-se popular também no Rio de Janeiro (n.3, p.2).

Ao contrário de Guimarães Junior, quase não se detém ao episódio da passagem do compositor por São Paulo, a não ser para falar do incentivo que lhe deram os estudantes para que fosse estudar no Rio de Janeiro. Ao despedir-se de São Paulo, o autor descreve as imagens do planalto de Piratininga de maneira poética.

No caminho, o compositor parou para descansar e começou a sonhar. É esse o primeiro trecho de intensa fantasia que o texto apresenta. Durante uma página inteira, o autor descreve o sonho de Carlos Gomes. Nele aparecem sucessivas imagens de trechos de suas futuras óperas, todos eles cantados em italiano (n.4, p.2). Supera, inclusive na extensão, tudo o que foram os momentos de fantasia no texto de Guimarães Junior.

Ao chegar ao Rio de Janeiro, o compositor hospedou-se com o Senhor Azarias Botelho em uma sala do segundo andar. Cansado e com remorsos, pensou em escrever ao pai. Começa aqui mais um episódio repleto de fantasia. Carlos Gomes iniciou a carta, relutou, voltou a escrever e chorou até molhar a carta e inutilizá-la (n.5, p.2-3). Durante a noite, foi ao piano e pôs-se a tocar, pianíssimo para não acordar ninguém, nascendo assim a "melodia protogênica" do adeus de Pery, "Perchè di meste lagrime". Na manhã seguinte, continuou a escrever a carta (n.6, p.2-3). Assim transcorrem dois números da *Revista*.

À noite, depois de ter levado a carta ao correio, o Senhor Botelho pediu-lhe que tocasse piano para um grupo de amigos seus, o que dá início a outro longo episódio envolvendo o compositor e seus novos amigos em momentos de descontração. O episódio estende-se por quase cinco números da *Revista*, com dois momentos de destaque: a digressão a respeito do poder da música sobre as pessoas, tomando-se como exemplo a descrição das monumentais cerimônias fúnebres de Gottschalk, no Rio de Janeiro (n.9, p.3), e a narração de outro sonho, após uma festa, na noite de São João (n.10, p.3). Durante o episódio, ainda há interessante comentário sobre um hábito de Carlos Gomes: anotar todos os pensamentos musicais que lhe viessem à mente, o que é exemplificado pelo próprio testemunho pessoal de Rebouças:

> Quantas vezes o vimos, em Turim, em Lecco, e em Milão, interromper um passeio ou uma conversação, tirar do bolso um álbum musical, e escrever a combinação melódica ou harmônica, produzida por uma cena pitoresca ou por alguma sensação profunda.[21]

No próximo episódio, Rebouças cita a primeira obra religiosa do compositor, um *Pange lingua*, composto aos dezoito anos, que se destinava a uma procissão em Campinas. Retomando a narração, Carlos Gomes passou a frequentar o correio, à espera de resposta à sua carta, porém nada encontrava, sendo tomado por profunda nostalgia (n.12, p.3).

Finalmente chegou a carta tão esperada e o compositor delirou de felicidade. Rebouças comenta que a carta "foi furtada, na viagem de Madrid a Paris, com a mala, que continha todos os troféus das vitórias de Carlos Gomes até 1863" (n.13, p.3). Menciona que ele, Rebouças, já havia ficado a contemplar um retrato do pai de Carlos Gomes, que se encontrava na sala de visitas da casa do irmão, Sant'Anna Gomes, ao lado de uma "soberba gravura que representa Meyerbeer em etérea apoteose" (n.13, p.4).

Começa a resumir o conteúdo da carta que era longa, contando que o pai havia enviado trinta mil-réis, valor que estava ao seu alcance, como mestre de banda, e abençoava o filho. Feliz, finalmente Carlos Gomes resolveu entregar as cartas de apresentação que trouxera de São Paulo, endereçadas à Condessa do Barral e ao Conselheiro Albino José Barbosa de Oliveira. No dia seguinte, domingo, pela manhã, pôs-se a caminho da imponente residência da Condessa, em São Cristóvão (n.14, p.2-3).

Em alguns episódios, Rebouças introduz personagens que conheceu na vida real, os quais adquirem a condição de testemunhas e como tal são apresentados, ou apenas subentende-se que poderiam ter sido testemunhas por-

---

21 Rebouças, Notas biographicas: Carlos Gomes. *Revista Musical e de Bellas Artes*, n.11, p.3, mar. 1879.

que lá estavam. Nesse episódio, o personagem introduzido é o Tenente José Carneiro da Rocha, primo da Condessa, ambos baianos como Rebouças, que recepcionou o compositor até sua chegada, contando-lhe que, na escola militar, cantavam o "Hino acadêmico".

A Condessa recebeu-o gentilmente e Carlos Gomes foi logo lhe dizendo que gostaria de ser apresentado ao imperador. Contou-lhe que era caipira e tinha ambição de tornar-se compositor, assim como Verdi; para tanto, desejava ser enviado à Europa, logo que terminasse os estudos no Conservatório. Seu entusiasmo contagiou a Condessa (n.15, p.3-4). Sentindo-se à vontade, Carlos Gomes resumiu sua vida, afirmando no fim: "Se me dessem agora a escolher entre ir para o céu e ir para a Itália, eu preferiria ir para a Itália". Ela disse-lhe que se interessara por seu caso, que o imperador o protegeria e pediu-lhe que se apresentasse, no dia seguinte, no Palácio, despedindo-se (n.16, p.4-5). (A revelação do desejo de ir para a Itália, em momento tão prematuro da sua vida, é fato pouco mencionado nas biografias de Carlos Gomes.)

Na manhã seguinte, a Condessa falou do compositor ao imperador, o qual reconheceu o "jovem caboclo" entre as pessoas presentes à cerimônia do beija-mão, que ainda não havia sido abolida. O imperador pediu-lhe um memorial; disse-lhe que falaria com Francisco Manoel e deu-lhe a mão a beijar, voltando-se para atender a outras pessoas. Sem saber o significado da palavra "memorial", meio aturdido, o compositor lembrou-se da outra carta de apresentação e foi entregá-la, em casa do Conselheiro Barbosa de Oliveira, que o recebeu bem, prometendo levá-lo a Francisco Manoel na manhã seguinte.

Nesse momento, Rebouças põe-se a falar de Francisco Manoel, que "tinha o cetro da música no Rio de Janeiro" e "foi o mais notável discípulo" de José Maurício. Estava com 64 anos de idade e, reconhecidamente, era "protetor de todos os artistas de mérito". Testemunha que suas composições sacras ainda eram tocadas nas igrejas do Rio de Janeiro. Na curiosa opinião de Rebouças, era ele um compositor de talento que, se vivesse na Europa, teria também composto óperas (n.17, p.3-4).

Bem recebido por Francisco Manoel, Carlos Gomes matriculou-se no Conservatório em 5 de julho de 1859. Percebendo o talento do jovem, prometeu levá-lo a Gianinni, o professor de contraponto. Mais uma digressão para falar desse personagem que entrou para a história como um professor relapso, pouco assíduo nas aulas e sem paciência para ensinar. Rebouças é um dos responsáveis pela criação dessa imagem, mas também faz comentários positivos sobre ele que não se encontram em outros textos. Segundo os músicos de seu tempo, Gianinni era o mais hábil diretor de orquestra que tinha vindo ao Brasil; podia ser impaciente no ensino, porém seu caráter era "alegre e folgazão".

Por destacar-se entre os alunos, Francisco Manoel pediu a Carlos Gomes que compusesse uma cantata para a festa anual da Academia de Belas-Artes. Terminada a composição, começaram os ensaios da obra, quando o compositor sentiu-se mal; o médico diagnosticou febre amarela (n.18, p.3-4). O compositor passou vários dias entre a vida e a morte, assistido de perto pelos amigos, enquanto Gianinni assumiu os ensaios da cantata.

Por fim veio o dia da apresentação, 15 de março de 1860, um dia depois do aniversário da imperatriz, a quem a obra era dedicada. Francisco Manoel explicou ao imperador o motivo da ausência do compositor e começou a cerimônia. Enquanto isto, Carlos Gomes pegou um tílburi e foi para a Academia (n.19, p.3-4).

Gianinni preparava-se para iniciar a cantata quando, repentinamente, chegou Carlos Gomes, pálido e abatido, pedindo-lhe a batuta, que lhe foi concedida. Era grande a emoção entre os músicos que se concentraram e a "execução foi primorosa". Esgotado, no fim, Carlos Gomes caiu nos braços dos amigos, recebendo grande aplauso. Rebouças tem sua testemunha, o violinista baiano José Joaquim dos Reis, que assistia a tudo, comovido.

A recorrência a mais uma testemunha, nesse caso, provavelmente não se deve apenas à necessidade de dar crédito a sua narração, mas também à natureza fantástica da mesma. Aliás, a fantasia permeia todo o episódio da doença do compositor, conduzido habilmente por Rebouças, em um crescendo gradual de emoção e dramaticidade, até a apoteose final (n.20, p.3-4).

Ao voltar para casa, Carlos Gomes "ardia em febre". Durante três dias seu estado foi gravíssimo, até que "mais uma vez a mocidade venceu a morte". Atendendo à recomendação médica, partiu do Rio de Janeiro para convalescer, junto de sua família, em Campinas (n.21, p.3-4).

Ficou quase três meses com a família e recuperou-se, preparando-se para voltar ao Rio de Janeiro. Nesse momento, "tinha já a intenção de só voltar a Campinas depois de formado maestro na Itália". Despediu-se dos amigos "e principalmente das florestas brasileiras". Passava horas nas matas que rodeavam Campinas, "a estudar os murmúrios da floresta e o canto dos pássaros. Foi então que teve as primeiras inspirações de música imitativa". O autor associa o "Coro dos Aymorés" aos gritos de araras e arapongas, porém, nesse episódio que aparenta ser apenas fantasia, acaba predizendo o futuro com rara precisão: "Apreciava principalmente o amanhecer na floresta; o coro irreproduzível de um milhar de pássaros tinha para ele o maior encanto". Exatamente dez anos mais tarde, Carlos Gomes estrearia, no Rio de Janeiro, sua ópera *Lo Schiavo*, com o célebre prelúdio sinfônico "Alvorada", que nada mais é do que a confirmação musical das palavras de Rebouças. A seu pai, que pressentia não voltar a vê-lo, prometeu compor uma ópera, no Rio de Janeiro, para que viesse assistir à sua estreia (n.22, p.4). No retorno ao Rio de Janeiro, passou por São Paulo, permanecendo um dia com seus amigos estudantes. Recebeu inúmeras sugestões de textos de Byron, autor que estava na moda naquela cidade, para o libreto da nova ópera. O compositor preferia texto mais simples, de "assunto brasileiro", levando Rebouças a considerações mais elevadas: "já então principiava a nascer-lhe na imaginação alguma coisa, que depois tinha de consubstanciar-se no popular *Guarany*".

No Rio de Janeiro, recebeu de Francisco Manoel a proposta de compor nova cantata, dessa vez para a festa de Santa Cruz dos Militares. Carlos Gomes aceitou-a e contou-lhe o plano de compor uma ópera. A cantata foi executada com sucesso em agosto de 1860; entre os ouvintes, encontrava-se Don José Amat, empresário da nova Ópera Nacional, que perguntou a Francisco Manoel se poderia convidar Carlos Gomes para ser um dos regentes daquela instituição. O Conselheiro Barbosa de Oliveira convidou-o para jantar, dizendo-lhe que tinha uma surpresa para ele (n.23, p.3).

Dia seguinte, aceitou o convite de Don José Amat, tornando-se um dos maestros ensaiadores da Ópera Nacional. Rebouças estende-se ao falar daquela instituição, mencionando a lei que a criara, os nomes de seus diretores e também dos literatos que com ela colaboraram. Lamenta sua efêmera existência, mas afirma que "foi o generoso berço do gênio de Carlos Gomes" (n.24, p.3).

Em casa do Conselheiro Barbosa de Oliveira, no jantar, recebeu a boa notícia: fora escolhido para ser o novo pensionista do Conservatório, na Itália, e receberia a Medalha de Ouro do Conservatório, no ano de 1860 (n.24, p.4).

Carlos Gomes iniciou suas novas funções na Ópera Nacional em 20 de agosto de 1860, realizando, quase sempre, os ensaios com piano, enquanto seu colega, Júlio Nunes, dirigia os ensaios de orquestra. Fala então do rigor de Carlos Gomes como ensaiador, dando como exemplo o testemunho de Taunay referente a um ensaio que presenciara, do *Salvator Rosa*, em Milão.

O compositor continuava procurando libreto para sua projetada ópera, até que Don José Amat prometeu dar-lhe um libreto que já havia encomendado, alguns anos antes, a Antonio José Fernandes dos Reis, entregando-o a Carlos Gomes em dezembro de 1860 (n.25, p.3). O libreto havia sido extraído do poema "A Noite do Castello", do célebre poeta português Antonio Feliciano de Castilho. No mesmo dia, escreveu ao pai dizendo-lhe que finalmente tinha o libreto, que se preparasse para vir ao Rio de Janeiro, em 1861 (n.25, p.4).

Rebouças fala então da ópera, de seus personagens, da distribuição dos papéis e da procura pelos cantores (n.26, p.3). Fornece pormenores sobre as circunstâncias da estreia de *A Noite do Castello* que não se encontram em nenhum outro texto biográfico da época, tornando-se importante referência sobre o assunto. Menciona os nomes dos cantores principais e seus respectivos personagens, comentando que Carlos Gomes compunha e ensaiava as partes, simultaneamente, "para que não excedessem os limites vocais dos artistas". No início de agosto, a partitura estava pronta, os "ensaios gerais em andamento" e Don José Amat decidiu que a estreia seria em 4 de setembro, dia do aniversário de casamento do imperador.

Afirma que a ópera "foi assunto de todas as conversações", passando a citar trechos dos jornais da época, com destaque para o que escreveu César Muzzio, um especialista em "assuntos de teatro", que contém tom profético:

> A Musa da arte nacional rasgou o crepe, que a envolvia desde a morte de José Maurício; um novo filho bem seu – seu pelo berço, pela educação e pelo sentir – vai continuar a tradição do passado, reviver a chama quase extinta da pira sagrada. [...] Gomes é filho de si mesmo; nada viu; estudou pouco e adivinhou tudo.[22]

---

22 Rebouças, Notas biographicas: Carlos Gomes. *Revista Musical e de Bellas Artes*, n.26, p.4, jun. 1879; n.27, p.3, jul. 1879.

A citação do texto de Muzzio é longa e muito informativa, falando também de elementos musicais, como a instrumentação e as melodias da ópera. Reproduz então comentário de outro jornal, escrito por Salvador de Mendonça, que será autor do libreto de *Joanna de Flandres*, destacando a reação do público (n.27, p.3). Por fim, cita um terceiro jornal que destaca a música, "sempre acomodada à situação dramática" e de "incontestável originalidade".

Deve-se a Rebouças, possivelmente, a primeira publicação da célebre frase de Francisco Manoel: "O que ele é, a Deus e a si o deve" (n.27, p.4). Dita ao ser perguntado sobre Carlos Gomes, a frase passou a ser reproduzida com frequência nas publicações futuras.

No fim do segundo ato, o compositor foi ao camarote do Conselheiro Barbosa de Oliveira, onde estava seu pai, muitíssimo emocionado. As palavras que Rebouças reproduz, ditas pelo pai, tornaram-se também parte de inúmeras obras posteriores (n.27, p.4). Ao pé da página, encontra-se a inscrição "fim da primeira parte", indicando que o autor tencionava continuar seu texto, o que não veio a acontecer.

Intrigava-nos o fato de o texto de Rebouças não ter sido republicado, ser de difícil acesso e distante no tempo, constituir-se de numerosos fascículos e, mesmo assim, vir a tornar-se um dos textos mais reproduzidos, em publicações futuras, quase na mesma proporção que Guimarães Junior. A resposta veio do segundo livro de Silio Boccanera Junior, *Um artista brasileiro* (1913), obra que será estudada adiante, que reproduz sete dos vinte e sete episódios de Rebouças. Neles estão: a carta escrita ao pai, a chegada de sua resposta e os três episódios finais, a partir do momento em que o compositor recebeu o libreto de *A Noite do Castello*,[23] justamente aqueles trechos comumente reproduzidos.

Uma das mais importantes publicações sobre Carlos Gomes, até hoje, é o ensaio de Azevedo – que conhecia o texto integral de "Notas biographicas: Carlos Gomes" – sobre as duas óperas compostas no Brasil, ensaio pioneiro porque o assunto era negligenciado pelos autores antigos, mais interessados em destacar a carreira internacional do compositor. Em toda sua primeira parte, que trata d'*A Noite do Castello*, Azevedo recorre ao texto

---

23 Cf. Boccanera Junior, op. cit., p.10-25.

de Rebouças como principal referência, chegando a citá-lo, com ou sem a menção normativa, cerca de dez vezes.[24]

No *Fichário Analítico* de Mário de Andrade, não há qualquer referência ao texto de Rebouças e tampouco a Boccanera Junior, mas há indícios de que Mário de Andrade conhecia o segundo livro deste autor, indícios que serão comentados posteriormente, no fim do estudo do mesmo livro.

Francisco Quirino dos Santos – "A. Carlos Gomes"

"A. Carlos Gomes" é um pequeno texto biográfico, de apenas catorze páginas, publicado em 1880[25] no *Almanach Litterario de S. Paulo para 1881*. As páginas iniciais evidenciam a importância da biografia de Carlos Gomes na publicação.[26] Francisco Quirino dos Santos (1841-1886) nasceu em Campinas e exerceu diversas atividades, como a de advogado, literato, jornalista e político. Produziu textos em prosa e poesias que foram elogiadas por autores de renome, entre eles Guimarães Junior, na capital do Império e em Portugal.[27] Colaborou em diversos jornais e periódicos, tornando-se também conhecido divulgador do trabalho de Carlos Gomes.

Em alguns momentos, o texto aparentemente se reporta a Guimarães Junior, sobretudo para precisar datas e eventos, mas não o cita. Sua originalidade vem da circunstância de o autor ter nascido em Campinas, cinco anos depois de Carlos Gomes, o que o torna, portanto, testemunha ocular de vários fatos narrados e permite transmiti-los com maior envolvimento: "conheci-o, em pequeno, quando tocava triângulo ou flautim na banda de música aqui por estas nossas ruas" (p.36).

No que se refere à infância e mocidade do compositor, percebe-se que o autor tem a desenvoltura dos que recitam o texto de memória, sem precisar

---

24 Cf. Azevedo, L. H. C. de, *Música e músicos do Brasil*, p.158-77.
25 Santos, A. Carlos Gomes. In: *Almanach Litterario de S. Paulo para 1881*, p.35-48
26 A publicação não consta da obra de Azevedo, porém integra o trabalho de Vicente Salles, nossas referências bibliográficas. O texto é introduzido por duas páginas: a primeira traz a inscrição "Parte Literária" e a seguinte, um retrato de Carlos Gomes. Esse retrato é mencionado anteriormente, na página de rosto, após o título da publicação, com os seguintes dizeres: "acompanhado de um retrato litografado do exímio maestro Carlos Gomes". Além disso, é o único texto que tem suas páginas enumeradas com algarismos romanos, enquanto o restante da publicação utiliza algarismos arábicos.
27 Cf. Blake, op. cit., v.3, p.97-8.

recorrer a qualquer leitura. Como essa fase da vida de Carlos Gomes é pouco documentada, sua narração serve como comprovação daquilo que outros textos também reportaram.

Com admiração, fala do pai de Carlos Gomes, da condição humilde da família e da intensa atividade musical do jovem compositor que produzia "quadrilhas, tangos, serenatas, modinhas, tudo" (p.37). Fala do irmão, Sant'Anna Gomes, "esse valente preguiçoso que aí anda, notável rabequista, inteligência seleta, e que deu agora para ser juiz de paz na sua freguesia", justamente quando narra a viagem a São Paulo que empreendeu para realizar concertos que mudariam o destino de Carlos Gomes (p.37).

É interessante observar, nesse ponto, a diferença de pontos de vista entre o autor, homem do século XIX, e os futuros modernistas que virão no capítulo seguinte, principalmente em relação aos indícios de progresso: "O São Paulo de hoje com as estradas de ferro, com os telégrafos, com a pujante força do seu extraordinário crescimento perdeu tudo, tudo, tudo que era amor, poesia, luz!" (p.37-8). Esse texto introduz a passagem do compositor pela antiga Academia, todo ele cheio de nostalgia, passagem que estimulou a imaginação de tantos autores (p.38-9).

Sem oferecer detalhes da viagem do compositor ao Rio de Janeiro, passa a descrever os principais fatos de sua estada na capital do Império, recorrendo, aparentemente, a Guimarães Junior. Após abordar o sucesso de *Joanna de Flandres*, quando Carlos Gomes já havia embarcado para a Europa, volta no tempo e põe-se a narrar um episódio absolutamente desconhecido, oriundo de sua própria vivência pessoal.

Conta que vinha subindo a serra, no lombo de um "lerdo e estropiado rocinante", vindo de Santos, onde fora completar os "39 pontos do terceiro ano jurídico" – a relação do autor com Santos é confirmada por sua biografia; mais tarde foi promotor naquela cidade –, quando percebeu, à sua frente, "um indivíduo de cabelos completamente brancos" que subia a serra nas mesmas condições. "E assim fizemos a subida inteira, conservando sempre a mesma distância, sem trocarmos sequer um olhar" (p.42).

No topo da subida, quando pararam, reconheceram-se: era o pai de Carlos Gomes, voltando do Rio de Janeiro, de onde "vinha de assistir as ovações feitas ao filho durante a representação da *Noite do Castello*" (p.42). Relata então a emoção do velho que chorava e ria, contando-lhe que seu Antonio queria ir à Europa e ele não sabia se teria forças para suportar a separação do filho. Em outro parágrafo, conta que Manuel Gomes morreu, dois anos antes da estreia do *Guarany* (p.41-3).

No retorno à sequência da narrativa anterior, o autor enfoca os primeiros anos de Carlos Gomes na Itália até a estreia do *Guarany*, sem ater-se às minúcias do texto que tem como provável referência, o *A. Carlos Gomes: perfil biographico*. O autor omite vários episódios que aquele texto narra, mas pelo menos a um deles dá certo enfoque pessoal, cheio de fantasia: a descoberta do texto do *Guarany*, na Itália. "Um dia Carlos Gomes tem-no diante dos olhos nas mãos de um triste mascate ambulante, essa jóia da literatura brasileira, traduzida para o idioma imortal do Dante!" (p.44).

Aborda rapidamente o retorno do compositor a Campinas e a estreia do *Guarany* no Brasil, no fim de 1870 (p.45-6). Da mesma maneira refere-se a outras óperas: *Fosca, Salvator Rosa* e *Maria Tudor*, sem deter-se a nenhuma delas (p.46). É então que, na parte final do texto, discute a música de Carlos Gomes em oposição às novas tendências wagnerianas. Mostra-se contrário ao que se chama "música do futuro", mesmo reconhecendo que não tem o conhecimento necessário para fazer a apreciação correta. Afinal, "em música eu não reconheço outro juiz além dos meus ouvidos" (p.47).

Conclui o texto revelando seu próprio conceito sobre música, que não está tão distante do pensamento romântico de seu tempo: "a música é a linguagem do coração. Mas o coração tem só duas palavras: o sorriso e a lágrima! O homem que chega a interpretar essas duas palavras chama-se – gênio!" (p.48)

O exemplar estudado pertence à Biblioteca do IEB-USP. Não se encontrou qualquer indicação de que Mário de Andrade tivesse conhecimento desse texto.

José Verissimo Dias de Mattos – *Carlos Gomes:* escorço

Publicada em 1882,[28] é uma "edição consagrada a comemorar a chegada do maestro ao Pará – a 24 de julho, e gratuitamente distribuída na noite de sua festa no teatro da Paz, em 12 de agosto de 1882."[29] Trata-se de uma edi-

---

28 Verissimo [Dias de Mattos], *Carlos Gomes:* escorço.
29 Essa informação encontra-se na capa da publicação, que traz, de cima para baixo, o nome do autor, o título da obra, uma frase da *Divina comédia* como epígrafe, o comentário acima citado e o local, nome da tipografia e ano da impressão.

ção luxuosa, em bom estado de conservação, que foi encontrada na Divisão de Música da Biblioteca Nacional do Rio de Janeiro.

José Verissimo Dias de Mattos (1857-1916), nascido no Pará, foi crítico, ensaísta e historiador literário. É considerado um dos maiores críticos literários brasileiros, compondo, com Araripe Júnior e Sílvio Romero, a "trindade crítica da era naturalista". Entre suas obras, destacam-se: *Estudos de literatura brasileira* e *História da literatura brasileira*.[30]

O texto começa, à página 5, com a descrição da calorosa recepção oferecida a Carlos Gomes, no Pará, já em seu desembarque, "malgrado a chuva copiosíssima que caía", estado que o compositor visitava pela primeira vez. O autor comenta ter sido "o primeiro a desejar-lhe a boa vinda e a saudá-lo", o que revela sua importância naquela sociedade (p.5).

Não se pode esperar que esse escorço biográfico acrescente muitas novas informações ao que já se conhece dos textos anteriores, a não ser o relato de fatos locais, acontecidos na ocasião. Seu maior interesse, porém, reside nas contribuições pessoais do autor, que dão colorido especial aos fatos já conhecidos, o que se percebe de pronto: "Na família de Antonio Carlos Gomes, revela-se mais uma vez a lei da hereditariedade psicológica". Mais adiante, "logo que se pôs a compor, não quis por nada continuar a tocar [...] escondia-se no mato com uma partitura do *Trovador*" (p.6). Melhor é o relato da relação do compositor com o pai:

> O pai de Carlos Gomes, *caipira* honrado e teimoso como todo bom paulista, apenas o queria para ajudá-lo na sua tarefa de mestre da música de Campinas, [...] ele não era menos paulista que seu pai e teimou, [...] como o fazem os que têm "fé no seu talento!"[31]

Nada fala da ida para o Rio de Janeiro, mas transcreve integralmente a carta de Carlos Gomes ao pai, pedindo-lhe perdão; comenta as estreias das óperas brasileiras e a partida do compositor para a Itália: "O Rio de Janeiro, porém, era escasso âmbito para ave fadada a tão largos vôos" (p.7).

Na Itália, a estreia do *Guarany* é o assunto de maior destaque e, para abordá-lo, comenta que transcreverá um trecho de Guimarães Junior, fa-

---

30 *Enciclopédia da literatura brasileira*, p.1616.
31 Verissimo [Dias de Mattos], op. cit., p.6.

zendo-o por mais de uma página. Até aqui, esse é o texto que o autor tinha como referência, o que se evidencia pela semelhança e sequência dos fatos e da coincidência das várias datas mencionadas.

Um dos pontos altos do texto é quando seu autor trata das críticas recebidas pelo *Guarany*, sentindo-se à vontade em um terreno que era próprio o seu, ele, que seria um crítico literário respeitado. Contesta os críticos que viram, na ópera, a imitação de Verdi e Meyerbeer:

> a crítica musical [...] tem, como a literária, o dever de documentar as suas asserções. Em música, principalmente, não se pode acusar de imitação a ninguém, sem imediatamente prová-la.

Afirma que os críticos confundem *imitação* com *reminiscência*, definindo-as: "A imitação é um fato voluntário e proposital, a reminiscência é um fenômeno psíquico independente da vontade do sujeito" (p.10).

Sobre o insucesso da *Fosca*, comenta que isso acontece em todas as artes, dá exemplos e procura explicá-lo:

> Porque o maestro afirmou mais a sua personalidade, porque revelou um começo de insurreição contra a reação melódica que lavrava em Itália, provocada pelas teorias ultra-revolucionárias de Wagner, embora não saísse do movimento iniciado ali mesmo com a *Força do Destino* e a *Aida* pelo ilustre Verdi, o público negou-se sistematicamente a aplaudir essa obra prima, a mais perfeita das que ele tem feito, apesar dos louvores que mereceu de mestres como Gounod, que lhe assistiu aos ensaios.[32]

Quanto a *Salvator Rosa*, essa ópera "foi a esplêndida resposta que deu aos conspiradores contra a *Fosca*". Vê uma razão para o insucesso de *Maria Tudor* que não é mencionada nos textos atuais, ou seja, o fato de que a "protagonista", alemã, "mal sabia o italiano". Cita *Leona* e *Ninon de Lenclos*, duas óperas que Carlos Gomes teria prontas, e também *Palma*, na qual trabalhava no momento (p.12).

No fim do texto, expressa sua impressão pessoal sobre o compositor, ressaltando-lhe, como suas duas grandes virtudes, a gratidão e a admira-

---

32 Ibid., p.11.

ção sincera "pelos seus colegas de arte desde o maior até o menor". Um exemplo é sua admiração por Verdi, "que o aconselhou a escrever o *Salvator Rosa*" – informação não encontrada em texto algum; outro exemplo, os colegas brasileiros Henrique Alves de Mesquita e Gurjão, esse último um compositor paraense sobre o qual testemunha o que ouviu de Carlos Gomes, instando seus conterrâneos a incentivá-lo: "Tirem-no desta apatia, façam-no trabalhar!" (p.13).

Uma nota, à página 15, diz que "este livrinho [...] é um trabalho simplesmente sincero, e não de estilo. Foi escrito às carreiras, logo após a chegada do maestro, e publicado no Diário do Grão-Pará de 29 e 30 de julho".

A publicação estudada não foi encontrada entre os livros que pertenceram a Mário de Andrade na Biblioteca do IEB-USP.

Augusto Victorino Alves Sacramento Blake – *Diccionario bibliographico brazileiro*

Carlos Gomes é um verbete dessa extensa obra que começou a ser publicada em 1883.[33] Augusto Victorino Alves Sacramento Blake (1827-1903) nasceu na Bahia; foi médico, funcionário público, cultor das letras e da história. Elaborou seu monumental *Diccionario* por estímulo do imperador Pedro II, a quem a obra é dedicada, publicando seus sete volumes entre 1883 e 1902.[34] O verbete sobre Carlos Gomes pertence ao primeiro volume, portanto foi publicado em 1883. É um texto de pouco mais de duas páginas, mencionado em diversos outros textos neste livro.

Trata-se de uma concisa biografia do compositor que traz o resumo do conteúdo dos textos publicados anteriormente, inclusive a data de nascimento errada, porém acrescenta novas informações. A natureza da publicação também impõe a narração com linguagem objetiva, muito diferente daquela empregada nos outros textos biográficos estudados.

Na parte inicial, da infância até a ida para o Rio de Janeiro, há indícios de que o autor tenha como referência o texto de Quirino dos Santos, publicado

---

33 Blake, op. cit., v.1, p.125-7. Na *Bibliografia musical brasileira*, de Luis Heitor Correia de Azevedo, a obra está relacionada na seção L, que corresponde aos "Dicionários e enciclopédias". Não é citada na obra de Salles.
34 Menezes, *Dicionário literário brasileiro*, p.116.

apenas três anos antes. A partir da chegada ao Rio de Janeiro, a referência, aparentemente, torna-se Guimarães Junior. As informações inéditas, ao que parece, surgem na parte final do texto, correspondendo a fatos posteriores àquelas publicações.

Ao concluir o resumo biográfico, o autor comenta que Carlos Gomes "estabeleceu sua residência em Milão, de onde já duas vezes veio à pátria" (p.126), passando a falar das composições. Há imprecisão nas datas da composição do "Hino acadêmico", 1830, o que só pode ter sido um erro tipográfico, e da estreia de *A Noite do Castello*, 4 de setembro de 1862, fato que teria acontecido exatamente um ano antes[35] (p.126). Aparenta não compreender a natureza da composição da revista *Si sa minga* [sic], afirmando que "não é uma ópera de grande fôlego".

Na narração do sucesso obtido pelo *Guarany*, não consegue evitar desviar-se um pouco para falar do "acaso feliz" que fez Carlos Gomes encontrar o texto do romance traduzido para o italiano. É nesse ponto que faz curioso comentário sobre José de Alencar: "Se o autor do romance já não tivesse um nome bem firmado, e um lugar muito distinto na república das letras, o autor da ópera lho teria dado" (p.127). Menciona uma segunda apresentação do *Guarany*, no Covent-Garden, em 1881, e, falando de *Salvador Rosa*, afirma que "foi representada pela primeira vez no mesmo teatro em Londres"[36] (p.127).

Ao mencionar *Ninon de Lenclos*, uma das várias óperas projetadas, mas não concluídas, por Carlos Gomes, volta a fazer um comentário curioso, dizendo que "estava apenas em começo sua composição, quando o autor veio ao Brasil em 1880. Deve estar concluída hoje" (p.127).

Sua contribuição mais original vem no fim do texto, ao mencionar os nomes e algumas características de dez "composições pequenas", já publicadas, informação inexistente nos textos já estudados. São composições

---

35 Na mesma obra, no verbete sobre o autor do libreto dessa ópera, Antonio José Fernandes dos Reis, Blake cita o ano correto de sua estreia, 1861, porém acrescenta um dado que causará enganos e polêmicas: Luiz Vicente de Simoni traduziu a ópera para o italiano. Blake, op. cit., v.1, p.215.

36 A ópera *Il Guarany* foi apresentada nesse local pela primeira vez em 13 de julho de 1872. Cf. Nello Vetro, *Antonio Carlos Gomes: Il Guarany*, p.118. Quanto a *Salvador Rosa*, não obtivemos confirmação dessa apresentação, mas o pesquisador Pe. Penalva afirma que a mesma foi executada, em Londres, na década de 1870. Penalva, *Carlos Gomes, o compositor*, p.30.

destinadas ao piano e canto e piano, entre as quais está o "Hino a Camões", para orquestra e banda.

É muito provável que Mário de Andrade, um pesquisador contumaz, conhecesse o trabalho de Blake, mas não há indicações que o tivesse em sua biblioteca; tampouco há qualquer referência a respeito nos apontamentos sob o nome de Carlos Gomes, do *Fichário Analítico*. O exemplar estudado pertence à Biblioteca do IEB-USP.

A. F. Cardoso de Menezes Filho – "Carlos Gomes"

O texto foi publicado no Rio de Janeiro, em 1893,[37] como primeiro artigo de uma revista que se iniciava: *O Album*, dirigida por Arthur Azevedo, tendo por "agente geral" Paula Ney. O exemplar estudado pertence ao acervo da Divisão de Música da Biblioteca Nacional, no Rio de Janeiro, encadernado em volume único que contém todos os números da publicação, em precário estado de conservação.

Abaixo de seu título, lê-se: "publica-se todas as semanas em dias indeterminados". O editorial, que é assinado por Arthur Azevedo, esclarece os propósitos da publicação e permite saber a razão de seu nome.

O Album publicará crônicas teatrais e do esporte, romances, contos, fantasias, versos, etc., além de ligeiros artigos comentando os fatos mais salientes do dia, com exceção dos políticos, a que será completamente alheio.

Diz que terá, entre seus colaboradores, "os primeiros nomes da nossa literatura" e que

cada número trará, fora do texto, um retrato de pessoa notável, constituindo assim o *Album* no fim de algum tempo, uma interessante galeria, na qual figurarão, em curiosa promiscuidade, todas as classes sociais (p.1).

Ao iniciar a segunda página, surge o artigo "Carlos Gomes", precedido por apresentação que o justifica: "Desejando inaugurar o *Album* com o retrato do mais ilustre entre os artistas brasileiros"; fala também de seu autor,

---

37 Menezes Filho, Carlos Gomes. *O Album*, n.1, p.2-3, jan. 1893.

"o Sr. A. F. Cardoso de Menezes Filho, músico insigne, escritor apreciado e amigo particular de Carlos Gomes" (p.2).

O texto é escrito em colunas e tem pequena extensão, apenas duas colunas e meia, incluindo a apresentação. Seu maior parágrafo, ocupando dezenove linhas, quase meia coluna, descreve somente a "privilegiada natureza" do "torrão" onde nasceu Carlos Gomes. O segundo maior parágrafo cita nomes de pessoas de Campinas, ou que por lá passaram, que tenham incentivado o compositor. Em sua maior parte, o texto é telegráfico e pouco informativo.

Destaca-se do restante a dureza da linguagem do autor ao falar dos empresários e editores. Sobre o *Colombo*, diz que "foi indignamente sacrificado pela pouco escrupulosa empresa Ducci & Ciachi, na memorável noite de 12 de outubro" (p.3). Ressalta que cada nova obra do compositor mostra seu progresso, mas "infelizmente, simboliza também mais uma copiosa fonte de lucros para o editor Ricordi (de Milão) que tem sido o vampiro explorador do sangue e do talento de Carlos Gomes" (p.3). Conclui falando das dificuldades econômicas do compositor para manter seus filhos.

Em outro ponto da revista, há uma nota dizendo que seu próximo número "trará o retrato e o esboço biográfico de Machado de Assis", o que valoriza ainda mais a escolha de Carlos Gomes como primeiro homenageado, em se tratando de revista literária. Entretanto, no exemplar que tive em mãos, não há foto do compositor, ou mesmo de Machado de Assis no número seguinte. Somente a partir do terceiro número da revista as fotos passam a existir em suas páginas internas, sugerindo que as primeiras foram perdidas, talvez porque tenham sido publicadas "fora do texto", em separado, como disse o editorial do início.

Não foi encontrada essa publicação no acervo que pertenceu a Mário de Andrade, na Biblioteca do IEB-USP.

Tancredo do Amaral – *A historia de São Paulo ensinada pela biographia de seus vultos mais notaveis*

Esse livro foi publicado no Rio de Janeiro, em 1895, um ano antes da morte do compositor.[38] De suas mais de trezentas páginas, cerca de cinco são dedicadas a uma pequena biografia de Carlos Gomes. O propósito da

---

38 Amaral, T. do, *A historia de São Paulo ensinada pela biographia de seus vultos mais notaveis*, p.224-9.

publicação é didático, sendo um livro de "Educação Cívica" destinado ao "professorado do Estado". Não foi encontrada qualquer referência ao autor nas obras biobibliográficas específicas.

Na introdução, o escritor menciona a existência de vários compositores paulistas, Alexandre Levy e João Gomes de Araújo entre eles, passando a tratar de Carlos Gomes em seguida (p.225). Percebe-se que o autor teve o texto de Quirino dos Santos como referência, tanto pelos episódios biográficos semelhantes como pela ordem em que são narrados, mas a frequente ocorrência de frases e palavras idênticas às daquele autor parece indicar algo mais sério.

A apropriação indevida do texto de Quirino dos Santos evidencia-se quando o autor começa a falar do sucesso de *Se sa minga* e, durante catorze linhas, reproduz todas as frases e palavras do texto alheio, com exceção de uma ou outra vírgula e a omissão de um pronome pessoal, sem dar qualquer notícia de seu procedimento. Como exemplo, eis um trecho, já citado nos comentários do texto anterior; basta compará-los: "Um dia Carlos Gomes tem diante dos olhos, nas mãos de um triste mascate ambulante, essa jóia da literatura brasileira, traduzida para o idioma imortal do Dante!" (p.228).

Nas linhas abaixo, reproduz mais cerca de dez linhas ao tratar da estreia do *Guarany*, deixando de fazê-lo na sequência. Após abordar a estreia, o texto precipita-se em rápidas informações, abrangendo um período de mais de vinte anos da vida do compositor em apenas uma página. Cita de passagem as óperas posteriores, com exceção de *Colombo*, e termina afirmando que "continua o seu fecundo talento a produzir novos trabalhos" (p.229).

O exemplar do livro de Tancredo do Amaral aqui estudado encontra-se na Biblioteca do IEB-USP e pertenceu à biblioteca de Mário de Andrade. Entretanto, não há referência a ele nas fichas dedicadas a Carlos Gomes do *Fichário Analítico*, nem sequer algum dos sinais de leitura costumeiros, deixados pelo escritor, no trecho do livro que se ocupa da biografia do compositor.

Silio Boccanera Junior – *A Bahia a Carlos Gomes*

Livro publicado na Bahia em 1904,[39] resultou de uma das primeiras tentativas brasileiras de realizar uma extensa obra sobre Carlos Gomes, com ênfase documental, tentativa que seu autor logrará plenamente em seu segundo livro, *Um artista brasileiro*, de 1913. Para alcançar seu objetivo o

---

39 Boccanera Junior, *A Bahia a Carlos Gomes:* 1879 a 1896.

autor afirma, no "Prefácio", haver solicitado a muitas pessoas de seu estado que porventura tivessem documentos alusivos ao compositor que lhos enviassem, pois o foco central do livro seria o relato dos fatos que envolvessem o compositor em suas viagens à Bahia (p.III).

Silio Boccanera Junior (1863-1928) nasceu em Salvador, filho do cônsul da Espanha no estado da Bahia. Formou-se engenheiro e exerceu sua profissão, mas teve enorme atuação na área artístico-literária. Escreveu dezenas de peças de teatro, área em que se tornou mais conhecido, foi membro atuante das principais agremiações literárias baianas e chegou a ser diretor do Teatro de S. João. Era muito jovem quando Carlos Gomes foi à Bahia pela primeira vez (1880), retornando mais quatro vezes até 1895. Tornou-se grande admirador do compositor e, após sua morte, empreendeu uma cruzada para preservar sua memória, reunindo documentos e publicando livros que o tornaram seu maior divulgador em todo o Brasil.[40]

Homem de seu tempo e importante representante da cultura local, terra de Castro Alves, Boccanera Junior não poderia deixar de incluir em seu livro inúmeras poesias escritas em homenagem ao compositor e o que seria infalível em uma obra subvencionada pelo poder público da capital do estado: inúmeros discursos. A própria linguagem do autor, sem estar reproduzindo qualquer discurso, é verborrágica e grandiloquente. A ênfase dada à manifestação literária já é sugerida pelo plano da obra, com sua subdivisão em três partes que ostentam títulos altissonantes: "Biografia", "Glorificações" e "Apoteoses".[41]

O livro é também reflexo do momento fortemente emocional que se vivia, exacerbado pela recente e trágica morte do compositor que provocara um surto de manifestações literárias em todo o país, além do conturbado contexto sociopolítico, distante apenas alguns anos da Proclamação da República e ainda mais próximo, geográfica e cronologicamente, da Revolta de Canudos.[42]

É por tudo isso que a primeira parte, "Biografia", só começa propriamente à página 33, antecedida por uma introdução, em tom emocional –

---

40 Cf. Blake, op. cit., v.7, p.240-1; Sousa, *O teatro no Brasil*, v.2, p.124-5.
41 A desigual distribuição do número de páginas entre as três partes por si só já sugere o favorecimento das manifestações literárias. A primeira parte, Biografia, tem menor número de páginas que as demais seções; respectivamente: noventa, cento e setenta e quase cem páginas.
42 Essa cidade situava-se na Bahia, a cerca de 600 quilômetros de Salvador. Após vários anos de combates, foi totalmente destruída em 1897, um ano após a morte de Carlos Gomes.

além do "Prefácio", de mesmo tom, que inicia a obra –, e a descrição desordenada de episódios da vida de Carlos Gomes, sobretudo de seu fim. Essa seção inicial inclui a reprodução de cartas e matérias de jornais, a maioria delas do Pará, onde morreu o compositor, ressaltando algo que não deve ter soado bem aos ouvidos republicanos: a fidelidade de Carlos Gomes ao imperador. Salvo a dispersão causada pela maneira em que as informações são colocadas, seu conteúdo tem muito valor.

Além dos textos do Pará que são pouco conhecidos (p.10-21), destacam-se uma carta do compositor ao Visconde de Taunay (p.27-30) e a primeira divulgação em um livro – já havia sido publicada, em jornal de Campinas que o texto não identifica e nem fornece sua data – de uma célebre carta de Verdi elogiando Carlos Gomes por ocasião da apresentação de *Il Guarany*, em Ferrara, no ano de 1872 (p.31-2).

Merece ser observado que essa carta de Verdi, ao contrário da profecia, teve melhor acolhida entre os estudiosos brasileiros, embora com ressalvas, lembrando também que os dois últimos documentos mencionados serão transcritos novamente no segundo livro do autor.

Ao iniciar a Biografia, Boccanera corrige a data de nascimento do compositor, 11 de julho de 1836, embora tome como referência partes do texto de Guimarães Junior, até a estreia do *Guarany*, acrescentando duas outras informações: esse autor torna-se testemunha ocular da estreia da ópera (p.39) e Verdi realiza sua profecia durante ensaio da mesma ópera (p.41). Lança ainda outro assunto polêmico, pelo menos para os brasileiros, que atravessa mais de um século, afirmando, de forma categórica, que a *Fosca* serviu de modelo para a ópera *La Gioconda*, de Ponchielli (p.44).

O autor abandona o relato biográfico cronológico e, passando a priorizar a transcrição de documentos, reproduz o programa do concerto, com músicas de Carlos Gomes, na Exposição de Chicago, em 1893 (p.48-9).

Pouco conhecido é o assunto das tentativas malsucedidas de representar *Il Guarany* em Paris (p.49-55), o que nos impõe nova digressão: para nossas elites, mais do que nunca voltadas para a França, que tamanho significado não teria tido a representação daquela ópera em Paris! Ser reconhecido na França poderia ter mudado a sorte do compositor no Brasil.[43]

---

[43] A importância que as elites brasileiras, sobretudo no Rio de Janeiro, davam à França está bem dimensionada em Magaldi, *Music in Imperial Rio de Janeiro: European culture in a tropical milieu*, p.1-5.

Em seguida, retornando ao texto, o autor reproduz o testamento de Carlos Gomes (p.63-4) e descreve detalhes da tentativa de obter-se uma subvenção, para o compositor e seus filhos, junto ao governo do estado de São Paulo, transcrevendo inclusive um debate sobre o assunto no Senado Estadual, instituição da República Velha (p.70-5).

Volta então para 1873 e reproduz trechos de um discurso de Taunay que se tornou célebre durante a campanha abolicionista, discurso que integra uma das publicações que será estudada em sua categoria (p.76-8). Ao terminar a primeira parte do livro, descreve algumas obras de arte e publicações realizadas, como homenagens póstumas ao compositor (p.80-91).

Em toda a seção inicial da segunda parte do livro, "Glorificações", cerca de setenta páginas, o assunto principal é a estreia do *Guarany* na Bahia, o que ocorreu em 1879, e toda a série de homenagens prestadas a Carlos Gomes, mesmo em sua ausência (p.95-167).

Após estudo comparativo, pode-se determinar que parte do texto reproduz com certa liberdade um discurso de Boccanera publicado de forma seriada em vários números da *Revista do Gremio Literario da Bahia*, tradicional instituição daquele estado que já tivera entre seus membros o poeta Castro Alves e da qual nosso autor era secretário. A publicação mencionada teve um número especial, dedicado a Carlos Gomes, que será estudado posteriormente entre as polianteias. No livro, entre os trechos do discurso, o autor intercala matérias de jornais referentes às mesmas homenagens citadas no discurso, além de poesias dedicadas ao compositor.

Boccanera passa então a descrever os principais fatos que marcaram cada uma das cinco viagens sucessivas do compositor à Bahia, entremeados por mais algumas poesias. Da primeira visita ao início de 1880 descreve as impressionantes homenagens (p.168-206), destacando-se a estreia local de *Salvador Rosa* (p.185-9). A segunda visita, ocorrida no fim do mesmo ano, tem pouco destaque (p.207-11). É na descrição da terceira visita, em 1882, (p.212-29), que se encontra uma crítica interessante, do *Jornal de Notícias*, sobre outra execução de *Salvador Rosa* (p.215-20). Na quarta visita, de 1889, o destaque é a apresentação de *Lo Schiavo* (p.234-42). Logo após a descrição da quinta e última visita do compositor, no ano de 1895 (p.244-65), termina a segunda parte.

A terceira parte, "Apoteoses", ocupa-se das mais diversas manifestações ocorridas em todo o Brasil após a morte de Carlos Gomes. São matérias de jornais, telegramas, descrições de homenagens, cerimônias fúnebres e poesias. Destacam-se as seções da Câmara e Senado da Bahia *in memoriam* do compositor (p.290-6) e as matérias de jornais daquele estado e do Pará (p.297-316). Nas páginas finais, há impressionantes descrições de cerimônias fúnebres que permitem perceber o grau de importância de Carlos Gomes no imaginário popular brasileiro de seu tempo.

O exemplar estudado pertence ao acervo da Biblioteca do IEB-USP. É pouco provável que Mário de Andrade conhecesse esse primeiro livro de Boccanera; dele não há nenhum exemplar em sua biblioteca e tampouco qualquer referência no *Fichário Analítico*.

Entretanto, pode-se recorrer a um subterfúgio, procurando encontrar possíveis manifestações de Mário de Andrade sobre livros semelhantes e estabelecer analogia entre os dois casos.

Trinta anos após o livro de Boccanera, em 1934, Mário de Andrade publicou uma crítica, no *Diário de S. Paulo*, sobre o livro *Carlos Gomes, sua arte e sua obra*, de Hermes Pio Vieira, recém-lançado. Os dois livros guardam entre si considerável semelhança: há parentesco entre as linguagens de seus autores e o propósito laudatório ao compositor; ambos incluem numerosas poesias e, principalmente, o mesmo tipo de documentos transcritos. Foram os documentos que maior interesse despertaram em Mário de Andrade, a julgar pela crítica, qualificando-os como "preciosos e curiosíssimos".[44] A partir disso, pode-se supor que, dada a similaridade entre o objeto da crítica e os documentos apresentados por Boccanera, seu livro poderia ter despertado o mesmo interesse em Mário de Andrade.

Alexandre José de Mello Moraes Filho – *Artistas do meu tempo*

Esse livro foi publicado no Rio de Janeiro em 1905.[45] Carlos Gomes é um dos artistas que integram a obra; sua biografia ocupa cerca de quarenta páginas, incluindo seu próprio retrato (p.83), divididas em quatro capítulos, o que o torna um dos mais extensos textos compreendidos aqui. É tam-

---

44 Andrade, M. de, *Música e jornalismo*, p.246.
45 Moraes Filho, *Artistas do meu tempo*, p.81-116. A referência ao texto encontra-se na seção de "História" da obra de Luiz Heitor Correia de Azevedo.

bém um dos mais significativos, pela riqueza de seu conteúdo, importância de seu autor e vinculação com o restante deste trabalho.

Alexandre José de Mello Moraes Filho (1844-1919) era baiano, filho de conhecido literato; dedicou-se, quando jovem, à vida eclesiástica, que, mais tarde, abandonou. Viveu no Rio de Janeiro, onde atuou como jornalista por muitos anos. Escreveu livros de crônicas e reminiscências históricas, entre eles *Festas e tradições populares do Brasil*. Faleceu no Rio de Janeiro um ano depois de aposentar-se como diretor do Arquivo Municipal.[46]

O autor inicia narrando como conheceu Carlos Gomes, "na antessala do palácio" do governo republicano do estado do Rio de Janeiro, em uma festa "onde se falava de tudo". "De semblante quase selvagem, de aspecto quase leonino, aquela nobre cabeça distinguia-se de todas as outras" (p.82). (Pode-se inferir dessa frase que a imagem mítica de Carlos Gomes era também nutrida por sua própria imagem física e, quanto a esta, permitindo-nos uma reflexão pessoal, que impressão não teria provocado no europeu, se até aqui, entre nós, se destacava!)

Na festa, Moraes Filho narra que conversou com o compositor sobre diversos assuntos, até que surgiu o "fato histórico de 15 de novembro"; Carlos Gomes, em tom "grave, sincero e convencido", disse: "Se não fosse o imperador, eu não seria *Carlos Gomes*" (p.83).

Não obstante tratar-se de um texto do início do novo século, a biografia ainda parte da antiga data de nascimento do compositor, 14 de junho de 1839 (p.84), que começava a ser corrigida nos textos mais recentes.

O autor comenta, curiosamente, que a família do compositor era menos abastada, por esta razão, "sem aspirações literárias, a música e exclusivamente a música absorveu-o na adolescência, mesmo porque, em inculto meio, fazia-se preciso secundar a competência paterna" (p.85). Não há indícios de que a narração dos primeiros anos de vida do compositor esteja baseada em Guimarães Junior, apesar da coincidência das datas de nascimento citadas em ambas as obras.

Dos conhecidos episódios biográficos, nos quais os autores costumam dar asas à imaginação, o primeiro que se destaca é a ida de Carlos Gomes para São Paulo e sua relação com os estudantes, até tomar a decisão de viajar para o Rio de Janeiro. O autor dedica cerca de duas páginas a ele, crian-

---

46 Menezes, op. cit., p.461-2.

do narrativa envolvente que evolui em emoção, de forma gradual, enquanto os estudantes, de ânimo cada vez mais exaltado, tentam convencê-lo a partir, atingindo o paroxismo com a decisão de Carlos Gomes. Uma "noite de delírio", nas palavras do autor (p.86-7). A narrativa é construída de tal maneira que não permite falar da viagem; no próximo passo, o compositor já se encontra na capital do Império.

Durante o episódio comentado, merece menção o momento em que o autor abandona a narração para externar sua própria opinião sobre a política vigente. É quando fala do "Hino acadêmico",

> que gerações sucessivas repetiram com o mesmo calor, e cuja última nota esvaiu-se quando S. Paulo deixou de nos dar poetas e músicos, para oferecer ao Brasil politiqueiros de raso nível (p.86).

Ao falar do compositor no Rio de Janeiro, o autor continua a não esconder sua preferência política, afirmando que o antigo regime amparava e estimulava o talento. "Carlos Gomes, um anônimo nesta capital, um matuto pobríssimo, demanda confiante, para abrir caminho, o palácio de S. Cristóvão", onde é "acolhido pela paternal bondade do imperador" (p.87-8).

Quando narra as estreias das óperas brasileiras, o autor cita os nomes dos cantores que participaram dos elencos (p.89-90), informação que não há em Guimarães Junior, havendo discordâncias também entre as datas de alguns eventos, como a estreia de *A Noite do Castello* e a partida de Carlos Gomes para a Europa.[47]

Na descrição da estreia de *Joanna de Flandres*, a inveja dos opositores é representada como um personagem real, assistindo à ópera da plateia, que se manifesta ganhando força, e somente Pedro II poderia combatê-lo: "apontou com o dedo a Carlos Gomes país estrangeiro como um refúgio de nobre vingança..." (p.90)

Nenhum outro trecho, porém, exemplifica melhor a linguagem do autor em todo o texto que a descrição da imagem do compositor partindo:

---

47 Em Guimarães Junior, a estreia da ópera foi em 4 de setembro de 1861, que é a data aceita pelos estudiosos; em Moraes Filho, 4 de junho de 1861. No caso da partida do compositor, a discordância é maior: 8 de dezembro de 1863, no primeiro, e 10 de novembro de 1863, no segundo. Ainda não temos indícios de onde o autor poderia ter obtido essas referências.

E nessa hora em que o oceano e o céu trescalam de poética tristeza, o músico, fitando a lua que emergia redonda lá da extrema dos mares sobre uma facha larga de violeta e púrpura, contemplava extasiado o maravilhoso espetáculo do dia moribundo, a grande dor e a gemedora saudade que lhe pungiam nos seios d'alma.[48]

No Capítulo II, Carlos Gomes já se encontra na Itália. É bem provável que esse trecho do texto esteja baseado em Guimarães Junior, pela coincidência de informações, mas o autor permite-se escolher e enfatizar os episódios de sua preferência. Com riqueza de informações, quando fala das revistas *Se sa minga* e *Nella Luna*, cita os vários trechos que obtiveram maior sucesso junto ao público (p.94-5).

Tal como a maioria das publicações, é depois das revistas que situa a descoberta do texto do *Guarany* e, como alguns autores, Quirino dos Santos entre eles, dá valor especial ao episódio:

[...] concedeu-lhe o acaso um pouso estável à romagem do talento, deparando-lhe em velho alfarrabista de esquecido bairro o romance *Guarany*, de J. Alencar, nacionalizado italiano pela versão de desconhecido escritor (p.95).

Durante três parágrafos, o autor descreve as atitudes e emoções de Carlos Gomes ao ler o texto do *Guarany* (p.96).

Fala da escolha dos cantores e, sem deter-se tanto quanto de costume na estreia da ópera, omite a maioria dos tradicionais episódios (p.97-8). Para terminar o capítulo, descreve alguns trechos musicais de destaque, como a "Ave Maria", que tem seu texto poético reproduzido, e o "Coro dos Aymorés", em flagrante dívida com Guimarães Junior: "Admirável de originalidade e de instrumentação o coro dos Aymorés" (p.99).

Todo o início do Capítulo III é dedicado à repercussão da chegada do compositor ao Rio de Janeiro, a São Paulo e a Campinas (p.101-2). O restante do capítulo ocupa-se da estreia da ópera, no Rio de Janeiro, e da descrição de vários trechos de sua música, o que o autor faz com sensibilidade, demonstrando significativa capacidade de apreciação. Suas observações são pertinentes e fogem do lugar comum. Por exemplo, o autor vê relações de

---

48 Moraes Filho, op. cit., p.90-1.

Carlos Gomes, tanto com a música de Verdi como a de Meyerbeer – não apenas Verdi, como a maioria dos críticos assinala –, mas também vê elementos nativos.

Existindo certo ponto de contato entre a instrumentação das óperas de Meyerbeer e a do maestro brasileiro, não é menos certo que em Carlos Gomes há verdadeira originalidade no que se refere aos cantos dos nossos silvícolas, as inflexões, as melodias em geral, com o colorido forte das nossas florestas magníficas, da nossa natureza em sua grandiosidade primitiva.[49]

Se confrontarmos essa citação lado a lado com um determinado trecho de Mário de Andrade, pode-se perceber que, apesar da diferença de linguagem, a distância entre o pensamento de ambos os autores, em se tratando de Carlos Gomes, não era assim tão grande:

No "Guarani", no "Escravo", mesmo nas óperas sobre libreto europeu como o "Salvador Rosa" ou o "Condor", notam-se uns tantos caracteres, certas originalidades rítmicas, certa rudeza de melodia desajeitada, certas coincidências com a nossa melódica popular, em que transparece a nacionalidade do grande músico.[50]

O autor chega a mencionar detalhes de instrumentação da "Ave Maria" (p.106) e do terceto final (p.108); comenta os "efeitos harmônicos" dos duetos Pery/Cecília e Cacique/Gonzáles; vê, no "Coro dos Aymorés", o "bater de clavas parelhando estridências harmônicas" e contesta a existência de semelhanças entre as "Danças indígenas" e trechos da *Africana*, de Meyerbeer (p.107). Enfim, é um capítulo surpreendente porque não foi escrito por músico, e sim por um erudito literato, em uma época em que se dava pouco valor às análises musicais.

No Capítulo IV, Carlos Gomes está novamente na Itália. Nos textos estudados, é a primeira vez que se fala sobre Maggianico, na Itália, onde Carlos Gomes construiu um palacete, tendo por vizinha a modesta propriedade de Ponchielli (p.109). Aproveitando o ensejo, o autor aborda o espinhoso as-

---

49 Ibid., p.105.
50 Andrade, M. de, *Pequena história da música*, p.178-9.

sunto da influência de Carlos Gomes sobre Ponchielli (p.110). No texto imediatamente anterior a este, de Boccanera, encontra-se a mesma suposição.

Ao falar das outras óperas, o autor, que tinha grande interesse pelas pesquisas etnográficas, é implacável com o libreto de *Lo Schiavo*, "um tecido de inépcias etnográficas" que desconhece os costumes dos índios e as descrições dos cronistas, desde Lery (p.111).

Comenta sobre a *Fosca*, destacando o dueto do terceiro ato, Delia e Fosca (p.112), e o *Salvator Rosa*, ressaltando sua popularidade na Itália e o valor de alguns de seus trechos (p.113). Menciona o insucesso de *Maria Tudor* e sobre *Condor*, demonstrando perspicácia e atualidade, afirma que essa ópera abandonou as formas líricas do tempo para "[...] entregar-se aos processos da nova escola [...]" (p.114).

Não resiste em voltar à carga contra *Lo Schiavo*, reconhecendo-lhe, porém, as qualidades musicais: "não obstante o falsíssimo *libretto*", é o "apogeu de suas qualidades artísticas" (p.114-5). Ressalta a lealdade de Carlos Gomes à família Imperial, dedicando-lhe a ópera, e passa a citar numerosos trechos da mesma, com destaque para a "Alvorada" (p.115).

Ao terminar, afirma que o compositor teria saído da Itália, ido a Cannes beijar "a mão de seu protetor destronado" (p.116) e...

> depois, sentindo como que crescer-lhe, em torno, noite sepulcral, apercebendo no poente o sol dos seus dias, tomou rumo do Brasil, buscou terras da pátria para penar e morrer. Mas não morre de todo aquele que, como Carlos Gomes, levantou o seu próprio monumento no lastro harmonioso de tantas epopéias.[51]

Há um exemplar de *Artistas do meu tempo* na biblioteca de Mário de Andrade que se encontra no IEB-USP,[52] assim como referências ao mesmo em ficha da seção pertencente a Carlos Gomes no *Fichário Analítico*.[53]

---

51 Moraes Filho, op. cit., p.116.
52 O livro tem o autógrafo de seu antigo proprietário, escrito à tinta, na antepágina de rosto: Fernando Mendes de Almeida. Ele foi professor do Conservatório Dramático e Musical de São Paulo, assim como Mário de Andrade. Na página de rosto, parte inferior esquerda, escrito a lápis, há a inscrição: "Para o Mário". Na segunda página subsequente à página de rosto, uma antes do início do texto, escrito à tinta, há novamente a assinatura do antigo dono na parte superior da página; na parte inferior, encontra-se a observação "Me dado em 1932", seguida da assinatura de Mário de Andrade. A partir dessa informação, pode-se supor que Mário de Andrade tenha lido o livro após essa data.
53 Série manuscritos Mário de Andrade – *Fichário Analítico*, n.2763, Fundo Mário de Andrade, IEB-USP.

O ensaio biográfico sobre Carlos Gomes está repleto de notações características de Mário de Andrade, todas a lápis. A mais frequente é um X, colocado à margem externa do texto, que provavelmente indica o interesse de Mário pelo conteúdo do parágrafo ao lado. Essa notação é tão abundante que há várias páginas em que está presente em todos os parágrafos, chegando a ocorrer três, quatro, cinco vezes na mesma página.

A notação só começa a existir a partir do texto biográfico, e os assuntos mais indicados são: os acontecimentos durante a permanência de Carlos Gomes em São Paulo; a passagem pelo Conservatório e suas atividades no Rio de Janeiro; sua chegada e permanência na Itália, as revistas, a preparação e estreia do *Guarany* – é a parte com maior número de notações; sua volta, as recepções e a estreia do *Guarany* no Brasil. A partir daí tornam-se escassas, ocorrendo de forma isolada nos trechos que falam de Maggianico e da ópera *Lo Schiavo*. Volta a acontecer ao lado do trecho final reproduzido como citação.[54]

Dois parágrafos em que há a notação X possuem frases inteiras sublinhadas que foram reproduzidas aqui, tal como se encontram. O primeiro, referindo-se a Carlos Gomes, fala que, ao vir de família menos abastada,

sem aspirações literárias, a música e exclusivamente a música absorveu-o na adolescência, mesmo porque, em inculto meio, fazia-se preciso secundar a competência paterna [sic] (p.85).

O segundo:

Tocando clarineta e rabeca, compondo e cantando modinhas, acompanhando em concertos ambulantes o seu progenitor, conduziram-no os fados à capital acadêmica, na qual uma *republica* de estudantes o atraiu às suas *prosas*, a noitadas musicais, a serenatas ao luar" [sic] (p.85).[55]

---

54 Outro tipo de notação, menos frequente, é um sinal de exclamação à margem externa do parágrafo. Acontece diversas vezes: quando fala do "Hino acadêmico" e dos políticos de São Paulo (p.86); na passagem do compositor pelo Conservatório e a composição das cantatas, trecho também marcado com o X (p.88); na estreia da *Noite do Castello* e seu elenco (p.89); ao lado do elenco de *Joanna de Flandres*, com o nome do cantor Achilles Rossi sublinhado (p.90); no trecho em que o autor vê elementos nativos na música do compositor (p.105).

55 Algumas palavras específicas estão sublinhadas: partiturista (p.85), deparando-lhe (p.95), bailadores e mise-en-scène (p.104); todas possuem ao lado a inscrição "dic". Segundo Flávia

Quando fala da descoberta do *Guarany* traduzido para o italiano, além do X, há um traço vertical à margem direita, compreendendo toda a extensão do parágrafo (p.95). Por fim, há uma nota marginal com a inscrição "nascimento", ao lado da referência ao nascimento do compositor que, uma vez mais, repete a data que consta da obra de Guimarães Junior (p.84), já corrigida na obra estudada anteriormente.

Guilherme Theodoro Pereira de Mello – *A musica no Brasil: desde os tempos coloniais até o primeiro decenio da Republica*

Publicado na Bahia em 1908,[56] com tiragem limitada, veio a ser o primeiro livro sobre história da música brasileira, o primeiro que procura dar a visão global da matéria sem restringir-se somente à história de personagens ou fatos isolados. Entretanto, seu formato, quanto à organização do conteúdo, apresenta algumas diferenças em relação às obras correlatas posteriores.

Guilherme Theodoro Pereira de Mello (1867-1932) nasceu em Salvador, Bahia, onde estudou música, chegando a ser mestre de banda e regente de coro e orquestra. Em 1928, assumiu o posto de bibliotecário interino do Instituto Nacional de Música, no Rio de Janeiro, passando a ser efetivado no ano seguinte, onde permaneceu até sua morte. *A musica no Brasil* foi a obra que o notabilizou, principalmente por seu pioneirismo.[57]

Toni, em depoimento de 27 de março de 2008, a inscrição refere-se a palavras que Mário estaria reunindo para seu projetado *Dicionário musical brasileiro*. A obra foi publicada postumamente; ali estão, como verbetes, três das palavras sublinhadas: bailador (p.37), mise-en--scène (p.338) e partiturista (p.386), todas elas remetendo ao texto de *Artistas do meu tempo*. Cf. Andrade, M. de. *Dicionário musical brasileiro*.

56 Mello, *A musica no Brasil: desde os tempos coloniais até o primeiro decenio da Republica*. Na obra referencial de Luiz Heitor Correia de Azevedo, *A musica no Brasil* encontra-se na seção B, "Etnografia e folclore", p.41.

57 O livro tornou-se conhecido em sua segunda edição, de 1947, corrigida e prefaciada por Luiz Heitor Correia de Azevedo, que é a reprodução do texto da primeira edição com outra distribuição tipográfica, resultando a não correspondência entre a numeração de páginas de ambas as edições. Como o acesso à primeira edição é difícil, as referências citadas neste estudo correspondem à segunda edição, contrariando nossa prática anterior. Cf. Cadeira n.31: Guilherme de Mello. Academia Brasileira de Música (ABM). Sobre a ABM: Patronos. Disponível em: <http://www.abmusica.org.br>. Acesso em: 19 ago. 2008.

Os dois primeiros capítulos discorrem sobre as origens das principais manifestações folclóricas brasileiras, descrevendo-as. É nesse setor da obra que o autor mostra-se um precursor do que seria, mais tarde, o ideal do modernismo nacionalista. Já na "Preliminar", nome dado à introdução, o autor sugere que a música de cada povo seja resultante de sua idiossincrasia racial e lança a hipótese de que, "para achar-se a pedra fundamental da arte musical em um país", devem-se consultar suas lendas e cultura populares (p.7). Mais adiante, vaticina o surgimento de uma música baseada na cultura popular.

Por acaso no Brasil, terra por excelência da música, onde não se sabe qual a mais exuberante se a flora, se a fauna, se a música, [grifo da edição] não haverá artistas que possam como Glinka e Grieg levantar dos cantos populares, verdadeiras crisálidas dos sentimentos pátrios, a ópera nacional brasileira?[58]

A partir do terceiro capítulo, começa a focar a história da música, fazendo-o de maneira diferenciada. Subdivide o texto de acordo com os diversos períodos da história política brasileira, embora sem muito rigor quanto à sequência cronológica dos fatos. Sendo baiano, o autor dá algum destaque à história da música local e seus músicos, o que os livros futuros deixarão de fazer.

A parte do texto que é dedicada a Carlos Gomes encontra-se no fim do livro, em suas últimas onze páginas (p.333-44), havendo também breves referências ao compositor quando o autor estuda a música no Pará (p.324-5). Supomos que a colocação do texto no fim, para o que não há razão cronológica, poderia ter sido por causa da importância que é dada ao personagem estudado.

Esse texto é um resumo biográfico que se ocupa, em sua maior parte, do início da trajetória do compositor até a estreia do *Guarany*, dedicando poucas páginas aos acontecimentos posteriores que correspondem à segunda metade da vida de Carlos Gomes, o que sugere, mais uma vez, sua relação com o texto de Guimarães Junior. O autor chega a reconhecê-lo, dando-lhe os créditos, ao falar do *Guarany*, e mencionando seu nome como testemunha ocular da estreia da ópera (p.337). Destaca a profecia de Verdi,

---

58 Melo, *A música no Brasil:* desde os tempos coloniais até o primeiro decênio da República, p.57.

enriquecendo o episódio com pormenores que os textos precedentes não trazem (p.340).

Nas três últimas páginas, detendo-se pouco mais ao falar da *Fosca*, com admiração, discorre rapidamente sobre as demais óperas (p.342-4). Ele menciona também obras de natureza diversa e óperas inacabadas, ocasião em que cita Boccanera Junior e seu livro *A Bahia a Carlos Gomes*, "de onde extraí parte deste apontamento biográfico" (p.343).

Dá destaque ao compositor como autor de modinhas e termina com curiosa frase que, aos ouvidos dos futuros músicos nacionalistas, poderia soar estranho, em se tratando de Carlos Gomes: "Aqui termina a última fase, que classifiquei de *nativista* [grifo do autor], no desenvolvimento da arte musical no Brasil" (p.344).

Nas anotações do exemplar que lhe pertenceu, pode-se perceber que Mário de Andrade deu importância especial ao livro de Mello, embora não o tenha incluído, em seu *Fichário Analítico*, no que se refere a Carlos Gomes. Entretanto, o escritor deixou claros vestígios de que seu interesse dirigia-se aos capítulos iniciais do livro, não à sua parte histórica. O principal indicativo é o grande número de notas marginais que permeia essa parte do exemplar, a lápis preto.

Geralmente são notas curtas, com uma ou duas palavras, mas há também aquelas que são extensas. Todas as notas marginais, sem exceção, estão situadas nos trechos em que o autor descreve manifestações folclóricas, incluindo vários exemplos, em grafia musical, tornando evidente o interesse de Mário de Andrade pelo estudo etnográfico.[59]

Na parte dedicada à história, não há mais notas marginais, mas Mário de Andrade não nos deixou sem indicações de seu interesse pelo assunto: há várias anotações, sobretudo corrigindo erros ortográficos e nomes próprios, o que confirma ao menos sua leitura. Entretanto, há outro indicativo de seu interesse: no fim, em uma extensa seção que o autor denominou "índice sumário", em que se encontra o resumo do conteúdo de todas as subdivisões dos capítulos do livro,[60] Mário de Andrade indicou seus assuntos preferi-

---
59 Aparenta haver certa sintonia com o pensamento de Luiz Heitor Correia de Azevedo, que preferiu incluir a obra na seção de "Etnografia e folclore" de sua *Bibliografia musical brasileira*.
60 Tal é a extensão desse índice que ele preenche vinte e cinco páginas; às onze páginas dedicadas a Carlos Gomes, por exemplo, correspondem quase uma página e meia de informações, no "índice sumário".

dos, fazendo anotações em forma de colchetes, a lápis preto, que os delimitam exatamente. Além das manifestações folclóricas já citadas, alguns assuntos históricos estão ali indicados, como aquilo que se refere aos estados de São Paulo, Pernambuco e Bahia e também a determinados compositores, como Henrique Oswald.

Um colchete delimita o assunto de Carlos Gomes, no Pará, que é isolado do restante das informações sobre o compositor. Como todo o fim do índice é dedicado a Carlos Gomes, seriam tantos os colchetes necessários que o escritor preferiu traçar uma longa linha, continuada até a página seguinte, compreendendo todas as indicações sobre ele.

Foram encontradas algumas referências à obra de Mello em textos de Mário de Andrade, assim como em sua correspondência, tentando datar, de forma aproximada, quando poderia ele, Mário de Andrade, ter tido contato com o livro em questão.

Em carta de 17 de setembro de [1926], Manuel Bandeira pergunta-lhe se conhecia a obra, referindo-se ao que nela havia sido escrito sobre a origem do maxixe. Em outra carta, de 1º de dezembro de 1926, Bandeira começa dizendo: "Custei a botar a mão em cima do tal de Guilherme de Melo!", passando a descrever, com minúcias, a verdadeira epopeia para localizar o autor da obra, no Rio de Janeiro, e contar-lhe que "o crítico musical e prof. do Conservatório de São Paulo, M. de A., me encarregara de obter aqui a *História da Música* que ele debalde procurara em São Paulo. [sic]".

O autor do livro, porém, respondeu-lhe que não possuía mais nenhum exemplar, sugerindo-lhe que procurasse "um amigo" que tencionava vender seu exemplar, por "cem mil réis [...] se você topar é preciso mandar o cobre porque eu estou desprevenido", acrescenta Bandeira.[61] Não foram encontradas referências posteriores ao desfecho dessa história, mas, em artigo de Mário de Andrade no *Diário da Noite*, de junho de 1928, no qual o escritor discorre sobre as origens de várias manifestações folclóricas brasileiras, há extensa citação de *A musica no Brasil*,[62] indicando que Bandeira havia conseguido "botar a mão em cima do tal de Guilherme de Melo!".

Para concluir, pelo menos duas hipóteses podem ser levantadas a partir das informações obtidas: havia real interesse de Mário de Andrade pela

---

61 Moraes, M. A. de (Org.), *Correspondência Mário de Andrade & Manuel Bandeira*, p.310, 329-30.
62 Cf. Batista; Lopez; Lima (Orgs.), *Brasil: 1º tempo modernista, documentação*, p.338-9.

obra, embora fosse dirigido, sobretudo, ao seu conteúdo etnográfico, o que não exclui o interesse que suas anotações também demonstraram por aquilo que se referia a Carlos Gomes; de outro lado, pode-se afirmar que seu contato com o livro foi posterior à Semana de Arte Moderna.[63]

André Rebouças – "Ephemerides de Carlos Gomes: notas para o Taunay"

O texto foi publicado pela primeira vez na *Revista do Instituto Historico e Geographico Brazileiro*, em 1910,[64] como complemento do artigo "Algumas cartas de Carlos Gomes ao Visconde de Taunay", de Affonso Taunay.[65] "Ephemerides de Carlos Gomes: notas para o Taunay" é um texto biográfico conciso, sem preocupação literária, ao contrário dos demais textos estudados.

É escrito no formato de pequenos comentários, muitos deles telegráficos, podendo estender-se pouco mais, quando necessário. Os comentários são sempre anunciados pela indicação de uma data específica ou apenas do ano do acontecimento comentado. Assemelha-se a um caderno de notas ou mesmo a um diário. É caso único, em um universo em que imperava a ostentação dos predicados literários, mas é grande sua importância porque oferece visão objetiva dos fatos e precisão de datas.[66]

O texto de "Ephemerides de Carlos Gomes: notas para o Taunay" inicia com a data correta do nascimento do compositor, 11 de julho de 1836

---

63 Em contrapartida, o organizador da correspondência entre Mário de Andrade e Manuel Bandeira, em nota de rodapé, sugere que um selo de 1936, colado na antepágina de rosto do exemplar da biblioteca de Mário, denuncie a data de aquisição do livro (Moraes, M. A. de (Org.), op. cit., p.311).
64 Rebouças, Ephemerides de Carlos Gomes: notas para o Taunay. *Revista do Instituto Historico e Geographico Brazileiro*, v.73, parte II, p.75-86, 1910.
65 Na publicação, não há qualquer alusão ao nome de seu autor, junto ao título, o que somente é esclarecido no fim do texto, com a discreta assinatura de André Rebouças. Em seguida, uma carta de Rebouças a Taunay sugere novamente a autoria do texto anterior. Deve-se dizer que Taunay, em seu texto introdutório, refere-se ao texto e seu autor, porém, no índice final da revista, não há referências a "Ephemerides" ou a seu autor, somente ao texto das cartas de Carlos Gomes.
66 Quando se conhece o *Diário e notas autobiográficas*, de André Rebouças, publicado posteriormente (1938), percebe-se que a maior parte do texto de "Ephemerides de Carlos Gomes: notas para o Taunay" foi extraída da mesma fonte do *Diário*, do qual chega a ser o resumo em alguns pontos. Em outros, a fonte serviu somente como modelo de redação. Em "Ephemerides", quando há citação literal daquele texto, o autor não deixa de mencioná-lo.

(p.75). Afirmando que as notas seguintes foram extraídas do arquivo da Academia de Belas-Artes, ou seja, mencionando suas fontes, relata então fatos e datas do período em que o compositor permaneceu no Rio de Janeiro, de 1859 até sua ida para a Itália, acrescentando, em nota especial, a importante informação sobre o paradeiro da partitura da ópera *Joanna de Flandres*, que o compositor considerava perdida em um incêndio (p.76).

Sem estender-se muito, relata a estreia do *Guarany* em Milão, mas não recorre a Guimarães Junior, e sim a um "diletante italiano" que lhe havia narrado suas impressões (p.76-7). Naturalmente, também não menciona os já consagrados episódios da estreia daquela ópera.

Com minúcias, narra a estreia do *Guarany* no Rio de Janeiro e fatos que se sucederam durante a estadia brasileira do compositor, precisando também as datas de outras récitas da ópera e o dia em que conheceu Carlos Gomes (p.77); termina o período 1870-1871 com o casamento do compositor (p.78).

A parte central, mais rica em informações, é aquela que corresponde aos anos de 1872-1873, durante os quais o autor passou cerca de quatro meses, na Itália, em contato quase diário com Carlos Gomes. Relata pormenores de sua vida doméstica e profissional, dando ao leitor imagem mais humana do compositor, ao contrário da maioria dos textos da época, que quase sempre o mitificavam (p.79-82).

A partir daí, até o fim da vida do maestro, os anos sucedem-se e o texto torna-se telegráfico; mesmo assim, é rico de informações. Traz referências às demais publicações do autor sobre Carlos Gomes, assim como publicações de outros autores. Entre os artigos de sua própria autoria, encontra-se a série publicada na revista *O Novo Mundo*, de Nova York, especificando seus títulos e datas de publicação durante os anos de 1877 e 1879 (p.83-4).[67]

---

67 Esses artigos não são mencionados tanto na obra de Luiz Heitor Correia de Azevedo como naquela de Vicente Salles. Permanecia um mistério que seria parcialmente elucidado por meio de sua reprodução, quase integral, no segundo livro de Boccanera Junior que estudaremos adiante. Recentemente, todos os números da revista *O Novo Mundo* foram reproduzidos na internet, facultando o seu conhecimento. Pode-se perceber que as datas oferecidas por Rebouças não correspondem às verdadeiras informações, quiçá porque o autor referia-se ao momento em que expediu seus artigos, porém os dados de Boccanera Junior estão corretos; certamente o autor possuía os exemplares da revista. Cf. *O Novo Mundo*: periodico illustrado do progresso da edade, v.I-IX, n.1-108, out. 1870/nov. 1879. Disponível em: <http://www.onovomundo.net>. Acesso em: 10 maio 2011.

O exemplar estudado integra o acervo da Biblioteca do IEB-USP e não pertenceu à biblioteca de Mário de Andrade. O escritor teria outra maneira de conhecer esse texto, porém fora do período estudado: trata-se de sua republicação, em *Dous artistas maximos*, livro que reúne alguns escritos do Visconde de Taunay, organizados por seu filho, Affonso de E. Taunay, em 1930. Essa obra integrou a biblioteca de Mário de Andrade, embora não traga qualquer traço de leitura, como as habituais notas marginais, por exemplo. Seu conhecimento da obra é confirmado no *Fichário Analítico*, em que *Dous artistas maximos* é citado em uma das fichas relacionadas a Carlos Gomes.[68] Outra evidência vem de uma referência em seu célebre artigo sobre a ópera *Fosca*, várias vezes publicado:

> Ele, que jamais foi um apressado nem produtor de óperas anuais, que fez mediar três anos entre *Guarany* e *Fosca*, e deixará passar mais cinco entre *Salvador Rosa* e *Maria Tudor*, e dez entre esta e o *Escravo*: num ano apenas, numa pressa muito bem denunciada pelo visconde de TAUNAY [sic] nas suas "Efemérides de Carlos Gomes", desfaz o mau efeito da frieza com que a *Fosca* fora recebida, escrevendo em língua de público, o *Salvador Rosa*.[69]

Pode-se tomar a atribuição da autoria de "Ephemerides de Carlos Gomes: notas para o Taunay" a Taunay, por simples generalização da parte de Mário de Andrade, pois afinal é ele o autor dos demais textos da obra, mas também poderia ser um engano seu, por causa da maneira em que o texto foi publicado, exatamente como em sua primeira aparição.[70]

***

Das doze publicações biográficas do período estudado, indicadas pelas duas obras de referência, somente a uma não foi possível ter acesso. O texto

---

68 Série manuscritos Mário de Andrade – *Fichário Analítico*, n.2763, Fundo Mário de Andrade, IEB-USP.
69 Andrade, M. de. Fosca. *Revista Brasileira de Musica*, v.3, n.2, p.251-263, jul. 1936.
70 O texto de "Ephemerides", em *Dous artistas maximos*, padece exatamente das mesmas questões de autoria, já comentadas acima, em sua primeira publicação, fato que poderia haver induzido Mário de Andrade a enganar-se.

não encontrado integra o livro *Alma cívica*, de Vitrúvio Marcondes, e, segundo Luiz Heitor Correia de Azevedo, ocupa-se de "breves traços biográficos de Carlos Gomes, precedidos de uma poesia a ele dedicada",[71] tendo um total de cinco páginas. Tampouco se conseguiu qualquer informação biográfica sobre seu autor, que não é mencionado em nenhuma das diversas publicações especializadas nesse gênero que foram pesquisadas.

Com a quase totalidade da produção biográfica gomesiana do período em perspectiva, tentei identificar possíveis elementos comuns e característicos, entre as obras estudadas e também seus autores.

Nota-se, em primeiro lugar, que há absoluto predomínio de fantasias ou romances biográficos, com algumas exceções, como *A Bahia a Carlos Gomes*, de Boccanera Junior, que se envereda pelo caminho da documentação, sem lográ-lo por completo, e "Ephemerides de Carlos Gomes: notas para o Taunay", de André Rebouças, realmente um trabalho de outra natureza. Entretanto, o mesmo engenheiro Rebouças, das "Ephemerides", quando se propõe escrever a biografia do compositor, em forma de folhetim, na *Revista Musical e de Bellas Artes*, acede ao gosto de seu tempo e opta pelo romance biográfico.

Em segundo lugar, percebe-se que a maioria dos episódios narrados por Guimarães Junior, com certa fantasia, em *A. Carlos Gomes: perfil biographico*, cristalizou-se, passando a ser espinha dorsal de muitos trabalhos posteriores. Com o passar do tempo, a espinha dorsal ganhou corpo, nutrido pela fantasia dos autores seguintes que adornavam ainda mais os fatos narrados. Pode-se ver similaridade com os procedimentos adotados na área literária, por autores brasileiros de biografias, da mesma época.

> O intuito principal do autor era despertar admiração pelos varões e traçar existências movimentadas; daí meter-se na pele deles e trabalhar os poucos dados seguros por meio da imaginação, mais ou menos como se faz nas biografias romanceadas.[72]

Segundo estudiosos da matéria, a própria natureza da biografia já pressupõe a participação da ficção; é inevitável recorrer a sua ajuda, porque é

---

71 Azevedo, L. H. C. de, *Bibliografia musical brasileira (1820-1950)*, p.144.
72 Candido, *Formação da literatura brasileira:* momentos decisivos, p.665.

impossível reproduzir a complexidade de uma vida. O biógrafo necessita do auxílio da imaginação para preencher os vazios temporais, por mais farta documentação que tenha a seu dispor.[73] Esse procedimento ganhou ainda maior relevância no período romântico, no qual se inserem nossos autores que, então, deram asas à fantasia, liberando-a em episódios de natureza mais ou menos semelhante, vividos pelo compositor.

Um terceiro ponto pede atenção: a importância sociocultural dos autores envolvidos. Quase todos foram homens ilustres que deixaram seus nomes na história literária e/ou política do Brasil, tendo exercido papéis sociais de destaque e influenciado os meios em que viveram. Ao menos quatro deles poderiam ser enquadrados na categoria de historiadores, profissão que não era regulamentada no Brasil: Verissimo [Dias de Mattos], célebre historiador literário, Moraes Filho, Blake e Mello, autor da primeira história da música brasileira. Esse fato categoriza seus escritos, mesmo que as pesquisas nessa área fossem ainda incipientes.[74]

A grande quantidade de biografias, entre os textos estudados, reflete uma preocupação que se espalhou pelo Brasil da época. Em busca de sua autoafirmação nacional e literária, sob o estímulo do ideal romântico do culto ao herói, o país viu-se diante da necessidade de conhecer seus grandes homens, o que multiplicou a produção de obras do gênero.[75] Após seu triunfo na Itália, Carlos Gomes ingressou no seleto grupo dos heróis nacionais, tornando-se um dos personagens de maior interesse, senão o maior deles, entre os cultores de biografias.

O que ocorreu com ele não foi um fenômeno restrito ao Brasil. Na Europa, proliferavam biografias de músicos, geralmente romanceadas, desde o início do século XIX, e um dos grandes estudiosos daquele século, o musicólogo Carl Dahlhaus, refere-se à existência de um determinado tipo de historiografia, em que "invenção alegórica e concreta verdade biográfica confundem-se".[76]

---

73 Dosse, *La apuesta biográfica: escribir una vida*, p.55.
74 Na França, durante o século XIX, eram raros os historiadores que se dedicavam a escrever biografias, gênero considerado menor, no qual militavam principalmente jornalistas. Dosse, op. cit., p.171-2, 177.
75 Cf. Candido, op. cit., p.665-7.
76 Dahlhaus, *La musica dell'Ottocento*, p.83. [Trad. do autor].

Na segunda metade do século XIX, também na Europa, surgiram novos ideais valorizando o estudo analítico-científico, antiliterário, atitude favorecida ainda mais pelo positivismo e o cientificismo, resultando no nascimento da musicologia.[77] Desde então, passou a ser questionado cada vez mais o valor dos romances biográficos, porém o Brasil não acompanhou as mudanças *pari passu*, principalmente em se tratando dos trabalhos sobre Carlos Gomes.

Próximo à grande efeméride do centenário de nascimento do compositor, em 1936, houve verdadeira avalanche de novas publicações. Entre elas, surgiram textos muito importantes, como o estudo de Mário de Andrade sobre a ópera *Fosca*, possivelmente o primeiro trabalho de análise musical, menos associado ao enfoque retórico-literário, publicado no Brasil, e *A vida de Carlos Gomes* (1935), escrito por Itala Gomes Vaz de Carvalho, filha do compositor, que não se enquadra na categoria do romance biográfico, mas também dele não se afasta completamente. É mais um testemunho da autora que recorre a alguns dos trabalhos aqui estudados, complementando suas lembranças, entre eles "Ephemerides de Carlos Gomes: notas para o Taunay", de André Rebouças.

Entretanto, ali estavam também as fantasias biográficas, como *O romance de Carlos Gomes* (1936), de Hermes Pio Vieira,[78] e o consagrado *Carlos Gomes: o Tonico de Campinas* (1936), de Jolumá Brito,[79] entre outros, a bem da verdade, com maior presença documental que seus predecessores do século anterior. O tempo passou e as fantasias biográficas continuaram a ser publicadas; *O homem da cabeça de leão: Carlos Gomes, suas músicas e seus amores* (1971), de Gabriel Marques,[80] é mais um exemplo delas.

Em torno de outra efeméride, dessa vez o centenário de sua morte, surgiram novas biografias diferentes entre si. Destaca-se o trabalho de Marcus Góes, *Carlos Gomes: a força indômita*, resultado de grande pesquisa que se concentra no período italiano da vida do compositor, mas não é um romance biográfico, e sim uma obra documental.[81] Entretanto, foi publicado tam-

---

77 Cf. Fubini, *La estética musical desde la antiguedad hasta el siglo XX*, p.334-7. [Trad. do autor].
78 Vieira, *O romance de Carlos Gomes*.
79 Brito, J., *Carlos Gomes: o Tonico de Campinas*.
80 Marques, *O homem da cabeça de leão: Carlos Gomes, suas músicas e seus amores*.
81 Góes, *Carlos Gomes: a força indômita*.

bém um novo romance biográfico, menos vinculado à tradição do passado que ao ressurgimento desse gênero literário ocorrido no fim do século XX. Trata-se de *O selvagem da ópera* (1994), de Rubem Fonseca,[82] trazendo o fenômeno até nossos dias.

Ambas as obras diferem de suas predecessoras por abolirem o texto encomiástico; ao contrário, expõem certas fraquezas do compositor, interpretadas segundo conceitos um tanto moralizadores de seus autores. Em Rubem Fonseca, por exemplo, o esqueleto da obra, baseado em farta documentação, é preenchido pela fantasia do autor e Carlos Gomes perde a imagem de herói obstinado a alcançar sua meta, que pouco percebia o que estava à sua volta, para transformar-se em personagem pouco refratário aos encantos femininos que, ante os reveses que se lhe apresentavam, tornava-se depressivo.

Resta procurarmos saber o possível posicionamento de Mário de Andrade diante dos romances biográficos. Há pelo menos um indício de que o escritor não teria grande interesse por textos simplesmente biográficos, como a maioria dos que aqui foram estudados: seu único livro sobre história da música, *Pequena história da música*, trata de Carlos Gomes, focando-se somente em informações estético-musicais. Não fornece sequer um dado informativo que porventura possa estar ali por razões puramente biográficas.[83]

A fonte primária na construção das biografias

Leopoldo Augusto do Amaral Gurgel – "Carlos Gomes e André Rebouças: *Guarany, Fosca* e *Salvator Rosa*"

O texto foi publicado na *Revista do Centro de Sciencias, Letras e Artes* de Campinas em 1908,[84] sob a responsabilidade de Leopoldo Amaral, que o transcreve de publicação anterior no jornal *Estado* – supomos que seja *O Estado de S. Paulo* –, sem oferecer referência à data da primeira publicação na nota de rodapé que o explica.

---

82 Fonseca, R., *O selvagem da ópera*.
83 Cf. Andrade, M. de, *Pequena história da música*, p.174-9.
84 Amaral, L., Carlos Gomes e André Rebouças: *Guarany, Fosca* e *Salvator Rosa*. *Revista do Centro de Sciencias, Letras e Artes*, n.19, p.99-109, set. 1908.

Leopoldo Augusto do Amaral Gurgel (1858-1938) nasceu em Campinas, onde foi político de destaque. Colaborou em diversos jornais, dando preferência aos temas históricos, e foi correspondente de *O Estado de S. Paulo* por mais de quarenta anos.[85] Em carta introdutória, o autor afirma que extraiu o texto a seguir do "diário particular" de André Rebouças, "algumas dezenas de volumes". Deles, retirou as "notas que se referem apenas ao seu grande amigo Carlos Gomes", restritas ao período específico em que surgiram as três óperas citadas no título.[86] Para realizar o estudo, partiu-se de uma cópia fotográfica do texto original, da Biblioteca do Centro de Ciências, Letras e Artes de Campinas, onde se encontra.

Também há estreita ligação desse texto com "Ephemerides de Carlos Gomes: notas para o Taunay", no qual Rebouças chega a citar algumas notas que estão aqui reproduzidas, mencionando que se encontram em seu "Diário". Em "Ephemerides", toda a parte compreendida entre dezembro de 1872 e abril de 1873 é o resumo do texto das notas dessa publicação ora estudada.

As notas transcritas referem-se somente a dois períodos que são analisados separadamente. O primeiro deles estende-se de dezembro de 1870 a fevereiro de 1871, quando Carlos Gomes veio ao Brasil estrear o *Guarany*. É justamente onde começa a transcrição, no dia 2 de dezembro, relatando que assistira à estreia da ópera do "Meyerbeer brasileiro" (p.99).

Já nesse período, em que Rebouças tivera o primeiro contato com Carlos Gomes, percebe-se sua preocupação com a situação econômica do compositor e pode-se acompanhar a primeira tentativa de conseguir-lhe pensão do governo, por meio do ministro do Império, João Alfredo, tentativa que acaba fracassando um dia antes do retorno do compositor à Europa.

---

85 Menezes, op. cit., p.39.
86 Parte das notas de Rebouças será publicada, em 1938, no livro *Diário e notas autobiográficas*. Embora tenha cerca de quatrocentas e cinquenta páginas, é apenas uma porção das notas existentes. Estão publicadas em ordem cronológica e divididas em oito capítulos. O critério adotado para agrupá-las, em cada capítulo, diz respeito à proximidade cronológica entre elas e não seu conteúdo, portanto, as notas sobre Carlos Gomes encontram-se dispersas por toda a obra, dificultando sua pesquisa. A publicação ora estudada, ao contrário, agrupou *todas* as notas relacionadas ao compositor, referentes ao período que se propõe, dia a dia. Isso confere ao texto especial importância porque, ao que parece, o mesmo não voltou a ser publicado.

Relata o reencontro do compositor com o imperador, que "conversou muito com ele e mui paternalmente", aconselhando-o, mais uma vez, a ir para a Alemanha (p.100). O texto oferece informações que comprovam o endividamento de Carlos Gomes para produzir o *Guarany* na Itália, referindo-se à dívida de sete mil-réis contraída com seu irmão Sant'Anna Gomes (p.100). Comenta ainda que "o imperador perdoou-lhe" uma dívida de cinco mil-réis, sem nada dizer sobre o destino que tivera o dinheiro (p.101).

Mesmo sendo ele tão enaltecido pela elite brasileira, sua estadia no Rio de Janeiro foi modesta, instalando-se no "aposento que lhe cedeu o Júlio de Freitas, sobre a padaria do Largo da Carioca". Retornou à Europa no dia 23 de fevereiro, tendo apenas meia dúzia de amigos em sua despedida (p.101). Essas informações provocaram uma digressão que não se pode evitar: seria sua origem humilde, ou qualquer idiossincrasia, a razão para hospedar-se em tais circunstâncias? Uma pessoa "bem-nascida" vivendo tal momento de glória nacional não teria sido acolhida por pessoas de destaque social?

Bem mais informativo, o segundo período das notas começa em 22 de dezembro de 1872, com a chegada de Rebouças a Turim, onde Carlos Gomes acompanhava a preparação de uma montagem do *Guarany*. É essa ocasião que gerou um dos mais citados trechos de Rebouças, exprimindo orgulho ao ver, nos ensaios, o respeito que os artistas italianos mantinham pelo compositor nascido "lá nos confins de São Paulo" (p.102).

Nesse longo período que vai até 4 de abril, Rebouças esteve na Itália em contato com Carlos Gomes, com quem almoçava e/ou jantava quase todos os dias, o que as notas relatam. Como já comentado no estudo de "Ephemerides de Carlos Gomes: notas para o Taunay", o texto de Rebouças permite que se conheça melhor o dia a dia do compositor. Tem a presença constante de outro personagem, sua esposa Adelina, que os acompanha a maioria das vezes.

A vida de Carlos Gomes é de intenso trabalho, de idas quase diárias ao estabelecimento de Lucca, seu editor, com uma preocupação que não o abandona: a procura por textos que lhe possam fornecer um bom libreto. Chega a ponto de sugestionar as pessoas que o cercam, como o próprio Rebouças, que passa a matutar também sobre a mesma questão. Este narra que o compositor distribuía "os romances comprados ao editor Treves, pelas pessoas da família, para que lessem e lhe resumissem depois o assunto. É indescritível o frenesi em que se acha por falta de um libreto" (p.105).

Nota-se também a intensa atividade de Rebouças, realizando contatos com amigos e pessoas eminentes de várias cidades europeias, como Brasílio Itiberê, diplomata brasileiro em Berlim (p.108), para que promovessem execuções de óperas de Carlos Gomes e, muitas vezes, enviando-lhes também partituras. Em mais de uma ocasião menciona sua preocupação de que o compositor vá "terminar os seus estudos na Alemanha" (p.103-5).

Nesse período, Rebouças esteve presente em várias récitas de diferentes óperas, testemunhando o que presenciou. O relato da estreia (16 de fevereiro) e demais récitas da *Fosca* não fala de qualquer ausência de receptividade do público italiano, ao contrário (p.102 et seq.). Entretanto, a estreia milanesa do *Lohengrin* esteve muito tumultuada, ocasião em que considera oportuno discorrer sobre a guerra entre os editores Lucca e Ricordi, que acabou prejudicando Carlos Gomes (p.108).

O texto serve também para contestar, ou pelo menos colocar em dúvida, afirmações de que o compositor era "perdulário" – compare-se ao período em que passou no Rio de Janeiro, já comentado, tendo de saldar dívidas –, descrevendo as reais condições em que vivia em Milão, onde, na mesma época, supostamente teria "casa alugada",[87] local que Rebouças descreve como "modestíssimo aposento" no terceiro andar de um prédio.

Algumas partes do texto tornaram-se mais conhecidas após serem reproduzidas em *Diário e notas autobiográficas* (1938), como o batizado do filho do compositor, Carlos André, afilhado de Rebouças (p.105), e o contrato com o poeta Ghislanzoni para escrever o libreto de *Salvator Rosa* (p.106-7). Entretanto, envolvendo justamente o poeta como personagem, há alguns outros trechos que merecem maior atenção.

Por duas vezes, em 13 de março e 1º de abril, Ghislanzoni atuou como intermediário, tentando convencer Carlos Gomes a transferir-se para a Casa Ricordi (p.107, 109). Em uma dessas ocasiões, o poeta, "sem ninguém perguntar-lhe, disse que preferia seguramente o talento de Carlos Gomes ao de Ponchielli" (p.107). No dia 4 de abril de 1873, Rebouças jantou com o casal Gomes e despediu-se "na vasta e bela estação de Milão", partindo para Bolonha (p.109), ponto em que Amaral termina sua transcrição.

Não foi encontrada entre os pertences de Mário de Andrade a revista que traz a publicação de Amaral, mas, como já mencionado, ele conhecia

---

87 Cf. Góes, op. cit., p.185.

"Ephemerides de Carlos Gomes: notas para o Taunay" provavelmente por meio de outra obra que possuía, *Dous artistas maximos*, de Taunay, citada em seu *Fichário Analítico*,[88] que reproduz boa parte do texto ora estudado. Ademais, tendo sido o texto publicado originalmente no jornal *O Estado de S. Paulo*, há alguma possibilidade de que ele possa tê-lo conhecido.[89]

Affonso d'Escragnolle Taunay − "Algumas cartas de Carlos Gomes ao Visconde de Taunay"

Esse título refere-se à compilação de vinte e quatro cartas publicadas na *Revista do Instituto Historico e Geographico Brazileiro* em 1911.[90] As cartas foram organizadas por Affonso d'Escragnolle Taunay, filho do Visconde de Taunay,[91] que é também autor da introdução e das notas, agregando-lhes o texto de André Rebouças, "Ephemerides de Carlos Gomes: notas para o Taunay".[92]

Embora seja somente pequena amostra da copiosa correspondência ativa deixada pelo compositor, a qual não foi objeto até hoje de nenhuma tentativa de publicação conjunta, essas cartas trazem grande quantidade de informações que facultam aos estudiosos acompanhar as atividades de Carlos

---

88 Série manuscritos Mário de Andrade − *Fichário Analítico*, n.2763, Fundo Mário de Andrade, IEB-USP.
89 Entretanto, *Dous artistas maximos* é uma publicação de 1930, portanto posterior ao período estudado, e a publicação de Amaral em *O Estado de S. Paulo* foi anterior a 1908, data de sua segunda aparição, quando Mário de Andrade tinha apenas quinze anos de idade.
90 Taunay, A. d'E. (Org.), Algumas cartas de Carlos Gomes ao Visconde de Taunay. *Revista do Instituto Historico e Geographico Brazileiro*, v.73, parte II, p.35-75, 1910.
91 Alfredo d'Escragnolle Taunay (1843-1899), o Visconde de Taunay, foi um dos maiores amigos de Carlos Gomes. Importante político e escritor de sucesso, autor de *Retirada da Laguna* e *Inocência*, escreveu também o texto que originou o libreto de *Lo Schiavo*, muito modificado pelo libretista Paravicini, o que o desagradou (ver nota do organizador, à p.67, da mesma publicação).
92 Nos trabalhos bibliográficos de Luiz Heitor Correia de Azevedo e Vicente Salles, os dois textos entram sob diferentes referências: as cartas, sob o nome de Carlos Gomes, e "Ephemerides de Carlos Gomes: notas para o Taunay", sob o nome de Rebouças. A referência no índice no fim da *Revista* é a seguinte: "Algumas cartas de Carlos Gomes ao Visconde de Taunay, pelo Dr. Affonso Taunay", sem qualquer alusão ao texto e ao nome de Rebouças, como já comentado anteriormente, no estudo de "Ephemerides". Baseando-se em procedimentos bibliográficos atuais, optou-se por dar novo formato aos dados bibliográficos da publicação, conforme se encontra acima.

Gomes entre 1873 e 1889, período que compreende o apogeu e o crepúsculo de sua carreira. Elas também permitem acesso ao lado humano do compositor, revelando suas qualidades e fraquezas, sua linguagem simples, que não consegue evitar recorrer a palavras italianas para complementar o sentido de algumas frases. As cartas estão publicadas em ordem cronológica, com uma única exceção: a última é a mais antiga de todas; invertendo-a, tem-se a cronologia respeitada.

Se for ouvido Guimarães Junior, ao dizer que o compositor abandonou a escola aos 11 anos para estudar música, ou ainda Moraes Filho, ao comentar que não poderia ter "aspirações literárias" porque sua origem era humilde, não surpreende as limitações de sua escrita, porém é notável a desenvoltura que sempre demonstrou, escrevendo seja lá para quem o fizesse, literatos ou autoridades públicas, em português ou italiano. Taunay possuía estes dois atributos: era homem de cultura e erudição, mas também um político importante; Carlos Gomes, no entanto, via nele apenas um amigo, com quem podia abrir seu coração.

A primeira carta, em ordem cronológica, mas a última do texto, é de 1873 e não foi endereçada a Taunay, porém a Francisco Castellões, outro dos amigos mais queridos do compositor. Carlos Gomes demonstra sua contrariedade ao compor a ópera nova, *Salvator Rosa*, "por força": "é de muito maior trabalho que a *Fosca* [...] é uma castanha dura de roer e que só a força de vontade de meus dentes pode quebrar" (p.74). Comenta sobre a pensão que passaria a receber e enaltece o "ato espontâneo e generoso de Taunay", afirmando que lhe escreveria para agradecer.

A próxima carta, de novembro de 1873, é aquela que inicia a longa amizade entre os dois missivistas e, por esse motivo, provavelmente foi ordenada como a primeira da série (p.41-2). Ela contém o sincero agradecimento a Taunay, embora quem a leia não consiga saber o porquê. A razão pode ser encontrada no texto que vem depois de "Algumas cartas de Carlos Gomes ao Visconde de Taunay", "Ephemerides de Carlos Gomes: notas para o Taunay" – graças à atuação do deputado Taunay, o Parlamento aprovara em julho de 1873[93] a concessão da pensão do governo brasileiro ao compositor (p.75). Retornando à carta, o compositor narra que estava ultimando a

---

93 O mesmo texto informa que a pensão concedia ao compositor a quantia de quinhentos mil--réis mensais durante cinco anos (p.75).

composição de *Salvator Rosa*, e o grande sucesso da estreia dessa ópera em Gênova é o assunto da única carta de 1874 (p.42-3). Com certa amargura, o compositor lamenta que tenha sido ele o único brasileiro presente à estreia da ópera.

Na carta de 1875, noticia a carreira vitoriosa de *Salvator Rosa*, já apresentada em seis teatros italianos, além do *Guarany*, *robavecchia*, que continuava a fazer sucesso. Ele lamenta que os brasileiros permaneçam ignorando esse sucesso. Na primeira carta de 1877, reporta o recebimento do libreto de *Paraguassú*, escrito por Taunay, que mais tarde seria *Moema* e, enfim, o assunto inicial do *Escravo*. Carlos Gomes põe-se então a explicar o que um texto necessitaria, em seu conceito pessoal, para tornar-se um bom libreto:

> É necessário porém que a ação continue com o indispensável *crecendo!* É preciso inventar cenas *levadas do diabo* e de *arripiar* [sic] *os cabelos*; – o espectador [...] tem o direito de compreender o que se passa na cena sem ter lido o libreto antes de ir ao teatro! *Non é vero?*[94]

A ópera *Maria Tudor* é o assunto central das próximas cinco cartas. Na longa carta do fim de 1877, o compositor ainda luta com o libreto inacabado por causa da morte do poeta. Desespera-se pela falta de bons libretos, responsáveis pela *metade da ópera*, segundo suas palavras (p.45-7). Na carta seguinte, de dezembro de 1878, já descreve a luta para concluir as cópias das partes de orquestra, revelando todo o seu cuidado com essa importante etapa que antecede a execução musical. Dedica a ópera a Taunay e não esconde sua esperança em um "trabalho em que deposito toda a minha confiança e que julgo superior a tudo quanto tenho escrito até hoje" (p.48).

"A Maria está desmaiada!", assim começa a comovente carta, de abril de 1879, em que relata a reação hostil do público italiano no dia da estreia da ópera. Reafirma, porém, sua convicção: "a *Maria* é o meu melhor trabalho", pondo-se a explicar algumas razões costumeiras do fracasso de óperas (p.50-2). Na segunda carta de 1879, ainda lamenta o ocorrido, culpando "intrigas e infâmias" de inimigos e a *canalhada* dos editores.

---

94 Taunay, A. d'E. (Org.), Algumas cartas de Carlos Gomes ao Visconde de Taunay, p.44.

Entretanto, é na terceira carta de 1879, de dezembro, que se encontra Carlos Gomes em um dos mais dolorosos momentos de sua vida. Seu filho Mário, de 5 anos, havia morrido em seus braços, em Genova, onde ainda permanecia, sem ter forças para voltar a Milão. Tal é seu abatimento que, todas as noites, ele era tomado por febres constantes e insônia, pensando no filho. Principia então a escrever como caipira, talvez para espantar tanta tristeza: "sou feliz em diverti-lo com frases de caipira que sou e daí não passo". Comenta, rapidamente, o "desastre familiar que interrompeu tudo em julho", referindo-se, possivelmente, à sua separação da esposa. A reforma de *Maria Tudor* ainda é assunto, ópera que Ricordi ainda crê que "acordará do desmaio" (p.53-5).

A próxima carta, de abril de 1880, foi escrita na Bahia, durante a passagem triunfal do compositor pelos estados do Nordeste: "Em Pernambuco fui recebido como Príncipe, aqui na Bahia como Rei!" (p.55). Afirma que está enviando partituras de *Maria Tudor* ao imperador e alguns ministros; também gostaria de conseguir o "hábito da Rosa", para o Giulio Ricordi, "porque só com esse meio poderei dar o *Guarany* na ópera de Paris" (p.56). Na carta seguinte, de dezembro do mesmo ano, comenta que o Ricordi recebera a "ordem da Rosa" e que está enviando ao Brasil a "composição do pianista Celega sobre a *Maria Tudor*" (p.57).

A única carta de 1881 refere-se a seis peças compostas por Taunay que estariam sendo impressas na Ricordi. O compositor afirma ter notado "alguns pequenos erros de harmonia". Comenta estar tendo problemas com a construção da *Palazzina* e pede que os amigos e estudantes pressionem o empresário Ferrari, seu inimigo, a "dar minhas óperas este ano" (p.58).

A carta, de 1882, relata que leu *Inocência* e ficou "comovido até às lágrimas". Lamenta que seja um assunto muito sereno para um libreto: "O público pede *gritarias*, como sabes, ciúmes, traições, mortes e mais mortes" (p.59).

Na carta de 1883, percebe-se que Carlos Gomes estivera há pouco no Pará, dando início às suas divergências com o compositor paraense Gama Malcher. Queixa-se do Ricordi, que lhe propusera, para o *Escravo*, um contrato do tipo "comprar o objeto para pagá-lo 'com o mesmo produto' do objeto" (p.60). Sua casa está hipotecada, tendo de pagar juros; teme ter de vendê-la "pela metade do valor". Começam a surgir questões sobre o libreto do *Escravo*. Taunay mostrara-se apreensivo com a existência de "alguns anacronismos" no libreto, porém o compositor afirma-lhe que sempre lê a história do Brasil (p.61).

A carta de 1884 é cheia de queixumes: o ano anterior correu "pessimamente"; seu sobrinho Paulino morreu sob seus cuidados; o *Guarany*, há anos anunciado no teatro italiano de Paris, não vai à cena; o *Escravo* está parado; suas dívidas passam de cinquenta mil francos e desconfia até da amizade do imperador: "temo enfim que ele não seja *muito, muito* meu amigo" (p.62).

A carta de 1887 gira em torno do *Escravo*. Ele comenta as modificações do libreto feitas por Paravicini e faz conjecturas sobre o melhor local para estrear a ópera. Gama Malcher acusara-o de haver roubado o assunto do *Escravo* de ópera que estava compondo sobre *Boug Giargal*, de Victor Hugo. Pede a Taunay que escreva aos jornais dizendo que a ideia de sua ópera nascera em 1880, no Rio de Janeiro, de uma conversa entre eles. Em *post scriptum*, dá a pior notícia: Paravicini fizera "mudanças *radicais*" no esboço de Taunay, mas seu nome seria mantido ao lado do nome do poeta italiano (p.63-5).[95]

Na primeira carta de 1888, diz que sua situação financeira é desesperadora; tem duas óperas "quase prontas", *Escravo* e *Morena*, porém não encontra sossego para terminá-las. Pede a intercessão de Taunay junto ao presidente do Conselho, João Alfredo, para conseguir algum auxílio (p.65).

Na segunda carta de 1888, fala do contrato assinado com a Ricordi, para a ópera *Escravo*. Musella, o empresário, teria prometido estrear a ópera no Rio de Janeiro, enganando-o. Pergunta o porquê do silêncio de Taunay, após as modificações realizadas por Paravicini no libreto da mesma ópera (p.66-7).

As duas primeiras cartas de 1889 têm só um dia de diferença porque, entre elas, o compositor havia recebido correspondência de Taunay. O assunto principal de ambas é o mesmo: pede que todos os amigos pressionem o empresário Musella, que o enganara no ano anterior, para realizar *O Escravo* no Brasil (p.68-71).

As duas últimas cartas foram escritas em São Paulo. Na primeira, fala da nomeação de Giulio Ricordi como comendador da Ordem da Rosa e avalia

---

95 Em nota de rodapé, à p.67, o autor afirma: "Muito se magoara Taunay com a aquiescência do Maestro ao absurdo desfiguramento, ou antes radical e ridícula transformação do *libretto* do *Escravo* pelo poeta Rodolfo Paravicini, e isso sem que o consultassem".

o desempenho de alguns cantores da companhia italiana (p.72). Na segunda, comentando fatos relacionados à estreia brasileira do *Escravo*, lamenta a ingratidão do barítono De Anna e a boa sorte de Musella, ganhando dinheiro às suas custas. Pede, mais uma vez, que interceda em seu favor, do contrário, "serei forçado a ficar no Brasil e abandonar as idéias de *novas óperas* e ensinar meninos em Botucatu..." (p.73-4).

O exemplar estudado pertence à Biblioteca do IEB-USP. Como já foi dito anteriormente, ao se estudar "Ephemerides de Carlos Gomes: notas para o Taunay", a revista que primeiro publicou aquele texto, juntamente com as cartas já mencionadas, não existe no acervo deixado por Mário de Andrade.[96]

Silio Boccanera Junior – *Um artista brasileiro*

O livro foi publicado na Bahia em 1913,[97] subvencionado pelo município de Salvador, tal como a obra anterior do autor. Utilizando a mesma metodologia já adotada, ele voltou a solicitar documentos a pessoas que tivessem algum envolvimento com Carlos Gomes para compor seu livro, mas dessa vez foi além das fronteiras da Bahia.

Narra que dirigiu circular aos "jornalistas e homens de letras" de todo o Brasil, solicitando "notícias e trabalhos literários" sobre a "vida e obra" do compositor (p.397). Foi ainda mais ousado – e também ingênuo –, escrevendo às principais "sumidades musicais do velho continente", entenda-se, os principais maestros e compositores italianos, inclusive Verdi, solicitando "sua opinião autorizada sobre Carlos Gomes" (p.398-401).

Naturalmente, obteve pouquíssimas respostas do Brasil e nenhuma do exterior; no entanto, conseguiu compor o primeiro livro de grandes proporções, realmente documental, da historiografia musical brasileira. Seu valor é incomensurável, sobretudo quando se tem em mente a produção que o precedeu, quase toda voltada para as fantasias biográficas de linguagem romântica.

---

96 As primeiras nove cartas, que alcançam até maio de 1879, foram reproduzidas em *Dous artistas maximos*, publicado em 1930, incluindo também "Ephemerides de Carlos Gomes: notas para o Taunay", de Rebouças, porém em ordem inversa, precedendo as cartas. Como já comentado anteriormente, essa obra integrava o acervo de Mário de Andrade e é mencionada em seu *Fichário Analítico*.

97 Boccanera Junior, *Um artista brasileiro*.

Mais surpreendente ainda é que essa era também a linguagem de seu autor, legítimo representante do pensamento da época e perfeitamente integrado a um contexto sociocultural que ainda exalava a poesia de Castro Alves. Essas afirmações podem ser confirmadas lendo-se o resumo de sua biografia ao início do livro.[98]

A maioria dos principais textos até então escritos sobre o compositor está reproduzida neste livro, mesmo parcialmente. O distanciamento temporal e geográfico que nos separa desses textos – muitos deles publicados nos estados do Norte e Nordeste – só aumenta o valor da compilação realizada por Boccanera Junior. Por meio dessa obra, seu autor revelou-se um visionário, praticando um tipo de pesquisa documental que não era comum no Brasil de seu tempo.

O livro é organizado em duas partes; a primeira, "Perfil biográfico", tem por subtítulo "Cartas do maestro – reminiscências artísticas – documentos (1859-1896)". O princípio que norteia sua organização interna não é evidente ao primeiro contato com a obra. O autor procura ter, por referência, as cartas do compositor, elemento ao qual sempre se retorna, como uma ideia fixa, as quais são entremeadas pelos diversos documentos reproduzidos. Todo o material está disposto em ordem cronológica, a partir de 1859. Boccanera Junior identifica com cuidado, mas nem sempre de forma tão visível, todos os autores e fontes de cada texto, no rodapé, demonstrando mais uma preocupação incomum para seu tempo.

O texto inicial é o resumo biográfico de Carlos Gomes, escrito pelo cônsul brasileiro em Milão Lessa Paranhos, traduzido do italiano por Boccanera Junior (p.1-9). O texto é objetivo e valorizado pela convivência de seu autor com o compositor, o que o diferencia um pouco dos muitos textos baseados em Guimarães Junior.

Em seguida, reproduz trechos do importante trabalho de André Rebouças, "Notas biographicas: Carlos Gomes" (1879), tornando-se seu maior

---

98 Em uma página depois da página de rosto, há uma foto de Carlos Gomes, que uma inscrição revela ter sido tirada no Pará, pouco antes de sua morte. Na página subsequente, há a inscrição: "Manifestações Emotivas do Maestro Antonio Carlos Gomes: 1859-1906". Em mais uma página, frente e verso, sob o título, "Livro íntimo", há uma extensa relação dos títulos e atividades do autor, Boccanera Junior, tendo ainda, na página seguinte, a dedicatória "Aos Artistas Brasileiros" e algumas linhas de um texto poético, em epígrafe.

divulgador, pois esse texto não voltou a ser publicado[99] (p.10-25). Ao saltar para 1870, recorre a Guimarães Junior para abordar a estreia de *Il Guarany* (p.27-31); estampa matéria do *Jornal do Commercio*, comentando uma das primeiras execuções da ópera no Rio de Janeiro (p.31-3) e, enfim, fala de sua estreia na Bahia, texto retirado de seu primeiro livro (p.35-60).

O período glorioso que Carlos Gomes viveu no Rio de Janeiro em 1880 é coberto por várias matérias do *Jornal do Commercio* (p.60-79), assim como sua festiva recepção em São Paulo, que é narrada por matéria de *A Província de São Paulo* (p.80-1), complementada com as cartas do compositor escritas no mesmo período.

A repercussão de sua presença em Pernambuco em 1882 foi uma das mais ruidosas, embora, atualmente, saiba-se pouco sobre o assunto. Ali havia intensa atividade literária, tendo sido publicadas várias polianteias em homenagem ao compositor, todas estimuladas, ainda mais, pela comemoração de seu aniversário na data que havia sido divulgada por Guimarães Junior, 14 de junho.

As publicações dessa ocasião são hoje raríssimas, razão a mais do desconhecimento do assunto, chegando quase a não serem citadas no livro de Azevedo. Salles conseguiu localizar várias delas e fornece as referências, mas são quase inatingíveis. Em mais uma prova do valor de seu livro, Boccanera Junior reproduz, na íntegra, uma dessas polianteias, exatamente o número especial do periódico semanal *Aza-Negra*, dedicado a Carlos Gomes em comemoração ao seu aniversário, que será estudada mais tarde. É um exemplo importante desse gênero de publicação, talvez o mais emblemático do pensamento daquela época (p.83-95).

Reproduz ainda outra manifestação literária produzida na mesma ocasião, o conhecido discurso de Tobias Barreto, pronunciado em uma festa em honra ao compositor, ocasião em que foram libertadas duas crianças escravas (p.96-101). (Esse texto será estudado posteriormente.) Utilizando mais um trecho de seu primeiro livro, o autor cobre a segunda visita de Carlos Gomes à Bahia, em 1882 (p.101-8).

Ao enfocar período maior, de 1883 a 1889, o autor transcreve unicamente documentos relacionados à ópera *Lo Schiavo* (p.108-57). São cartas

---

99 Boccanera Junior reproduz os números 5, 6, 13, 14, 25, 26 e 27, do total de 27, publicados originalmente como folhetim na *Revista Musical e de Bellas Artes*.

do compositor ao Visconde de Taunay e matérias de jornais que destacam os episódios vividos por Carlos Gomes no Rio de Janeiro em torno da estreia da ópera (p.134-53), culminando com emocionante texto de André Rebouças que narra vários episódios de libertação de escravos na presença do compositor (p.153-7).

O texto de Carlos Ferreira, de São Paulo, ardoroso defensor de Carlos Gomes e crítico do novo governo republicano, é também pouco conhecido, assim como as duas cartas que lhe foram enviadas pelo compositor (p.157-63). A partir de 1891, as cartas tornam-se mais numerosas, principalmente aquelas enviadas ao comendador Theodoro Teixeira Gomes, amigo e representante dos interesses do compositor na Bahia. Entre elas, matérias de jornais noticiam a estreia da ópera *Condor* no Rio de Janeiro (p.173-7), incluindo uma crítica do *Jornal do Commercio* (p.193-8) e a malsucedida estreia de *Colombo* (p.199-202).

As muitas cartas ao comendador Teixeira Gomes revelam o que se passava com o compositor naquele momento; Carlos Gomes está falando com um amigo de confiança e abre seu coração. Entre essas cartas há a reprodução de seu testamento (p.210-2) e o programa do concerto de Chicago (p.220-1), já publicado no livro anterior. São citados alguns personagens e textos de Campinas, começando com a carta do compositor a seu amigo de infância José Emygdio, carta saudosa que será reproduzida em algumas publicações futuras (p.226-31).

Novamente recorrendo a seu primeiro livro, o autor comenta a quinta e última visita do compositor à Bahia (p.245-62). O fim da primeira parte ocupa-se, quase exclusivamente, de numerosas cartas do compositor, destacando-se outro destinatário além do comendador: seu irmão Sant'Anna Gomes. Entre elas, há uma carta ao amigo Manuel Marques, do Pará, escrita durante a última viagem do compositor, em Lisboa, comentando que os médicos italianos estavam tratando de sua doença – um câncer – com doses de mercúrio, julgando estar cuidando de um caso de sífilis! (p.283)

A segunda parte do livro não possui título específico, somente "Parte segunda", com o subtítulo: "Cartas sobre o maestro – correspondência da imprensa – reminiscências artísticas – documentos (1896-1906)". Sua organização já não é tão clara quanto à da parte anterior, e mesmo a ordem cronológica não pôde ser observada com precisão, afinal o autor agrupa todas as matérias, ou cartas, escritas por cada personagem, o que inviabiliza a sequência cronológica de toda a segunda parte.

Ao início dessa parte, merece menção a carta de Henrique Levy, narrando fatos de um período quase lendário da vida do compositor, compreendendo as primeiras composições e sua ida para o Rio de Janeiro (p.305-6). Em razão da escassez de documentos dessa época, a carta adquire real importância. É interessante compará-la com o texto de Luiz Guimarães Junior.

Em destaque, já publicada no livro anterior, encontra-se a carta de Verdi, no original italiano, elogiando uma execução de *Il Guarany*, em Ferrara, sem poupar elogios a seu compositor (p.306-7). É um texto que goza de maior credibilidade que a já citada profecia de Verdi. Pode-se depreender que a carta tornara-se conhecida há pouco tempo. Como não era costume da época citar as fontes documentais com precisão, até hoje paira certa desconfiança quanto à veracidade do documento, que não conta com a credulidade de alguns estudiosos.[100]

Há também várias transcrições de matérias de *O Constitucional*, de Campinas, geralmente reproduzindo textos do *Jornal do Commercio*, do Rio de Janeiro, nos quais se destaca uma crítica italiana da estreia de *Salvator Rosa* (p.309-11).

Começam então a surgir as reproduções dos sete artigos de André Rebouças, escritos para a revista *O Novo Mundo*, de Nova York. Publicados em 1878 e 1879, tornaram-se textos de difícil acesso, a ponto de não serem mencionados por Azevedo e Salles, como já foi comentado. Sua reprodução em *Um artista brasileiro* transformou-se em uma das únicas maneiras possíveis de serem acessados.[101]

---

[100] Cf. Góes, *Carlos Gomes:* a força indômita, p.128. O autor escreve que o destinatário da carta era um "certo Pesetti", mantendo-se cético quanto à existência do "documento escrito". Esta, porém, não é a postura de Azevedo, que dá crédito ao "testemunho escrito", baseando-se em Cernicchiaro, que reproduz a carta de Verdi escrita ao advogado G. Paretti, diretor da *Gazzetta Ferrarese*, informando ainda que esta fora publicada pelo *Messaggero di Roma*, em 1872. Azevedo, L. H. C. de, *150 anos de música no Brasil*, p.77-8.

[101] Em nota anterior referente ao estudo de "Ephemerides de Carlos Gomes: notas para o Taunay", todos os números da revista *O Novo Mundo* foram publicados na internet recentemente. Por meio dessa nova fonte, constata-se que somente o segundo e terceiro artigos possuem, no fim, as iniciais "A. R.", o que explica o reconhecimento da autoria dos mesmos por André Rebouças, em carta a Boccanera Junior. Percebe-se, ainda, que o terceiro artigo, "Fosca e Salvator Rosa" (p.345-51), encontra-se incompleto, e não foi localizado na revista o texto de "*O Guarany* na Russia", que está agregado ao sétimo artigo, "A *Maria Tudor* no Scala", em Boccanera Junior (p.371-5). Cf. *O Novo Mundo*: periodico illustrado do progresso da edade, v.I-IX, n.1-108, out. 1870/nov. 1879. Disponível em: <http://www.onovomundo.net>. Acesso em: 16 maio 2011.

São textos imprescindíveis para o estudo da recepção das óperas de Carlos Gomes, sobretudo na Itália, com a valorização do testemunho de seu autor, que presenciou parte do próprio relato. Especial importância possui o segundo artigo, "Carlos Gomes em 1878", o mais extenso deles, com mais de vinte páginas, cujo assunto central é a descrição das circunstâncias da estreia da ópera *Fosca* e sua trajetória até aquele momento (p.321-42). É um dos principais textos de toda a historiografia gomesiana, o qual provavelmente serviu de base para a maioria dos estudos posteriores sobre essa ópera.

Em sua parte introdutória, que aborda o *Guarany*, encontra-se a mais antiga referência de que se tem conhecimento ao célebre comentário de Verdi, em italiano, citado aqui algumas vezes, e que poderia ser a verdadeira origem da controversa frase (p.323). Na parte final do artigo, o autor descreve a apresentação do prelúdio do *Guarany* na Exposição Universal de Paris (p.339-42), baseando-se em uma carta de Taunay, que presenciou o espetáculo.

Também merece destaque o quinto artigo, "Notas sobre Carlos Gomes",[102] o segundo mais extenso, que fornece pormenores da vitoriosa trajetória de *Salvator Rosa* na Itália (p.352-65). Ele transcreve algumas críticas dirigidas à ópera, no original italiano, e apresenta uma relação de todos os teatros daquele país, ano a ano, em que a mesma fora executada.

Após os textos de Rebouças, com algumas exceções, o autor põe-se a transcrever cartas. Três delas, de Rebouças a Taunay, tratam de assuntos variados, dentre eles uma questão que muito afligiu Carlos Gomes no fim de sua vida: o seguro de vida que fizera em favor dos filhos (p.377-8).[103]

Por um momento, o autor retorna a tarefas anteriores, relacionando todos os documentos que integravam o Arquivo de Carlos Gomes, em Cam-

---

[102] Em "Ephemerides de Carlos Gomes: notas para o Taunay", o quinto texto tem outro título "*Salvator Rosa* – Novos triunfos", mais condizente com seu conteúdo. O sexto texto tem por título "*Maria Tudor, Guarany e Salvator Rosa*"; em Boccanera Junior, somente "*Maria Tudor*" (p.366). O sétimo texto, "*O Guarany* na Rússia", em Boccanera Junior integra um texto maior intitulado "A *Maria Tudor* no Scala" (p.367-75). Os títulos dados por Boccanera Junior correspondem aos mesmos da revista *O Novo Mundo*.
[103] O assunto é tratado em outros momentos, como na carta de seus filhos ao tio, Sant'Anna Gomes (p.394-7), e na descrição da atuação do senador Arthur Lemos, do Pará, para resolver em definitivo o problema dos seguros (p.409-17).

pinas, atual Museu Carlos Gomes, no ano de 1905, dados publicados anteriormente na *Revista do Centro de Sciencias, Letras e Artes* (p.419-27). Volta-se novamente às correspondências; dessa vez, são os principais interlocutores de Carlos Gomes que escrevem a Boccanera Junior. Há várias cartas de Taunay (p.436-46) e duas de Rebouças, reafirmando sua autoria dos textos da revista *O Novo Mundo* (p.446-9).

De maior interesse para os estudiosos do compositor são as cartas de Sant'Anna Gomes a Boccanera (p.453-82). Entre assuntos diversos, há o esclarecimento de alguns antigos pontos polêmicos, como a data de nascimento do compositor (p.458) e o valor real do lendário contrato de Carlos Gomes com o editor Lucca, assinado durante a estreia de *Il Guarany* (p.474-5). Comentando o pequeno valor do contrato, Sant'Anna Gomes justifica a atitude do irmão e revela procedimentos frequentes, mas nem sempre admitidos, no meio artístico-editorial.

Carlos Gomes se vê obrigado a assim proceder, como diz o ditado (com a corda ao pescoço), porque todo o estreante de uma obra e que não é ainda conhecido, tem de forçosamente sujeitar-se às exigências dos empresários, editores, e muita vez ver-se obrigado a pagar qualquer quantia para que o seu trabalho seja aceito para subir à cena.[104]

O livro termina com a reprodução de mais algumas cartas de vários personagens de destaque na vida do compositor, como Gama Malcher (p.484-5), sua filha Itala Gomes (p.485) e o doutor César Bierrenbach, de Campinas (p.485-91). No fim, o autor mostra, em quadro sinótico, seu projeto de obras sobre Carlos Gomes, que deveria completar-se com seis livros! (p.493).[105]

O exemplar estudado pertence ao acervo da Biblioteca da Escola de Comunicações e Artes da Universidade de São Paulo (ECA-USP). *Um artista brasileiro*, aparentemente, não integrava a biblioteca de Mário de Andrade, nem há qualquer referência a seu respeito no *Fichário Analítico*. Contudo,

---

104 Boccanera Junior, op. cit., p.475.
105 À página 495, começam as notas, destacando-se as biografias de Taunay (p.508-11), César Bierrenbach (p.517-21) e Sant'Anna Gomes (p.521-6), além de comentários sobre o enredo da *Fosca*, por ocasião de sua estreia na Bahia em 1896 (p.527-31).

no mesmo artigo em que Mário de Andrade critica o livro de Hermes Pio Vieira, de 1934, já mencionado, encontra-se uma referência que poderia remeter a *Um artista brasileiro*.[106]

> Falar em culto a Carlos Gomes, justamente a parte mais interessante do livro do sr. Pio Vieira é a que revela documentos preciosos e curiosíssimos de que tem sido o culto a Carlos Gomes no Brasil. Só a reunião em livro de toda essa documentação que o sr. Pio Vieira teve a excelente paciência de ajuntar, e não tive tempo de comparar com a de Bocanera [sic], dá pro livro muito valor, e lhe concede lugar obrigado nas nossas bibliotecas musicais.[107]

***

Dos cinco textos desta categoria que se tencionava estudar, não se logrou ter acesso a dois deles: o *Relatório do Instituto "Carlos Gomes"* 1899, escrito pelo compositor paraense Gama Malcher e publicado no Pará em 1900, e outro documento ligado à mesma instituição, o *Regulamento do Instituto Carlos Gomes*, publicado pelo governo daquele estado em 1903.[108]

Entre os textos estudados, pode-se perceber que o papel principal é exercido pela epistolografia. Mesmo nos primeiros "Textos biográficos", mais distantes no tempo, já se pode constatar a presença eventual de cartas transcritas, como em *A. Carlos Gomes: perfil biographico* (1870), de Guimarães Junior, e "Notas biographicas: Carlos Gomes" (1879), de Rebouças. Numerosas são as publicações que possuem ao menos uma seção reservada às cartas de Carlos Gomes, em todas as categorias estudadas. De forma ainda incipiente, publicações como "Algumas cartas de Carlos Gomes ao Visconde de Taunay" (1910) poderiam ser consideradas precursoras da importante epistolografia moderna brasileira.

---

106 A referência também permite presumir que Mário de Andrade poderia ter apreciação similar à expressa no texto, em se tratando da obra de Boccanera Junior, por causa da semelhança desta com o livro criticado. Pode-se ainda ter quase certeza de que o livro referido, de Bocanera [sic], seria o segundo livro, e não o primeiro, significando também que Mário de Andrade conhecia-o e, talvez, até o possuísse.
107 Andrade, M. de, *Música e jornalismo*, p.246.
108 Ambas as publicações não integram a *Bibliografia musical brasileira*, de Luis Heitor Correia de Azevedo, mas a obra de Salles, V., *Bibliografia brasileira de Antônio Carlos Gomes*.

O compositor viveu a maior parte da vida fora de seu país e essa circunstância gerou, naturalmente, uma profusão de cartas, as quais o mantiveram, todo o tempo, em contato com os amigos fiéis, responsáveis pela defesa, preservação e difusão de sua imagem, mediante o uso do único meio de comunicação mais eficiente da época, a imprensa.

Como já foi dito anteriormente, a numerosa epistolografia de Carlos Gomes está à espera de uma publicação conjunta que as reúna e possibilite o estudo comparativo de seu vasto conteúdo, por mais complexa que seja a empreitada. É bem verdade que a tarefa envolve pelo menos dois países, o que a torna ainda mais difícil, mas não impossível.[109]

Pode-se dizer que *Um artista brasileiro*, de Boccanera Junior, ainda não recebeu o merecido reconhecimento na historiografia musical brasileira. O momento em que foi publicado, em 1913, dá-lhe a condição de servir como ponte entre os séculos XIX e XX, tornando-se o maior depositário de documentos da época em que o compositor viveu, preservados e trazidos ao novo século por um só livro. Há vários textos ali reproduzidos, ou apenas citados, que a bibliografia musical brasileira ainda hoje desconhece.

Este estudo somente vem testemunhar a importância dessa obra que se tornou a única fonte de acesso a alguns dos textos estudados. Dois exemplos dessa natureza são contundentes, ambos de Rebouças: a reprodução de alguns trechos de "Notas biographicas: Carlos Gomes" (1879) e os artigos de *O Novo Mundo* (1878-1879), que inexistiam em nossas bibliografias musicais, textos que serviram de referência para a maioria dos estudos posteriores sobre Carlos Gomes, com a agravante de nem sempre serem citados.

A obstinação de Boccanera Junior por reunir documentos e os outros poucos textos desta categoria estudados são exemplos de iniciativas quase isoladas no universo da bibliografia musical brasileira da época. Procurando suas causas, veio-me a suposição de que pudessem ser resultantes do pensamento positivista disseminado no Brasil da época. Para ser mais específico, do ideal de historiadores positivistas, como Fustel de Coulanges, para quem a "história é uma ciência" que não se põe a imaginar os fatos; ela

---

109 Na Itália, a correspondência de Carlos Gomes naquele país foi reunida e editada pelo pesquisador Gaspare Nello Vetro, em sua preciosa série denominada *Carteggi Italiani*, que, em 2002, alcançava seu terceiro volume. É um trabalho hercúleo, de valor incalculável, ainda não imitado em nosso país, que muito deve ao autor italiano.

os vê, mas somente por meio dos documentos certos que se tornam, assim, as principais ferramentas da história.[110]

Mário de Andrade valorizava o conteúdo documental de *Um artista brasileiro*, o que se pode deduzir de seu último texto supracitado, mas o texto de Boccanera Junior é tratado com reservas, em parte da bibliografia sobre Carlos Gomes, e até com certo desdém. As críticas mais contundentes referem-se à ausência de estrutura formal, do que discordo em parte, como demonstro no estudo acima realizado.

Diga-se ainda que Boccanera Junior não possuía à sua disposição publicações precedentes do mesmo gênero que lhe pudessem servir de modelo, sobretudo no Brasil. Dois anos após a crítica de Mário de Andrade, em 1936, Roberto Seidl publicou os seguintes comentários, não sem antes reconhecer o valor da obra como fonte documental:

> Pena é que o Autor não soubesse distribuir a matéria, toda ela, sem nexo nem ordem, entulhada, difusamente, nas páginas do pesado livralhão [...] o livro do Sr. Boccanera é de difícil leitura, escrito sem forma, crivado de repetições, de digressões prolixas, não passando enfim, de um álbum de retalhos.[111]

Textos de críticas e apreciação de obras

A. C. – "Carlos Gomes e o 'Salvator Rosa'"

O primeiro dos textos desta categoria foi publicado em 1880 na *Revista Musical e de Bellas Artes*, no Rio de Janeiro,[112] sem que seja possível conhecer seu autor, que assina somente A.C.[113] O exemplar estudado pertence ao acervo da Divisão de Música da Biblioteca Nacional, no Rio de Janeiro.

---

110 Ehrard; Palmade, *L'Histoire*, p.322.
111 Cf. p.447 de Seidl, Carlos Gomes: ensaio de bibliographia. *Revista Brasileira de Musica*, v.3, n.2, p.445-7, jul. 1936.
112 A. C., Carlos Gomes e o "Salvator Rosa". *Revista Musical e de Bellas Artes*, ano 2, n.22, p.173-4, ago. 1880.
113 Na *Bibliografia musical brasileira*, a obra é citada da mesma maneira, somente com as iniciais do autor e o comentário de Azevedo que nos sugere o conteúdo do texto. Azevedo, L. H. C. de, *Bibliografia musical brasileira (1820-1950)*, p.135.

Já no primeiro parágrafo, o autor afirma que "*Salvator Rosa* representa uma evidente solução de continuidade" na evolução artística do compositor. Pode-se ver quão antigo é esse pensamento, tomado como verdade inquestionável até nossos dias.

Não restava esperança para uma ópera que já nasceu recusada por boa parte da intelectualidade brasileira, embora amada pelas plateias italianas. Se, para os adeptos do wagnerismo, a estética da *Fosca* representava o único caminho de evolução possível a Carlos Gomes, de outro lado, os defensores do nascente ideal musical nacionalista nunca deixaram de ver *Salvator Rosa* como uma ópera genuinamente italiana, ópera que não lhes despertava qualquer interesse.

Ao que parece já consciente dessas principais tendências, o autor tenta amenizar sua afirmação inicial, observando que assim pensam todos aqueles que não estão atentos "à multiplicidade de fatos e circunstâncias da vida prática que influem fatal e inevitavelmente na carreira de todos os artistas e homens de gênio". Advoga em favor de *Salvator Rosa* e afirma que a ópera foi composta "em condições especiais e seria injusto exigir uma progressão proporcionada" àquela que existe entre o *Guarany* e a *Fosca*, por exemplo.

O que faz o autor é entender que, diante as "circunstâncias da vida prática" e por questões até de sobrevivência no meio em que vivia, Carlos Gomes foi obrigado, após o insucesso da *Fosca*, a buscar uma solução que o reaproximasse do público italiano. Wagnerianos e nacionalistas nunca entenderam as razões humanas que lhe impuseram tal atitude, condenando-o "em uníssono" por fraqueza.

As reflexões do autor sobre a obra merecem atenção: Carlos Gomes mostrou sua capacidade de fazer óperas "bonitas e que se popularizam com facilidade"; atingiu o "gosto das massas", porém "com uma fatura séria e correta, com o cunho científico e profundo". Considerada isoladamente, "é uma ópera que revela muito talento, muita sensibilidade artística, grande conhecimento dos efeitos dramáticos e, sobretudo, muita facilidade". Constata que "o *Salvator Rosa* é, em inspiração e ciência musical, superior à maior parte das óperas italianas que se têm representado, no nosso teatro" (p.173).

Seu pensamento até surpreende pela atualidade de alguns termos empregados, como "mérito absoluto e indiscutível da ópera", por exemplo, referindo-se a um tipo de apreciação que a julgasse somente por suas próprias qualidades, justamente o que nunca ocorreu com *Salvator Rosa* no

Brasil, obra que sempre sofreu avaliações relativas a outras óperas do mesmo compositor, por razões mais ideológicas que musicais.

Dentre as muitas qualidades da ópera, ressalta a "boa instrumentação", sem referir-se apenas "aos deslumbramentos das grandes sonoridades", mas principalmente à

> apropriação meticulosa dos timbres e ao colorido local e dramático em que a orquestração de Carlos Gomes é tão profunda e intuitiva, que muitas vezes descreve os personagens e situações dramáticas ainda com mais verdade do que os próprios personagens que, além dos efeitos da voz possuem os recursos da palavra. Neste ponto a instrumentação do *Salvator Rosa* sustenta, por várias vezes, o confronto com a de Verdi e Meyerbeer.[114]

O autor esclarece que seus comentários estão sendo feitos porque a ópera "atualmente se acha em cena no teatro Imperial" e dedica a parte final de seu texto para avaliar o desempenho dos cantores solistas, coro, orquestra e cenógrafo, trazidos ao Brasil pela companhia italiana Ferrari (p.174). Não foi encontrado qualquer indício de que Mário de Andrade pudesse ter tido conhecimento desse texto.

Alfredo Bastos – "Salvador Rosa"

O texto foi publicado na *Revista Brazileira* em 1880.[115] Alfredo Bastos (1854-?) nasceu no Pará e foi jornalista, romancista, teatrólogo e crítico. Colaborou em vários jornais do Rio de Janeiro, onde realizou as duas publicações sobre Carlos Gomes que constam do trabalho de Azevedo, mas seu nome é citado em outros textos que tratam do compositor, sugerindo seu interesse pelo assunto.

É assim que Azevedo volta a citá-lo entre os autores que integram uma polianteia não localizada, publicada *in memoriam* de Carlos Gomes no Uruguai,[116] país onde Alfredo Bastos foi morar e poderia ter falecido, pois o

---

114 Cf. p.174 de A. C., Carlos Gomes e o "Salvator Rosa". *Revista Musical e de Bellas Artes*, ano 2, n.22, p.173-4, ago. 1880.
115 Bastos, Salvador Rosa. *Revista Brazileira*, ano 2, v.5, p.224-36, jul./set. 1880.
116 Azevedo, L. H. C. de, op. cit., p.139.

ano de sua morte não consta de nenhuma das várias publicações biográficas brasileiras e portuguesas que foram pesquisadas.[117]

Para Azevedo, o texto de *Salvador Rosa* é um "estudo crítico sobre o libreto de Antônio [sic] Ghislanzoni e a música de Carlos Gomes", informação que completa os dados bibliográficos da publicação.

Na opinião de Bastos, o libreto peca por não permitir transparecer o caráter artístico de Salvador Rosa: músico, pintor, escultor e poeta. O libreto é "iluminado" pelo nome de Salvador Rosa, porém é o vulto de Masaniello, um pescador com ideias revolucionárias, que se ergue, "deixando completamente na sombra o artista, feito simples sequaz e que, de momento, hesita entre o amor da pátria e o amor de uma mulher" (p.225).

Feita a ressalva, o libreto

> oferece campo excelente a um compositor. Há contrastes de sentimentos, há ação amontoada sobre ação e está todo ele nos limites da exigência moderna, é aparatoso e espetaculoso (p.225-6).

Afirma que Ghislanzoni é, "senão o melhor, dos primeiros libretistas da Itália [...] Se o bom sabe escolher o bom, nisso vai o elogio do músico" (p.226). O autor resume então o enredo da ópera.

Inicia a comentar a música, dizendo que a sinfonia da ópera "é um resumo completo da ação e de desenvolvimento", pois nela o compositor utiliza os "pontos supremos da ação". A respeito da célebre cançoneta "Mia peccerella", observa que "não tem a monotonia nem a anemia do gênero, tão divulgado" (p.227-9). Sobre a *Romanza* de Salvador Rosa, afirma que Carlos Gomes "é um verdadeiro compositor dramático" que "acompanha com a sua melodia a inflexão da linguagem falada [...] não tem a monotonia wagneriana dos *Nibelungen*, mas tem a sensatez wagneriana do *Tanhauser*" [sic].

O assunto culmina com interessante reflexão sobre as frases interrogativas na música de Carlos Gomes, concluindo que estas são lógicas e acompanham o tom e a inflexão da voz humana (p.230).

Quando Salvador Rosa é intimado a comparecer ao palácio do vice-rei, inicia um "maior desenvolvimento dramático", valorizado pela perícia do

---

117 *Enciclopédia da literatura brasileira*, p.339.

compositor em associar cena e música. "Um belo efeito descritivo, deixando pressentir no movimento agitado da orquestra o tropel dos que se aproximam", é o comentário do autor, referindo-se à procura dos discípulos por Salvador Rosa e, ao saberem da sua prisão, "é admirável esse pequeno coro a *sotto voce*, partindo de um *pianissimo* significativo da dúvida até atingir o *fortissimo* da ira e do brado de vingança" (p.231).

"Di sposo, di padre", no segundo ato, um dos trechos mais conhecidos da ópera, é momento de fortes contrastes de sentimentos:

> A tristeza vencida afinal pela cólera dissipa-se. O *piston* (ou melhor a *tromba*) forma esse contraste; e quando a ele se une a voz do canto, toma a inflexão própria e sonora de um homem extremamente comovido (p.232).

Ressalta ainda outros trechos do segundo ato, como o dueto, a "Tarantella" e "Povero nacqui" (p.232-3).

No terceiro ato, ressalta a orquestração de vários trechos. A participação das trompas, violinos e harpa no prelúdio: "São duas páginas dignas de um prêmio em concurso de instrumentação. Os contrastes de timbres dos instrumentos patenteiam-se de pronto" (p.233-4); o colorido dos instrumentos, em trecho não localizado pelas poucas referências do texto: "Dir-se-ia que Carlos Gomes tomou do pincel de Salvador Rosa e coloriu com dois levíssimos traços esta meia dúzia de páginas da partitura" (p.234); as duas notas insistentes da trompa, no monólogo de Masaniello e na *Romanza* de Isabel, que o autor associa a uma expressão de dor (p.234-5).

Do quarto ato, destaca o dueto de Isabel e Salvador, "em que a orquestra traz à lembrança algumas passagens do duetto do 2º ato" (p.235). Da mesma maneira que pede atenção aos procedimentos da orquestração, há vários comentários sobre a harmonia, como este do fim do texto que se refere ao trecho em que Salvador Rosa canta "Ritorna alle fulgenti stanze":

> digno da maior atenção o efeito da *sétima diminuta*, quando entra a orquestra firmando a preparação para o *ré menor*. Esse acorde, repito, é de um rigorismo puramente musical; é *indescritível* (p.236).

Para este livro, foi utilizado um exemplar da Biblioteca do IEB-USP; não há indícios de que o texto fosse conhecido por Mário de Andrade.

Oscar Guanabarino – *Folhetins sobre a opera* Fosca *de Carlos Gomes*

É mais um texto publicado em 1880 no Rio de Janeiro.[118] Na página de rosto, quase como subtítulo, há a inscrição: "publicados na *Gazeta da Tarde*". Trata-se então de uma série de textos jornalísticos, compilados e publicados por seu autor, o que o próprio título evidencia ao chamá-los de "Folhetins". O autor dividiu-os em seis capítulos.

Oscar Guanabarino (1851-1937) foi o mais célebre crítico musical de sua época no Rio de Janeiro, exercendo a função durante cerca de meio século. Foi também funcionário público, jornalista e comediógrafo. Era pianista, tendo estudado com Gottschalk, vindo a ser também professor de piano, atividade sobre a qual deixou artigos didáticos. Defensor da escola italiana, contra o wagnerismo, foi um erudito, autor de um *Dicionário enciclopédico musical*, com mais de oitenta mil verbetes.[119] Tornou-se ainda mais conhecido por conta das várias polêmicas jornalísticas que manteve com personagens como Alberto Nepomuceno e Rodrigues Barbosa,[120] culminando com a mais célebre delas, mantida com Menotti Del Picchia, após a Semana de Arte Moderna, na qual as figuras centrais foram Carlos Gomes e Villa-Lobos.[121]

Uma citação do verbete "Fosca", do *Diccionario Lyrico*, de Clément e Larousse, é o ponto de partida do autor, que pede a atenção sobre o julgamento desfavorável à *Fosca*, em relação ao *Guarany*, expresso no verbete. Guanabarino questiona o texto citado e termina sua introdução afirmando que responderá a suas próprias perguntas. Porém, antes de tratar da composição musical, fará uma "revista" sobre os antecedentes da obra.

Comenta o insucesso da ópera na Itália e, para explicá-lo, recorre a um texto já mencionado várias vezes: "são reminiscências de um magnífico artigo do Dr. André Rebouças, publicado no *Novo Mundo*" (p.4). Por quase duas páginas, resume o artigo citado e passa a falar das apresentações da ópera no Rio de Janeiro, que também não foram bem-sucedidas.

---

118 Guanabarino, *Folhetins sobre a opera* Fosca *de Carlos Gomes*.
119 Cf. Blake, op. cit., v.6, p.393-4. N. B. o autor cita também o nome de Oscar Guanabarão, sem fornecer seus dados biográficos, mas atribuindo-lhe uma única obra: A ópera *Fosca* de Carlos Gomes, a mesma estudada aqui. Demais dados biográficos: Menezes, op. cit, p.317.
120 Cf. Pereira, A. R., *Música, sociedade e política*: Alberto Nepomuceno e a República musical, p.111 et seq.
121 Cf. Wisnik, *O coro dos contrários*: a música em torno da semana de 22, p.80-91.

Culpa a imprensa pelo insucesso, porque "grande número de *dilletanti* espera pela opinião das folhas para decidir se devem ou não ouvir uma ópera nova" (p.5), dando exemplos de amigos que assim procedem. Cita trechos de diferentes jornais que foram pouco favoráveis à ópera, permitindo perceber que as razões do insucesso aqui foram as mesmas da Itália; é então que o autor, homem da imprensa, ousa fazer corajosa e grave acusação:

> Na minha humilde opinião a *Fosca* não fez carreira no Rio de Janeiro por culpa da imprensa cujos críticos, em lugar de um estudo sério e profundo depois de meditar após repetidas audições, aventuraram-se a julgar ao acaso sem conhecimento pleno do assunto de que tratavam. [...] A mesma questão que na Itália se aventou, sobre a filiação de Carlos Gomes à escola de Wagner, apareceu aqui, como vimos, sem o menor fundamento.[122]

Dá tom introdutório a seu primeiro capítulo, afirmando que procurará destruir "essas idéias errôneas", mas antes, porém, fará o resumo da "origem da ópera moderna" para ver se possuem valor as "reformas do suposto músico do futuro" (p.7).

Quase todo o segundo capítulo é dedicado a uma retrospectiva da história da ópera, começando antes da Grécia, detendo-se pouco mais em Gluck, compositor de "óperas no gênero italiano, mas sempre sem sucesso, pois suas melodias eram triviais em demasia" (p.9), até alcançar Wagner. Em longa metáfora, compara-o a um pintor que tenta representar uma bela mulher; faz seu corpo e tudo o que a circunda, mas não consegue fazer sua cabeça, substituindo-a, afinal, por uma esfera. Na exposição, realiza longo discurso e convence o público de que a cabeça não seria necessária (p.9-10).

Questiona vários procedimentos musicais wagnerianos: o "enfadonho e interminável recitativo", pois não crê que um personagem possa "cantar uma melodia quando tem de narrar um fato"; a abolição de duetos, tercetos e demais reuniões de vozes; a "melodia infinita [...] em que não há repetição de frases musicais", condenando a melodia "justamente por não poder criá-la" (p.10); os instrumentos da orquestra que "não lhe chegam: inventa-os e introduz um grande número de bigornas em diversos tons" (p.11). Por fim, cita várias soluções cênicas do compositor, considerando-as absurdas.

---

[122] Guanabarino, op. cit., p.7.

Para concluir o capítulo, lança algumas perguntas: na *Fosca*, não há "melodias que possam ser destacadas e compreendidas?" Não há repetição de frases e "grande número de duetos, tercetos, e peças *d'ensemble* enfim?".

Afirma que foram essas as acusações feitas a Carlos Gomes na Itália, mas não se esquece de citar o sucesso que a ópera obteve em 1878, ao ser reapresentada com modificações, tornando-se aquela que mais récitas recebeu na temporada, mesmo concorrendo com *Aida* e *A Africana*, de Meyerbeer. Lamentando-se, conclui: "No Rio de Janeiro só irá, no entanto, duas ou três vezes!"(p.11).

No terceiro capítulo, o mais longo de todos, o autor inicia seu comentário sobre a ópera, conseguindo abordar todo o seu primeiro ato. Empreende um tipo de análise musical que corre paralela à descrição do enredo, respeitando a sequência em que o discurso é apresentado, na maioria das vezes. A análise, quase sempre, é realizada por meio de apreciação subjetiva, avaliando a concordância entre os procedimentos musicais e o significado do texto, porém não deixa de referir-se a formas musicais.

Principia com o "Prelúdio", destacando a "insistência com que o mesmo motivo reaparece sempre". Pouco depois, refere-se a *"motivo* dos piratas" e, mais tarde, ressalta ser a frase musical "que mais se repete no correr da ópera" (p.12). Evita utilizar termos próprios da nomenclatura wagneriana, como *Leitmotiv* ou tema recorrente, para comentar o procedimento da repetição dos temas. De fato, o autor dá ciência de cada nova aparição do "motivo do prelúdio", ou "tema do prelúdio", ao longo da ópera.

O trecho que mais destaca é a *preghiera* da *Fosca*, "uma das mais belas elegias que se tem escrito até hoje", e, para valorizá-la ainda mais, traduz parte do texto da cantora (p.14). Comentando cada novo momento musical, associando-o ao enredo e citando o início do texto italiano das principais seções, vai até o fim do primeiro ato. Em alguns pontos, ocupa-se também da descrição dos instrumentos de orquestra empregados pelo compositor.

O quarto capítulo possui maior diversidade de apreciações,[123] a começar por associar a mudança de caráter da música, em relação ao ato anterior, às mudanças do enredo e personagens (p.17). Em alguns pontos, mostra-se

---

123 O quarto e quinto capítulos têm nova configuração formal: ao início, resumem todo o enredo do segundo e terceiro atos, respectivamente, e só então realizam sua apreciação musical, detendo-se um pouco mais nessa tarefa.

em sintonia com os demais textos da época que foram estudados, ora vendo, na tonalidade de *mi bemol menor*, "o tom que reflexamente atua sobre os nossos órgãos lacrimais" (p.17), ora utilizando metáforas, com imagens de elementos da natureza, para melhor explicar suas ideias (p.18; 20). O autor até recorre a um exemplo bizarro e deselegante para argumentar em prol da necessidade de contraste: Deus "criou também a mulher feia que pelo contraste realça a verdadeiramente bela" (p.18).

Entretanto, vários são os trechos em que sua apreciação contribui para o estudo mais racional e objetivo da obra. Observa que, enquanto as "melodias curtas" predominam no primeiro ato, agora, no segundo, o compositor já as desenvolve melhor, reunindo "as vozes ao diálogo da orquestra" (p.17-8); numerosos são os comentários sobre detalhes da orquestração, como a melodia "na quarta corda dos violinos em uníssono" e "o canto do barítono que se casa com o timbre pobre dos metais", ambos referindo-se a trechos do *duettino* (p.19); na marcha nupcial, o compositor prioriza os "efeitos de sonoridade" em detrimento da "criação melódica", alcançando seu objetivo: "o efeito desta peça é de tal grandeza que esmaga" (p.20).

Finalmente, após discorrer sobre cada um dos números do segundo ato, revela sua referência como compositor de óperas, ao falar da imponência do fim desse ato, "que só Meyerbeer seria capaz de conceber se não houvesse um Carlos Gomes" (p.21).

No quinto capítulo, já se referindo ao terceiro ato, o autor destaca as inúmeras "reminiscências musicais dos trechos anteriores", acrescentando que "essas repetições, nas óperas de Carlos Gomes, trazem sempre uma nova instrumentação ou um novo colorido" (p.23). Sobre o fim do dueto, afirma que ali estão presentes "todos os recursos de uma boa organização musical", especificando-os: "a riqueza de suas harmonias", "a indecisão premeditada do ritmo" e "as contínuas gradações nos movimentos". Por fim, comenta e especifica as qualidades do dueto que conclui o ato, uma peça "que mais tarde passará [...] para o domínio da popularidade" (p.24).

No último capítulo, antes do resumo do enredo do quarto ato, pondera sobre a participação coral, na *Fosca*, discordando do compositor, pois "os coros são menosprezados quando há verdadeiras prodigalidades esparsas pela partitura". Considera que o coro dos corsários e o coro dos senadores deveriam ter maiores proporções; encontra, porém, uma única justificativa: "o descuido das peças corais foi um meio premeditado para diferenciar esta ópera do – *Guarany*, que por esse lado tinha despertado entusiasmo" (p.25).

Retorna a falar da música e associa o solo de viola a uma incursão do compositor "no terreno da poesia dos sons. Sonhar! Sonhar sempre e perenemente sonhar, é vida do músico poeta" (p.26). Comenta, sem muita ênfase, a presença de motivos musicais de atos anteriores. Terminando sua apreciação musical, critica a presença proeminente da harpa na orquestração do final, um instrumento que serve "para certos efeitos graciosos, [...] nunca, porém, numa situação dramática" (p.27).

Em sua conclusão, retoma o assunto do início ao dizer que "os autores do *Diccionario Lyrico* – erraram em seu juízo"; a partitura da *Fosca* é superior ao *Guarany*. Rechaça veementemente a filiação de Carlos Gomes à escola de Wagner, "o produtor das *melopéias* fastidiosas, longas e difusas", afirmando que "Meyerbeer e Verdi são seus êmulos, mas não seus guias – ele quer ir além" (p.27). Conclui dizendo:

> A *Fosca* não é insinuante; apodera-se com violência do coração e caminha com firmeza até o espírito. O homem entusiasma-se com o *Guarany*; obedece a *Salvator Rosa*, mas a *Fosca* impõem-se submetendo o espírito.[124]

Não foram encontrados indícios de que Mário de Andrade possa ter conhecido esse texto. O exemplar estudado pertence ao acervo da Divisão de Música da Biblioteca Nacional, no Rio de Janeiro.

Ernesto Augusto de Senna Pereira – *Rascunhos e perfis*

Esse livro foi publicado em 1909 no Rio de Janeiro,[125] contendo um estudo sobre a ópera *Lo Schiavo*. Ernesto Augusto de Senna Pereira (1858-1913) era carioca; foi militar, jornalista, historiador e poeta, tendo sido redator do *Jornal do Commercio* durante muitos anos. É autor de literatura histórica sobre a vida carioca.[126]

---

124 Guanabarino, op. cit., p.28.
125 Senna [Pereira], Lo Schiavo. In: *Rascunhos e perfis*: notas de um reporter, p.529-51. *Rascunhos e perfis* é a compilação de quarenta e quatro artigos de sua autoria que versam sobre os mais diversos temas, dois dos quais dedicados à música: um deles é a biografia do compositor Francisco Manuel da Silva e o outro trata da ópera *Lo Schiavo*. O livro não possui qualquer texto introdutório que explique a origem dos textos, mas seu subtítulo, "notas de um repórter", sugere sua origem jornalística.
126 Menezes, op. cit., p.624.

Azevedo comenta o conteúdo do texto, além de seus dados bibliográficos: são "notas sobre a ópera de Carlos Gomes e sua execução no Rio de Janeiro; transcreve cartas de Carlos Gomes". Incluiu-se esse livro entre as publicações de apreciação crítica porque, ocupando a maior parte do texto, o autor transcreve crítica sobre a ópera *Lo Schiavo*, do *Jornal do Commercio*, de 29 de setembro, sem mencionar o ano ou seu autor, que supomos ser referente à estreia da ópera, ocorrida em 27 de setembro de 1889.

As primeiras duas páginas falam da Abolição e sua importância para o Brasil, ressaltando a figura da princesa Isabel. Transcreve a dedicatória da ópera à princesa (p.531), texto bastante conhecido, mas acrescenta a "Resposta da Princesa", escrita a seu pedido pelo Barão de Loreto, concedendo a Carlos Gomes a permissão para dedicar-lhe a nova ópera, que é um documento pouco conhecido (p.532).

Descreve os esforços da princesa para que a ópera fosse encenada no Rio de Janeiro e as dificuldades impostas pelo empresário italiano Musella, exigindo a garantia de "assinatura de dez récitas e ainda o adiantamento da quantia necessária para a confecção do guarda-roupa, cenários, etc" (p.532). Atendendo à princesa, um grupo de importantes personalidades – todas citadas no texto – reuniu-se e pôs à disposição do empresário a quantia de oitenta mil-réis (p.532-3). Esse é um episódio não muito explicado nos principais livros biográficos do compositor, e o texto de Senna, rico em minúcias, contribui para seu melhor entendimento.

Minuciosa também é a descrição que o autor realiza dos personagens, do cenário e do enredo da ópera (p.533-8), transcrevendo, em seguida, a crítica do *Jornal do Commercio*. De início, o crítico afirma que deixará de lado a "escola moderníssima" e analisará a ópera "como composição pertencente ao tipo de ópera italiana"; como tal,

o *Schiavo* é um dos melhores exemplares deste gênero, que se tem produzido na segunda metade deste século [...] é extraordinariamente superior a todos os seus trabalhos anteriores (p.538-9).

No primeiro ato, ressalta o *Racconto* de Iberê: "Tudo quanto se lhe segue até o dueto entre Ilara e Américo, é tratado por mão de mestre" (p.539). No segundo ato, duas peças são de especial beleza: o dueto Condessa/Américo e a *Romanza* de Américo, em que "Carlos Gomes se manifesta sob uma feição artística inteiramente nova [...] apesar dos seus cabelos grisalhos, tem ainda a primavera na alma e no coração" (p.540).

Dos bailados, prefere o "baile indígena", em que "aparecem umas tonalidades estranhas e novas" que "arrepiam" os amantes do gênero[127] (p.540). Não gosta do "hino da liberdade": "para um canto entusiástico, uma voz de soprano dramático ou a de um barítono diria melhor" (p.540).

No terceiro ato, o autor destaca como "obra-prima" o monólogo de Iberê, comparando-o ao Quarteto do *Rigoletto* (p.541). Comenta que "o quarto ato não interrompe a espantosa progressão ascendente, no interesse e valor da partitura", presentes no dueto de Américo e Iberê, no terceto e no coro final (p.541). Afirma que "Verdi não progrediu mais da *Aida* para o *Othelo*, do que Carlos Gomes progrediu do *Guarany* para o *Schiavo*" (p.541-2). A crítica trata ainda do desempenho dos cantores, vestuários e cenários (p.542).

Ao voltar a seu texto, Senna comenta que o imperador e a Família Real já se preparavam para a estreia da ópera, descendo da Tijuca dois dias antes, quando chegou um telegrama de Lisboa anunciando a morte de um príncipe da família dos Bragança, ocorrida no dia 26, impedindo-os de comparecer à estreia.

A princesa ordenou então a um emissário que, após cada ato, notificasse-a do que se passava no teatro: "Coube por um acaso essa honrosa incumbência ao autor dessas linhas", explicando que foi posto "à disposição do informante um carro da Casa Imperial para a brevidade do trabalho" (p.543-4). Por fim, comenta a recepção dada pelo imperador a Carlos Gomes e os presentes a ele ofertados (p.544).

Após o fim do texto, Senna transcreve oito cartas, ou apenas trechos de cartas, escritas por Carlos Gomes, que têm "como nota predominante mostrar-se reconhecido ao imperador e à Princesa e ao seu antigo e dedicado amigo Sr. Manoel Guimarães" (p.544), a quem as cartas foram destinadas.

Destacam-se algumas delas pela importância de seu conteúdo: escrita em Campinas, cinco dias após a Proclamação da República, a carta de 20 de novembro de 1889 comenta o choque que lhe causou o recente aconte-

---

127 Mário de Andrade via certa "estranheza", no *Schiavo* e no *Guarany*, que lhe sugeriam a origem brasileira do compositor, pois certamente não seriam oriundas da Europa. Andrade, M. de, *Compendio de historia da musica*, 1929, p.161-2.

cimento político (p.544-5); em 12 de julho de 1895, em Pernambuco, escreve uma das frases mais citadas de toda a sua correspondência: "No Rio não me querem nem para porteiro do Conservatório"[128] (p.546); em 12 de agosto de 1895, na Bahia, relata o agravamento de seu estado de saúde; e na última carta, de Milão, escrita em 18 de março de 1896, fala da pensão para os filhos, concedida por Campos Salles, presidente do estado de São Paulo (p.549-51).

O exemplar estudado integra o acervo da Biblioteca do IEB-USP, mas não pertenceu a Mário de Andrade. Não há indícios de que ele tenha conhecido esse texto.

***

Dos cinco textos de "Críticas e apreciação de obras" que se planejava estudar, somente um não foi encontrado: *O Guarany e a sua marcha triumphal no mundo culto*, de Bertoldo Nunes, publicado no Pará em 1920 e citado somente por Salles.

Daqueles estudados, três foram publicados em 1880, motivados pelas apresentações no Rio de Janeiro de óperas de Carlos Gomes executadas pela companhia lírica italiana do empresário Ferrari. *Salvator Rosa* estreou dia 17 de agosto e a *Fosca*, dia 16 de outubro, ambas com o mesmo elenco.[129] Duas das publicações são críticas sobre a ópera *Salvator Rosa*, embora destinem pequena parte de seus textos para comentar as atuações dos cantores e o evento em si, o que costuma ser incomum.

A prioridade de todos os textos, porém, é discorrer sobre a música de Carlos Gomes por meio de um tipo de análise apreciativa de cunho subjetivo, em que o autor descreve alguns elementos musicais dos trechos focalizados, emitindo sua impressão, ou seu sentimento, perante o trecho comentado. Compara-o, ou não, a outros trechos, outras obras e até mesmo peças de outros compositores; quando os termos musicais já não alcançam, recorre a imagens da natureza e metáforas para melhor se expressar.

---

128 O compositor repetia em suas cartas algumas frases de maior efeito, tal como esta que se encontra também em carta dirigida ao amigo Cesar Bierrenbach, de Campinas, escrita em 22 de novembro do mesmo ano. Boccanera Junior, op. cit., p.271.
129 Góes, op. cit., p.313.

Há momentos-limite na cultura romântica em que a relação do *eu* com a História parece perder a sua dimensão mais abertamente social; então, o texto faz retroceder o horizonte do sentido à pura subjetividade. [...] O primeiro – e menos complexo – grau de alheamento do eu lírico em face do quotidiano e da trama social dá-se, em geral, na busca de paralelos entre sentimentos e aspectos da natureza. A metáfora romântica mais simples é sempre a que se funda sobre alguma correlação entre paisagem e estado de alma.[130]

É um gênero de apreciação crítica que será muito depreciada mais tarde, no século XX, quando a "análise musical", com sua objetividade e terminologia própria, tornar-se prioridade, porém sua herança ainda persistirá no novo século, embora limitada em seus elementos literários. É denominada, na área da musicologia, como "crítica literário-retórica".[131] Seu momento de maior expressão foi, justamente, durante o romantismo:

a crítica romântica pecou talvez por *dilettantismo*, entre outros motivos porque todo o mundo creu-se autorizado a falar de música. A crítica romântica tem um tom e uma origem declaradamente literários, achando-se longe da linguagem própria do especialista ou da análise técnico-formal [...] A crítica romântica formula com frequência seus juízos baseando-se na impressão subjetiva [...] tende a captar os elementos metafísicos e sentimentais da música mediante imagens extravagantes e abordagens audazes.[132]

Os demais textos, de Alfredo Bastos e Oscar Guanabarino, não são críticas de concertos, mas pretendem ser análises das respectivas óperas, recentemente apresentadas, visando informar ao público suas realizações cênicas e musicais.

É impossível evitar a comparação entre o texto de Guanabarino sobre a *Fosca* e o célebre estudo de Mário de Andrade sobre a mesma ópera, que será estudado posteriormente neste livro. Há uma diferença orgânica: a existência dos exemplos musicais, em notação própria, no texto de Mário de Andrade, o que lhe foi agregado em sua segunda edição. Diferentes tam-

---
130 Bosi, Imagens do romantismo no Brasil. In: Guinsburg (Org.), *O romantismo*, p.243-5.
131 Cf. Duprat, Análise, musicologia, positivismo. *Revista Música*, p.47, v.7, 1996.
132 Fubini, op. cit., p.289-90 [Trad. do autor].

bém são os objetivos: enquanto Mário de Andrade prioriza a identificação e o estudo dos temas recorrentes, ressaltando os procedimentos musicais e somente algumas cenas específicas de maior interesse dramático-musical, Guanabarino descreve os acontecimentos cênico-musicais de toda a ópera na ordem em que se apresentam, pouco se atendo aos temas recorrentes.

A terceira diferença consiste na linguagem empregada, o que é natural, pois cada um dos autores representa o pensamento de sua época; Guanabarino utiliza metáforas com frequência, apoiando-se em imagens extramusicais, ao contrário de Mário de Andrade, que as evita, embora externe também apreciações pessoais e subjetivas.

Por fim, há uma diferença conceitual: enquanto Guanabarino quer provar que Carlos Gomes, na *Fosca*, não se filiara à doutrina wagneriana, porém se manteve fiel aos princípios da escola italiana, desvalorizando aquela e enaltecendo esta, respectivamente, Mário de Andrade, ao contrário, vê como indício de progresso a aproximação de Carlos Gomes, à sua maneira e de forma não estrita, dos procedimentos wagnerianos. Essa seria a mais provável razão de Guanabarino esquivar-se, ao longo do texto, de ressaltar a existência dos temas recorrentes, embora não se abstenha de mencioná-los discretamente.

Não apenas a *Fosca* representa um grande progresso musical sobre o *Guarany*, mas esse progresso é principalmente fruto dum esforço de Carlos Gomes, que pretendeu fazer obra já mais complexa que o melodismo passarinheiro da ópera italiana oitocentista. Nesse esforço, Carlos Gomes pretendeu ligar-se à doutrina wagneriana do *leitmotif*, enriquecendo com isso a sua orquestra e consolidando a estrutura geral da obra.[133]

Em relação às críticas musicais românticas, Mário de Andrade deixou alguns indícios de seu desagrado, como em sua "Conferência literária", de 1941, *Romantismo musical*, na qual, após citar apreciações musicais realizadas por Goethe e Alexandre Dumas, externa-se, de maneira bem-humorada:

---

133 Cf. p.262 de Andrade, M. de, Fosca. *Revista Brasileira de Musica*, v.3, n.2, p.251-62, jul. 1936.

Bela crítica, bem romântica, que lembra aquele outro crítico profissional, dizendo das melodias de Bellini serem "como o suco das rosas de Bengala – o verdadeiro perfume da alma num beijo atirado com a ponta dos dedos", arre![134]

Discursos e Polianteias

Discursos

Alfredo d'Escragnolle Taunay – *Homenagem a Carlos Gomes*

Trata-se do discurso "proferido na noite de 25 de julho de 1880", "a convite da Sociedade Congresso Militar e mandado publicar pela Diretoria do mesmo Congresso",[135] segundo consta da página de rosto da publicação, que é a réplica de sua própria capa. Há um exemplar original da mesma na Divisão de Música da Biblioteca Nacional, no Rio de Janeiro.

Alfredo d'Escragnolle Taunay (1843-1899) era carioca; formou-se na Escola Militar em Física e Matemática. Durante a Guerra do Paraguai foi engenheiro-geógrafo do Exército, tendo vivido os episódios que retrata em *A retirada da Laguna* (1871), livro escrito originalmente em francês. Abandonou a carreira militar para dedicar-se à política; foi deputado, senador e presidente das províncias do Paraná e de Santa Catarina.

Tornou-se grande amigo e defensor de Carlos Gomes, tendo sido o principal responsável pela obtenção da pensão que o compositor recebeu do governo brasileiro durante cinco anos. Como escritor, viveu uma fase de transição entre o romantismo e o realismo; sua obra mais conhecida é *Inocência*.[136]

Taunay inicia exaltando o vulto de Camões, cujo terceiro centenário havia sido comemorado alguns dias antes no Rio de Janeiro com rumorosas festividades (p.3). Ressalta a necessidade de exaltar os grandes nomes da história (p.4-5), detendo-se para falar sobre Pedro II (p.6), Caxias, Osório, Rio Branco (p.7) e, por fim, Carlos Gomes, que se encontrava presente.

---

134 Andrade, M. de, Romantismo musical. In: _____, *O baile das quatro artes*, p.65.
135 Taunay, A. d'E., *Homenagem a Carlos Gomes*.
136 *Enciclopédia da literatura brasileira*, p.1550.

Recorre à imagem de alguém que sai do "fundo de estreito abismo, cercado só de trevas" e pouco a pouco vai galgando em direção a um círculo de luz, que vê muito acima, até alcançar, com as mãos, a "suspirada borda, [...] e sua cabeça leonina, iluminada por estranhas fulgurações, emerge do desconhecido. [...] Era Carlos Gomes em Milão, chegado do Brasil, filho perdido das regiões transatlânticas". Cansado, o artista pede que lhe estendam a mão; sem encontrar ajuda vai despenhar-se, "quando um braço amigo e forte o socorre. Era o de Pedro II". Nesse momento, o texto narra que o compositor interrompeu o orador, dizendo ser verdade tudo aquilo que dissera e recebeu aplausos prolongados (p.8-9).

Comenta a receptividade das óperas de Carlos Gomes e algumas de suas características. Reconheceram-lhe o talento, com o *Guarany*, mas alguns objetaram que era "talento inculto" [...] que "tem a exuberância selvática das florestas pátrias". O compositor respondeu-lhes com a *Fosca*, "que a ciência musical estuda com pasmo e em que pinta todas as doçuras do amor, todas as suas ferocidades, como o compreende a índole italiana". Arrebatou o público com *Salvador Rosa* e, sem descansar, "escreve *Maria Tudor*, que prende a admiração dos verdadeiros artistas" (p.10).

Observa a "admirável diversidade" dos tipos de mulher que são personagens das óperas de Carlos Gomes, citando as principais (p.10). Voltando ao *Guarany*, compara a cabeça do compositor a um vulcão, "de cujas lavas e até escórias saem clarões, que ofuscam" (p.11). Carlos Gomes vencera, "mas sentia-se alquebrado", voltando então seus "olhos para a terra em que vira primeiro a luz". É bem recebido em Pernambuco e na Bahia, mas é na capital do Império que há "imensas manifestações" (p.11).

No auge da "radiante alegria", lembram-se "daqueles que são perenemente tristes", [...] suportando "ainda as férreas cadeias da escravidão" (p.12). A partir desse ponto, o discurso transforma-se em verdadeiro manifesto abolicionista, falando das conquistas até então conseguidas e enfatizando que "devemos sem cessar cuidar do mal que ainda nos vexa, nos atormenta e também nos oprime" (p.13).

No ponto culminante do evento, o orador anuncia, dirigindo-se ao compositor, que é chegado o "momento mais comovedor das manifestações". Há um escravo presente e a Carlos Gomes será dada a "chave de ouro que vai abrir-lhe as portas da liberdade". Um comentário, entre parêntesis, da mesma forma em que são indicados os momentos de aplausos, narra que "o orador entrega ao maestro a carta de liberdade do escravo Januário" (p.14).

As últimas palavras de Taunay são utópicas, exprimindo a crença de que a libertação daria ao escravo, como consequência imediata, sua inclusão na sociedade na condição de cidadão, desfrutando da "tão sonhada igualdade" (p.15).

O discurso de Taunay voltou a ser publicado em *Dous artistas maximos*, de 1930, livro já citado algumas vezes nos estudos anteriores, sobretudo nos textos referentes às "Ephemerides de Carlos Gomes: notas para o Taunay", de Rebouças, e "Algumas cartas de Carlos Gomes ao Visconde de Taunay", de Affonso d'Escragnolle Taunay. Pode-se afirmar, com segurança, que Mário de Andrade conhecia o discurso, pois a primeira das obras citadas integrava sua biblioteca e, no *Fichário Analítico*,[137] há referências a ela.

Tobias Barreto [de Meneses] – "A. Carlos Gomes"

"A. Carlos Gomes" é o título de um breve discurso de Tobias Barreto, proferido em 10 de julho de 1882, em uma festa em homenagem ao compositor, que se encontrava presente visitando Pernambuco.[138] Tobias Barreto de Meneses (1839-1889) era sergipano, mulato, de origem humilde. Estudou latim com um padre da cidade de Estância e, aos dezoito anos, já era professor da matéria. Estudou filosofia na Bahia e direito no Recife, tornando-se professor da Faculdade de Direito onde estudou. Aprendeu a língua alemã, sozinho, passando a escrever alguns livros nessa língua; dessa forma, conseguiu reconhecimento também na Europa.

Iniciou a chamada "Escola de Recife", da qual se tornou "chefe e inspirador", segundo Hermes Lima. É autor de vários livros e também foi político, defensor da abolição e republicano, além de poeta e notável orador.

---

137 Série manuscritos Mário de Andrade – *Fichário Analítico*, n.2763, Fundo Mário de Andrade, IEB-USP.

138 Nos dois textos bibliográficos tomados como fontes de referência, o discurso integra o quarto volume das *Obras completas* de Tobias Barreto, publicadas em 1926, portanto fora do período estudado. Porém, o discurso integra o segundo livro de Boccanera Junior, *Um artista brasileiro*, publicado em 1913. Portanto, ao contrário de quase todos os textos estudados em suas publicações originais ou oficiais, neste caso, utilizou-se sua transcrição na obra do autor baiano, que, por sua vez, informa que o transcreveu dos *Discursos* de Barreto, publicados em 1900, no Rio de Janeiro, por Sylvio Roméro [sic]. Barreto, A. Carlos Gomes. In: Boccanera Junior, op. cit., p.97-101.

Músico amador, conta-se que ele cantava e tocava violão, acompanhando seus próprios versos improvisados.[139]

Não é um texto encomiástico, como a maioria daqueles que constituem os discursos, as polianteias e mesmo obras de outra natureza. Tampouco deixa de reconhecer o valor de Carlos Gomes e o merecimento das homenagens que lhe eram oferecidas naquele momento. Barreto faz crítica sutil aos exageros da própria linguagem literária da época, embora também a empregue, procurando dar valor à "verdade moderadamente expressa", e revela-se um observador realista e profundo da condição brasileira.

Ninguém compreende melhor do que eu a significação e importância dos aplausos derramados sobre a cabeça do ilustre componista, como também, mais do que eu, não há quem sinta a necessidade de ver a nação inteira, esta grande águia, que vive aliás em perpétuo choco, reunir-se no pensamento de uma glória comum, qual é a posse de uma notabilidade artística, e deste modo manifestar-se ao mundo debaixo de outra forma, que não a de um simples *conceito geográfico*, e por alguma coisa de mais do que gestos e atitudes de uma superioridade, que ela de fato não tem.[140]

Por duas páginas e meia, o autor mostra-se relutante em proferir mais um discurso, como tantos outros, em homenagem ao compositor: "O vocabulário dos predicados pomposos, o tesouro dos epítetos ornantes está esgotado; que posso mais dizer?" (p.97). Enquanto discorre em busca da forma de expressão ideal, cita alguns autores, destacando algumas palavras de Lessing: "o maior louvor que podemos tecer a um artista é esquecermo-nos dele, absorvidos pela contemplação da sua obra" (p.99). Por fim, decide aplicar essas palavras "ao nosso componista".

Afirma ter chegado o momento de esquecer sua pessoa, já tão louvada, e homenagear uma de suas obras, mas não obra musical, e sim "um produto muito mais brilhante, porque é um ato humanitário, porque é a liberdade, em seu nome e por sua causa, restituída a dois infelizes" (p.99). Explica que, após tanta glorificação, "uma grande porção da classe comercial do Recife" decidiu convertê-lo em "pretexto e ocasião de um ato generoso". Ousa afirmar que suas obras musicais serão esquecidas, depois de muitas

---

139 Menezes, op. cit., p.97.
140 Barreto, A. Carlos Gomes. In: Boccanera Junior, op. cit., p.98.

gerações, "mas este quadro, como quaisquer outros semelhantes, que se executem por vossa causa, nunca será esquecido" (p.100).[141]

É pouco provável que Mário de Andrade conhecesse o discurso de Barreto antes de 1922, a não ser por intermédio do livro de Boccanera Junior, que, por sua vez, é improvável que fosse de seu conhecimento até então. Após essa data, o discurso foi reproduzido em outras publicações, entre elas o quarto volume das *Obras completas* do autor, que é citado nas obras bibliográficas de referência. Mário de Andrade não possuía esse volume, mas o primeiro, que traz as poesias de Barreto, obra que integra o acervo do IEB-USP.

José Lino da Justa – *Discurso pronunciado pelo Dr. José Lino da Justa:* **orador official do "Centro Litterario", na sessão funebre consagrada a Carlos Gomes**

Publicado em 1896, no Ceará, esse discurso não possui título específico. Em seu lugar, Azevedo e Salles reproduzem os dizeres estampados na parte superior da página de rosto da publicação, prática adotada também por mim, quase integralmente.[142] O exemplar estudado encontra-se na Divisão de Música da Biblioteca Nacional, no Rio de Janeiro.

José Lino da Justa (1863-1952) era cearense; diplomado em medicina, foi colaborador de diversos jornais de seu estado, tornando-se conhecido também como orador e conferencista. Foi fundador do Centro Literário de Fortaleza.

O discurso tem longa introdução (p.3-6), na qual o orador enaltece a função da música nas antigas civilizações. Na Grécia, a música teve um lugar superior entre todas as artes; entre os hebreus, cita o episódio da trombeta de Jericó; os árabes combatiam "ao som de cimbales". Por fim, chega a Shakespeare, que dizia:

> o homem que não tem no espírito música nenhuma, [...] é capaz de traição e de injustiça, porque os movimentos de sua alma são lentos e mornos como os movimentos da noite (p.6).

---

141 Em nota introdutória ao discurso de Barreto, Boccanera Junior menciona que, na festa em que o discurso foi proferido, foram libertadas "duas crianças escravas", em homenagem ao compositor. Boccanera Junior, op. cit., p.96.
142 Justa, *Discurso pronunciado pelo Dr. José Lino da Justa:* orador official do "Centro Litterario", na sessão funebre consagrada a Carlos Gomes.

A partir desse ponto, começa a falar de Carlos Gomes, de sua "tendência irresistível e inata para a *arquitetura dos sons*" (p.8), da saída de Campinas "numa noite silenciosa e triste" (p.8), até citar suas óperas, omitindo *Maria Tudor*. Detém-se pouco mais no *Guarany*, e, quando fala da *Fosca*, começa a revelar suas preferências musicais. Classifica-a como "uma obra mais científica, [...] pois se aproxima da verdadeira escola chamada de Wagner, ou alemã, que já é a dominante e será incontestavelmente a música do futuro" (p.9).

Critica a escola *Italiana*, que "vai caindo num segundo plano para dar lugar à música como ela deve ser" (p.9). Destaca os "3 grandes vultos" da história da música, Berlioz, Weber e Beethoven, pondo-se a falar de cada um deles. Ressalta um episódio das *Memórias de Hector Berlioz* que relata sua descoberta da "verdadeira beleza" ao assistir a uma representação de *Hamlet*, estabelecendo possível analogia: "Não teria influído também no espírito de C. Gomes [sic] a leitura do romance de Alencar para a concepção melodiosa da primeira ópera, que compôs – o *Guarany?*" (p.11).

Pede perdão pela franqueza, lançando uma pergunta que aflige a muitos até os dias atuais, que nunca se conformaram com o destino escolhido pelo compositor, a começar por Pedro II, Rebouças, os wagnerianos e demais inimigos da ópera italiana.

> Se o nosso maestro, em lugar de ter fixado sua residência na Itália, ao lado de Verdi, tivesse seguido para Alemanha, [...] as suas óperas [...] teriam, sem dúvida, uma fama mais universal. [...] Livre da escola italiana, [...] C. Gomes nos daria outro *Guarany*, com mais naturalidade, com mais colorido.[143]

O orador continua a ver defeitos na escola italiana, na qual não compreende "3 figuras exprimindo 3 sentimentos opostos na mesma frase musical", exaltando a orquestração, que é hoje "o grande nervo sensitivo das partituras" (p.12).

Já na parte final do discurso, realiza longas reflexões sobre a *Sinfonia Pastoral*, de Beethoven (p.12-4), e sobre *Haroldo na Itália*, de Berlioz (p.14-5), restando pouco espaço para sua conclusão, na qual se apercebe, com certo constrangimento, do próprio rumo tomado. Tentando remediar,

---

143 Justa, op. cit., p.11.

afirma que essa é "a verdadeira orientação da música moderna", mas espera que seus "últimos conceitos" não tragam "uma sombra a empanar o mérito do nosso primeiro maestro – glória genuína e puríssima da nossa Pátria" (p.15).

É muito pouco provável que Mário de Andrade tivesse conhecimento desse discurso. Ele não se encontra em sua biblioteca e, pelas informações existentes nas obras bibliográficas de referência, não foi novamente publicado.

Luigi Chiaffarelli – *Carlos Gomes*

A publicação é de 1909,[144] trazendo, em sua página de rosto, a seguinte informação: "Primeira conferência realizada a 15 de Fevereiro de 1909 no salão 'Carlos Gomes' de S. Paulo, em benefício da estátua do grande maestro brasileiro por Luigi Chiaffarelli".[145]

Luigi Chiaffarelli (1856-1923) era italiano e veio para o Brasil em 1883, após realizar estudos de piano em seu país natal e na Alemanha. Nos quarenta anos em que permaneceu no Brasil, tornou-se o mais célebre professor de piano que aqui viveu, tendo tido, entre seus alunos, Guiomar Novaes, Souza Lima e Antonieta Rudge. Foi também ensaísta e lutou pela difusão da música em São Paulo, onde organizou sociedades artísticas e promoveu concertos.[146]

O orador evoca sua mocidade, o tempo em que se dedicou ao estudo da língua e cultura chinesas, para estabelecer analogia com a "língua peculiar" que os músicos falam, da qual poucas pessoas de outras áreas "têm conhecimentos profundos". Critica pessoas que falam sobre música "sem nenhum preparo", afirmando que "a música é uma arte e uma ciência". Como arte, pertence a todos, sem distinção, mas como ciência é "privilégio de um resumido número de estudiosos" (p.3-5). Cita a psicologia musical, ciência recente, para "fixar uma verdade: há música para todas as nações, para todos os homens, para todos os gostos" (p.5). Ao tratar da necessidade de os músicos promoverem o "progresso artístico", o aumento do número de adeptos, mesmo que seja lento o processo de aprendizagem musical, inicia a falar de Carlos Gomes.

---

144 Chiaffarelli, *Carlos Gomes*.
145 A publicação é citada por Vicente Salles, em sua *Bibliografia brasileira de Antônio Carlos Gomes*, mas não por Luis Heitor Correia de Azevedo, na *Bibliografia musical brasileira*.
146 Mariz, *Dicionário bio-bibliográfico musical*: brasileiro e internacional, p.53-4.

A natureza, por seus caprichos imperscrutáveis, às vezes abrevia aparentemente os processos da evolução e joga ao mundo surpreendido filhos prediletos como Antonio Carlos Gomes.[147]

Comenta o processo recente de nacionalização musical em alguns países da Europa, algumas vezes feito por músicos estrangeiros, como Rossini e Meyerbeer na França, afirmando que a ópera italiana "consegue manter-se gloriosa", mesmo que a admiração do mundo esteja voltada para a música wagneriana. Insiste que a ópera italiana tem adeptos "fervorosos" até na Alemanha, por causa de suas características que principia a descrever.

A facilidade é a sua característica primordial. Os povos indo-europeus apoderaram-se, de preferência, das toadas italianas. Os compositores de óperas italianas encontram as melodias simples, fluentes, fáceis de recordar, embora não isentas das inevitáveis trivialidades inerentes ao gênero, nas auras encantadoras da sua terra, e todos [...] repetem embevecidos "as árias" do jardim da Europa.[148]

O Brasil, diz ele, é uma "província musical da Itália", como o foram muitos outros países da Europa no passado, citando Mozart como exemplo, "o mais italiano de todos os gênios alemães", que nasceu "músico dramático italiano", assim como Marcos Portugal e Carlos Gomes (p.8). Nas cidades brasileiras e em toda a América, a atividade musical baseava-se na música italiana. Por fim, estabelece parentesco entre as "melodias luso-espanholas" que chegaram até o Brasil e as "toadas do sul da Itália"; ambas "têm a mesma origem oriental" (p.8-9).

Discorre sobre a trajetória brasileira de Carlos Gomes e ressalta a "clarividência" de Pedro II, que o enviou à Itália, e não à Alemanha, emitindo sua bem-humorada opinião sobre o assunto discutido à exaustão até hoje.

Imaginai por um instante que Carlos Gomes, o intérprete nato das aspirações da sua pátria, fosse entregar na Germânia as fortes asas do jovem condor-poeta às tesouras afiadas de algum pedante das cinco espécies de contraponto, de algum autor do milésimo novo tratado de harmonia! Depois de uma tão

---

147 Chiaffarelli, op. cit., p.6.
148 Ibid., p.7.

bárbara, ou, digamos, de uma tão civilizadora operação, como teria feito o livre Carlos Gomes para lançar a fulgurante protofonia do *Guarany*?[149]

Ao falar da trajetória do compositor na Itália, o texto adquire significado especial, pois também é o testemunho de um legítimo e culto italiano sobre o verdadeiro sucesso de Carlos Gomes naquele país, muitas vezes contestado por seus detratores no Brasil. O orador oferece a real dimensão do sucesso "ruidoso" do *Guarany*, "que ficou gravado com traços indeléveis nos anais da música teatral". Lembra que "milhares de bandas musicais, municipais e particulares e as cem bandas militares da Itália" tocam quase diariamente a protofonia do *Guarany* (p.11-12). Também é interessante seu ponto de vista sobre as razões da fácil comunicabilidade do compositor com o público.

Um artista pode tornar-se senhor de regras de ordem, de harmonia, de contraponto, de instrumentação. Aquilo que não se aprende, porém, é a "força indômita", é aquele impulso prepotente que levava Carlos Gomes a externar o que o emocionava e que era o mesmo que sentia a parte da humanidade à qual pertencia e da qual era o porta-voz, o intérprete. O músico que traduz as aspirações daqueles que o cercam, *ipso facto* os agrada.[150]

Dá início então à longa reflexão sobre vários aspectos da atividade musical, reconhecendo a ausência, nas "tradições teatrais latinas", de alguns elementos presentes na ópera wagneriana, como "profundidade", "vastidão de estrutura", "complexidade do organismo", porém, em contrapartida, sobeja "a vida, o calor, o movimento dramático, a facilidade, a rapidez e principalmente a comunicabilidade" (p.12). Vê, em Carlos Gomes, "notáveis qualidades colorísticas", "o condão da evidência nas situações" e "a clareza cristalina" (p.13).

À parte do público que não se preocupa com os "problemas da arte musical" e sua evolução denomina de "desprevenidos", frisando que isso não significa que sejam ignorantes, e cita, entre eles, importantes personagens da história que assim procederam.

---

149 Ibid., p.9-10.
150 Ibid., p.12.

Estabelece interessante comparação entre a evolução da música alemã, francesa e italiana; detendo-se no drama musical wagneriano, destaca suas qualidades, associando-o ao progresso, mas reconhece que sua aceitação é um pouco lenta (p.14-5). Observa que a ópera é campo fértil para a crítica musical subjetiva, muitas vezes feita por literatos; no entanto, prevê sua extinção e substituição por uma "crítica musical científica" (p.15-6).

Torna a falar de Carlos Gomes, da "extraordinária rapidez" com que, em apenas "quatro anos e dois dias, [...] deu ao teatro o *Guarany*, a *Fosca* e o *Salvador Rosa*" (p.16). Tomando como exemplo vários compositores que enfrentaram dificuldades financeiras, ressalta a difícil situação em que viveu Carlos Gomes. Em seus argumentos, cita um dos textos estudados aqui, que teria sido publicado em *O Estado de S. Paulo* e, depois, reproduzido na *Revista do Centro de Sciencias, Letras e Artes*, de Campinas, em 1908, por Amaral.

De além-túmulo, a voz autorizada de André Rebouças revelou cruamente, através do seu "Diário", as penúrias em que viveu o nosso maestro. Maiores angústias nos revelariam as cartas de Carlos Gomes a seu irmão Sant'Anna Gomes, se este as não houvesse incinerado para poupar talvez vexames à pátria. E Deus sabe se se [sic] gastaram rios de dinheiro com o Teatro Lírico no Rio e em S. Paulo! [...] Devemos honrar os artistas estrangeiros, mas devemos primeiro olhar para os santos de casa, os quais, se em algumas noites de grande festança nadam em mares de luz, em todo o resto do ano em vão esperam o presentezinho de um círio de dez tostões.[151]

O orador empreende nova reflexão, dessa vez sobre a vida musical brasileira, atendo-se pouco mais ao comportamento do público de concertos. É interessante testemunho dos costumes e das características da época. Inicialmente, identifica a existência de "alguns hábitos terríveis de resistência ao desenvolvimento das artes", acrescentando que o gosto pela música de concerto não se desenvolve rapidamente. Cita vários nomes de concertistas que não lograram atrair público "correspondente aos foros da nossa cidade".

Mesmo para as companhias líricas europeias que nos visitam não há público suficiente, quando ousam repetir a mesma ópera mais vezes, sendo

---

151 Ibid., p.17-8.

obrigadas a trazer muitos títulos diferentes em cada temporada. Em compensação, os circos, cafés-concertos e cinematógrafos "andam abarrotados", contrariando a crença de que "os paulistas não saem de casa à noite, por causa do sereno". Cita os nomes de várias sociedades promotoras de concertos do Rio de Janeiro e de São Paulo que não sobreviveram e observa que o público reserva as "ovações mais quentes" somente para os "trechozinhos [sic] mais leves".

O orador anseia pelo dia em que "poderemos ouvir com prazer as belezas" das obras de vários autores, como acontece na Alemanha e em outros países da Europa, lamentando não termos "teatros subvencionados" que obriguem as companhias a montar "as óperas do nosso primeiro músico dramático" de forma conveniente (p.18-20). "Se houvesse a subvenção", afirma, muitos trechos das óperas de Carlos Gomes tornar-se-iam populares, pondo-se a citar numerosos trechos de cada uma das óperas e alguns de seus melhores intérpretes. Ao comentar alguns trechos da ópera *Condor*, pergunta aos seus ouvintes: "Quem a conhece?" (p.20-1).

Propõe que se estude a "psicologia interessante" das óperas e personagens de Carlos Gomes, que se faça o estudo comparativo entre a *Fosca* e a *Gioconda*, de Ponchielli, deixando para sua conclusão a discussão sobre a "calúnia de olhos vesgos" que afirma: "Carlos Gomes é italiano!".

Como argumento contrário, cita nomes de vários compositores importantes que trabalharam em países estrangeiros, ou compuseram músicas em estilos nacionais diferentes de seus países de origem, sem que, por isso, fossem "menos honrados pelos seus patrícios".

Conclui a palestra afirmando que a protofonia do *Guarany* atinge a alma de todos os brasileiros, "de velho monarquista ou de jovem republicano", de maneira tal que, tanto a *Marselhesa* como o *Hino a Garibaldi* não conseguem fazê-lo a seus respectivos povos (p.22-3).

Após o texto do discurso, a publicação oferece-nos, como adendo, a reprodução de um artigo do *Jornal do Commercio*, que esclarece o episódio do pedido de pensão para Carlos Gomes, feito pelo Visconde de Taunay, na Câmara dos Deputados, em 1873 (p.23-5).

Embora não tenha sido localizado um exemplar dessa publicação entre os pertences de Mário de Andrade na Biblioteca do IEB-USP, nem qualquer referência a ela no *Fichário Analítico*, é muito provável que a conhecesse, em razão da proximidade temporal e geográfica entre ambos.

José Eustachio de Azevedo – "O piano de Carlos Gomes"

O discurso integra o livro *Bellas Artes:* palestras litterarias,[152] do paraense José Eustachio de Azevedo (1867-1943), que foi poeta, romancista, teatrólogo, contista, jornalista e tradutor.[153] O livro discorre sobre as diversas artes: arquitetura, escultura, pintura, música e poesia. Na parte que se ocupa da música, encontra-se breve referência a Carlos Gomes e sua primeira ópera, dizendo que "o *Guarany* é um turbilhão de harmonias que nos fala da Pátria... Carlos Gomes transfigura-se em titã nessa partitura grandiosa!" (p.27).

"O piano de Carlos Gomes" ocupa as páginas finais do livro, e seu título é seguido por uma inscrição que esclarece origem, data e propósito: "Fantasia lida na sessão cívica da Associação da Imprensa, a 16 de setembro de 1917" (p.77). O exemplar utilizado pertence à Divisão de Música da Biblioteca Nacional, no Rio de Janeiro.

Ao lembrar-se de que Carlos Gomes "deu nome artístico ao Brasil" (p.77), o orador relata o encontro de Ettore Bosio, "um filho da formosa Itália", e Corbiniano Vilaça, "filho do Brasil – o país das maravilhas naturais",[154] no salão de honra do Teatro da Paz, em Belém, quando se puseram a olhar os bustos que ali estão e "deram de cheio com o de Carlos Gomes" (p.78).

Puseram-se a recordar suas óperas – o autor cita diversos trechos delas – até que se lembraram do piano de Carlos Gomes. Perguntaram por ele a um guarda do Teatro que os conduziu, através de corredores e escadas, até "uma pequenina porta na caixa do teatro". Ali estava o piano, "num cubículo esconso, insuficiente quase para a reclusão do condenado, sem janelas, sem luz, numa atmosfera viciada e úmida, jazia – silenciosa, retraída, empoeirada, aquela relíquia histórica!".[155]

---

152 Azevedo, J. F. de, O piano de Carlos Gomes. In: *Bellas Artes*: palestras litterarias, p.77-82. A publicação somente é citada por Salles.
153 *Enciclopédia da literatura brasileira*, p.299.
154 Ettore Bosio (1862-1936), nascido na Itália, foi compositor, regente, pianista, violoncelista, professor e escritor. Conheceu Carlos Gomes e tornou-se seu admirador. Foi ao Pará com uma empresa lírica, onde permaneceu até sua morte exercendo importante papel na vida cultural local. Corbiniano Vilaça (1873-1967), paraense, foi para Paris estudar pintura, tornou-se grande amigo de Francisco Braga, estudou canto e fez uma grande carreira, tornando-se um dos cantores mais conhecidos no Brasil. Salles, V. *Música e músicos do Pará*, p.59-60, 344.
155 Azevedo, J. F. de, op. cit., p.79-80.

As teclas estavam desordenadas, "já sem marfim", e o instrumento não emitia qualquer som, até que, na parte extrema do teclado, ouviu-se um som. Nesse momento o orador dá vida e voz ao piano que os agradece, por "terdes aberto a porta desta clausura que me sufocava e que eu não mereci" (p.80). O instrumento põe-se a falar de si, dizendo que fora doado ao compositor pela comissão da Exposição Internacional de Chicago; acompanhou Carlos Gomes até Milão e depois veio com ele para o Pará. Após a morte do compositor, "começou o meu Calvário..." (p.80-1). O piano suplica que digam a Lauro Sodré, "um dos maiores protetores e admiradores de meu grande amigo", que ele está ali, "agonizante", e que lhe deem "um repouso condigno da memória do Grande Morto" (p.82). O orador termina seu discurso dizendo:

> Lauro Sodré ouviu a súplica dolente. O piano de Carlos Gomes ali está: sua nova morada será esta, no recinto da Arte, nos salões elegantes da Associação da Imprensa do Pará. Salve Carlos Gomes! Bendito sejas, Lauro Sodré![156]

É bem pouco provável que Mário de Andrade tivesse conhecimento desse texto, que não se encontra em sua biblioteca no IEB-USP.

Polianteias

Evolução: A. Carlos Gomes

A revista *Evolução*, uma polianteia, dedicou um número a Carlos Gomes,[157] publicado em 1880. O exemplar que tive em mãos pertence ao acervo da Divisão de Música da Biblioteca Nacional, no Rio de Janeiro.[158] Não foi possível obter qualquer informação sobre a revista, nem em Nelson Werneck Sodré, que menciona revista homônima de Recife, nem nos *Anais da Biblioteca Nacional*, que citam *Evolução*, porém como um "órgão conservador" do Rio de Janeiro do ano de 1886.[159]

---

156 Ibid., p.82.
157 *Evolução*: A. Carlos Gomes. Rio de Janeiro: Typ. Central, jul. 1880.
158 A publicação foi realizada com extremo cuidado; sua capa é emoldurada por um desenho que sugere as bordas da cortina de um palco, com uma lira, entre louros, na parte superior, seguida da inscrição: A. Carlos Gomes/A Redação da Evolução/Rio de Janeiro, jul. 1880.
159 Sodré, *História da imprensa no Brasil*, p.372; Anais da Biblioteca Nacional: Catálogo de jornais e revistas do Rio de Janeiro (1808-1889), 1965, v.85, p.52.

"A evolução a Carlos Gomes" é o que vem escrito na parte superior de cada página, e a introdução revela que a publicação foi realizada para comemorar a volta de Carlos Gomes, dando-lhe as boas-vindas: "Voltas à Pátria a retemperar as forças ... Vens buscar novas inspirações sob este nosso céu de safiras e esmeraldas [...] Bem vindo sejas!" (p.1).

O primeiro artigo, assinado por Cavalcanti Villela, é um discurso inflamado que compara fatos e personagens da história da humanidade a fatos da vida de Carlos Gomes e a si próprio, percorrendo longo período, desde Alexandre, o Grande, e locais como Babilônia, Pérsia e Egito, até chegar a Colombo. Durante quatro páginas, o nome do compositor não é sequer mencionado uma só vez, embora seja ele o personagem central do discurso. Somente nas últimas linhas o orador dirige-se diretamente a ele: "Com o *Guarany* tiveste a consagração do gênio, com a *Fosca* a consagração da arte" (p.4).

O que vem depois é um poema, de F. Silva, "A Carlos Gomes" (p.5-6), seguido por "Carlos Gomes e a Itália", de Luiz Gonzaga, o único artigo da publicação que tem propósito informativo, relatando fatos da vida do compositor, com enfoque encomiástico. Fala de seus êxitos na Itália, descrevendo alguns acontecimentos específicos. Ressalta que "os florentinos, deixando de parte o patriotismo banal, preferem *Salvator Rosa* ao *Trovador*", remetendo, em nota de rodapé, à *Gazetta Musicale di Milano*, de 3 de novembro de 1877, para justificar sua afirmação (p.7).

Descreve um episódio acontecido em Turim, especificando data e local, em que a ópera *Forza del Destino* foi vaiada, e, no lugar do "bailado de *Nana Sahib*", foi apresentado o terceiro ato do *Guarany*, "que foi a salvação da empresa" (p.8). Justifica os insucessos da *Fosca* e *Maria Tudor*, destaca o êxito de *Salvator Rosa* e termina o artigo afirmando que a Itália ama Carlos Gomes; suas quatro óperas são "degraus para subir à imortalidade" (p.9).

"A Carlos Gomes", de Alfredo Paiva, é o próximo texto; trata-se de pequena homenagem ao compositor (p.9), seguida de dois poemas, ambos com seu nome como título, da autoria de Estellita e Lauro Barreto (p.10). Mais um texto "A Carlos Gomes", de Julio de Aquino: um discurso laudatório, mas breve (p.11-2).

A polianteia termina trazendo mais dois poemas, um de Lucio Alvim (p.12-3), outro de Dias da Rocha (p.13), novamente com o nome do compositor por título, e uma breve saudação ao homenageado, "Carlos Gomes", de Francisco P. Leal (p.14).

Aza-Negra

Esse é o nome de um periódico semanal de Recife que existiu durante alguns meses do ano de 1882. Seu número 14, de 4 de julho, foi inteiramente dedicado a Carlos Gomes. A *Bibliografia brasileira de Antônio Carlos Gomes*, de Salles, acusa a existência de seis polianteias, publicadas no espaço de um mês na mesma cidade e no mesmo ano, todas homenageando, exclusivamente, o compositor.

Havia dupla motivação para tudo isso, conforme os próprios textos denunciam: a presença do compositor naquela cidade, juntamente com a companhia italiana de óperas que trazia entre seu repertório *Salvator Rosa*, e a comemoração de seu aniversário na data de 14 de junho, de acordo com os textos biográficos existentes até então.[160]

Optou-se por recorrer novamente ao livro de Boccanera Junior, *Um artista brasileiro*, que reproduz o texto integral da polianteia *Aza-Negra*,[161] tornando assim possível o estudo de ao menos uma das publicações surgidas naquela ocasião. Para complementar as informações, utililizou-se um exemplar do volume da obra de Luiz do Nascimento, abaixo referida, que se ocupa das mesmas polianteias.

O número especial dedicado a Carlos Gomes trazia, à primeira página, um retrato do compositor, "um magnífico trabalho a craion, [...] em litogravura," e abrindo a página seguinte, um "artigo redacional alusivo ao aniversário natalício do grande maestro brasileiro".[162] O artigo inicial estabelece analogia entre a volta triunfal à "capital do mundo" dos grandes chefes guerreiros romanos e a volta dos que são "uma glória para a Pátria" (p.83).

Cita os nomes das óperas de Carlos Gomes, inclusive uma que não foi concluída, *Palma*, e afirma que está pagando uma "dívida de gratidão àquele que hoje se apresenta à sua Pátria, coberto de glórias e de louros" (p.84).

A parte seguinte ressalta sua data de nascimento, "por certo uma das mais felizes para o Brasil", e resume alguns acontecimentos de sua juventude até a viagem para o Rio de Janeiro (p.84). Para concluir, fala das óperas

---

160 O acesso aos poucos exemplares remanescentes dessas polianteias é difícil, o que somente é possível na Biblioteca Pública Estadual e, em alguns casos, também no Arquivo Público Estadual, ambos de Recife, de acordo com as informações da *História da imprensa de Pernambuco*, de Luiz do Nascimento, reproduzidas por Salles em sua obra de referência.
161 Aza-Negra, 4 jun. 1882. In: Boccanera Junior, op. cit., p.83-8.
162 Nascimento, *História da imprensa de Pernambuco*: 1821-1954, v.6, p.122.

brasileiras, da ida para a Itália, o "país das artes", onde evoluiu até tornar-se o "gênio admirado de todos", saudando "este Vulto Venerando" em nome do *Jornal* (p.85).

É interessante observar que a natureza da publicação, segundo as informações de Nascimento, não era séria e solene, tal como se apresenta o exemplar estudado, porém repleta "de matéria chistosa". O mesmo autor cita o "artigo-programa" da publicação, assinado por Mefistófeles: "O fim deste pequeno jornal é beliscar, porém de maneira que não inflame a pele do próximo".[163] É mencionado ainda que, assim como o personagem que assina o "artigo-programa", quase todos os colaboradores e editores do jornal utilizavam somente pseudônimos. Pois bem, nesse número especial dedicado ao compositor, a maioria dos autores identifica-se com seus próprios nomes.

Surgem então os poemas: "Carlos Gomes", de Pedro Jacques; "Ao gênio musical", de Gonçalves Lima; "Apoteose", de Filinto Bastos; "Ao maestro Carlos Gomes", de C. V., que Luiz do Nascimento identifica como Carneiro Vilela; e "Ao artista-gênio – Carlos Gomes", de S. B., que permanece não identificado. Deve-se acrescentar que Nascimento ainda cita outro autor, Henrique Azevedo, que não consta do texto reproduzido por Boccanera Junior, levando-nos a supor que a transcrição possa estar incompleta.

Real Academia de Amadores de Musica: Homenagem à memoria de Carlos Gomes

Essa instituição de Lisboa publicou sua "Homenagem..." em 1897.[164] Ela é, ao mesmo tempo, uma polianteia dedicada ao compositor e o programa de um "Sarau" em sua memória. A edição é luxuosa, trazendo uma foto de Carlos Gomes na página anterior ao início do texto, separada do mesmo por uma folha em papel japonês. O exemplar utilizado neste estudo pertence à Divisão de Música da Biblioteca Nacional, no Rio de Janeiro, estando em bom estado de conservação.

O primeiro texto da polianteia é um ensaio biográfico de Carlos Gomes, assinado por Ernesto Vieira, de dimensões comparáveis a alguns textos biográficos já estudados: seis páginas (p.5-11). O autor opta por uma das

---

163 Ibid., p.121-2.
164 *Real Academia de Amadores de Musica*: Homenagem à memoria de Carlos Gomes.

diversas datas de nascimento do compositor, 13 de julho de 1839, comentando, em rodapé, a existência de outras possíveis.

É interessante como as publicações portuguesas costumam estabelecer laços de sangue entre o compositor e Portugal.[165] Aqui, ao referir-se a seu pai, o autor afirma que ele era "oriundo de família portuguesa" (p.5). A referência utilizada é Guimarães Junior, mencionado como autor de "um folheto" com a biografia do compositor. Notam-se algumas curiosas diferenças, como a sutil alteração do nome da mais célebre das modinhas, que se torna "Tão longe de ti distante" (p.6), ou a decisão de ir-se embora para o Rio de Janeiro, que ganha maior interesse literário: "O gênio quebrava as algemas e alava a cumprir seu destino" (p.6).

Na apreciação das obras, surgem enfoques que merecem atenção. Já na Itália os milaneses surpreenderam-se com a "música espontânea, fácil, abundante da mais pura melodia italiana, escrita por um forasteiro pouco antes saído dos sertões da América" (p.8). Mais adiante: "O *Guarany* é com efeito uma das mais brilhantes óperas do repertório italiano, modelada principalmente nas formas da segunda maneira de Verdi" (p.9).

Noticia a execução dessa ópera em Lisboa, em 1880, com "ótimo efeito" e comenta o fracasso da *Fosca*: "Com isto se prova quanto é variável a opinião dos homens, e a que excessos conduz o espírito do faccionismo, assim na arte como na política" (p.10).

Por fim, narra a última visita do compositor a Lisboa, dois anos antes, quando recebeu homenagens da Real Academia dos Amadores de Música e conclui: "O nome de Carlos Gomes é hoje a maior glória musical do Brasil. Exaltar essa glória é um dever para os filhos de Portugal" (p.11).

Na seção seguinte, há diversos poemas, começando com "Além, no etéreo mundo... (à memória de Carlos Gomes)", de Luiz Guimarães (Junior), que viveu seus últimos anos em Portugal (p.13). Em seguida, "Divinização (à memória do maestro brasileiro Carlos Gomes)", de Thomaz Ribeiro, com uma nota ao final: "Ao recitar os últimos quatro versos ouve-se em surdina música do *Guarany*" (p.15-6). "Supremo encanto!", de Bulhão Pato (p.17); "Elegia", de Henrique Lopes de Mendonça (p.19-20); e "A

---

165 O conceituado periódico português *Amphion*, dedicado às artes, na seção necrológica que anuncia a morte de Carlos Gomes, dias depois do acontecimento, resume sua biografia, dizendo que "era filho de pais portugueses". *Amphion*, ano 10, n.18, 3ª série, p.143, set. 1896.

Carlos Gomes", de Fernandes Costa, único autor que tem seu nome em negrito (p.21-3), terminam a seção de poemas.

O que vem a seguir é o "Programa do Sarau em homenagem à memória do maestro brasileiro Carlos Gomes, em 5 de abril de 1897, às 8 ½ horas da noite, no Salão da Trindade". Na primeira parte, os poemas publicados seriam declamados por diversos atores profissionais, "do Teatro de D. Maria II", com duas peças musicais no fim.

Das duas partes seguintes constam obras musicais de Carlos Gomes ou nele inspiradas, como fantasias sobre temas de suas óperas, por exemplo, destinadas a diferentes formações: orquestra, piano, canto e piano e outros instrumentos (p.25-6). Na última página, há a relação nominal de todos os músicos integrantes da orquestra, exatamente 63 instrumentistas (p.27).

Revista do Gremio Literario da Bahia

Essa publicação também dedicou um de seus números, o de setembro de 1903,[166] ao compositor Carlos Gomes. A *Revista...* teve vida efêmera, como quase todas as suas congêneres, existindo entre 1901 e 1904 com frequência mensal. Ao contrário de sua publicação, a instituição Grêmio Literário da Bahia já existia há cerca de 40 anos, entidade gloriosa e reconhecida, tendo tido entre seus sócios o poeta Castro Alves, que lhe dedicou um de seus poemas, "O livro e a América", em 1867.[167]

Diversos números da *Revista* contêm matérias sobre o compositor, o que é compreensível, pois o secretário da instituição, e um dos responsáveis pela existência e continuidade da publicação, era simplesmente Boccanera Junior, que fará que as ditas matérias sejam parcialmente reproduzidas em seus dois livros sobre Carlos Gomes.[168]

Boccanera Junior assina o primeiro artigo da publicação, "Uma comemoração: Carlos Gomes", que repreende a todos em sua introdução pela indiferença que o país demonstra em relação ao compositor e a data da sua morte, 16 de setembro, somente sete anos passados:

---
166 *Revista do Gremio Literario da Bahia*. Edição fac-similar.
167 Ibid., p.VII.
168 O número dedicado ao compositor possui, na capa, sob o título: número, ano e mês da publicação, uma bela foto de Carlos Gomes em pose imponente, sua assinatura, a identificação do personagem fotografado, "O Grande Maestro Brasileiro", os locais e as datas de seu nascimento e morte, além dos dizeres, "Homenagem da 'Revista do Gremio'".

O indiferentismo dos brasileiros para com o nosso saudoso *maestro* é tal, que em sua própria terra natal – a cidade de Campinas – não encontrou ele ainda o repouso derradeiro em tumba própria, estando seu corpo, espólio sagrado da pátria, recolhido em jazigo emprestado – desde que voltou do Pará, em cujo seio amorável, e tão grande quanto generoso, deveria para sempre ficar sepultado![169]

Em suas críticas, é pouco complacente com os que se recusaram a apoiar Carlos Gomes, inclusive o "Governo Provisório da República", citando, em contrapartida, vários nomes de importantes músicos que o estimaram. A parte central do texto ocupa-se do resumo biográfico do compositor e de comentários apreciativos de todas as suas óperas (p.367-9).

Na seção final, o autor exalta-se e enumera algumas das costumeiras calúnias sofridas pelo compositor, de autoria dos próprios brasileiros, enaltecendo ao extremo a imagem de Carlos Gomes, por meio de linguagem grandiloquente e recursos de retórica (p.369-70).

O texto seguinte, "O Album de Carlos Gomes", é "a publicação dos melhores artigos contidos no *Album* que os admiradores do *maestro* lhe ofereceram há 33 anos, por ocasião da sua primeira viagem ao Rio de Janeiro". É um conjunto de breves manifestações, em prosa e verso, da autoria de alguns dos maiores nomes da literatura brasileira, entre eles: José de Alencar, Afonso Celso de Assis Figueiredo, Luiz Guimarães Junior e Machado de Assis (p.370-372).

"Um pouco pelo passado (A proposito de Carlos Gomes)", de Horacio de Carvalho,[170] é o texto seguinte. Trata-se de um pequeno episódio biográfico romantizado que relata a primeira viagem de Henrique Levy a Campinas, em 1856, quando veio a conhecer Carlos Gomes, e alguns fatos que se sucederam a esse encontro. Horacio de Carvalho (1857-1933) era mineiro; foi poeta, polígrafo e cientista.[171]

Entre os diálogos dos personagens envolvidos no episódio, o autor oferece algumas informações de valor, como a referência a uma *Grande missa para orquestra e vozes*, composta por Carlos Gomes e oferecida a Levy

---

169 Ibid., p.366.
170 Este é um dos quatro textos citados por Azevedo na obra bibliográfica de referência, que integram a *Revista do Gremio Literario da Bahia*, os quais optou-se por estudar neste momento dentro desta publicação, e não individualmente, conforme comentado no início do livro.
171 *Enciclopédia da literatura brasileira*, p.447.

"para nela figurar em lindos solos" de seu instrumento, a clarineta, que foi executada na Matriz de Campinas (p.372). Em outro ponto, o autor torna evidente que a insistência de Levy foi o fator que convenceu Manoel José Gomes a permitir que seus filhos pudessem apresentar-se em São Paulo, partindo ele também na companhia dos mesmos (p.373).

Ao narrar os fatos ocorridos em São Paulo, como a hospedagem na *república* de estudantes e a criação do "Hino acadêmico", entre outros, o autor demonstra sentir o mesmo saudosismo pela cidade antiga e consequente aversão ao progresso que transformou São Paulo, que já se encontravam no texto biográfico escrito por Quirino dos Santos, estudado anteriormente (p.373).

O texto termina com a despedida de Carlos Gomes, partindo para o Rio de Janeiro, em Santos, até onde o acompanharam Levy e Sant'Anna Gomes, não sem antes antever, em poucas palavras, os futuros sucessos do compositor, uma vez "vencida a obscuridade da sua origem" (p.374).

Segue um texto breve, de Mucio Teixeira, "Carlos Gomes", que não é citado nas duas obras bibliográficas de referência. Mucio Teixeira (1857-1926) era gaúcho; foi poeta, teatrólogo, biógrafo, tradutor e crítico. Foi também político e diplomata. O escritor narra o encontro que tivera com Carlos Gomes, em companhia de Bittencourt Sampaio, autor dos textos poéticos do "Hino acadêmico" e "Quem sabe?", no Café do Rio, à rua do Ouvidor.

Carlos Gomes lia um jornal italiano e mostrava-se indignado pela preferência ao *Guarany*, em detrimento de suas outras óperas, demonstrada pela crítica do mesmo jornal. Os dois amigos ouviram os argumentos do compositor, "não ousando contrariá-lo em assunto de sua exclusiva competência", e partiram compartilhando da mesma opinião do crítico italiano.

O texto descreve, com riqueza de detalhes, a aparência e a indumentária do compositor, o conteúdo da conversa que tiveram, e revela um dos últimos desejos de Carlos Gomes: "que se cantasse nos salões brasileiros versos feitos na língua vernácula, que tanto se presta às harmonias musicais" (p.374).

"Carlos Gomes", de Quirino dos Santos, é o texto seguinte.[172] A *Revista* menciona que se trata da transcrição de uma matéria da *Gazeta de Campi-*

---

172 É o segundo dos quatro textos mencionados e escolhidos para serem estudados nesta parte do livro. Os dois textos seguintes, o da autoria de Lucio de Mendonça e a transcrição de duas cartas do compositor, completam a série.

nas, de 24 de agosto de 1870, comentando ainda que Carlos Gomes havia chegado à sua cidade natal alguns dias antes, no dia 18. Quirino dos Santos é autor de um dos textos biográficos já estudados.

O texto possui duas partes, "A Chegada" e "Coroação", ambas descrevendo a recepção que lhe ofereceu a cidade, em sua primeira visita ao Brasil após o sucesso da estreia italiana do *Guarany*. O relato é permeado de inúmeras reflexões e contribuições subjetivas do autor, demonstrando erudição e acrescentando riqueza literária ao texto.

Os fatos descritos relatam intensa participação popular e uma sequência de homenagens que exigia do compositor incansável disposição para caminhar pela cidade, "percorrendo diversas ruas" e ouvindo inúmeros discursos em seu louvor.

A segunda parte narra a cerimônia em que Carlos Gomes foi coroado, com uma coroa de ouro no formato de "dois ramos de louro com folhas de tamanho natural", obra de um ourives local, a pedido da orquestra, pelas mãos de sua irmã Joaquina Gomes, cerimônia que foi dominada por intensa emoção (p.374-6).

"Carlos Gomes: recordações de 1862", de Lucio de Mendonça, é outra transcrição de matéria jornalística, dessa vez oriunda da *Gazeta da Tarde*, de 13 de julho de 1889, que é citada sem discriminar a cidade onde o jornal foi publicado, que, supomos, seja o Rio de Janeiro. Lucio de Mendonça (1854-1909) era fluminense e foi poeta, contista, romancista, crítico, jornalista e advogado, tendo exercido altos cargos no governo republicano, como o de procurador-geral da República. Era irmão de Salvador de Mendonça, grande amigo de Carlos Gomes, o que confere maior credibilidade a seu texto.[173]

Lucio de Mendonça relata que, quando criança, em Niterói, costumava ficar admirando um grupo de pessoas que se reunia em uma "risonha casinha" para falar de "letras e artes". Um dos membros do grupo, "uma bela e enérgica figura de matuto paulista, moreno, de grande cabeleira preta e anelada", pouco participava da conversa, preferindo permanecer horas ao piano, "a bordar fantasias estranhas, desordenadas e brilhantes como os desvarios de um doido de gênio".

A casa pertencia a Salvador de Mendonça, e um dos "habituais" era Bittencourt Sampaio, o poeta recém-mencionado por Mucio Teixeira: "Falta

---

173 *Enciclopédia da literatura brasileira*, p.1058.

só dizer quem era o do piano, e exatamente por causa desse é que se está contando toda esta história de vinte e sete anos passados".

Revela que se tratava de Carlos Gomes, contestado na época pelo *Jornal do Commercio*.[174] O "impaciente selvagem" foi para a Itália e ninguém, hoje, ignora seu nome. "Quem é capaz de lhe duvidar do gênio? Nem o *Jornal do Commercio*". Conta que o viu passar, há poucos dias, pela rua do Ouvidor, com "cabelos quase brancos".

E então, mesmo sem que ele me visse, do meu canto de porta, enquanto passava na onda humana aquela cabeça admirável, tirei-lhe respeitosamente o meu chapéu, com uma grande comoção íntima de entusiasmo e de melancolia... Assim vai a vida... assim vai a glória...[175]

"Duas cartas ineditas do Maestro" é um texto que transcreve cartas endereçadas ao comendador Theodoro Teixeira Gomes, grande amigo e representante dos interesses do compositor na Bahia. A primeira delas, escrita no Rio de Janeiro, em 7 de novembro de 1891, deixa transparecer o desespero de Carlos Gomes pela votação contrária, no Congresso Federal, a um projeto que o favoreceria, embora a carta não especifique o que era. A carta é breve; sua finalidade é transmitir a má notícia ao amigo, perguntando-lhe se deveria permanecer no Brasil (p.377).

A segunda carta é mais longa, escrita em Milão em 27 de março de 1893; tem como assunto central a luta travada pelo compositor para conseguir que se representasse sua ópera *O Guarany* na Exposição Internacional de Chicago, e as dificuldades que enfrentava junto ao governo republicano.

A carta expõe sua angústia, correndo contra o tempo, sem contar com os mesmos canais que tivera no passado, no governo imperial. Fora obrigado a viajar, gastando os poucos recursos que ainda lhe restavam, sem nada receber até o momento, como *membro da Comissão* da referida exposição. No fim, o compositor rebela-se contra os empresários das companhias líricas italianas, citando-os nominalmente, algo frequente em suas cartas. Até cogita a hipótese de viver na Bahia, com os filhos, e "lá ganhar o *pão de cada dia*, dando lições de música" (p.377-8).

---

174 O autor refere-se, provavelmente, às controvérsias que cercaram a execução da segunda ópera do compositor, *Joanna de Flandres*, no Rio de Janeiro, em 1863.
175 *Revista do Gremio Literario da Bahia*, p.377.

A parte da *Revista* dedicada ao compositor é encerrada com dois poemas, restando somente mais uma página da publicação que se destina à correspondência recebida e questões internas da instituição. Ambos os poemas têm por título o nome do compositor e são da autoria de Pethion de Villar e Luiza Leonardo Boccanera.

Correio Musical Brasileiro

Esse periódico, que se propunha ser quinzenal, foi publicado em São Paulo entre maio e agosto de 1921, alcançando cinco números. Não é exatamente uma polianteia, mas guarda alguma semelhança com esse tipo de publicação.[176] O estudo será restrito ao que se relaciona com Carlos Gomes e Mário de Andrade, pois o conteúdo da publicação é muito mais amplo e diversificado.[177]

O primeiro número do *Correio* é dedicado a Carlos Gomes, com a seguinte justificativa editorial: "Sendo esta a única publicação musical do Brasil, é um dever imprescindível dedicar o seu primeiro número ao glorioso Maestro Carlos Gomes"[178] (n.1, p.2). A capa do primeiro número contém ainda uma pequena foto do compositor, em seu lado superior direito, o que se tornará prática constante nos próximos números da publicação, dedicados a cada um dos nossos principais compositores.

A partir do segundo número, há uma seção dedicada à repercussão da própria publicação, através da divulgação de manifestações enviadas por outros órgãos de imprensa, do Brasil e países vizinhos. Com exceção de um único jornal, todos os que se manifestam no segundo número comentam positivamente a dedicatória do primeiro número a Carlos Gomes (n.2, p.2).

---

176 Em razão da importância e pertinência de seu conteúdo, decidiu-se incluí-lo neste livro, embora não seja mencionado nos textos bibliográficos de referência, a não ser indiretamente, como o veículo que reproduziu o texto de A. *Carlos Gomes*: perfil biographico (1870), de Guimarães Junior (na obra de Luis Heitor Correia de Azevedo, à p.142). Na verdade, o texto de Guimarães Junior é reproduzido somente a partir de sua segunda parte e em forma seriada. Como a publicação não passou de seu quinto número, o texto ficou incompleto. Utilizaram-se aqui os exemplares da Biblioteca do IEB-USP que pertenceram a Mário de Andrade, sendo que os dois primeiros números foram-lhe dedicados pela própria redação do *Correio*, o que se lê, na extremidade superior de suas capas, escrito à tinta: "Ao erudito Prof. Mario Moraes de Andrade – A Redação".
177 Trechos da publicação estão reproduzidos nas páginas 164-9 deste livro.
178 O texto da dedicatória anuncia ainda que o exemplar contém um retrato do compositor, em "água-forte", feito por Carlos Oswald, filho de Henrique Oswald, que ocupa toda a terceira página do exemplar. Ver página 165 deste livro.

O *Correio* tem numerosas seções que variam de um número para o outro, como críticas, divulgação de eventos, curiosidades e anedotas, além da publicação de poesias, geralmente relacionadas à música ou aos músicos. Na seção de variedades do primeiro número, há uma anedota sobre as dificuldades de Carlos Gomes com a língua italiana em seus primeiros tempos de Itália, o que nos obriga a observar que o meio musical paulistano era então dominado por italianos (n.1, p.16). No quarto número, há um poema de Francisca Julia, um dos maiores nomes da poesia parnasiana, que tem por título "Carlos Gomes" (n.4, p.11).[179]

A participação de Mário de Andrade já se faz notar no terceiro número do *Correio* (junho de 1921), por meio da inclusão de seu nome entre os colaboradores da publicação. No mesmo número, um texto de apenas nove linhas apresenta-o como o autor de um poema, que vem em seguida, dedicado ao compositor que lhe dá o título, "Mozart", e a assinatura de Mário de Andrade, escrita sem acento; isso alguns meses antes da Semana de Arte Moderna (n.3, p.8).[180]

No quarto número, de julho de 1921, encontra-se um artigo de sua autoria, na seção das "Críticas", com o título, "Musica brasileira". "Existe música brasileira? ... Sim e não. Existe latente, incipiente", essas são as palavras que iniciam o texto, já revelando uma das grandes preocupações do escritor. Adiante, após se colocar contra Leoncavallo e Mascagni, acrescenta: "Carlos Gomes tê-la-ia feito, se o não prejudicara a estreita visão artística dos italianos do seu tempo e em cuja escola aprendeu" (n.4, p.5-6). São palavras que vão adquirir significado especial quando retornarem no próximo capítulo.

Os cinco números do *Correio Musical Brasileiro*, além de integrarem o acervo de Mário de Andrade, são também citados em seu *Fichário Analítico*.[181] É pouco provável que o escritor conhecesse as polianteias estudadas e, por essa razão, não foram mantidos os procedimentos adotados anteriormente.

***

Dos seis discursos identificados nas obras de referência bibliográfica, apenas um não foi encontrado, justamente aquele que não seria um discur-

---
179 Ver imagem do poema na página 169 deste livro.
180 Ver imagem na página 166 deste livro.
181 Série manuscritos Mário de Andrade – *Fichário Analítico*, n.2768, Fundo Mário de Andrade, IEB-USP.

so, mas uma crônica: "Carlos Gomes", de José Eustachio de Azevedo, publicado em uma coletânea de textos do autor, em Portugal, no ano de 1913, segundo informações oferecidas por Salles.[182]

Mais complexo é o caso das polianteias. Trata-se de uma categoria numerosa, com dezessete publicações, para a qual se adotou o critério do estudo por amostragem,[183] atendo-se a quatro exemplares, os únicos aos quais tive acesso, e mais uma publicação de natureza similar de relevante importância neste trabalho, o *Correio Musical Brasileiro* (1921).

Entre as obras estudadas, há exemplos de diferentes tipos de polianteias: *Aza-Negra*, do Recife, é constituída quase exclusivamente de poemas de autores locais, enquanto a *Revista do Gremio Literario da Bahia*, que quase não traz poemas, reproduz artigos consistentes de outras regiões do Brasil, tornando-se um caso atípico em um gênero que geralmente dá preferência aos escritores locais.

Discursos e polianteias, quase sempre, estão associados a uma efeméride ou comemoração especial; no caso de Carlos Gomes, costuma ser uma de suas vindas ao Brasil ou sua passagem por determinada cidade, em companhia de empresas líricas que traziam suas óperas. Diversas publicações foram motivadas por sua morte e pelas homenagens que se seguiram.

Normalmente, o que se publicavam eram discursos e poemas que lhe haviam sido oferecidos pessoalmente nas recepções. Havia o costume de homenagear pessoas ilustres por meio de saraus literários ou lítero-musicais, abrilhantados por discursos e poesias. Esse costume, oriundo da Europa, perdurou durante toda a vida do compositor no Brasil e em Portugal, tornando-o, provavelmente, o personagem mais homenageado por poemas de toda a nossa história. A prática continuou, após sua morte, entrando pelo novo século, como prolongamento anacrônico de uma característica romântica por excelência.

---

182 Segundo este autor – a obra não é citada por Luiz Heitor Correia de Azevedo –, a crônica, de duas páginas, foi anteriormente publicada na imprensa do Pará, quando o compositor morreu. Foi incluída entre os discursos porque ali se encontra outra obra, do mesmo autor, estudada.

183 A adoção deste critério baseou-se nas seguintes razões: a maior parte das polianteias foi publicada no Norte e Nordeste do Brasil no fim do século XIX, o que as torna quase inacessíveis; o maior interesse desse gênero de publicação é literário, e não historiográfico ou musical, deixando assim de ser prioritário em nosso trabalho, que não pertence à área da literatura; considera-se a amostragem significativa, pois corresponde a mais de um quarto do total de publicações existentes e é proveniente de cinco locais diferentes, representando-os.

Do romantismo só se pode dar uma única definição conceitual certa: ele é poético. Não é propriamente um movimento literário. É especificamente um movimento poético. E é um movimento poético universal, ampliando imensamente os horizontes literários da Europa.[184]

Entretanto, tal costume já não era unanimidade nos idos de 1880, ocasião em que Carlos Gomes foi recepcionado tal como um semideus no Rio de Janeiro, e a profusão de discursos, que lhe eram dirigidos, estimulou o bom humor de alguns espíritos mais críticos, como Angelo Agostini, da *Revista Illustrada*. Esse autor publicou charges divertidíssimas, cujo tema condutor era, justamente, a enxurrada de discursos que exigia do compositor notável resistência física para suportá-la. As charges trazem até uma imagem, mostrando que nem dos cães, se tivessem o dom da palavra, o compositor teria escapado![185]

Em 1936, na edição especial da *Revista Brasileira de Musica* que é dedicada ao compositor, há um curioso artigo, de Hermes Vieira, "Carlos Gomes e os poetas brasileiros de seu tempo", que sugere, como ponto de partida desse costume, os versos que lhe fizeram os poetas Carlos Ferreira, Guimarães Junior e Bittencourt Sampaio no dia da estreia brasileira do *Guarany*. "Daí por diante, a maioria dos poetas brasileiros daquela geração cuidou de manifestar a admiração que tinha pelo gênio paulista".[186]

Tal costume deixou de ser bem-visto após as reformas modernistas, o que se pode ver, no mesmo número da *Revista Brasileira de Musica*, quando Roberto Seidl comenta um livro, novamente de Hermes Vieira, *Carlos Gomes, sua arte e sua obra*, publicado em 1934, que se ocupa, em sua segunda parte, de poemas dedicados ao compositor.

Sabe-se que CARLOS GOMES inspirou a lira dos nossos citaredos. Dificilmente poder-se-á contar os versos que foram entoados em homenagem ao cantor do "Guarany". Infelizmente não se trata de rimas antológicas e mau serviço prestou às letras o Sr. HERMES VIEIRA recopilando a versalhada in-

---

184 Carpeaux, Prosa e ficção do romantismo. In: Guinsburg (Org.), op. cit., p.160-1.
185 *Revista Illustrada*, ano 5, n.216, 1880. Apud Salles, V., Carlos Gomes: passagem e influência em várias regiões brasileiras. In: *Carlos Gomes*: uma obra em foco, p.20-3.
186 Vieira, Carlos Gomes e os poetas brasileiros de seu tempo. *Revista Brasileira de Musica*, v.3, n.2, p.432-6, jul. 1936.

suportável, a indigesta farragem de sonetos e poemas que constitui a segunda parte do seu livro. [...] Melhor seria ao Sr. HERMES VIEIRA não ter perdido tanto tempo e tanto papel com as farfalharias daqueles versos detestáveis.[187]

Esse mesmo livro, de Hermes Vieira, foi objeto de crítica de Mário de Andrade, no *Diário de S. Paulo*, do mesmo ano de sua publicação, já citada diversas vezes. É uma ocasião na qual Mário de Andrade coloca-se, ao mesmo tempo, frente aos dois tipos de manifestações em estudo, os poemas e os discursos, porém com maior elegância e bom humor.

Basta dizer que, da paciente colheita com que o sr. Pio Vieira[188] tanto valorizou o seu livro, consta uma antologia de nada menos que trinta poesias dedicadas a Carlos Gomes! Isso: poesia, gente! Mas análise, não.

Prossegue em sua crítica, destacando um documento que é "um dos mais deliciosos exemplos da verborragia brasileira. É um discurso pronunciado na Bahia, durante uma sessão fúnebre realizada em honra de Carlos Gomes que morrera". Detecta ainda a origem do fenômeno no "costume de botar discurso" dos índios, de onde "nos veio a nossa terrível tradição. Até hoje, todas as noites, de cócoras na terra vazia e batida do nosso desleixo intelectual, botamos discurso".[189]

Entretanto, o próprio Mário de Andrade localizou uma citação indireta a Carlos Gomes, em um poema de Castro Alves, anotando-a em uma das fichas de seu *Fichário Analítico*.[190] O poema integra uma obra que pertenceu a Mário de Andrade e encontra-se na Biblioteca do IEB-USP.[191]

No poema "A minha irman Adelaide", datado de 29 de maio de 1871, em Salvador, o poeta cita os nomes de vários músicos, pois o personagem-tema do poema, sua irmã Adelaide, tocava piano. Em sua última estrofe, há o seguinte verso: "Aos lampejos da luz – do Moço Paulistano – !", que

---
187 Cf. p.448 de Seidl, Carlos Gomes: ensaio de bibliographia. *Revista Brasileira de Musica*, v.3, n.2, p.445-57, jul. 1936.
188 Hermes Pio Vieira.
189 Andrade, M. de, op. cit., 1993, p.247.
190 Série manuscritos Mário de Andrade – *Fichário Analítico*, n.2747, Fundo Mário de Andrade, IEB-USP.
191 Alves, A minha irman Adelaide. In: *Obras completas de Castro Alves*, 1921, v.1, p.266-8.

Mário de Andrade reproduz em sua ficha. Na página seguinte, o editor, Afrânio Peixoto, acrescenta uma nota que diz: "O 'moço paulistano' é Carlos Gomes, nascido em S. Paulo (1839-1896), cuja glória alvissareira com 'O Guarany' (1870), Castro Alves pode aplaudir" (p.268). O poema tem anotações marginais de Mário de Andrade.[192]

Epílogo

As datas extremas das publicações incluídas na revisão bibliográfica proposta situam-se nos anos de 1870 e 1922, datas que limitam um dos mais importantes períodos da história política do Brasil. Se a estreia brasileira do *Guarany*, que motivou a primeira publicação, coincide com o fim da Guerra do Paraguai e um momento de intenso nacionalismo ao qual a imagem de Carlos Gomes, desde então, estará para sempre vinculada, ela também marcou o apogeu do Império.

A partir dali, o movimento republicano articulou-se; veio a Abolição e a República, com seus primeiros anos conflituosos. Coincidiu com o fim da vida do compositor, que se viu em um vórtice do qual não conseguiu sair e tampouco o entendeu. Com a estabilização do regime, Rio de Janeiro e São Paulo viveram um surto de progresso e transformações que nem mesmo a guerra na Europa conseguiu reverter. Surgiu um novo momento de intenso nacionalismo, que culminaria com os festejos do centenário da Independência, encerrando o período e trazendo surpresas à imagem do compositor.

Vimos, anteriormente, que Carlos Gomes tornara-se fonte de inspiração para inúmeros poetas de seu tempo, entretanto este fenômeno não se restringiu à poesia, mas espalhou-se por toda nossa vida literária. O *corpus* estudado permitiu constatá-lo: são literatos, não músicos, os autores dos textos, com exceção de algum literato com aptidões musicais, como Oscar Guanabarino, ou até mesmo um músico, o pianista Luigi Chiaffarelli, homem de vasta cultura.

Entre os literatos, encontram-se nomes consagrados: Visconde de Taunay, Tobias Barreto e Luiz Guimarães Junior, ou o importante crítico literário José Verissimo Dias de Mattos, da geração seguinte, sem mencionar

---

192 Ver imagens nas páginas 170-2 deste livro.

outros tantos nomes. Além dos textos da revisão bibliográfica, pode-se continuar encontrando referências ao compositor, mesmo que pequenas, da autoria de nomes ainda mais ilustres: José de Alencar, Castro Alves e Machado de Assis, por exemplo. Carlos Gomes era considerado o maior artista brasileiro de seu tempo, o único que vencera na Europa, tornando-se nosso grande embaixador cultural. É natural que despertasse o interesse dos homens de cultura de todo o país, porém outros fatores também contribuíram para isso. A "especialização científica ou disciplinar" ainda não substituíra a aspiração do "saber universal" que facultava o direito ao ecletismo e o ensaio literário era a forma de expressão por excelência, tratando de assuntos mais díspares,[193] como a música, por exemplo.

Tem-se dito que o século XIX é o século da música e, certamente, nunca, como durante este período, adquirem tanta difusão [os] escritos de todo tipo sobre música; todos, desde os próprios músicos até os literatos, os poetas, os filósofos e os homens de cultura em geral, escrevem então sobre música.[194]

Entre os pontos extremos acima considerados, de exacerbado nacionalismo, o país viu-se invadido por uma avalanche de novas ideias,[195] vindas da Europa, que atenuaram a corrente nacionalista em favor da visão cosmopolita, conseguindo mobilizar nossos intelectuais.

Arrojados num processo de transformação social de grandes proporções, do qual eles próprios eram fruto na maior parte das vezes, os intelectuais brasileiros voltaram-se para o fluxo cultural europeu como a verdadeira, única e definitiva tábua de salvação, capaz de selar de uma vez a sorte de um passado obscuro e vazio de possibilidades, e de abrir um mundo novo, liberal, democrático, progressista, abundante e de perspectivas ilimitadas, como ele se prometia.[196]

---

193 Ventura, *Estilo tropical:* história cultural e polêmicas literárias no Brasil, 1870-1914, p.41.
194 Fubini, op. cit., p.289. [Trad. do autor].
195 Roque Spencer Maciel de Barros delimita o período entre 1870 e 1914, dando-lhe o nome de "Ilustração Brasileira" por considerá-lo semelhante ao Iluminismo europeu do século XVIII, do qual preserva a crença no poder das ideias, a confiança na ciência e a valorização da educação intelectual. Barros, *A ilustração brasileira e a idéia de universidade*, p.9.
196 Sevcenko, *Literatura como missão:* tensões sociais e criação cultural na Primeira República, p.78.

Os textos da revisão bibliográfica são heterogêneos, tal como são diferentes seus autores, pertencentes a distintas gerações sucessivas e procedentes de diversas regiões do país. Entretanto, mesmo tendo o compositor e sua música como assuntos centrais, eles testemunham discretamente as transformações da vida política, assim como deixam transparecer a presença das novas ideias, embora Carlos Gomes sempre preserve a imagem de herói nacional e, como tal, evoque sentimentos nacionalistas.[197]

Dentre as novas tendências de pensamento, os estudiosos destacam o positivismo, o darwinismo e um de seus derivados, o evolucionismo, além do naturalismo, que é menos citado. Também não podem ser esquecidas ideias que mobilizaram o país, ligadas à sua vida política, social e econômica, como o abolicionismo, o ideal republicano e o liberalismo, associados ou não a outras já citadas, e o sempre presente nacionalismo.

Anteriormente, à influência do positivismo era atribuída a atitude de Silio Boccanera Junior, publicando dois livros que se ocupavam, quase exclusivamente, da transcrição e reprodução de documentos. No "Prefácio" de seu segundo livro, em tom de discurso, o autor refere-se a "culto erguido ao progresso", "altar levantado à religião do bem social" e "divinização de seus ilustres varões", frases que não permitem dúvidas sobre a presença positivista.[198]

Entretanto, outro texto estudado torna ainda mais evidente essa presença. É o discurso de Alfredo d'Escragnolle Taunay, de 1880, referindo-se às comemorações do terceiro centenário de Camões:[199]

> Entre nós a iniciativa da majestosa comemoração partiu, de certo, de um centro português; mas, senhores, esse mesmo centro recebia a influição de fora, recebia-a de um estímulo que, há uns trinta anos para cá, atua sobre todos os povos civilizados da terra: a glorificação dos grandes homens que eles contam

---

[197] Entre os estudiosos, há algumas divergências sobre quais seriam as principais correntes de pensamento que vigoravam no Brasil da época, mas são diferenças de nomenclatura na maioria dos casos. Cf. Barros, op. cit., p.172; Ventura, op. cit., p.41; Hardman, Antigos modernistas. In: Novaes (Org.), *Tempo e história*, p.290; Ortiz, *Cultura brasileira e identidade nacional*, p.14.

[198] Boccanera Junior, op. cit., p.VIII-XIX.

[199] Em sua obra *Reminiscencias*, Alfredo d'Escragnolle Taunay narra que, em determinado período, entre 1875 e 1881, estivera em frequente contato com Benjamin Constant e este lhe falava sobre as "doutrinas de Augusto Comte". Taunay, A. d'E., *Reminiscencias*, p.215.

em sua história. Dia virá em que nessa fecunda idéia, emanada do cérebro de Augusto Comte, [...].[200]

O evolucionismo, por sua vez, mostra-se de maneira mais sutil no pensamento de um autor desconhecido, de quem se tem apenas as iniciais A. C., responsável pelo artigo "Carlos Gomes e o 'Salvator Rosa'", de 1880. O autor elabora um minucioso raciocínio para advogar em prol de *Salvator Rosa*, porém não pelo crime de ser uma ópera italiana, como pensavam os nacionalistas mais exaltados, mas porque "representa uma evidente solução de continuidade" na "profunda evolução" que o compositor demonstrara, traçando "uma linha ascendente e constante", do *Guarany* a *Maria Tudor*.[201] Critério de avaliação semelhante é encontrado em textos de outros autores, como Ernesto Augusto de Senna Pereira, por exemplo.

Pode-se também supor que a notória intenção do imperador, já presente no texto de Guimarães Junior, de enviar Carlos Gomes à Alemanha, e não à Itália, no que era secundado por André Rebouças, não seria somente por razões musicais, como se julga hoje. Estava então em voga a crença na superioridade do povo germânico em relação ao latino, por estar o primeiro em estágio evolutivo superior ao segundo.[202]

No entanto, não se encontra nenhuma recriminação ao compositor por haver deixado o Brasil, pois era absolutamente necessário "aprender com as nações mais velhas, [...] repetir, de forma acelerada, as suas experiências para nos tornarmos *adultos*, ombreando então com elas".[203] A contingência de ser oriundo de um país em estágio evolutivo inferior[204] enaltecia ainda mais o feito de Carlos Gomes na Europa, mesmo que houvesse sido na Itália.

Quando os autores abordam o nascimento do compositor, costumam destacar somente sua origem humilde, mas André Rebouças, em "Notas biographicas: Carlos Gomes", texto de 1879, vai além, observando que os pais de Carlos Gomes eram de "raça mista". Vem à tona uma das questões

---

200 Id., *Homenagem a Carlos Gomes*, p.4-5.
201 Cf. p.173 de A. C., Carlos Gomes e o "Salvator Rosa". *Revista Musical e de Bellas Artes*, ano 2, n.22, p.173-4, ago. 1880.
202 Cf. Ventura, op. cit., p.49.
203 Barros, op. cit., p.199-200.
204 Cf. Ortiz, op.cit., p.15.

capitais da época: a formação racial do país. É sintomático que o autor, também ele de raça mista, descendente de negros, tenha ressaltado algo com o qual convivia diariamente.

Mesmo sendo um abolicionista atuante, é provável que seu propósito, nesse caso, não tivesse vínculos com as ideias racistas que vigoravam, mas com um critério de avaliação naturalista, com o qual ele, apaixonado botânico amador, estava familiarizado. Uma frase, da mesma página, é o que nos leva a crer nisso: "Na família de Carlos Gomes o talento musical é uma propriedade inata, como o perfume na família botânica das Mirtáceas".[205]

Poucos anos mais tarde, Sílvio Romero, em sua *História da literatura brasileira* (1888), baseando-se em critérios semelhantes, retomaria a questão da origem mestiça de Carlos Gomes, agora destacando suas vantagens:

> Daí a sua juvenilidade constante, o seu pendor para as artes, especialmente para a música [...] Alguns têm sido excelentes componistas; neles há um sopro de originalidade puramente brasileira [...] e ainda agora os melhores componistas nacionais, Henrique de Mesquita e Carlos Gomes, são mestiços, como o fora também o célebre Padre José Maurício.[206]

Outro exemplo da visão positiva da mestiçagem racial pode ser encontrado, no prefácio da obra de Guilherme Theodoro Pereira de Mello:

> Foi, pois, na observância destes modos que procurei achar as leis étnicas que presidiram a formação do gênio, do espírito e do caráter do povo brasileiro e de sua música, bem como ainda de sua etnologia; isto é, como o povo português sob a influência do clima americano e em contato com o índio e o africano se transformou, constituindo o mestiço ou o brasileiro propriamente dito.[207]

Entretanto, de todas as tendências de pensamento, a que se apresenta com maior frequência nos textos estudados ainda é o nacionalismo. Os ideais cosmopolitas afloram de forma intermitente, porém as manifestações na-

---

205 Rebouças, Notas biographicas: Carlos Gomes. *Revista Musical e de Bellas Artes*, n.1, p.2, jan. 1879.
206 Romero, *História da literatura brasileira*, v.2, p.477.
207 Mello, op. cit., p.8.

cionalistas são constantes, pois são evocadas pela presença de Carlos Gomes, como já foi dito. Para os autores da época, os poucos elementos nacionais perceptíveis no *Guarany* eram suficientes para que se tornasse a ópera-símbolo da nacionalidade: "o *Guarani* há de sempre derramar em nossos corações esse sentimento de amor nacional".[208] O mesmo autor dessas palavras classifica a fase da história da música brasileira a que pertence Carlos Gomes como *nativista*.[209]

O abolicionismo é a segunda corrente de pensamento mais frequente; ora são discursos pronunciados nas ocasiões especiais em que se libertavam escravos na presença de Carlos Gomes, como os discursos de Taunay e Barreto, ora são textos francamente abolicionistas, como aquele escrito por Senna, além do célebre artigo de Rebouças, "Carlos Gomes e a Abolição", reproduzido por Silio Boccanera Junior.[210]

Em contrapartida, não se encontra nenhuma clara manifestação de apoio à República por parte de nossos autores. Ao contrário, entre aqueles de geração próxima à do compositor, surgem manifestações de repúdio aos "politiqueiros de raso nível" do novo regime político, nas palavras já citadas de Alexandre José de Mello Moraes Filho, e grande simpatia para com o imperador.

Alguns autores eram reconhecidamente monarquistas, como Rebouças e Taunay, mas torna-se surpreendente a animosidade, contra o novo governo, vinda daqueles nascidos na segunda metade do século, como Boccanera Junior, por exemplo. Aparentemente, o motivador seria o conjunto de situações adversas vivido por Carlos Gomes, reconhecido amigo do imperador, nos primeiros anos do governo republicano.

Além das correntes de pensamento já comentadas, em se tratando diretamente do compositor, seria importante avaliar a presença de uma nova tendência, mais restrita ao mundo musical: o wagnerismo. Sua presença em nosso meio pode ser constatada nos artigos de Guanabarino sobre a ópera *Fosca*, por exemplo. Porém, não há razões culturais, ou similares, para que estivesse arraigada entre nós; os primeiros contatos com óperas de Wagner remontam ao fim do século XIX, por meio de récitas isoladas de compa-

---

208 Ibid., p.341.
209 Ibid., p.344.
210 Boccanera Junior, op. cit., p.153-7.

nhias estrangeiras de ópera que aqui aportavam, trazendo algumas óperas desse compositor, cantadas em italiano.[211]

Sabe-se que o imperador era admirador de Wagner, tal como o homem forte da música do novo governo republicano, Leopoldo Miguez, existindo até crônicas de Machado de Assis que falam de sua música com admiração.[212] No entanto, entre todos os autores estudados, há somente um que demonstra ser wagneriano: o orador cearense José Lino da Justa. Ao contrário, o nome de Wagner ou referências à "música do futuro", são tratados com manifesto desinteresse, como no primeiro texto de Francisco Quirino dos Santos, por exemplo.[213]

Também não se observa Wagner como opositor estético de Carlos Gomes, mas da ópera italiana, pois a *Fosca* já era considerada uma aproximação entre ambos, fato que não é reconhecido somente por um extremado defensor da ópera italiana, Oscar Guanabarino. Tampouco há antagonismo a Carlos Gomes, vindo da parte wagneriana; o que se nota é respeito e cuidado ao referir-se a ele. O crítico do *Jornal do Commercio*, citado no texto de Senna, declara que não adotará critérios da "escola moderníssima" para avaliar *Lo Schiavo*, procurando fazê-lo de acordo com os padrões da ópera italiana.[214]

Ao estudar o período final da vida do compositor, Maria Alice Volpe, a partir de cuidadosa pesquisa em jornais da época, um setor complementar ao estudado aqui, afirma que o "impacto inicial do wagnerismo" levantou questões sobre a hegemonia de Carlos Gomes "num determinado setor do círculo musical do Rio de Janeiro", porém esse questionamento não chegou ao "público mais amplo".[215]

A imagem de Carlos Gomes já se encontrava suficientemente sólida. O historiador paraense Geraldo Mártires Coelho estudou o "processo de heroificação" do compositor e a criação de seu imaginário social. Ele afirma que, por volta de 1880, a "imagem heroificada do Carlos Gomes dotado de

---

211 Cf. Cerquera, *Um século de ópera em São Paulo*.
212 Um exemplo é a célebre crônica sobre a execução de *Tannhäuser*, de 2 de outubro 1892. Assis, *Melhores crônicas*, p.206-9.
213 Santos, A. Carlos Gomes, *Almanach Litterario de S. Paulo para 1881*, p.47. Edição fac-similar.
214 Senna [Pereira], *Lo Schiavo*. In: *Rascunhos e perfis*: notas de um repórter, p.538.
215 Cf. p.9 de Volpe, Carlos Gomes: a persistência de um paradigma em época de crepúsculo. *Brasiliana*, n.17, p.2-11, maio 2004.

genialidade unanimemente reconhecida" já havia adquirido a forma definitiva "com que o seu mito, de forma duradoura, dominaria no imaginário coletivo".[216]

Textos tais como aqueles que foram estudados na revisão bibliográfica muito contribuíram para a construção dessa imagem. Em sua maioria são funcionais, destinados a acompanhar um evento comemorativo, efeméride, montagens de óperas e até mesmo a visita do compositor a determinada cidade ou estado. Costumam ser publicações que se apoiam no jornalismo, atividade exercida pela maioria de seus autores, e muitas delas nada mais são que reproduções de artigos de jornais. Há predomínio absoluto dos textos encomiásticos e reduzido número de estudos musicais ou recepção de obras.

Afinal, foi no quadro das primeiras manifestações da cena lírica no Brasil que nasceriam, com efeito, as imagens de um Carlos Gomes feito gênio nacional, intérprete dos sentimentos, das paixões e da alma brasileiros. Esse legendário foi assim elaborado principalmente pela ação da imprensa periódica que mesclava jornalismo e literatura de circunstância, temperados por uma narrativa em que o apelo ao **nacional,** [sic] principalmente após 1870, não deixava de manifestar um certo tom triunfalista de um Brasil que saíra vitorioso da Guerra do Paraguai, e que vivia as realidades do chamado apogeu do II Reinado.[217]

As dificuldades advindas com a República surtiram efeito momentâneo, logo desfeito pelas grandes homenagens recebidas após sua morte, que provocou comoção nacional e gerou muitas novas publicações. Suas óperas – o *Guarany* pelo menos – continuaram a ser apresentadas quase anualmente, entre 1894 e 1922.[218]

Não se pode negar que Carlos Gomes tenha sido favorecido por vários fatores históricos e socioculturais: a necessidade de afirmação do Brasil, nação recém-constituída, no cenário internacional; o apoio do imperador; a valorização romântica do gênio e da música; o culto aos heróis do influente

---

216 Coelho, *O brilho da supernova*: a morte bela de Carlos Gomes, 1995, p.98-9. Os trabalhos desse autor são magníficos e estão entre os mais importantes estudos já realizados sobre Carlos Gomes.
217 Ibid, p.23-4.
218 Cf. Cerquera, op. cit., p.259-61.

pensamento positivista; entretanto, se ele não possuísse verdadeiro talento musical, persistência e capacidade de trabalho, nada disso teria sido suficiente para que um caipira do interior paulista, de origem humilde, pouco estudo e feição de mestiço, lograsse conquistar as vitórias que alcançou na Europa.

Em toda nossa história, é provável que nenhum outro brasileiro tenha recebido em vida as homenagens que lhe foram dirigidas, a quantidade de poemas que lhe foi dedicada ou semelhante mobilização dos literatos de todo o país e também do exterior.

Percorrendo-se todas as classes sociais, desde o chefe supremo da nação, não se acha um só indivíduo neste país, a quem fossem tributadas honras semelhantes. E o que mais é – com tal espontaneidade, com expansões tão sinceras e verdadeiras.[219]

Vicente Salles publicou um conhecido estudo que demonstra a penetração de Carlos Gomes até nas camadas mais populares.[220] Naturalmente, a sua música que conseguiu tal façanha foi o *Guarany*, ópera que teve trechos reproduzidos em marchinhas de carnaval, canções de rádio, bandas de música e até mesmo manifestações folclóricas de natureza diversa em todo o Brasil. Nenhum outro compositor erudito brasileiro conseguiu que sua música tivesse tamanho alcance social, considerando, sobretudo, que isso ocorreu antes do advento da comunicação de massas.

Um dos testemunhos mais lúcidos de seu valor vem de Alejo Carpentier, notável intelectual cubano que lhe soube dar também dimensão latino-americana, comparando-o a tantos outros compositores latinos, seus contemporâneos, que tentaram o mesmo caminho.

No hubo centro musical latinoamericano de importancia donde alguien no escribiese una ópera o varias óperas. Óperas de asunto nacional generalmente ... aunque, en cuanto a la forma, al mecanismo dramático, al tratamiento vocal e instrumental, fuesen fieles remedos de la ópera italiana, con alguna grandi-

---

219 Santos, op. cit., p.47.
220 Salles, V., Carlos Gomes: passagem e influência em várias regiões brasileiras. In: *Carlos Gomes:* uma obra em foco, p.7-33.

locuencia meyerbeeriana cuanto más ambicioso era el empeño. En México, en Cuba, en Venezuela, proliferaron esas óperas, más nacionalistas por el argumento que por el contenido, alcanzando esa corriente, en algunos países, las dos primeras décadas de este siglo. Pero de ese ciclo operático que respondia aún al espíritu romântico ..., sólo nos queda como valor real, antológico, altamente representativo, el eficiente y logrado "Guaraní" de Carlos Gomes (1836-1896), ilustración perfecta del género.[221]

---

221 Carpentier, América Latina en la confluencia de coordenadas históricas y su repercusión en la música. In: Aretz (relatora), *América Latina en su música*, p.16.

2
CARLOS GOMES:
UM TEMA EM QUESTÃO

> *"Chegara bem de baixo do monumento
> a Carlos Gomes que fora um músico célebre
> e agora era uma estrelinha do céu.
> O ruído da fonte murmurejando na tardinha
> dava pro herói a visagem das águas do mar".*
>
> Mário de Andrade

Semana de Arte Moderna: antecedentes e consequências

Como introdução ao estudo das ações modernistas, será possível acompanhar a trajetória das óperas de Carlos Gomes em São Paulo e tentar aferir o alcance social de sua popularidade nas primeiras décadas do novo século. Afinal, São Paulo era seu berço e não deveria destoar do restante da nação. A imagem do compositor possuía significado nacional, transcendendo as grandes diferenças regionais que o país apresentava, conforme discutido no capítulo anterior.

Nos diversos teatros de ópera da capital, o *Guarany* continuava a ser apresentado anualmente, com pequena interrupção, nos anos de 1914-1915, podendo sê-lo em mais de um teatro, na mesma temporada, até 1920. Nessa nova década, a frequência de suas apresentações tornou-se menor, reduzindo-se a cada dois anos, embora em 1922, ano do centenário da independência, tenha sido representado em dois locais, no Teatro Municipal e no Teatro

Santana, por diferentes elencos italianos. Isso significava também duas categorias de públicos, de diferentes condições sociais. O Teatro Municipal, desde seus primeiros anos, rarefez as apresentações de óperas de Carlos Gomes, assunto que será estudado posteriormente, mas também foi palco de representações de *Lo Schiavo*, em 1917 e 1921, e *Salvator Rosa*, em 1917 e 1926.[1]

Além do universo da ópera – que alcançava somente as categorias sociais mais privilegiadas, embora tal afirmação pudesse ser questionada em São Paulo, por causa de sua numerosa colônia italiana, no interior da qual a ópera era aceita por todos os níveis sociais –, pode-se perceber a penetração popular do *Guarany*, por meio de sua difusão por outros instrumentos de alcance popular, como o circo e o cinema, por exemplo. Lobato testemunha que costumava ir ao circo, quando jovem, assistir à pantomima do *Guarany*, que era apresentada com ou sem música.[2] O circo era o meio de diversão mais popular, presente até em cidades do interior que ainda não possuíam um cinema; integrar sua programação significava que o tema já era conhecido o suficiente para atrair público e, naturalmente, que seu conhecimento tornar-se-ia ainda maior.

De maneira semelhante, a nascente indústria nacional de cinema realizou, ao menos, cinco diferentes versões do *Guarany* até 1920, inclusive "com intérpretes-cantores contratados em Buenos Aires",[3] recorrendo assim a um tema de garantida aceitação popular para tentar estabelecer concorrência à numerosa produção estrangeira e seu poderoso e organizado sistema de distribuição.[4] Embora não se tenha informações sobre a procedência desses filmes, por certo nem todos eles teriam sido produzidos em São Paulo – o mercado paulista tornara-se um dos mais promissores do país, compreendendo significativa parcela da população urbana, bem mais numerosa e diversificada que o público de óperas.

Ao início do século XX, as duas maiores cidades brasileiras sofreram profundas transformações urbanas, movidas por um ideal de progresso de inspi-

---

1 Cerquera, *Um século de ópera em São Paulo*, p.259-61, 304-06.
2 O testemunho de Lobato encontra-se no *post scriptum* da carta endereçada a Godofredo Rangel, de 25 de julho de 1906. Lobato, *A barca de Gleyre*, p.90.
3 Gonzaga; Gomes, *70 anos de cinema brasileiro*, p.19. O trecho em questão está entre as p.15 e 51.
4 Sevcenko, *Orfeu extático na metrópole:* São Paulo, sociedade e cultura nos frementes anos 20, p.92.

ração europeia, sobretudo francesa, que evocava Paris como modelo de cidade a ser alcançado. São Paulo transformava-se rapidamente, de pacata capital de "província em pujante" cidade industrial, experimentando um vertiginoso crescimento de sua população, que se tornava, a cada dia, mais cosmopolita, com a vinda de imigrantes europeus. As transformações atingiam todos os setores da sociedade e também a infraestrutura urbana da capital. É provável que nenhuma outra cidade brasileira, naquele momento histórico, possuísse contexto tão favorável ao surgimento do movimento modernista.[5]

Na década de 1910, ressurgia novo surto nacionalista com uma preocupação diferenciada, a "descoberta do país real", trazendo consigo a valorização das manifestações culturais populares, dissociadas do academismo cultural de cunho europeu. O movimento adquiriu especial importância em São Paulo, gerando manifestações, como a de Olavo Bilac na Academia do Largo São Francisco (1915), novas publicações, como a *Revista do Brasil* (1916), e também novas organizações, como a Liga Nacionalista (1917). Lobato e, sobretudo, Afonso Arinos tornaram-se os nomes de maior destaque do movimento. Arinos, que morreu em 1916, foi autor de uma peça dramático-musical que mobilizou a sociedade paulistana, *O contratador de diamantes*, cuja representação, em 1919, tornou-se o maior acontecimento artístico-social da cidade, antevendo a Semana de Arte Moderna, ambos, curiosamente, patrocinados mais ou menos pelas mesmas personalidades.[6]

Embora o nacionalismo ainda não fosse preocupação prioritária do modernismo que estava por eclodir, ele integrava o complexo conjunto dos ideais da época que nos é dado, em linhas gerais, pelo historiador Geraldo Mártires Coelho, incluindo também Carlos Gomes.

Os movimentos que abrem os anos de 1920 são, assim, resultantes de uma conjuntura extremamente favorável a repensar o Brasil, a rever a problemática da sua história e da sua identidade, numa ampla frente intelectual desenvolvida desde a virada do século. A *questão nacional*, portanto, ganhara a ordem do dia,

---

5 Este livro não se ocupará do estudo específico do contexto em que se deu a Semana de Arte Moderna, embora elementos provenientes de diferentes visões desse contexto sejam constantes ao longo do texto. Sugerimos, para um estudo mais amplo do contexto histórico, socioeconômico e cultural de São Paulo à época mencionada a leitura de: Sevcenko, op. cit., e Brito, M. da S., *História do modernismo brasileiro*: antecedentes da Semana de Arte Moderna.
6 Cf. Sevcenko, op. cit., p.237-47.

o que se verificava relativamente ao pensamento social e às tendências estéticas então dominantes no país [...] Sobre essas construções incidiria, principalmente com o modernismo, um juízo acerca da legitimidade das suas linguagens em relação às exigências sociais ditadas por um novo tempo. [...] A música de Carlos Gomes, reverenciada num Brasil ainda socialmente elitizado, e cuja cultura hegemônica se mantinha solidamente acadêmica na sua configuração oficial, a composição gomesiana, italianizada, quase toda ela de inspiração alheia a valores ou representações da cultura brasileira, seria objeto de revisões críticas.[7]

Em 1920, o grupo modernista de São Paulo já estava "decidido ao rompimento". Após insurgir-se contra as posições conservadoras na pintura, por ocasião da polêmica gerada pela exposição da pintora Anita Malfatti, em 1917, que é considerada o marco inicial do movimento, e a "descoberta" do escultor Victor Brecheret, no início de 1920, que motivou vários artigos de jornais divulgando as novas ideias, era chegada a hora de "abalar as tradições literárias".[8]

Menotti Del Picchia, escolhido pela cúpula do Partido Republicano Paulista, o poderoso partido governista, tornou-se redator político do órgão oficial do governo, o jornal *Correio Paulistano*, para o qual já escrevia crônicas da seção social. Preservou a atividade que já exercia, acumulando funções,[9] e transformou-se no "porta-voz público dos vaivens modernistas".[10]

Oswald de Andrade também desempenhou papel de grande relevância na divulgação do movimento, nem tanto pela quantidade de artigos que escreveu, mas por seu conteúdo. Desde que fundara a polêmica revista *O Pirralho*, em 1911, mantida até 1918, adquiriu certa notoriedade no ambiente jornalístico, tendo sido convidado a colaborar em outros órgãos da imprensa paulistana.[11]

---

7 Coelho, *O gênio da floresta:* o Guarany e a Ópera de Lisboa, p.44-5.
8 Brito, M. da S., op. cit., p.169-70.
9 Picchia, *A longa viagem, 2ª etapa:* da revolução modernista à Revolução de 1930, p.77-83. Na Crônica Social, escrevia sob o pseudônimo de Hélios e assinava seu nome como articulista. Colaborava também em dois outros jornais: *A Gazeta*, jornal ligado ao governo, usando o pseudônimo de Aristophanes, além do próprio nome, e no *Jornal do Commercio*, edição paulistana, em que também assinava de duas maneiras: seu próprio nome e Hélios. Picchia, *O Gedeão do modernismo:* 1920-22, p.15-8.
10 Brito, M. da S., op. cit., p.167.
11 Passou a escrever regularmente no *Jornal do Commercio*, de 1917 a 1922. Desde 1916, era o redator social de *O Jornal* e também foi colaborador do *Correio Paulistano*, de 1921 a 1924.

A primeira referência significativa a Carlos Gomes vem da Crônica Social "O cinqüentenário", assinada por Hélios e publicada no *Correio Paulistano* do dia 20 de março de 1920. O texto é motivado pelo cinquentenário da estreia do *Guarany* e nada contém de ofensivo ao compositor. Ao contrário, lamenta o esquecimento que o cerca em data tão significativa. "Pobre Carlos Gomes! Como passa depressa a glória dos homens... [...] Tiveste o mal gosto de ser gênio... Triste profissão na nossa terra!". Chega a considerar que teria sido melhor ser jogador de futebol ou capitalista.[12]

Em artigo assinado por Menotti Del Picchia, de 10 de abril de 1920, "Da estética, seremos plagiários?", no *Correio Paulistano*, o autor investe contra o indianismo, a "única coisa verdadeiramente plagiada que tivemos no país", atribuindo a Lobato a origem dessa afirmação. Cita diversos nomes de personagens indígenas de obras literárias brasileiras, entre eles Pery, e afirma que o índio "não passou de um ser errante" que não deixou sequer um traço estético no Brasil. Combate também o regionalismo: "Morreu Peri. Morre Jeca Tatu". Anuncia, porém, o nascimento de uma raça forte, resultante do cruzamento de diversos povos, que terá sua própria estética, sem necessidade de ser imitadora, para criar "a arte brasileira independente".[13]

Cerca de um mês mais tarde, trata novamente do compositor na Crônica Social "Carlos Gomes", assinada por Hélios, veiculada no mesmo jornal em 11 de maio de 1920. Entretanto, o texto somente se ocupa de sua estátua em Campinas e do projeto de fazer em São Paulo estátua similar. As referências ao compositor são enaltecedoras: "Carlos Gomes já está no ponto de passar a semi-deus [...] não é mais um homem: é um ruído harmonioso, é o cântico da glória da raça".[14]

Em 14 de maio de 1920, na Crônica Social "Visconde de Taunay", do *Correio Paulistano*, assinada por Hélios, retorna ao indianismo, rapidamente, para utilizá-lo como oposição a Alfredo d'Escragnolle Taunay, o personagem principal do texto. Repete o que já dissera em artigo anterior e cita o escritor José de Alencar: "Quando Alencar importava o seu 'Pery' da

---

12 Picchia, O cinqüentenário. In: *O jornalismo de Menotti Del Picchia:* São Paulo, 1920-22, v.1, p.196.
13 Id., *O Gedeão do modernismo:* 1920-22, p.101-5.
14 Id., Carlos Gomes. In: *O jornalismo de Menotti Del Picchia:* São Paulo, 1920-22, v.1, p.245.

França, mandando-o talhar pela medida romântica dos índios de Chateaubriand [...]".[15]

Na Crônica Social "Pau Brasil", de 6 de julho de 1920, do mesmo jornal e novamente assinada por Hélios, finalmente inclui Carlos Gomes entre os personagens citados. Nesse texto, torna-se evidente que Pery, que está na berlinda, não é mais o personagem de Alencar, mas o protagonista da ópera *Il Guarany*:

> Tudo em nós é lenda. O diabo foi Carlos Gomes e Alencar inventarem o tal Peri, o índio romântico que conhece harmonia e contraponto e que, como um rouxinol, garganteia nu e emplumado, nas mais complicadas árias do teatro lírico internacional. Foi uma péssima propaganda essa, um mau serviço.[16]

Pode-se notar significativa mudança de atitude, diante do mesmo objeto, em relação ao que foi estudado no capítulo anterior. O que se considerava grande propaganda do Brasil, na época de Carlos Gomes, é agora visto como um retrocesso, um "mau serviço" ao país. Esse conceito perdurará entre os modernistas, indicando a presença de novos tempos. Porém Del Picchia não retomará o assunto até o fim de 1920, ano que Mário da Silva Brito qualifica como "ano de planejamento e de opções".

O ano seguinte, 1921, segundo o mesmo autor, será diferente: ano "de combate, de rompimento de hostilidades, de afirmações, de conquista do terreno e preparo para a vitória de 1922".[17] Logo em janeiro, no dia 9, ocorreu um novo marco do movimento modernista.

O evento era um banquete oferecido a Del Picchia por seus amigos e correligionários políticos, no parque Trianon, para celebrar o surgimento de seu poema "As máscaras". Oswald de Andrade discursou homenageando-o, porém seu discurso foi também um manifesto dos novos artistas que ali estavam presentes, "[...] a declaração pública da ruptura entre as correntes artísticas e literárias antiga e moderna [...]",[18] o que deu ao episódio o título de "Manifesto do Trianon".

---

15 Id., *O Gedeão do modernismo:* 1920-22, p.123-4.
16 Ibid., p.130. A crônica está nas páginas 129-31.
17 Brito, M. da S., op. cit., p.174.
18 Ibid., p.188.

Del Picchia não se fez esperar: em 24 de janeiro publicou o artigo "Na maré das reformas", no *Correio Paulistano*, que fixou "o programa teórico que constituía o embasamento da ação modernista".[19] Estabelecia mais um marco histórico do movimento que se consolidava. Entretanto, no dia anterior, o autor havia publicado em outro órgão de imprensa, o *Jornal do Commercio*, assinando seu próprio nome, um de seus artigos mais polêmicos: "Matemos Peri!". Seu texto é de tal violência que o torna incomparável a qualquer outro artigo já mencionado.[20]

O autor reitera, com maior ênfase, alguns pontos já abordados anteriormente, como o "mau serviço" à imagem do país provocado pelo personagem indígena, que "nem a diplomacia de cem Rios Brancos desmancha. Pery foi uma mancha nua e bronzeada a sujar a dignidade nacional".

Insatisfeito com a violência já expressa na exclamação que dá título ao artigo, Del Picchia repete-a mais três vezes ao longo do texto, utilizando-a para delimitar as partes em que se divide o mesmo e para concluí-lo. Como se não bastasse, o autor não se contém atingindo somente o índio personagem, mas ataca ferozmente o índio real, "[...] vadio, estúpido e inútil", associando-o a "tudo quanto é velho, obsoleto, anacrônico" na vida do país. Nega sua importância na formação racial brasileira, admitindo até que lhe ocorre "[...] pensar neles como na vaga legenda dos primatas", entre tantas outras afirmações desfavoráveis.

Tal era a agressividade do texto que Mário de Andrade, ainda aos olhos do público um recatado professor, não se conteve e escreveu uma resposta ao artigo de Del Picchia, expressando discordância já no próprio título de sua réplica: "Curemos Pery" (Carta aberta a Menotti Del Picchia), publicada em *A Gazeta* dia 31 de janeiro de 1921.[21]

Cuidadoso e polido na linguagem, evitando o tom agressivo do artigo que objeta, Mário de Andrade mostra-se chocado com o "anunciado crime do amigo" e procura convencê-lo a reconsiderar sua posição. Ressalta a confusão de Del Picchia, que "ora fala do Pery homem [...] ora do Pery

---

19 Ibid. O autor reproduz o texto integral do artigo entre as páginas 188 e 191.
20 Picchia, op. cit., p.194-7.
21 Andrade, M. de, Curemos Pery (Carta aberta a Menotti Del Picchia). In: *Recortes III*, Álbum 35, p.115. O texto encontra-se no "Anexo II" deste livro, em transcrição com atualização ortográfica, realizada por Fernando Alvim.

símbolo", contestando suas duras palavras contra os índigenas, baseado em pesquisas etnográficas, entre as quais cita o trabalho de Roquete Pinto.

Põe-se em defesa de Gonçalves Dias, a quem Del Picchia havia classificado como "ridículo", e enaltece sua obra *Y-Juca-Pirama*. Admite a existência de "tendências estreitas" de pensamento, porém discorda que Pery mereça morrer. Ao contrário, deveria ser bem tratado, ter melhores condições de vida, e assim "reviverá", obtendo o "respeito universal". Respondendo a Del Picchia, exclama novamente: "Curemos Pery!".

Não compartilha do "otimismo deslumbrador" de Del Picchia sobre a grandeza do país e sua raça, comparada a "titãs" e a Gulliver, porém admite que "há possibilidades" de que o Brasil tenha, no futuro, lugar digno na "Sociedade das Nações", desde que se modifiquem numerosas posturas e atitudes. "Mas para tanto, o assassínio de Pery não só será inútil mas contraproducente". Afirma que, se não se tem "liberdade moral" e manifestações artísticas nacionais, na literatura, escultura e música, é porque Pery foi assassinado muitas vezes, citando nomes de artistas e personalidades da história brasileira do passado.

Na conclusão, torna ainda mais evidente sua posição, afirmando que se deve conhecer "o movimento atual de todo o mundo" e com ele "nos universalizarmos", porém não se deve desprezar "a riqueza hereditária que nos legaram nossos avós". Reitera que "a doença do Pery é curável"; depois de tratado, não haverá razão para que dele nos envergonhemos perante o Velho Mundo. "Tenho a certeza de que o amigo ainda fará a sua viagem à Europa de mãos dadas com Pery". No fim, tal como Del Picchia, reitera sua exclamação: "curemos Pery!".

Mário de Andrade não se ocupa especificamente do Pery personagem de ópera; ressalta sua existência como indígena real, de carne e osso, sujeito às precárias condições de vida, mas discorda que isso seja incurável. Entretanto, sua maior objeção a Del Picchia refere-se ao Pery como símbolo dos valores culturais do passado. Ao invés de exterminá-los, como prega Del Picchia, advoga, com veemência, sua preservação, antecipando posições futuras.

> Em 1921, na campanha modernista, Mário de Andrade compreende a validade da intenção e as limitações de Alencar. Analisa as razões pelas quais Pery não chegará a herói nacional e porque, apesar disso, fora um tema legítimo brasileiro [...] No artigo "Curemos Pery" mostra o brasileiro tolhido pela idealiza-

ção de quem o olha pela miséria que o cerca. Vê no substrato indígena, legado importante para a cultura brasileira, quando, apoiado em estudos etnográficos, descobre o índio como realidade social. Finalmente, [...] chega à proposição de um caminho brasileiro renovador para a Literatura, estreitamente vinculado aos problemas sociais, o que vale dizer, debruçar-se sobre Pery para curá-lo, recuperá-lo.[22]

Coube a Del Picchia a última palavra, dia 2 de fevereiro, mais uma vez no *Correio Paulistano*, assinando Hélios, na Crônica Social "Peri". Não se trata de tréplica de Del Picchia à polêmica anterior, pois não questiona as considerações de Mário de Andrade e, contrariando seus textos anteriores, demonstra simpatia pela "bela criação romântica de Alencar". Evita qualquer referência aos indígenas de carne e osso, porém mantém-se irredutível quanto ao Peri símbolo do passado, remetendo-se "contra a velharia, contra a ferrugem, contra o bolor".

Durante todo o artigo, abandona a linguagem agressiva, defende seu ponto de vista de maneira cortês, contudo não esquece seu propósito polêmico e, no fim, exclama novamente: "Matemos Peri!", justificando em seguida que "não é, no fundo, uma criminosa intenção".[23]

Mário de Andrade não continuou alimentando a polêmica e Pery deixou de ser o centro das atenções. Mal sabia ele, Mário de Andrade, que lhe caberia em breve tornar-se personagem central de outras questões polêmicas. No dia 27 de maio, Oswald de Andrade publicou, no *Jornal do Commercio*, o artigo "O meu poeta futurista", que revelou a nova poesia que estava sendo criada por Mário de Andrade, reproduzindo trechos de sua obra *Paulicéia desvairada*, ainda inédita.[24]

Foi tamanho o escândalo em que se viu envolvido o pacato professor do Conservatório Dramático e Musical de São Paulo que lhe trouxe problemas na vida privada, pública e até profissional, perdendo alguns alunos. Mário de Andrade negou, com veemência, ser futurista no artigo-resposta "Futurista?!", publicado no mesmo jornal, dia 6 de junho.[25] Mário da Silva Brito vê o episódio com outros olhos: "Mas, com o aludido artigo, produz o

---

22 Lopez, *Macunaíma: a margem e o texto*, p.76-7.
23 Picchia, op. cit., p.198-200.
24 Brito, M. da S., op. cit., p.228-31.
25 Ibid., p.234-8.

grande benefício de levar Mário de Andrade a vencer a sua timidez e passar a atuar mais atrevidamente no movimento".[26]

Simultaneamente a essa nova polêmica, surgia o terceiro número do *Correio Musical Brasileiro*, datado de 1 a 15 de junho de 1921, que trazia o nome de Mario Moraes de Andrade entre os colaboradores da publicação. Como a maioria absoluta dos periódicos culturais, o *Correio Musical Brasileiro* teve vida efêmera, alcançando cinco números. Sem qualquer propósito de propagar as novas ideias modernistas, seu principal objetivo era ser um órgão de divulgação das atividades que constituíam a vida musical brasileira.

Fato curioso é que no terceiro número do periódico, após curta apresentação do novo colaborador, encontra-se publicado um soneto, não datado, intitulado "Mozart", que traz a assinatura de Mario de Andrade, escrita sem acento.[27] O maior interesse neste estudo, porém, dirige-se ao quarto número do *Correio Musical Brasileiro*, datado de 1 a 15 de julho, em sua seção de "críticas", na qual se encontra o artigo "Musica brasileira", escrito por Mário de Andrade, já mencionado anteriormente.

O autor principia perguntando se existe música brasileira e tenta respondê-lo ao longo do artigo, levando o leitor a uma digressão. Esse artigo, pela natureza da indagação, pertence à linhagem que culminará com o surgimento do *Ensaio sobre a música brasileira*, de 1928, no qual Mário de Andrade proporá, *grosso modo*, a solução para a "nacionalização" de nossa música, respondendo àquela pergunta. Esse remoto artigo, de 1921, bem poderia ter sido o embrião que geraria todo esse processo.

Entretanto, por ora, o autor responde "sim e não. Existe latente, incipiente" e oferece os motivos de sua hesitação. Entre as razões de ainda não existir, ressalta a responsabilidade do compositor: "Carlos Gomes tê-la-ia feito, se o não prejudicara a estreita visão artística dos italianos do seu tempo e em cuja escola aprendeu".[28]

---

26 Id., *As metamorfoses de Oswald de Andrade*, p.27.
27 É curioso Mário de Andrade publicar esse soneto, sendo que, em 2 de agosto, começaria a publicar a série "Mestres do passado", criticando duramente os poetas parnasianos. Tal soneto poderia ter sido uma tentativa de melhorar sua imagem perante os aficionados musicais, a quem a publicação era dirigida, após o escândalo provocado por Oswald de Andrade que o vitimou, justamente no meio em que atuava como professor do Conservatório. A série "Mestres do passado" encontra-se reproduzida em: Brito, M. da S., op. cit., p.254-309. O soneto de Mário de Andrade está reproduzido na página 166 deste livro.
28 Andrade, M. de, Musica brasileira. *Correio Musical Brasileiro*, n.4, p.5, 1-15 jun. 1921.

Nos textos estudados, é a primeira vez que Mário de Andrade expressa esse pensamento, quase reprimenda ao compositor, o qual o autor voltará a manifestar em outros momentos de sua vida, com diversos matizes. Ele será compartilhado por Renato Almeida, autor que ganhará importância neste livro, e será reproduzido por diferentes pessoas, como se notará posteriormente.

No fim do primeiro capítulo, dissemos que alguns autores do século XIX, fazendo eco a Pedro II, já questionavam a ida de Carlos Gomes para a Itália, em vez da Alemanha, país "mais evoluído" cultural e musicalmente. Mário de Andrade, porém, tem agora outro pensamento: a opção pela Alemanha não existe em seu texto. Condena a saída do compositor para a Itália e lança a hipótese de que ele poderia ter sido o fundador da aspirada música brasileira. Pode-se deduzir o que está implícito: Carlos Gomes jamais deveria ter saído do Brasil.

No segundo semestre de 1921, dia 17 de outubro, Del Picchia voltaria a mencionar uma ópera de Carlos Gomes, em artigo que assinava com o próprio nome, pertencente a uma das séries do *Correio Paulistano*, a "Palestra das segundas". No artigo, discorre, em tom satírico, sobre algumas óperas de Verdi e imagina encontrá-lo no Olimpo, "ao lado dos outros deuses, com alguma ópera bem brasileira, bem mais brasileira que o *Guarany*, empenachado e lírico".[29]

O mais contundente de todos os ataques a Carlos Gomes, porém, ainda não havia acontecido. Já em 1922, poucos dias antes da Semana de Arte Moderna, Oswald de Andrade põe-se a escrever artigos diários no *Jornal do Commercio*, preparando o espírito dos leitores para os eventos vindouros e, ao mesmo tempo, divulgando-os.

Dia 11 de fevereiro, ele publica o artigo "Glórias de praça pública", no qual estabelece distinção entre classicismo e academismo. Fornecendo exemplos de artistas acadêmicos que abundam no Brasil, cita alguns nomes, provenientes de diferentes atividades artísticas, incluindo o compositor: "Na música? Carlos Gomes que nem imitar soube os grandes mestres sérios, preferindo filiar-se à decadência melódica italiana, seção cançoneta heróica".[30] Seria somente um aviso de que o pior estava por vir.

---

29 Picchia, Palestra das segundas. In: *O jornalismo de Menotti Del Picchia*: São Paulo, 1920-22, v.1, p.95.
30 Andrade, O. de, Glórias de praça pública. In: Boaventura (Org.), *22 por 22*: a Semana de Arte Moderna vista pelos seus contemporâneos, p.74.

Cumpriu-se o aviso no dia seguinte, 12 de fevereiro, véspera do festival inaugural da Semana de Arte Moderna, no mesmo jornal, com o artigo intitulado "Carlos Gomes *versus* Villa-Lobos". Tornou-se o mais demolidor de todos os ataques perpetrados contra Carlos Gomes, durante e após a campanha modernista. Celebrizado por inúmeras citações de seu parágrafo inicial, propositalmente talvez o pior deles, é, no entanto, pouco conhecido em sua integralidade, que pode ser ainda mais contundente.

"Carlos Gomes é horrível. Todos nós o sentimos desde pequeninos". Principia assim um dos mais eficazes exemplos da aplicação da técnica de desmoralização por meio da exposição ao ridículo empregada por Oswald de Andrade, que se tornaria célebre. Apesar de seu título, dedica dois terços do artigo para denegrir Carlos Gomes e, somente na seção final, preocupa-se em enaltecer Villa-Lobos, um compositor que São Paulo praticamente desconhecia.

Dois parágrafos são utilizados para descrever a trajetória histórica da ópera italiana, desde Monteverdi, afirmando que sua decadência principia com o advento do século XIX, no qual ainda se salvam Rossini e Verdi. A redenção vem com a "revolução de Bayreuth", comandada por Wagner, que realiza a "união da poesia e do drama num ambiente musical", imprimindo novo vigor à ópera, corrigindo-a, intelectualizando-a.

A França, por sua vez, também realiza suas reformas. Enquanto isso, "nosso Carlos Gomes, batuta em punho, cabelo sensacional, olhar de fera americana, acreditava em Ponchielli". Essa afirmação é cruel para os admiradores do compositor que, desde o fim do século XIX, levantavam a hipótese de que fora Carlos Gomes quem influenciara Ponchielli, e não o contrário, como vimos antes.

Em seguida, refere-se ao efeito que o sucesso do "maestrino nacional" produziu no Brasil, enquanto no exterior – fazendo coro com Del Picchia, em artigos já mencionados –

> o nosso homem conseguiu difamar profundamente o seu país, fazendo-o conhecido através dos Peris de maiô cor de cuia e vistoso espanador na cabeça, a berrar forças indômitas em cenários terríveis.

Por fim, põe-se a falar de Villa-Lobos, mudando radicalmente a linguagem e o estilo irreverente antes adotado.

Oswald de Andrade estava ciente do alarido provocado por Del Picchia ao atacar os indígenas "de verdade", mantendo-se à distância do problema. O artigo restringe-se ao mundo musical, seus personagens e problemas estéticos. Em vez da linguagem agressiva do companheiro, preferiu o deboche, a blague, que lhe eram característicos.[31]

A oposição de Villa-Lobos a Carlos Gomes, nesse momento, não aparenta ser uma atitude previamente deliberada pelos modernistas. Poderia ter sido estratégia pessoal de Oswald de Andrade para divulgar a presença de Villa-Lobos em São Paulo, onde nunca havia estado pessoalmente. Situá-lo em referência ao consagrado ídolo nacional, mesmo opondo-se a ele, seria mais eficiente que propagar somente suas virtudes. Entretanto, a irreverência de seu discurso, o conteúdo do mesmo e algumas características de sua linguagem trazem à tona possíveis analogias que merecerão um estudo específico.

De imediato, o artigo de Oswald provocou diversas manifestações contrárias na imprensa, tanto de anônimos ou ocultos por pseudônimos como de celebridades, como o velho crítico Oscar Guanabarino do Rio de Janeiro. Nas *charges* e tarjas cômicas de alguns jornais – espaços de maior visibilidade e alcance popular –, já nos dias consecutivos à Semana, representavam-se os modernistas portando cartazes com insultos a Carlos Gomes. Como não houve durante a Semana, tanto quanto se sabe, qualquer outra manifestação de repúdio ao compositor por parte dos modernistas, tudo nos leva a crer que tenha sido o artigo de Oswald de Andrade que inspirou os cartunistas da época.

Finalmente veio o momento dos três festivais que se notabilizaram como Semana de Arte Moderna, dias: 13, 15 e 17 de fevereiro de 1922. Propagou-se a imagem de que, na primeira noite, entre inúmeras manifestações, foi o ataque a Carlos Gomes, em discurso de Graça Aranha, que provocou o paroxismo dos protestos do público e a consequente intervenção da polícia. Tudo indica que o responsável por essa versão dos fatos foi Ernani Braga, pianista que atuou no evento e assim descreveu os acontecimentos tão citados.

---

31 Os dois artigos aproximam-se somente em um ponto, a curiosa indumentária de Peri: o "maiô cor de cuia", no texto de Oswald de Andrade, e o "*maillot* cor de chocolate", ao qual se referiu Del Picchia em " Matemos Peri!". Teria havido alguma montagem, mais ou menos recente, do *Guarany*, que justificasse a coincidência das observações de ambos os autores?

E Graça Aranha foi demolindo, um após outro, os ídolos antigos. Bach, Beethoven, Wagner, todos esses gigantes foram caindo sucessivamente. O público ia se divertindo com a demolição e achando engraçado o demolidor. Mas quando ele, iconoclasta irreverente, levantou a mão sacrílega para derrubar o ídolo Carlos Gomes, foi a conta. Que Graça pusesse abaixo o semi-deus dos Oratórios, e o das Sinfonias e o da Tetralogia, estava muito direito. Era uma brincadeira inocente. Mas bulir com o pai do Guarany, paulista ali de Campinas! Não "seu" Graça Aranha, isso era desaforo e merecia castigo. Foi uma vaia tremenda, formidável, uma coisa do outro mundo, um barulho de todos os infernos. Ninguém mais se entendia. A muito custo o tumulto foi, aos poucos serenando. Consta que houve intervenção da polícia para conter os exaltados das galerias.[32]

José Miguel Wisnik questionou a veracidade do episódio narrado por Ernani Braga, observando que não há qualquer menção a Carlos Gomes no discurso de Graça Aranha.[33] O discurso também não menciona os demais compositores citados pelo pianista; Strawinsky, Debussy e Satie são os únicos compositores mencionados e, naturalmente, Villa-Lobos, que ganha maior destaque.[34]

Entretanto, em conferência proferida por Oswald de Andrade dia 15 de outubro de 1945, encontra-se curioso comentário que poderia estar relacionado ao mesmo episódio:

E manifestamos no Teatro Municipal, ao lado de músicos e artistas. Somos vaiados num dilúvio. Resistimos. O "terror" modernista começa. É preciso chamar Antônio Ferro de gênio e Carlos Gomes de burro. Chamamos.[35]

No turbilhão de reações favoráveis e contrárias ao conteúdo apresentado nos festivais da Semana que surgiram na imprensa há alguns artigos francamente favoráveis a Villa-Lobos, que se limitam, porém, a elogiá-lo, sem

---

32 Braga apud Pereira, G. de A. C., *Ernani Braga:* vida e obra, p.22. A autora informa que o depoimento citado foi publicado no jornal *A Provincia*, do Recife, no dia 17 de março de 1929.
33 Wisnik, *O coro dos contrários:* a música em torno da semana de 22, p.82.
34 Aranha, A emoção estética na arte moderna. In: Amaral, A., *Artes plásticas na Semana de 22*, p.266-74.
35 Andrade, O. de, *Estética e política*, p.99.

contrapô-lo a Carlos Gomes, como o conhecido artigo de Ronald de Carvalho, publicado em *O Estado de S.Paulo*, de 17 de fevereiro, que nem sequer menciona o autor do *Guarany*.[36]

Passada a agitação da Semana de Arte Moderna, no dia 22 de fevereiro, em sua seção "Pelo Mundo das Artes", do *Jornal do Commercio* do Rio de Janeiro, o crítico musical Guanabarino, reconhecido defensor de Carlos Gomes e autor de publicação estudada no capítulo anterior, escreveu um artigo criticando fortemente o evento paulista. Não se tratava da invectiva de um autor anônimo qualquer ou de algum conhecido passadista local sem maior expressão, mas do "decano dos jornalistas brasileiros", como ele próprio se nomeava, procedente da capital da nação.

O artigo trazia, em sua parte central, a crítica à palestra "Arte moderna", de Del Picchia, realizada na abertura da segunda noite dos eventos da Semana, dia 17. Sentindo-se atingido, Del Picchia respondeu, no dia seguinte, de sua própria tribuna, o *Correio Paulistano*, deflagrando a mais célebre de todas as polêmicas do período, que veio a desdobrar-se por mais dois artigos de cada um dos oponentes. É possível que a resposta de Del Picchia tenha sido motivada também pelas alusões de Guanabarino ao "provincianismo paulista", o que ele, como porta-voz do governo, não poderia deixar sem resposta.[37]

Em seu primeiro artigo, Guanabarino não se esquiva de atingir Villa-Lobos, porém não o faz em oposição a Carlos Gomes, que nem é mencionado. No segundo artigo, de 8 de março, procede da mesma maneira, embora seja bem menor o espaço dedicado a Villa-Lobos. O terceiro artigo, de 15 de março, é diferente; não fala de Villa-Lobos, mas de Carlos Gomes.

Seu conteúdo tem um quê de autobiográfico, a partir do momento em que o autor põe-se a falar de si mesmo, provavelmente porque Del Picchia procurara atingi-lo por ser idoso, denominando-o "ser da época terciária", entre outros insultos, no segundo artigo. Logo após afirmar que "em São Paulo, como todo o Brasil, Carlos Gomes é um ídolo. O autor do *Guarani* foi insultado: a vaia era necessária como uma tumultuosa cerimônia de

---

36 Batista; Lopez; Lima, *Brasil: 1º tempo modernista – 1917/29*, Documentação, p.303-6.
37 Wisnik, op. cit., p.84. O autor analisa detalhadamente a polêmica, sobretudo quanto à participação de Guanabarino, que defende posição conservadora. É provável que a escolha desse autor também se deva à inconsistência dos artigos de Del Picchia, que priorizam a ofensa pessoal. Ver: Wisnik, op. cit., p.83-91.

desagravo", Guanabarino enumera suas muitas iniciativas em favor do compositor, terminando por revelar o verdadeiro motivo que o levara a escrever o primeiro artigo que gerou a polêmica:

> E foi lendo um desrespeitoso artigo do Sr. Oswald de Andrade contra o grande músico brasileiro que nos insurgimos, de modo que a nossa irritação tinha forçosamente que se irradiar sobre todos os "avanguardistas da arte moderna".[38]

Não termina o texto sem voltar a fustigar Del Picchia, escolhendo como alvo, dessa vez, seu personagem mais conhecido, *Juca Mulato*. Afirma que "é um tipo falso, encarado pelo prisma psicológico, e tão maricas como o Peri, de José de Alencar". Utilizando argumentos não tão distantes da própria visão modernista sobre a linguagem dos literatos que os antecederam, demonstra, com alguns exemplos, que a fala erudita dos personagens simples da obra de Del Picchia torna-o semelhante aos "poetas cabeludos" do passado.

Del Picchia, por sua vez, nem sequer menciona Carlos Gomes durante a polêmica, a não ser em seu último artigo, de 17 de março, citando somente um trecho do derradeiro artigo de Guanabarino. A maior preocupação de Del Picchia não é rebater as críticas de seu opositor, mas atingi-lo com qualificativos sarcásticos que o ridicularizem. Nesse mesmo artigo mencionado, volta à tônica dos antigos textos contrários ao indianismo, escolhendo mais uma vez seu personagem predileto: o Pery, de Alencar e Carlos Gomes.

> Entretanto – quá! quá! quá! – é o próprio Sr. Guanabarino que, epicamente, põe nas nuvens o romântico "Peri", quando o pobre índio, pelado, flabelante de penas, em italiano – língua que nunca se falou nas tabas – conhecendo harmonia e contraponto, assombra platéias extasiadas com versos que fazem escorrer lágrimas sentimentais até aos próprios lustres do teatro?[39]

Certamente não foi a qualidade de seu conteúdo que celebrizou a polêmica, mas a proeminência, a visibilidade dos contendores e, sobretudo,

---

38 Guanabarino, Delírio intelectual. In: Boaventura (Org.), op. cit., p.295.
39 Picchia, *O Gedeão do modernismo*: 1920-22, p.345.

o momento histórico em que ocorreu, atrelada que foi à Semana de Arte Moderna, como uma de suas consequências.

A discussão se desenvolve mais pela citação de nomes de autores que de critérios, nomes que passam a funcionar como eixo de uma troca de acusações entre os articulistas. Nesse gênero rápido e direto, o que vale não é a fundamentação das atitudes, a argumentação centrada nos problemas estéticos, mas a mordacidade das afirmações, a agudeza da agressividade verbal.[40]

Embora tivesse sido gerada pelo artigo de Oswald de Andrade, segundo o próprio Guanabarino, que situava, em lados opostos, os dois maiores compositores brasileiros, tal discussão praticamente não existiu durante a polêmica. Entretanto, esta contribuiu para consolidar a intenção de Oswald de Andrade, polarizando a questão entre passadistas e modernistas, defensores, respectivamente, de Carlos Gomes e Villa-Lobos. Pouco mais tarde, quando a preocupação nacionalista tornar-se prioritária entre os modernistas, tal polarização ganhará novos matizes.

Os clássicos trabalhos históricos sobre o modernismo, de Silva Brito e Aracy Amaral, já ressaltavam a decidida postura de combate ao passado, nos primeiros tempos do movimento. Pode-se contar, para comprová-lo, com o testemunho do próprio Mário de Andrade, ao falar do acontecimento, em retrospectiva, em 1942:

> Não. O modernismo, no Brasil, foi uma ruptura, foi um abandono de princípios e de técnicas conseqüentes, foi uma revolta contra o que era a Inteligência nacional. É muito mais exato imaginar que o estado de guerra da Europa tivesse preparado em nós um espírito de guerra, eminentemente destruidor.[41]

Porém o método de combate não era igual entre os modernistas. Enquanto Mário de Andrade conseguia ser demolidor, porém respeitoso, como ocorre em seus célebres estudos críticos sobre os poetas parnasianos, intitulados "Mestres do passado",[42] já citados anteriormente, Oswald de Andra-

---
40 Wisnik, op. cit., p.80.
41 Andrade, M. de, O movimento modernista. In: *Aspectos da literatura brasileira*, p.235.
42 Brito, M. da S., op. cit., p.254-309.

de e Del Picchia adotavam diferente postura. Grandes nomes do passado literário e artístico brasileiro foram alvos de suas chacotas e ironias mordazes, entre eles Castro Alves, Gonçalves Dias e até mesmo Aleijadinho. A crítica de Oswald de Andrade a Carlos Gomes, no entanto, não foi somente a mais contundente de todas elas, mas certamente a que gerou maior repercussão:

> Da série de artigos de Oswald na campanha publicitária da Semana de Arte Moderna, o dedicado a Carlos Gomes e Villa-Lobos é o que causa maior estupefação e abalo [...].[43]

Vimos anteriormente a dimensão adquirida pela imagem do compositor, principalmente por meio de sua difusão na produção literária brasileira; a popularidade que gozava, por si só, já poderia justificar tal repercussão. Entretanto, muito se deve, certamente, à eficácia da metodologia de Oswald de Andrade, "esse Rabelais aborígine e comovido, sentimental e eriçado, [que] fazia do riso a sua grande arma".[44]

O texto [...] faz o elogio de Villa-Lobos à custa da difamação de Carlos Gomes, procedimento habitual da polêmica de Oswald. Ele se furta à discussão teórica pelo ataque verbal a uma personalidade chave que representa a coagulação de uma estética. Porém, mais do que isto, Carlos Gomes é para o público musical uma figura acima de qualquer suspeita, um nome inatacável; por isso, a ofensiva bate em cheio nas acomodações da arte deleitável.[45]

Aracy Amaral observou certa similaridade de linguagem entre Oswald de Andrade, Del Picchia e os futuristas italianos, sobretudo aquela empregada nos manifestos de Marinetti, que teria o mesmo "espírito de luta".[46] Tal semelhança torna-se ainda mais perceptível se tomarmos, por comparação, uma carta de Marinetti, explicando sua própria "arte de fazer manifestos".

---

43 Brito, M. da S., *As metamorfoses de Oswald de Andrade*, p.35.
44 Ibid., p.25.
45 Chalmers, *3 linhas e 4 verdades*: o jornalismo de Oswald de Andrade, p.91-2. A autora oferece outra opção de leitura do artigo de Oswald, que se situa além dos limites deste livro, realizando uma breve análise literária do mesmo.
46 Amaral, A., *Artes Plásticas na Semana de 22*, p.198.

O que é essencial num manifesto é a acusação "precisa", o insulto bem "definido" [...] Tudo isso, precisando as acusações com alguns detalhes ou anedotas e *nomes* sobretudo. – É necessário, portanto, violência e precisão; tudo muito corajosamente.[47]

A proximidade entre os procedimentos, inclusive a farta citação de nomes, poderia sugerir que a origem da técnica, utilizada por ambos, fosse o futurismo italiano. Posteriormente será estudado o caso de Del Picchia, porém, quanto a Oswald de Andrade, seria pueril e precipitada tal conclusão, sem considerar a experiência que o autor havia adquirido, tanto na boêmia vida estudantil[48] como à frente de *O Pirralho*, de 1911 a 1918, "revista semanal em que exercia a irreverência e o sarcasmo".[49]

O uso da sátira, por Oswald de Andrade, transcende sua aplicação nas crônicas e matérias de jornais, vindo a tornar-se característica de sua linguagem literária, da qual seu livro *Serafim Ponte Grande* seria o exemplo mais agudo.[50] Em 1945, ao proferir conferência sobre "A sátira na literatura brasileira", o autor tentou explicar a função da sátira, porém nada revelou sobre a origem de sua própria prática pessoal.

Qual o prestígio da sátira? Qual a sua finalidade? Qual a sua função? Fazer rir. Evidentemente isso está ligado ao social. Ninguém faz sátira rindo sozinho. A eficácia da sátira está em fazer os outros rirem de alguém, de alguma instituição, acontecimento ou coisa. Sua função é, pois, crítica e moralista. E através da ressonância, a deflagração de um estado de espírito oposto. A sátira é sempre oposição.[51]

Utilizou-a com tal frequência que lhe ficou indissociável, sendo considerada por alguns estudiosos como se fora um traço de sua personalidade: "A blague, a piada, tão usadas pelos modernistas da Europa e da Pauli-

---

47 Marinetti, apud Fabris, *Futurismo*: uma poética da modernidade, p.60.
48 Chalmers, op. cit., p.39-45. Há um trecho específico em que a autora discorre sobre a prática da sátira e da paródia na boêmia vida universitária nas páginas 44-5.
49 Brito, M. da S., *História do modernismo brasileiro*: antecedentes da Semana de Arte Moderna, p.94.
50 Candido, *Brigada ligeira*, p.21.
51 Andrade, O. de, op. cit., p.69.

céia, tão típicas de todo o grupo de *Klaxon*, integravam-se com o espírito de Oswald".[52]

A blague oswaldiana é tão poderosa que não se costuma considerar o conteúdo de seu artigo, no que se refere aos elementos estético-musicais, mesmo porque o autor, normalmente, não escrevia sobre música e nem era considerado um músico. Sob esse ponto de vista, porém, o artigo mantém-se um tanto dúbio quanto à verdadeira motivação do autor ao escrevê-lo: se para questionar a legitimidade de um representante do passado que se propunha combater, ou por admiração a uma determinada estética que se lhe oporia, a wagneriana. No que se refere a combater o passado, a rigor, Wagner também se incluía nele – afinal a ópera *Wozzeck*, de Alban Berg, estrearia em 1925 –, embora ainda fosse novidade no Brasil e aqui considerado moderno. Quanto ao wagnerismo, é pouco provável que Oswald de Andrade, que já não era amante de óperas, o que será visto em breve, fosse um conhecedor da música de Wagner. É mais provável que tenha tomado emprestado aquilo de que necessitava, que era alardeado pelos seguidores do compositor alemão.

No artigo, é evidente o antagonismo à ópera, mas somente à ópera italiana que Oswald de Andrade considera decadente, enquanto, ao mesmo tempo, enaltece a revolução efetuada por Wagner.[53] Havia numerosos admiradores de Wagner no Brasil, principalmente entre os intelectuais das maiores cidades, os quais, desde o fim do século anterior, difundiam suas ideias por meio de jornais e revistas, sem lograr atingir a população comum que se mantinha fiel à ópera italiana e a Carlos Gomes.[54] Há, porém, notável diferença de atitudes: os antigos wagnerianos, em geral, mostravam cuidadoso respeito para com o compositor brasileiro, como foi visto no capítulo anterior, ao contrário de Oswald de Andrade.

De outro lado, no Brasil, desde o século XIX, a ópera italiana tornara-se quase sinônimo de ópera como gênero, pois as únicas montagens desse

---

52 Moraes, R. B. de, Recordações de um sobrevivente da Semana de Arte Moderna. In: Amaral, A., op. cit., p.309.
53 Seu pensamento está em comunhão com o grupo dos wagnerianos brasileiros, dos quais se tem um formidável exemplo, que é o discurso do orador cearense José Lino da Justa, sobretudo no trecho em que se refere à ópera *Fosca*.
54 Cf. p.9 de Volpe, Carlos Gomes: a persistência de um paradigma em época de crepúsculo. *Brasiliana*, n.17, p.2-11, maio 2004.

tipo de espetáculo eram realizadas por companhias estrangeiras – geralmente italianas – que nos visitavam anualmente, trazendo todos os componentes necessários ao espetáculo, dos cenários aos cantores, incluindo a orquestra que executava todo o repertório, utilizando um tipo de edição musical em que um menor número de instrumentos tocava aquilo que era essencial, denominada versão para *piccola orchestra*. Reinava soberano o repertório de seu país de origem, no qual era incluído Carlos Gomes, com eventuais óperas francesas, cantadas em italiano.

A partir da inauguração dos teatros municipais do Rio de Janeiro e de São Paulo, em 1909 e 1911, respectivamente, empresários, quase sempre italianos, obtiveram concessões para realizar as temporadas, trazendo elencos e montagens da Europa ou de Buenos Aires. Em São Paulo, as "temporadas oficiais", nome dado ao conjunto anual dos espetáculos de ópera do Teatro Municipal, coexistiram por cerca de vinte anos, com as "temporadas populares" dos teatros tradicionais que ainda adotavam sistema semelhante às companhias líricas itinerantes. A coexistência dos dois tipos de temporadas favoreceu a diversidade do repertório.

Durante trinta anos as companhias líricas de selo popular cultivaram quase sempre o mesmo repertório, pois a sua finalidade visava justamente atrair o público menos propenso a colheitas difíceis na imensa seara operística. Caberia às temporadas oficiais introduzir em São Paulo as obras de maiores responsabilidades, senão vocais, pelo menos do ponto de vista cênico e interpretativo.[55]

As poucas óperas de Wagner que até então haviam chegado ao Brasil, apresentadas por companhias italianas, eram montadas como óperas tradicionais e cantadas no idioma de Dante. Eram pálidas reproduções da "renovação estética" apregoada por Oswald de Andrade. Esse quadro mudou com as temporadas oficiais da primeira década do Teatro Municipal, que trouxeram óperas do compositor com maior frequência, favorecidas pelas melhores condições do teatro, mas ainda cantadas em italiano. Somente na especial temporada de 1922, ano do centenário da independência, ouviu-se Wagner, pela primeira vez, cantado em alemão, fato que se repetiu em 1923.[56]

---

55 Cerquera, op. cit., p.76.
56 Ibid., p.113-6. As duas estrelas da temporada de 1922 eram: Mascagni, regendo o repertório italiano, e Weingartner, o repertório alemão.

Na década anterior, crescera muito o interesse pela música do compositor alemão, mas isso não se pode comparar com o *frisson* despertado pela vinda de cantores de língua alemã e montagens mais sofisticadas sob a regência do austríaco Felix Weingartner, um dos maiores regentes da época, agitando a vida sociocultural da cidade. Pode-se supor que Oswald de Andrade, homem de intensa atividade social, não tenha permanecido refratário a tudo isso.

Del Picchia registra esse momento, na Crônica Social do *Correio Paulistano* dia 18 de outubro de 1922, assinada com seu pseudônimo Hélios, dizendo que "só agora é que o gênio de Bayreuth começa a entusiasmar os paulistas". Adiante, afirma que São Paulo "já não se encanta mais com as arietas da *Tosca* [...]" e continua citando outras óperas italianas. Por fim, relaciona nominalmente várias óperas de Wagner, pondo-se a elogiá-las, com grande entusiasmo.[57]

Mário de Andrade deixa entender, mais tarde, que admirava Wagner, ainda enquanto aluno do Conservatório.[58] Algumas partituras de óperas de Wagner que lhe pertenceram, sobretudo o *Tristão e Isolda*, encontram-se analisadas com extremo cuidado e riqueza de detalhes.[59] Essas análises, a julgar pelo precoce conhecimento que demonstrou possuir da música do compositor alemão, devem ter sido realizadas nos primórdios de sua atividade.

Quanto à ópera tradicional, Oswald de Andrade,[60] nas poucas vezes em que emitiu sua opinião, foi bastante desfavorável.[61] Del Picchia pouco se ocupava de assuntos referentes à música, porém deixou registrado seu de-

---

57 Picchia, Crônica social: uma noite suprema. In: *O jornalismo de Menotti Del Picchia:* São Paulo, 1920-22, v.4, p.189.
58 Ver carta a Renato Almeida, de 10 de abril de 1927. Nogueira, M. G. P., *Edição anotada da Correspondência Mário de Andrade e Renato de Almeida*, p.208.
59 Cf.p.119 de Coli Jr., Mário de Andrade: introdução ao pensamento musical. *Revista do Instituto de Estudos Brasileiros*, n.12, p.111-36, 1972.
60 Costuma-se pensar em Oswald como quem desconhecia a atividade operística, mas não se pode desprezar sua atividade como redator social, em *O Jornal*, a partir de 1916, e antes de fundar *O Pirralho*, que também noticiava as atividades sociais. De 1909 a 1911, foi redator da coluna "Teatros e salões", do *Diário Popular*, em que também comentava espetáculos de ópera e operetas. Cf. Chalmers, Introdução. In: Andrade, O. de, *Telefonema*.
61 Em suas memórias, encontrou-se: "Como toda a ópera, uma luzida droga", ou então, referindo-se à *Boêmia*, de Puccini, "a única ópera que suportava". Andrade, O. de, *Um homem sem profissão*: sob as ordens de mamãe (memórias e confissões), p.112, 114.

samor, em crônica do *Correio Paulistano* assinada por Hélios, de 7 de maio de 1921, comentando um concerto a que assistira:

> Detesto o lírico, onde há sapateiros, amestrados em Milão, fingindo reis e príncipes, espipando, pelo canudo sonoro dos lábios em bico, vozeirões longos como mugidos de touros.[62]

Mário de Andrade oscilou entre o bem e o malquerer, o que ainda estudaremos aqui.

Os virtuoses estrangeiros célebres continuaram portando aqui porém o público se desinteressava deles cada vez mais. Um ou outro **inda** consegue ovações mas as enchentes se tornaram cada vez mais raras. As temporadas de ópera que durante a guerra (1914-1920) tiveram certo esplendor variado porque os rouxinóis não gostam muito dos canhões baixos-profundos, estão cada vez mais desmoralizadas. As de agora são miseráveis, verdadeiras mascaradas fingindo Arte, a que uma ou outra manifestação mais elevada não consegue disfarçar.[63]

Por certo o gênero operístico sofrera desgaste após tantos anos de montagens mais ou menos improvisadas. O contexto era também desfavorável às óperas de Carlos Gomes, que quase foram esquecidas nas primeiras temporadas oficiais. Além disso, algumas delas possuíam enredos fantásticos, repletos de situações e personagens inverossímeis – justificados, porém, por sua própria época –, sem contar as dificuldades inerentes às suas montagens, tão prejudicadas anteriormente por soluções sempre improvisadas e econômicas, adotadas por companhias estrangeiras itinerantes, dando-lhes certo aspecto caricato.[64]

---

62 Picchia, Crônica social: um concerto. In: *O jornalismo de Menotti Del Picchia*: São Paulo, 1920-22, v.3, p.25. Como o autor, no mesmo artigo, estranhamente rasga elogios a trechos de óperas de Wagner, pode-se ler nas entrelinhas que sua invectiva é dirigida somente à ópera italiana.

63 Andrade, M. de, *Compendio de historia da musica*, 1929, p.154. Deve-se lembrar que, no período em que escreveu esse texto, Mário de Andrade estava no auge de sua campanha contra as temporadas líricas oficiais que culminou em 1928, porém informa sobre o período anterior também.

64 No contexto europeu, longe da realidade tropical, a parte cênica de uma ópera como *Il Guarany* despertava interesse por seu exotismo. No Brasil, ante o conhecimento verdadeiro da

No entanto, a partir do movimento modernista, que ocorre no Brasil durante os anos de 1920, a posição de Carlos Gomes foi profundamente contestada. Primeiro, porque ele é um compositor de óperas, gênero que parecia envelhecido e pomposo, antimoderno por excelência. A geração iconoclasta que havia introduzido os novos valores culturais da modernidade no Brasil só podia rir desse compositor de óperas e desprezá-lo: o gênero parecia então vulgar, fácil, de mau gosto.[65]

Quanto às temporadas oficiais, nas quais o pianista Luigi Chiaffarelli depositava todas as suas esperanças, pensando que, quando o Brasil tivesse "teatros subvencionados" pelo poder público, as companhias seriam obrigadas a montar "as óperas do nosso primeiro músico dramático", e assim sua música tornar-se-ia popular, do conhecimento de todos, isso não aconteceu. Ao contrário do que sonhava o pianista, as óperas de Carlos Gomes tornaram-se menos frequentes no novo Teatro Municipal. Suponho que o poder público assim agiu para atender à expectativa da nossa elite econômico-social, cuja prioridade era atualizar-se com o gosto e os costumes europeus, dos quais o compositor não participava. Isso pode explicar também a maior incidência de óperas de Wagner a partir de então.

Resta comentar a oposição ao indianismo de Del Picchia e algumas características de sua linguagem. Del Picchia não contava com grande admiração de seus pares modernistas, sobretudo no que se refere à sua formação cultural, o que mais tarde, com a divisão do grupo, seria ainda mais notório.[66] Sua oposição ao indianismo não continha nenhuma originalidade; diversas pessoas antes dele já haviam manifestado posição semelhante e até mesmo usado os mesmos argumentos.

Em 1875, Joaquim Nabuco havia censurado Alencar pelas características de Pery, o qual, em sua opinião, mais se assemelhava a personagem de "ópera cômica", durante conhecida polêmica mantida pelos dois escri-

---
realidade tropical, as montagens estrangeiras, por si só, despertavam alguns espíritos críticos e comentários jocosos.
65 Coli, J., Carlos Gomes e Villa-Lobos. In: *A paixão segundo a ópera*, p.122.
66 Segundo Oswald de Andrade, Del Picchia era capaz de escrever "as coisas mais juliodantescas que já se escreveram no país". Andrade, O. de, *Os dentes do dragão*: entrevistas, 1990, p.221.
Rubens Borba de Moraes afirmou que Del Picchia conseguia exprimir "conceitos errados, idéias aberrantes, tudo de mistura com opiniões certas e sensatas". Moraes, R. B. de, Recordações de um sobrevivente da Semana de Arte Moderna. In: Amaral, A., op. cit., p.306.

tores.[67] Mais próximo à Semana de Arte Moderna, em 1918, Lobato havia proclamado o fim do indianismo idealizado pelo romantismo, já o contrapondo ao indígena real revelado pelos sertanistas.[68] Menotti reconhece a antecedência de Lobato;[69] entretanto, numerosos eram os exemplos de pessoas que já haviam denunciado as origens francesas dos indígenas de Alencar, assunto que terá ainda diversos desdobramentos.

A maneira de Del Picchia expressar-se, que inclusive o diferenciava dos demais modernistas, é outro ponto que merece atenção, porque poderá auxiliar na compreensão de alguns textos que aqui são do maior interesse. De um lado, é notória a linguagem passadista, parnasiana, utilizada pelo autor em suas obras literárias, fato que até o velho crítico Guanabarino havia denunciado, porém não se podem ignorar prováveis aportes do futurismo italiano, presentes em alguns textos de jornais e, principalmente, na palestra que proferiu na segunda noite da Semana de Arte Moderna, o que já atraiu a atenção de Amaral.[70]

Ao retomar o mais controverso de todos seus artigos citados, pode-se supor que o título "Matemos Peri!" teria sido inspirado no título do segundo manifesto futurista, de 1909, escrito originalmente em francês "Matemos o luar!". Entretanto, a descrição do conteúdo daquele manifesto sugere a existência de semelhança ainda maior entre os dois textos.

[...] numa linguagem veloz e violenta, rica de símbolos e alegorias, pode ser considerado uma retomada e uma ampliação do discurso encetado com o primeiro manifesto. Seus eixos são, de fato, a polêmica contra o passado, [...] a afirmação das novas forças do progresso e do futuro, [...] a exaltação dos instintos primários, [...] o advento de uma nova civilização viril e agressiva [...].[71]

Todos os quatro pontos descritos encontram-se, também, no artigo de Del Picchia: Pery é o símbolo de um passado que precisa ser combatido, e o autor dá nomes a seus representantes; cita objetos simbólicos do progresso, como o "automóvel e o aeroplano", instando a que "um país novo e

---
67 Ventura, *Estilo tropical:* história cultural e polêmicas literárias no Brasil – 1870-1914, p.44-7.
68 Lobato, *Urupês*, p.145.
69 Picchia, *O Gedeão do modernismo:* 1920-2, p.102.
70 Cf. Amaral, A. op. cit., p.199.
71 Fabris, op. cit., p.65.

formidável como o nosso" mostre sua feição de "povo moderno, avanguardista"; utiliza diversas imagens nas quais está presente o uso da força e até da violência, exaltando a ação genocida dos bandeirantes; por fim, destaca o nascimento de "uma raça formidável, que quer espalhar suas forças em cem campos de atividade violenta e nova".[72]

Poucos meses após a Semana, surgia a primeira revista modernista *Klaxon:* mensário de arte moderna, cujo primeiro número é datado de 15 de maio de 1922.[73] O texto de apresentação da revista, assinado pela própria "redação", anuncia seus objetivos, e entre eles encontra-se: "É preciso refletir. É preciso esclarecer. É preciso construir". Consequência natural de um movimento que se propunha, no primeiro momento, ser destruidor em relação ao passado, mas que agora sentia a necessidade de também construir.

O primeiro número traz a crônica "Pianolatria", assinada por Mário de Andrade, que analisa o predomínio absoluto da formação de pianistas, em detrimento dos demais instrumentistas, e a decorrente ausência de grupos de música de câmara ou sinfônicos na cidade de São Paulo. Porém, não perde a ocasião para falar de Carlos Gomes.

> O Brasil ainda não produziu músico mais inspirado nem mais importante que o campineiro. Mas a época de Carlos Gomes passou. Hoje sua música pouco interessa e não corresponde às exigências musicais do dia nem à sensibilidade moderna. Representa-lo ainda seria proclamar o bocejo uma sensação estética. Carlos Gomes é inegavelmente o mais inspirado de todos os nossos músicos. Seu valor histórico, para o Brasil, é e será sempre imenso. Mas ninguém negará que Rameau é uma das mais geniais personalidades da música universal... Sua obra-prima, porém, representada há pouco em Paris, só trouxe desapontamento. Caiu. É que o francês, embora **chauvin**, [sic] ainda não proclamou o bocejo sensação estética.[74]

---

72 Picchia, op. cit., p.194-7.
73 A revista existiu até o fim do ano. Sua última edição compreende a publicação conjunta dos números 8 e 9, datados de dezembro de 1922 e janeiro de 1923. Sobre seu texto de apresentação, cf.: Moraes, E. J. de, *A brasilidade modernista:* sua dimensão filosófica, p.66-8.
74 Andrade, M. de, Pianolatria. *Klaxon:* mensário de arte moderna,, n.1, p.8, 1976. Edição fac--similar.

Esse é o segundo dos textos mais citados, após o artigo de Oswald de Andrade, sempre que se procura exemplificar a rejeição dos modernistas a Carlos Gomes. Provavelmente tenha tido ainda mais crédito, embora não seja tão difundido quanto o outro texto porque seu autor era, reconhecidamente, um músico de inquestionável liderança e credibilidade no meio músico-cultural. Além disso, não utiliza a sátira irreverente; sua linguagem é sóbria, com alguma sutil ironia, porém não menos demolidora.

Nota-se, em primeiro lugar, que Carlos Gomes, compositor de óperas, é incluído estranhamente em um artigo cujo título e conteúdo não lhe dizem respeito, e, ainda mais, domina toda a seção inicial do texto, ocupando seu mais longo parágrafo. É como se o autor já iniciasse o texto com uma considerável digressão, pois o restante do artigo condiz com seu título e não mais alude a Carlos Gomes. A referência ao compositor será recorrente em vários escritos de Mário de Andrade, diferindo, porém, sua posição e importância no corpo do texto.

Embora reconheça a importância do compositor, dando-lhe o posto de maior destaque na história da música brasileira até aquele momento, não vê em sua música legitimidade para coexistir com a "sensibilidade moderna". É uma música que representa o passado. O autor praticamente desautoriza qualquer execução de sua música naquele momento: "a época de Carlos Gomes passou". Ao contrário da blague oswaldiana, Mário de Andrade oferece razões estéticas, mas a rudeza de sua linguagem é incomum. Pode-se tentar entendê-la como contaminação do espírito combativo que reinava entre os modernistas na proximidade da Semana de Arte Moderna.

Mais tarde, na retrospectiva que realiza com o artigo "O movimento modernista", de 1942, Mario reitera várias vezes, ao longo do texto, o caráter "essencialmente destruidor" do início do movimento.[75] Pode-se recorrer a outro exemplo, muito mais agudo, da agressividade temporária do autor, produzido quase à mesma época: o poema "Ode ao burguês", de *Paulicéia desvairada*, escrito em 1921.

> Através do caráter dos verbos e das imagens, apresenta de forma caricata a negatividade do burguês, dentro de seu conteúdo de classe social, dando-lhe contudo maior realce como indivíduo. Arrasa-o pelo cômico e pelo ridículo,

---

[75] Andrade, M. de, O movimento modernista. In: *Aspectos da literatura brasileira*, p.231-55.

procurando a violência da exclamação xingatória. [...] Procura a agressão, através dos epítetos engatilhados, constantes, curtos, decorrentes de sua observação cotidiana da burguesia.[76]

O assunto oferece-nos uma nova digressão que, por sua vez, revela outro aspecto do movimento modernista, mencionado superficialmente. No poema acima comentado, o autor também não poupa a aristocracia, o que talvez tivesse provocado constrangimentos, pois o movimento "era nitidamente aristocrático" – são suas as palavras, no mesmo artigo de 1942 – e a Semana de Arte Moderna fora, toda ela, financiada pela mais alta aristocracia paulista, além de haver recebido apoio não velado do governo do estado.[77]

Ainda em 1922, surgiu o artigo "A musica no Brasil, no seculo XIX", de Renato Almeida, publicado no periódico *America Brasileira*, do Rio de Janeiro,[78] revista da qual o autor, mais tarde, alcançou o posto de redator. É um texto que pode ser considerado raro atualmente, se comparado ao artigo de Mário de Andrade na revista *Klaxon*. Neste estudo é utilizado o exemplar que se encontra na biblioteca do Museu do Ipiranga, em São Paulo.[79]

Enquanto os autores modernistas dos outros textos estudados dispensam qualquer apresentação, o baiano Renato Almeida era ainda um jovem jornalista quase desconhecido em São Paulo, quando aqui esteve, integrando o grupo de artistas e intelectuais que vieram do Rio de Janeiro, capitaneados por Graça Aranha, para participar dos eventos da Semana de Arte Moderna.[80]

---

76 Lopez, *Mário de Andrade:* ramais e caminho, p.38.
77 O governador do estado, Washington Luís, havia autorizado Del Picchia a colocar seu jornal oficial, o *Correio Paulistano*, a serviço da divulgação da Semana de Arte Moderna. Picchia, *A longa viagem, 2ª etapa:* da revolução modernista à Revolução de 1930, p.88. O governador e o prefeito da capital, Carlos de Campos, estiveram presentes à primeira noite da Semana de Arte Moderna. Boaventura (Org.), op. cit., p.21.
78 Almeida, A musica no Brasil, no seculo XIX. *America Brasileira*, ano I, n. 9-12, 1922. Sua numeração sugere que seja uma publicação quadrimestral, portanto deve ter sido publicada em setembro de 1922, pois é um número especial para a comemoração do centenário da independência.
79 Há um exemplar incompleto da publicação, contendo somente o texto do artigo de Almeida, no arquivo do IEB-USP. Sua localização é: Série Recortes, Pasta 50, Arquivo IEB-USP.
80 Seu nome é sempre citado como participante da S.A.M.; ele consta do programa da mesma, apenas como autor do poema *"Perennis"*, na segunda noite, dia 15 de fevereiro, e não como conferencista. Alguns textos de divulgação da S.A.M. referem-se a uma palestra por ele proferida, sobre "Filosofia moderna no Brasil", na terceira noite, dia 17 de fevereiro. Cf. Boaventura, op. cit., p.414, 437.

Sua presença, entre nomes tão ilustres, recebeu críticas severas de um periódico carioca, responsabilizando Graça Aranha por tê-lo convidado.[81] O artigo concentra-se em quatro compositores: Pe. José Maurício, Carlos Gomes, Leopoldo Miguez e Alexandre Levy.[82] Entretanto, deve ser lembrado que ele é posterior, cerca de um ano, ao artigo de Mário de Andrade, já citado, do *Correio Musical Brasileiro*, e, entre eles, há semelhança de conceitos, sobretudo no que se refere à ida de Carlos Gomes para a Europa. Pode ser aventada a influência do escritor paulista, pois haverá uma profícua relação epistolar entre os dois autores, iniciada somente três meses após a Semana de Arte Moderna, que perdurará até o fim da vida de Mário de Andrade.[83]

[...] Carlos Gomes poderia ter tido o papel de José de Alencar na nossa literatura, afirmando a independência musical do Brasil. Não precisava, pois, ir buscar alhures o que lhe poderia dar o país. No ambiente do Brasil, teria encontrado todas as forças para sua criação, independente dos modelos estrangeiros. [...] Prejudicou-o, porém a escola de ópera italiana, fazendo-o desprezar as vozes da terra, ou comprimi-las nos modelos da "arte", sacrificando a intenção à forma.[84]

O autor reafirma que "arte é liberdade"; não condiz com as preocupações sobre o gênero, ou "as limitações de forma", que não passam de embaraços no caminho do artista, impedindo-o de deixar levar-se por seus impulsos naturais. Na Itália, sob a influência de Verdi, o ambiente dominou-o e ele não teve forças para reagir. A forma da ópera italiana e as preocupações do *bel canto* não lhe deram liberdade para expressar os "pendores do seu espírito".[85]

---

81 Ver Boaventura, op. cit., p.381-2.
82 Ele será transformado em dois capítulos do livro *Historia da musica brasileira*, do mesmo autor, publicado em 1926. O que se refere ao Pe. José Maurício integra o segundo capítulo, "A musica brasileira no começo do seculo XIX"; os outros três compositores integram o terceiro capítulo, "O romantismo na musica brasileira". O texto sobre Carlos Gomes será reproduzido quase integralmente, com alteração de algumas palavras; os textos sobre Miguez e Levy sofrerão mais alterações, sobretudo em seus finais. Como o artigo não possui números de páginas, dificultando quaisquer referências, optou-se por citá-lo a partir do texto e referências do livro.
83 Cf. Nogueira, M. G. P., op. cit.
84 Almeida, *Historia da musica brasileira*, 1926, p.85-7.
85 Ibid., p.87-8.

Se Alencar, no "Guarany", distingue as linguagens do índigena e do branco, na ópera elas misturam-se e não podem mais ser distinguidas.

E, no entanto, os índios de nossa selva tinham sua música, livre e audaciosa. Esse fundo falso perdura na obra de Carlos Gomes, onde a forma é o entrave constante. As vezes, o espírito brasileiro se rebela contra humilhação e irrompe, quente, vivo, indomável em notas violentas e combiaes, que bem lhe revelam a origem. Mas, em geral, procura uma solução preconcebida e, em arte, tudo deve ser surpresa e maravilha inédita.[86]

O sucesso obtido por Carlos Gomes foi mais uma traição. O compositor empolgou-se e acreditou que seria definitivo, entregando-se aos modelos italianos. Cita, rapidamente, as demais óperas de Carlos Gomes, frisando que *Salvador Rosa* tem "inspiração e fatura italianas". Na conclusão, ocupa-se até da composição musical, ampliando suas restrições.

A música de Carlos Gomes, no gênero que adotou, posto aquele em que a emoção espiritual mais cede ao langor dos sentidos, construiu uma obra invulgar, com fisionomia própria e certo caráter, em algumas de suas composições. Há páginas interessantes, sobretudo as que se desprendem da escravização formalística e a inspiração brasileira domina, num frêmito exuberante e jovem. Se não criou uma obra nova e independente, prendendo a emoção no convencionalismo de gênero, e de gênero vulgar, e se a composição é, em geral, pouco sólida, deixou na música um pouco do lirismo ardente e característico dessa magia imaginosa e indefinível da alma brasileira. Sem tortura da realidade, contentava-se com a aparência do mundo, fosse de brilho ou de melancolia, deixando essas impressões passarem em sua obra, para deleite dos sentidos, sem outras preocupações para a inteligência. Com certa ênfase e uma nota elegíaca constante, a sua imaginação flui com frescura e calor, desdobrando-se na melodia fácil e comunicativa, em que seu espírito adejava, satisfazendo-se em ver as coisas e sem se inquietar com possuí-las...[87]

O artigo também possui significado histórico, pois é precursor de uma vertente de pensamento que terá grande importância na historiografia mu-

---
86 Ibid., p.88-9.
87 Ibid., p.90-1.

sical brasileira, o modernismo nacionalista, cujas características serão analisadas posteriormente.

Primeiros desdobramentos

Passado o primeiro ano após a Semana de Arte Moderna, arrefeceu-se o ânimo combativo dos primeiros momentos e assim se tornaram esparsos os ataques aos alvos passadistas. As matérias de jornais já não eram frequentes e, enquanto durou a revista *Klaxon*, isto é, até janeiro de 1923, foi ela o principal veículo de divulgação das ideias e dos trabalhos modernistas. Os objetivos também não eram mais os mesmos e alguns novos conceitos começavam a ser delineados.

No início do novo ano, Mário de Andrade participou da cerimônia de formatura dos alunos do Conservatório Dramático e Musical de São Paulo, tendo sido por eles escolhido como paraninfo da turma. Na ocasião, pronunciou discurso que foi publicado no *Correio Paulistano*;[88] o que aparentava ser somente mais uma de suas manifestações públicas vai revelar-se importante fonte de informações para o estudo de um novo momento da vida modernista.

O discurso inicia como tantos outros, porém logo Mário de Andrade transpõe os limites dos discursos de formatura convencionais, impondo sua linguagem e pensamento pessoais. Pode-se notar o nascimento de conceitos que, no futuro, prevalecerão no universo modernista-nacionalista. A riqueza do conteúdo obriga-nos a abandonar, temporariamente, a prioritária prospecção das citações de Carlos Gomes para ampliar os horizontes e acompanhar a evolução do pensamento modernista relativo à música.

Mário de Andrade discorre sobre nossa formação racial e o afastamento de nossa língua "do idioma lusitano", concluindo: "Nós temos de construir nossa sub-raça brasileira, com caracteres, tendências, arte e tradição nossas, se quisermos viver dentro da América e pesarmos no concerto das nações" (p.5).

---

88 Andrade, M. de, Discurso pronunciado pelo distinto professor Mário de Andrade, [...] São Paulo, *Correio Paulistano*, 9 mar. 1923. In: Recortes III, p.38/9, Série Recortes, Arquivo Mário de Andrade.

Oferece inúmeros exemplos de características próprias de diversos povos, associando-as ao meio em que vivem, até alcançar as escolas artísticas e uma dura constatação: "Somos ainda um país sem escolas artísticas. É preciso criá-las desde já". Surge então a questão dos gênios, definidos e classificados por Mário de Andrade, que se mostra convicto da genialidade de Aleijadinho (p.7).

Denuncia a existência de artistas que somente aqui nasceram, mas possuem espírito "estrangeiro, antipatriótico"; neles inexiste qualquer sentimento de nacionalidade (p.8). De outro lado, há países que também não possuem escolas musicais nacionais, como a Inglaterra, e outros, como a Espanha, somente há pouco começaram a tê-las. Citando Vittoria e Gluck, compositores que abandonaram seus países de origem, menciona Carlos Gomes.

> Assim também é que Carlos Gomes deve considerar-se músico italiano. O simples fato duma ou outra rara vez se ter lembrado de temas nacionais, mais literários que musicais, não o nacionaliza. O ethos de sua música é italiano. E, ainda mais: filia-se diretamente não só à música italiana em geral, mas um dos períodos perfeitamente determinados desta: a decadência da ópera napolitana, o que debalde Verdi tentava opor à barreira do gênio.[89]

Pela segunda vez objeta a saída do compositor para a Itália, negando-se a reconhecê-lo como músico brasileiro, entretanto não se mostra contrário a que artistas brasileiros estudem no exterior, afinal ainda é imprescindível o contato com os centros europeus. Mas o artista deve voltar "intacto, inteligente e crítico", capaz de "amar ainda mais seus país, brasileiramente" (p.10).

O discurso é entrecortado por diversas frases imperativas e inesperadas, que expressam necessidades imediatas, soando como se fossem palavras de ordem. Entre elas, encontra-se: "É preciso aproveitar o ouro folclórico nosso, e continuar a obra que Alexandre Levy e Alberto Nepomuceno, entre hesitações, esboçaram".

Outra de suas convicções, a de que não há escola "sem fundamento racial", é defendida com diversos argumentos e exemplos (p.10-1). Chega o momento em que o discurso aproxima-se ainda mais de textos futuros,

---

89 Ibid., p.9.

como o *Ensaio sobre a música brasileira*. Mário afirma que é preciso construir as bases da escola musical brasileira; "a matéria-prima é abundante para nós", porém não se pode ficar restrito ao aproveitamento do maxixe e do samba, fruto de "patriotismo mal entendido, [...] unilateral". A "estilização única de danças populares não é suficiente nem muito fecunda". O maxixe e o samba não representam "o anseio coletivo da alma nacional" e "não sintetizam todo o Brasil". Seria o mesmo que ocorreu com a literatura regionalista, "que não era propriamente nacionalismo, senão caboclismo" (p.11).

Para ser fundada "uma escola musical nossa", deve-se levar em conta "todo esse tesouro musical" e considerar a grande mistura e diversidade de raças que constitui o Brasil. "O trabalho está em acrisolarmos o 'ethos' brasílico [...] do Amazonas ao Prata" (p.12).

O autor aconselha os formandos, como futuros professores, a que não proíbam seus alunos de tocarem peças brasileiras de origem popular, como o faziam os professores de instrumentos, normalmente por razões que Mário contesta, uma a uma (p.12-3). Afirma ser um preconceito criminoso que precisa ser combatido, passando a ressaltar a importância de Nazareth e Tupinambá (p.13-4).

Adverte-os a não sentirem vergonha do folclore e da modinha porque outros povos, de reconhecida tradição musical, construíram suas escolas a partir do "rude manancial do povo". Reiterando o que já dissera pouco antes, insta os formandos como em atitude proselitista: "pregai a música verdadeiramente nacionalizante! Vossa missão é grande. E benéfica será, se vos não esquecerdes desta lição" (p.14). Dali em diante, Mário de Andrade conclui o discurso de maneira mais ou menos convencional; dá os últimos conselhos e despede-se dos formandos, desejando-lhes a vitória.

O discurso denuncia a existência prematura de preocupações que somente ganharão forma definida em obras futuras de Mário de Andrade, como o já mencionado *Ensaio sobre a música brasileira*, principalmente. A urgente necessidade de criar-se a música brasileira com características próprias; a prioridade do nacional diante do regional e o perigo da unilateralidade; a importância do estudo do folclore e da música popular; são todos eles pontos nevrálgicos do modernismo nacionalista que está por vir.

Quanto a Carlos Gomes, o discurso mantém-se à altura do último texto de Mário de Andrade publicado na revista *Klaxon*, embora tenha outro conteúdo. Antes de seu nome ser mencionado, há outra frase, ainda não citada integralmente aqui, que possui todas as características de também lhe ser dirigida, entre outros:

> Há artistas brasileiros, temperamentos que por acaso nasceram no Brasil, mas artistas cujo espírito é estrangeiro, antipatriótico, sem nenhuma preocupação, adiantarei mesmo, sem nenhum instinto de nacionalidade (p.8).

No trecho seguinte, já citado, que traz seu nome, não há nenhuma qualidade que lhe possa ser atribuída, a não ser "duma ou outra rara vez se ter lembrado de temas nacionais, mais literários que musicais". Todo o restante não lhe é positivo: "deve considerar-se músico italiano"; "o 'ethos' de sua música é italiano"; e, ainda pior, filiou-se ao período mais decadentista da ópera italiana.

Foi encontrada somente mais uma única referência a Carlos Gomes, publicada em 1923, de autoria do mais polêmico dos membros do grupo renovador. Ela integra a conferência "O esforço intelectual do Brasil contemporâneo", de Oswald de Andrade, proferida em Paris, na Sorbonne, naquele mesmo ano.[90] Foi publicada em português, na *Revista do Brasil*, em dezembro de 1923.

> A música sofreu no Brasil a mesma imitação européia. Carlos Gomes, que foi, até certo tempo, o maior dos nossos músicos, apoucou-se ante a reação para as nossas verdadeiras origens, auxiliada pelas audácias rítmicas adquiridas depois de Debussy. Nossa música não está no canto melódico italiano; ela vive no urucungo do negro, na vivacidade rítmica do índio, na nostalgia do fado português.[91]

Segundo Oswald de Andrade, Carlos Gomes já não era "o maior dos nossos músicos"; substituí-lo simplesmente por Villa-Lobos seria prema-

---

90 Graças à boa relação de Oswald de Andrade com o embaixador brasileiro na França, foi ele convidado a proferir a palestra, em convênio com a Academia Brasileira de Letras, justamente uma instituição que tanto criticava. A intenção era divulgar o "processo de modernização" do Brasil para os estrangeiros e foi um sucesso de público. Boaventura, *O salão e a selva*: uma biografia ilustrada de Oswald de Andrade, p.92.
91 Andrade, O. de, O esforço intelectual do Brasil contemporâneo. In: Batista; Lopez; Lima, *Brasil*: 1° tempo modernista – 1917/29, Documentação, p.215.

turo, e a história ainda não o permitia, mas esse compositor já se apresentava como "o mais forte e o mais audacioso dos nossos representantes". Continuando o texto, o autor menciona diversos outros músicos que representariam "a música contemporânea do Brasil", deixando de referir-se aos critérios que o nortearam na escolha dos nomes. Tais são as diferenças de valor histórico e musical entre os citados que se tem a impressão de que ali estão todos eles, mais para demonstrar que o Brasil teria numerosa representatividade nessa área.

Novamente convém observar a divergência de pensamento em relação ao homem do século XIX. Enquanto ele se orgulhava das conquistas italianas de Carlos Gomes, porém, mesmo que esparsos, buscava elementos brasileiros em sua música para justificá-lo como artista nacional; agora, ao contrário, ressaltam-se os elementos italianos para justificar sua exclusão.

Já no ano seguinte, surge um novo texto, dia 11 de janeiro de 1924, em *O Estado de S. Paulo*, escrito por Paulo Prado, o poderoso aristocrata e intelectual que liderou o grupo de patrocinadores da Semana de Arte Moderna, voltando a fustigar os passadistas, sem, contudo, referir-se nominalmente a Carlos Gomes.

> Só aí, (no Brasil), como sombras estranhas em meio ao esplendor da nossa terra, ainda vivem, e dominam, os personagens anacrônicos que são o poeta parnasiano, o escritor naturalista, o pintor anedótico, o músico de ópera e o político.[92]

O artigo havia sido escrito em Paris, em dezembro, e demonstra que os ânimos ainda não haviam serenado por completo. O mesmo autor, em fevereiro, na *Revista do Brasil*, voltaria a atingir os mesmos alvos, porém aparenta sugerir alternativas de novos caminhos.

> É inútil falar na pintura, na escultura e na música. Aí o nosso atraso foi – e é – secular e a nossa indigência insondável. Ficamos nas óperas de Carlos Gomes, de um italianismo de realejo, que totalmente ignorou a inspiração social e folclórica da nossa etnografia –[93]

---
92 Prado apud Brito, M. da S., *As metamorfoses de Oswald de Andrade*, p.40.
93 Id., Brecheret. In: Batista; Lopez; Lima, op. cit., p.87-8.

Capa do *Correio Musical Brasileiro*, n.1, com dedicatória a Mário de Andrade na extremidade superior

CORREIO MUSICAL BRASILEIRO

DEDICATORIA

SENDO esta a unica publicação musical do Brasil, é um dever imprescindivel dedicar o seu primeiro numero ao glorioso Maestro CARLOS GOMES. Publicamos, homenageando-o, um seu retrato em "agua-forte", obra-prima do intelligente patricio Carlos Oswald f.lho do nosso distincto collaborador Maestro Henrique, do "Instituto Nacional de Musica" de Rio de Janeiro.

Duas Palavras

VINDO, muito embora, augmentar o numero de publicações que pullulam por ahi, o "Correio Musical Brasileiro„ tem a absoluta convincção de que não será importuno o seu apparecimento, pois que a sua finalidade representa o desejo sempre crescente de um povo ansiando pela conquista do logar que se lhe deve no campo universal das artes.

Para a realização desse "desideratum", dispensavel se torna uma bôa politica ou uma invejavel situação economica, urge, como medida unica e efficaz, reunir os fabulosos thesouros intelectuaes que temos espalhados por este vasto torrão exuberantemente prot<gido pela natureza.

E' esse o nosso programma. O "Correio Musical Brasileiro„ será, pois, o ponto de convergencia da nossa intele tualidade artistica; essa concentração de energias espirituaes trará, sem duvida, o incommensuravel beneficio de que havemos de mister: o conhecimento de nós mesmos, sem o que nada se fará. E, na verdade, já era tempo de dizer ao Brasil intelectual: "nosce te ipsum".

— 2 —

Correio Musical Brasileiro, n.1, p.2 – Dedicatória a Carlos Gomes

Do elemento feminino são novas para o Brasil os sopranos **Augusta Caneato** e **Toti Dalmonte**; duas figuras que se deixam anteceder de fama pelas opiniões da critica italiana que, da primeira, disse possuir uma voz de há muito não ouvida no theatro lyrico italiano.

E' tambem novo para nós o tenor **Angelo Minghetti**. A critica italiana faz-nos saber que esse sympathico rapaz é um triumphador da arte lyrica e mais ainda dos corações femininos pela sentimentalidade com que canta, pela elegante maneira de frasear e pelo timbre insinuante de sua voz, pelo que foi comparado ao sempre vivo Roberto Stagno.

Veremos em breve como será recebido pela nossa platéa.

Fernand Francell, do quadro artistico francez, novo tambem para o Brasil, é do "Opera" de Paris. E' um tenorsinho de salões: figura delicada e agradavel, distincto cavalheiro e sympathico cantante, porém não nos parece cantor para grandes theatros; a não ser que, nestes ultimos 3 annos da sua primeira vinda á America do Sul, tenha melhorado e reforçado o volume da sua voz, aconselhamos aos que queiram apreciar a sua bella escola de canto, tomar posse das primeiras filas de poltronas, quando se der as operas em que elle tomar parte.

Quanto ao repertorio podemos adeantar alguma cousa sobre as novas operas: "Il piccolo Marat" do maestro Pietro Mascagni, e "Anima allegra" do Maestro Franco Vittadini. Da opera "Primizie" do compositor patricio Dr. Milanez, que é objecto da nossa critica "Velleidades", fallaremos mais detalhadamente no proximo numero.

* *

"Il piccolo Marat", de assumpto revolucionario do tempo de Robespierre com uma musica que carca uma decisiva evo-

lução do illustre Maestro, occupa um lugar eminentissimo entre as operas "mascagnianas" e alguns affirmam que é essa a sua obra-prima.

"O Pequeno Marat" recebeu o seu baptismo no theatro "Costanzi" de Roma, com exito.

Pelas informações que recebemos, o triumpho da opera foi completo: uma musica nova e emocionante, com uma instrumentação de intenso e surprehendente effeito.

Os interpretes foram escolhidos pelo autor a seu contento: o tenor Ippolito Lazzari foi chamado da America para desempenhar o papel de protagonista; Gilda Della Rizza fez a parte de "Marinella". Os outros interpretes foram: Benvenuto Franci, Luigi Ferrari, Badini e Mario Pinheiro.

* *

"Anima Allegra" representa outra victoria da arte musical italiana. De argumento hespanhol o maestro Vittadini revestiu o libretto d'uma musica insinuante, gentil que exterioriza toda a sua alma de artista.

Uma victoria indiscutivel conseguida pelo genial maestro, sem esforço algum; auxiliado pelo illustre director Maestro Edoardo Vitale, que concertou e dirigiu a orchestra. Franco Vittadini affirmou-se como operista, sendo chamado muitas vezes á ribalta.

Os personagens foram cuidadosamente interpretados por Gilda Della Rizza, Antonio Cortez, estimado tenor hespanhol, o barytono De Vecchi, Gramegna, Nardi, etc., todos cantantes de renome que a sala do "Costanzi" consagrou.

Teremos tambem nós occasião de podel-a apreciar no nosso maximo theatro.

MARIO MORAES DE ANDRADE,

o joven e erudito professor de Esthetica e Historia da Musica do nosso Conservatorio é um "nome feito" entre nós, já na critica musical em que occupa um logar de destaque, já na literatura onde pontifica como prosador e poeta. Não é, portanto, uma apresentação a que fazemos: Mario Moraes de Andrade dispensa-a pelo justo renome de que gosa em nosso meio artistico e social; mas a participação, que tanto nos envaidece, de contal-o entre os que nos honram com a sua collaboração.

MOZART
(Inédito)

Morrer como Mozart!... Deixando a face
da terra présa a um fúnebre lamento...
Aguaceiros, trovões nesse momento,
como si, á dor, o próprio Deus chorasse...

Sem ter quem visse, ao lampejar fugace
do raio, onde o coveiro hirto, praguento,
nessa vala-commum do esquecimento
meu inútil cadáver atirasse...

Si, como a dêle, em prantos, no outro dia
uma mulher me fosse levar flores,
ninguem o meu lugar lhe indicaria...

Morrer como êle, inteiramente ao mundo!
— Mas, por ter perpetuado as minhas dores,
surgir na glória, como um Sol fecundo!...

MARIO DE ANDRADE

O nosso supplemento musical

"Suspiros" intitula-se a romanza de Carlos Ciprandi que damos hoje á publicidade em o nosso supplemento. A letra é do conhecido Dr. Luciano Gualberto.

SUSPIROS
LUCIANO GUALBERTO

Suspiros, pedaços d'alma,
Pedaços do coração.
Palavras sem serem ditas,
Que se não sabe onde vão,
São como nuvens bonitas,
Como bolhas de sabão.

Suspiros são nuvens negras,
Agoiro, embora que vão...
São reticencias da vida,
Pedaços do coração.

Correio Musical Brasileiro, n.3, p.8 – Apresentação de Mário de Andrade e publicação de seu poema "Mozart", na parte inferior esquerda

CORREIO MUSICAL BRASILEIRO

Musica brasileira

Existe musica brasileira?... Sim e não. Existe latente, incipiente, como consolação e desespêro, como lingua idealizada, sentimental e ainda rude. Existe como jequitibá selvagem, desregrado mas feliz. As suas raizes penetram fundo já no povo, ninguem mais as pode extirpar do coração desta sub-raça de nibelungos morenos e pequeninos, sub-raça nascida numa aurora de descobrimento, do beijo de "tres raças tristes".
A musica brasileira existe. Existe na canção popular — pura expressão silvestre que de norte a sul se manifesta variada, desconsoladoramente variada. No norte, mais lirica e mais descansada, como que o Sol a impregnou dos perfumes arrancados pela adustão das terras nuas e das florestas traiçoeiras. No centro do paiz já mais estilizada, mais viril pela audacia das riquezas, pela ansia das ambições. No sul mais sensual, mais ritmica — si assim me poderei expressar — uma vaga ardencia espanhola a descaracteriza e empobrece.
A musica brasileira existe ainda nos nossos bailes voluptuosos, cheios de contrastes pela sucessão de violencias rapidas e de inercias espasmódicas. Existe nos sambas, nos cateretês, nos maxixes, nos tangos mesmo, que sei lá! com que todos os filhos da raça se desarticulam e animalizam, mandados por sua magestade, o Desejo.
Ha cinco seculos que essa musica se vem formando; tornando-se intima, necessaria, imprescindivel para desafogo do povo em todos os seus sentimentos e sensações. Ha cinco seculos que ela nos assiste em nossas dores, nos anima em nossos desesperos, e nos coroa em nossas glorias. Ha cinco seculos a misteriosa Yara verde, — espirito benefico e protector do nosso destino — habita essas aguas musicais.
E o grande rio da musica brasileira, de norte a sul regando a terra, leva ás taperas desertas, ás fazendas, aos povoados, ás cidades as suas aguas feitas de melodias dolentes e de ritmos sincopados. E' nele que toda a gente brasilica se dessaltera.
Mas a musica brasileira não existe. Si ha tantos anos, engendrada pela necessidade de expressão e de expansão sentimental dos nossos avós, ela vive dentro dos nossos lares e dos nossos peitos, desenlaça-se livremente no espaço, presidindo o movimento ritmico dos amores, ainda não adquiriu direitos de cidadania. Considero-a legitimamente uma arte já, porquê é arte no sentido verdadeiro e primitivo da palavra. Mas, fôrça é confessar, ainda usa tacape e atravessa penas de tucano no nariz, como aliás todo brasileiro imaginado pela ignorância ignobil do europeu da Europa. Fôrça é confessar: a musica brasileira ainda, civilizadamente falando, não é a Musica. Ainda não passou da boca dos rapsodos andantes para a eternização dum Homero que a genializasse; ainda não subiu da viela dos jongleurs da estrada para as Côrtes-de-Amor do conde de Provença. E' conhecida já pelo coração dos menestreis, mas nenhum troubadour nobre e sapiente levou-a para as reuniões palacianas, e suspendeu com ela a simbolica rosa de prata!
A musica brasileira é a lingua italiana antes do aparecimento de Dante. Que fazem os nossos musicos? Porquê dela não se utilizam? Mas não! E' preciso fazer Musica. E fazem musica italiana, copiando Verdi, macaqueando Puccini, o hediondo Leoncavallo, o pernostico Mascagni; ou fazem musica franceza, enfeitando-se com o pó-de-arroz e o rouge de Massenet ou tentando o debussysmo. E como não têm quem basante para igualar os modelos, desaparecem, anulam-se, evaporam-se num justissimo esquecimento de morte. Alexandre Levy talvez fizesse a nobre acção; Carlos Gomes te-la hia feito, si o não prejudicara a estreita visão artistica dos italianos do seu tempo e em cuja escola aprendeu. Que differença a Italia mesquinha do ultimo quartel do seculo passado e a Italia gloriosa dos nossos dias, reivindicadora do lugar, junto da Alemanha, que lhe cabe entre as nações musicais! Mas onde foi ela buscar a fôrça que a impulsiona no surto presente? Foi busca-la na canção popular, na musica da raça, até no canto gregoriano do seculo sexto! Seria já um grande titulo de gloria para Malipiero, Pizzetti, Respighi, Castelnuovo Tedesco, si outros mais não possuissem esses musicos admiraveis.
Henrique Oswald poderia fazer para a musica brasileira o que fizeram Glinka para a Russia, Monteverdi para a Italia, Wagner para a Alemanha, e bem o demonstrou num esplendido trecho pianistico, o 2.o dos seus 3 Estudos. Mas não o quer. Prefere vesgamente confundir-se com a musica sem caracter universal, a se singularizar, a ser forte, a ser brasileiro.
Outros ainda aproveitaram, mas esporadicamente os ritmos e melodias nacionais. João Gomes de Araujo, cuja vida é um exemplo de sacrificio e dedicação pela Arte; Alberto Nepomuceno, João Gomes Junior... Não poderia citar todos...
Mas não basta. Era preciso a dedicação concentrada, ilimitada dos compositores brasileiros. Um mo-

Correio Musical Brasileiro, n.4, p.5 – artigo "Musica brasileira", de Mário de Andrade

vimento critico como o da revista "Il Primato" na Italia. Aos nossos executantes luminoso papel lhes compete: honrar com insistência os seus programas, neles pondo em maior numero musicas brasileiras de autores brasileiros. Mas todo estudante de piano arde de patriotismo a ponto de querer tocar o Hino Nacional... de Gottschalck!...

Talvez os novos... Esperemos de Villa Lobos, de Mignone, de Pagliuchi, de Guiomar Novaes, de Lucia Branco, desta revoada de jovens ilustres o empreendimento generoso!

Por enquanto a musica brasileira não existe.

MARIO DE ANDRADE

Dois criticos

Em nossos numeros anteriores, nesta mesma secção, referimo-nos a um luminar da critica indigena — denominando-o *alguem* — com demasiada severidade, talvez, Sim! Talvez, porque este super-critico, abusando do logar que occupava em um dos mais bem feitos jornaes do Rio, suppunha ter o direito de dizer a respeito de tudo e de todos as mais refinadas sandices que lhe chegavam ao bico da penna...

Discordando de suas opiniões grotescas tivemos azo de, censurando-o, apontar as suas ratas e provar, com argumentação solida, que, as mais das vezes, o que o levava a escrever critiquices não era o nobre e elevado intuito de fazer critica pela critica a bem da arte, mas unicamente odiosinhos individuaes, inveja pessoaes, vinganças mesquinhas.

Com immenso prazer vimos que *alguem* deixou a redacção do jornal carioca, sendo substituido pelo sr. S. de N.

Essa substituição foi feita com vantagem. S. de N. é critico de verdade e, por isso, as suas idéas estão de pleno accôrdo com as do "Correio Musical Brasileiro".

Achamos opportuna a transcripção de uma chroniqueta de S. de N., para provar o que vimos dizendo.

"*Vamos iniciar, nesta chroniqueta, uma série de impressões sobre autores nacionaes que dariam renome ao nosso theatro, mas que o publico não conhece...*

E' que as suas obras ainda não foram representadas, á mingua de empresarios arrojados. Não sabimos do genero buffo e insipido das revistas pornographicas ou das baixas comedias que se destinam ao apetite do publico que vae no theatro para desopilar o figado, sem outro intuito que não seja rir.

A emoção que, no theatro, constitue a pedra de toque, espanta a nossa platéa, salvo quando lh'a transmittem companhias estrangeiras, no tablado do Municipal, que é a nossa "feira de vaidades"...

Esses theatrologos inéditos merecem, porém, a consagração para as suas obras vigorosas, afim de que se não diga que não temos, actualmente, nomes que possam operar o milagre da creação de um theatro eminentemente brasileiro.

Quantos talentos estão por ahi, á espera de uma companhia que monte as suas peças, quantos delles já não perdem a esperança de vencer, pela indifferença das companhias, pela obra theatral que não gyre em

torno de um regionalismo caricato ou de amontoado de sandices á guisa de revistas!

Vamos, porém, divulgar os nomes desses "heróes desconhecidos" da nossa literatura theatral, cujas obras, quando em scena, terão os applausos de uma platéa culta, que não seja composta exclusivamente de fantoches da Moda e do "snobismo"...

Na alta comedia e no drama temos valores novos, como Amaral Ornellas, Sergio Cartieri, Themudo Lessa, Atila Azevedo, e tantos outros, que ainda permanecem anonymos para o grande publico; e em outros generos, ha uma phalange brilhante de autores, que, aqui e nos Estados, trabalham e produzem, sem fins mercantis, nem retumbos de cabotinismo, mas sob o impulso de um ideal que não transige com a gloriola do theatro grotesco, que assignala, no nosso meio, a prostituição da Arte, num crime de lesa-belleza.

O theatro brasileiro tem de ser uma obra de cultura e de pensamento, um apostolado de idéas, pois só assim poderá cumprir a missão dignificadora de formar o espirito da nacionalidade, na projecção dos clarões da lama indomavel da raça e no descortino da nossa civilização improvizada.

S. DE N.

Não acham os nossos leitores que temos carradas de razões?

Duas figuras do elenco da Lyrica do Rio

Tamaki Miura a exotica "flôr do Oriente" constituiu, talvez, a maior attracção da temporada deste anno...

O Municipal ficou literalmente cheio na noite em que a eximia artista japoneza fez ouvir a sua voz e as excellentes qualidades de sua interpretação.

Foi uma "Madame Butterfly" genuína, uma "Madame Butterfly" "vivida"...

Embora Tamaki seja uma cantora de primeira, os criticos cariocas discordaram, em alguns pontos na apreciação da sua voz: quanto ao volume, por exemplo, houve divergencias: uns acharam-na fraca, outros relativamente extensa; todos, porém, foram unanimes em reconhecer na "japonezinha" uma interprete ideal da personagem de Puccini, em achal-a uma suave, uma apaixonada, uma deliciosa Butterfly...

* *

Rosa Raisa teve varios epithetos: denominaram'na a "soprano-maxima", apelidaram'na ,o "Caruso-feminino..."

Taes referencias são uma consagração.

E, ao que nos informam, a "Aida" encontrou em Rosa Raisa a interprete incomparavel...

Esperamos anciosos a sua vinda para termos o prazer de verificar a exactidão dos apelidos.

Correio Musical Brasileiro, n.4, p.6 – Conclusão do artigo "Musica brasileira", de Mário de Andrade, na extremidade superior esquerda

CORREIO MUSICAL BRASILEIRO

gozar nunca, o triste, o solitario teve ainda a amargurar-lhe a vida a dor suprema: ficou surdo.

Emmudeceu para elle tambem o mundo dos sons; a voz da arte não mais lhe instila na alma a unica delicia de que o cercara na vida.

Mas não rompeu nem com a vida, nem com a arte nem com o destino. Soffreu, estoico e resignado, fez desta sua grande dor mais uma harmonia.

Cria em Deus, e desta crença procurava tirar forças.

"Não ha coisa mais alta, diz elle, do que se approximar alguem da Divindade, mais do que os outros homens, e, d'ahi, espalhar os raios da Divindade, entre o genero humano".

Ha, nas suas palavras, qualquer coisa de grandeza, mas sem queixumes, que lembra a resignação de Job.

"Força é a moral dos homens que se distinguem dos outros; é tambem a minha", affirma elle com hombridade. E a moral o sustenta na lucta, essa força guiadora que o não deixou sossobrar, que lhe deu asas para se elevar acima da mesquinhez humana, que o susteve no voo para o Idéal — uma força harmoniosa, creadora de harmonias soberanas.

Em seu sêr, como em seu agir, revelava sempre esta força, na paixão mais formidavel, até á vertigem do extase, e tambem a mais intima ternura, no segredo profundo dos sentimentos da alma, até ao deslumbramento celeste; uma fala de sons, que alcança e esgota o divino e o humano, e nos arrasta, irresistivelmente.

Associando a minha penna á commemoração de

Beethoven, faço-o com o prazer de quem rende homenagem a uma tão elevada consciencia artistica, hoje tão rara, devido em parte aos successos ephemeros do cabotinismo.

M. GOMES RIBEIRO.

CARLOS GOMES

Essa que plange, que soluça e pensa,
amorosa e febril, timida, e casta,
lyra que raiva, lyra que devasta,
e que dos proprios sons vive suspensa,

guarda nas cordas uma escala immensa
que, quando rompe, espaço fóra arrasta
era do mar as queixas, ora a vasta
sussurração de uma floresta densa,

Ell-a muda; mas tal intensidade
teve a musica enorme do seu choro,
o diluvio orchestral dos seus lamentos,

que, muda assim, rotas as cordas, ha de
para sempre vibrar o eco sonoro
que su'alma lançou aos quatro ventos.

FRANCISCA JULIA.

Serviço postal do Correio

E' sobejamente conhecida a difficuldade de communicações por escripto que os artistas experimentam em suas peregrinações pelo interior do paiz, recebendo correspondencia sempre com atrazo, quando não se extravia.

O "Correio Musical Brasileiro" para dar cabo a este senão, toma a seu cargo o trabalho de enviar directamente aos interessados toda a correspondencia dirigida por seu intermedio.

Para isso possuimos uma série de caixas postaes que poremos á disposição dos que solicitarem o nosso serviço.

Este processo eliminará o prejuizo dos extravios de correspondencia, pois o "Correio" estará sempre ao par do movimento de todas as companhias em "tournée" pelo interior do paiz.

Para informações mais particularizadas enviem cartas a esta Redacção com sello para a resposta.

A MINHA IRMAN ADELAIDE

Quando sosinho e triste... em horas de amargura,
Tu sentes de meu seio a tempestade escura
As asas encurvar, no funebre oceano!...
Quando a esponja de fel embebe-me a lembrança!...
...Levantas-te de leve, ó limpida creança!...
E deixas tuas mãos correrem no piano...

Tu'alma terna e meiga inclina-se inquieta
No abysmo funeral das maguas do poeta,
E sonda aquelle pégo, e rasga aquelle arcano!
Após, nesse arquejar da vida, que me pesa,
Ouço, longe, uma voz que no infinito reza!...
Na terra um soluçar choroso... E' teu piano!

Quando no desviver das horas de atonia,
Das noites tropicaes na morna calmaria,
Da mocidade o canto arrojo ao vento — insano,
E, perto de morrer, o amor anseio ainda!...
Que mulher me soletra essa harmonia infinda?
...E' tua mão qu'empresta um'alma ao teu piano...

E emquanto a flôr rebenta á face da lagôa...
E a lua vagabunda o céu percorre á tôa,

Poema de Castro Alves – 1ª parte

HYMNOS DO EQUADOR   267

Mirando na corrente o seio leviano;...
Inda a terra m'inspira um sonho de ternura!...
... O genio da desgraça, o genio da *loucura*,
Tu sabes, qual *David*, curar no teu piano.

Creança! que não vês como é sublime e santo
Fazer irmãos no amor e cumplices no pranto
Mozart, o homem do Norte, e Verdi, o Italiano!
Despertar ao relento o idyllio de Bellini!
Fazer dançar Sevilha, ao toque de Rossini..
E o bolero estalar... nas teclas do piano!

Ai! toca! No meu ser acorda ainda um éstro
A' voz de Gottchalck — o esplendido maestro —
Aos lampejos da luz — do Moço Paulistano — !
Ai!... toca! Enche de sons o derradeiro dia
Daquelle que só tem... por sonho — uma harmonia!
Por unica riqueza... a ti... e ao teu piano!

S. Salvador, 29 de Maio de 1871

Cf. com um autographo do Poeta, cm. por D. Adelaide de Castro Alves Guimarães. Pbl. nas *Poesias*, Bahia (1913): XL.

1) *Dedicatoria*. E' agora o amor sagrado, á mais dedicada das irmãs, a que elle amava sobre todas, em cujos grandes olhos se espelhava, "toda olhos" dizia elle, cujas mãos teciam accordes e melodias no piano para o adormentar, cuja voz o consolava nas suas tristezas e cujo coração forte e vigilante viveu alem de meio seculo depois delle, para lhe exaltar e propagar a querida memoria.

2) *David* (4.ª estancia, v. 6) Alusão á harpa de David, a cuja harmonia se dissipava a loucura de Saul, segundo conta a Biblia, no I Reis, XVI, 14-23.

Poema de Castro Alves – 2ª parte

268   CASTRO ALVES

3) *Mozart* (Wolfgang): 1756-1791; *Verdi* (Giuseppe): 1813-1901; *Bellini* (Vincenzo): 1802-1835; *Rossini* (Gioacchino): 1792-1868, autor do *Barbeiro de Sevilha*, famosos compositores (estancia 5.ª v. 3, 4 e 5)

4) *Gottschalk* (Louis Moreau): 1828-1869, compositor americano popular no Brasil, onde morreu, autor de composições afamadas *Bamboula, Banjo, Ojos criollos* etc. (estancia 6, v. 2).

5) O *moço paulistano* é Carlos Gomes, nascido em S. Paulo (1839-1896), cuja gloria alviçareira com *O Guarany* (1870), Castro Alves pôde applaudir.

Poema de Castro Alves – notas do editor (Afrânio Peixoto)

Quando se conhecem de antemão as futuras propostas do modernismo nacionalista para solucionar o problema da criação da música de caráter brasileiro, pode-se ver Paulo Prado como um visionário. Afinal, anos mais tarde, Mário de Andrade proporá que se encontre no folclore e na cultura popular a matéria-prima da criação erudita. De outro lado, no primeiro texto do autor que foi citado, encontra-se, entre outros anacronismos, o músico de ópera, trazendo à tona novamente a questão da relação dos modernistas com a ópera, havendo ou não alusão a Carlos Gomes.

Retornando um pouco no tempo, para outubro de 1923, pode-se ver o surgimento do primeiro número de *Ariel:* Revista de Cultura Musical, periódico mensal com sede em São Paulo, que tinha como diretor o pianista e professor Antonio de Sá Pereira. Era o primeiro periódico musical de inspiração modernista, mas não se restringia aos assuntos musicais; contava também com colaboradores de outras áreas. Contudo, deveria exercer, a princípio, o papel de porta-voz das convicções e interesses modernistas relacionados à música.

Em seu primeiro número, o artigo "Quimera", assinado por Sá Pereira, já advoga a necessidade de desenvolver-se a música sinfônica no Brasil (p.19-24), assunto que não está distante da proposta de Mário de Andrade, em *Klaxon*, no artigo "Pianolatria".

O terceiro número da revista, de dezembro, contém dois trabalhos de interesse para este estudo. O primeiro deles, "A vingança de Scarlatti" (p.91-5), é da autoria de Mário de Andrade e contesta a opinião de alguns críticos sobre o fim da ópera, entre eles Henri Pruniéres, que havia afirmado que essa atividade artística "estava destinada a morrer". Ao contrário das opiniões negativas sobre esse gênero de espetáculo emitidas por seus pares modernistas, Mário de Andrade revela outra maneira de pensar.

> Coisas que não vejo; morte em que não creio. A música dramática tem um tal interesse, repartido e igual, de arte pura e arte de relação ao mesmo tempo, que ultrapassa a maneira de ser duma época, sendo antes uma expressão tão universal e intimamente humana que através das épocas guarda todas as suas possibilidades de efeito. Não é transitória.[94]

---

94 Andrade, M. de, A vingança de Scarlatti. *Ariel:* Revista de Cultura Musical, n.3, p.91-2, dez. 1923.

O segundo artigo é de Renato Almeida, "Música brasileira"; corresponde à introdução de um dos capítulos de seu futuro livro *Historia da musica brasileira*, próximo de ser lançado, embora não o mencione.[95] O artigo antecipa um dos pontos centrais da obra vindoura, a necessidade de haver música com expressão própria, uma das preocupações modernistas.

Destaca-se, no sétimo número da revista, de abril de 1924, a tradução do artigo de Milhaud "A música brasileira" (p.264-6), no qual o compositor francês lamenta que a produção musical brasileira seja "um reflexo das diferentes fases que se sucederam na Europa [...] e que o elemento nacional não seja expresso de uma maneira mais viva e mais original" (p.265). É uma contribuição crítica de maior significado, atuando como argumento e justificativa que caminha em direção à fundamentação do nacionalismo musical brasileiro.

Renato Almeida retorna com mais um trecho de seu futuro livro no oitavo número de *Ariel*, o artigo "Alberto Nepomuceno".[96] No fim do texto, encontra-se a primeira menção a Carlos Gomes em *Ariel*. Trata-se de uma breve citação, na companhia de Levy e Miguez, como aqueles que empreenderam "tentativas de música brasileira" antes de Nepomuceno (p.288-9).

Ainda no oitavo número, Mário de Andrade publica o artigo "Reação contra Wagner"[97] (p.279-85), demonstrando familiaridade com a música do compositor alemão e conhecimento da matéria, principalmente no que se refere a *Tristão e Isolda*, ópera pela qual não esconde sua preferência. Afirma que "a flor culminante do wagnerismo continuava a ser o *Tristão*" e que não seria "possível progredir sobre o *Tristão* dentro da estética do *Tristão*" (p.280).

O ponto central do artigo é a análise de três diferentes opções estéticas que se opuseram a Wagner: Brahms, César Franck e Verdi. Ao falar do último, mostra-se convicto da decadência da ópera na Itália, o que externará em diversas oportunidades; afirma que ele "continuara [...] a decadência lânguida e monótona da ópera italiana", que é interrompida, "de longe em

---

95 O artigo "Música brasileira", de *Ariel*, n.3, p.99-101, dez. 1923, corresponde à introdução do Capítulo IV, "Tendências da música brasileira", de *Historia da musica brasileira*, 1926, p.107-13.
96 O artigo "Alberto Nepomuceno", de *Ariel*, n.8, p.286-9, maio 1924, corresponde ao texto que é dedicado especificamente ao compositor em *Historia da musica brasileira*, 1926, p.113-22. Dessa vez, porém, o fato é mencionado: "Excerto do livro *Historia da musica brasileira* [1926] a aparecer em breve de Renato Almeida".
97 O artigo foi publicado novamente, em *Música, doce música*. Andrade, M. de, *Música, doce música*, p.50-5.

longe", por algumas exceções (p.283). Entretanto, reconhece o valor das últimas óperas do compositor, a partir de *Dom Carlos*, dizendo que *Falstaff* é "sua mais perfeita obra-prima" (p.284).[98]

O nono número de *Ariel*, do mês de junho, apresenta algumas mudanças gráficas, demonstrando maior cuidado com seu aspecto visual. A partir desse número, Mário de Andrade havia assumido a direção da revista, o que é discretamente noticiado por uma pequena nota no fim da publicação (p.341).[99] É ele o autor do artigo que abre a publicação, utilizando o pseudônimo "Florestan",[100] "A situação musical no Brasil" (p.315-8). O autor mostra-se otimista com o panorama da vida musical do país, mesmo reconhecendo a superioridade de sua correspondente norte-americana, mas vê outra diferença:

> Mesmo os Estados Unidos podem, sob esse aspecto, considerar-se como inferiores a nós, pois um Mac Dowell que lá surgiu não se pode comparar ao nosso Carlos Gomes, nem na importância histórica nem no valor estritamente musical de criação.[101]

Nesse momento, realiza uma curiosa reflexão sobre a musicalidade do brasileiro, prenunciando futuro conceito de Renato Almeida, em sua *História da música brasileira*.

> Essa intensa musicalidade, que agora cada vez mais se manifesta aqui, não é produto de nenhuma corrente de moda, que pouco perdure. É um caráter nativo que começou a se desenvolver e salientar, desde que encontrou as cir-

---

98 Sob o título, o artigo traz a observação de que são "notas rápidas para uma história da música". O número seguinte da revista anuncia que o autor está preparando uma obra do gênero. A partir da coincidência de nomes e conceitos, pode-se perceber que se tornou referência para o texto do *Compêndio de história da música*, embora o autor ali não o reproduza, talvez pela finalidade pedagógica da obra, buscando novo enfoque. Cf. Andrade, M. de, *Compêndio de história da música*, 1929, p.137 et seq.
99 Até o número anterior, o nome do diretor encontrava-se logo abaixo do nome da revista, o que deixará de acontecer a partir de agora. Em seu lugar, passa a figurar: "Editores responsáveis: Campassi & Camin".
100 Mário de Andrade reconhece, em carta a Renato Almeida de 1º de setembro de 1924, ser ele mesmo o autor do artigo. Nogueira, M. G. P., op. cit., p.76.
101 Andrade, M. de (pseudônimo: Florestan), A situação musical no Brasil. *Ariel:* Revista de Cultura Musical, n.9, p.316, jun. 1924.

cunstâncias necessárias para o seu desenvolvimento. Nós temos de ser um dos povos musicais do universo. Tudo nos destina a isso.[102]

Adiante, referindo-se aos principais compositores, qualifica o Pe. José Maurício como "esse Mozart americano" e volta a citar o "simbólico autor do Guarany", entre outros nomes (p.318). Anuncia ainda a "próxima publicação" do livro *Historia da musica brasileira*, de Almeida, realizando curioso comentário sobre si mesmo: "O Sr. Mário de Andrade sabemos que há dois anos prepara uma Historia da Musica, sobre a qual a literatura brasileira é tão pobre". Por fim, elogia até o crítico Oscar Guanabarino (p.318).

Mário de Andrade, novamente sob o pseudônimo Florestan, volta a falar de ópera no décimo primeiro número de *Ariel*, do mês de agosto. Abrindo a revista, em seu artigo "Companhias nacionais", lamenta a ausência de tais organizações destinadas a óperas nacionais e advoga a necessidade de criá-las (p.383-6). Uma vez mais, sua atitude não é a de quem desvaloriza esse gênero de atividade artística. Recorda-se da estreia de sua preferida ópera de Wagner, em São Paulo, deixando entender que ali estivera presente:[103] "Quando eu me lembro que Tita Ruffo se sujeitara a cantar a parte de Kurwenaldo quando aqui tivemos o Tristão e Isolda pela primeira vez!" (p.384).

Realiza rápida análise do contexto brasileiro e detecta três causas que estariam impedindo a existência de companhias nacionais: a vaidade excessiva dos músicos e cantores, a ausência de coros e o preconceito do público brasileiro, que "só quer gente que de longe vem" (p.386). Ao final, quase trai a si mesmo, ao falar dos pianistas brasileiros, porém reage em tempo: "não quero entrar pelo domínio crítico do meu amigo Mário de Andrade" (p.386).

Nota-se o esforço do autor para simular outra pessoa nos artigos assinados por Florestan. Esse personagem é mais cordato, otimista e habilidoso no trato com as pessoas; em seu artigo anterior, do nono número, chega a elogiar o crítico Guanabarino, cuidando-se para evitar as idiossincrasias características da linguagem de Mário de Andrade.

Mais adiante, há uma entrevista de Mignone (p.395-397), falando da eminente estreia em São Paulo de sua ópera *O contratador de diamantes*.

---

102 Ibid., p.316-7.
103 A ópera foi executada em São Paulo pela primeira vez em 1911, já no Teatro Municipal. Foi cantada em italiano, e Titta Ruffo fez o personagem Kurvenal. Cerquera, op. cit., p.320.

Cita-se então a opinião de Renato Almeida, um "dos críticos musicais mais esclarecidos do Rio de Janeiro", elogiando a "Congada", ao que se sabe, o único trecho da ópera com características nacionais (p.396).[104]

Manuel Bandeira, em "Carta do Rio", comenta a execução de mais uma ópera brasileira, Os Saldunes, de Leopoldo Miguez, naquela cidade (p.398-400), cuja crítica é reproduzida em outro ponto da revista (p.407-8). Por fim, encontra-se a reprodução de um artigo, da Gazeta de Notícias, do Rio de Janeiro, descrevendo a ópera de Mignone O contratador de diamantes (p.413-4).

Percebe-se, pelo conteúdo restante da revista, o quanto era oportuno o artigo de abertura, escrito por Mário de Andrade, sobre a necessidade de haver companhias de óperas nacionais.[105]

Entretanto, tal como as demais publicações do gênero, a revista teve vida efêmera; o último número de Ariel, o décimo terceiro, foi publicado em outubro de 1924. Seu destaque é um artigo assinado por A. G. do Amaral,[106] "Música nacional" (p.469-72). O autor discute a questão da criação de música nacional e contesta que se possa lográ-la por meio do uso de elementos "exteriores", como temas e ritmos brasileiros. Da utilização de tais elementos, "Carlos Gomes no Escravo é um exemplo frisante embora não único" (p.470).

Afirma que essa meta somente poderá ser alcançada quando "o sentimento" for "nacional" (p.470-1). Às músicas que não alcançaram esse "nacionalismo intrínseco" dá o nome de "nacionalizantes" (p.470). Mignone, em sua recente ópera, por exemplo, não conseguiu ser nacional, mas apenas nacionalizante, pois sua "intuição criadora" não é nacional (p.471). Somente dois compositores haviam sido "felizes nas suas obras nacionalistas": Levy e Nepomuceno, além de Villa-Lobos (p.472).

---

104 Em carta para Mário de Andrade, de setembro de 1924, Renato Almeida confessa que o único trecho da ópera de que gostou foi a "Congada", "encravado naquela coisa detestável, nesse filhote de Puccini!". Mário de Andrade, em 19 de outubro, responde que preferiu tratar da ópera em Ariel, antes que fosse tocada, para não ter que fazer crítica. Porém, aconselha-o que "não se deve atacar muito um elemento que pode vir a ser muito boa coisa". Nogueira, M. G. P., op. cit., p.86-7, 92.

105 As duas óperas noticiadas eram cantadas em italiano e foram montadas por companhias estrangeiras.

106 O conteúdo do artigo sugere que esse poderia ser mais um pseudônimo de Mário de Andrade. Não foi encontrado, porém, nada que o pudesse comprovar. O assunto é abordado com profundidade pouco comum aos demais colaboradores da revista e tem estreita ligação com trechos do Ensaio. Cf. Andrade, M. de, Ensaio sobre a música brasileira, p.43n.

De maneira assim tão discreta quanto foi anunciado que Mário de Andrade assumira a direção de *Ariel*, em seu nono número, é noticiada sua saída do mesmo posto, no fim do último número da revista (p.510).

O posicionamento da revista *Ariel*, surgida cerca de um ano e meio após a Semana de Arte Moderna, já não reflete as mesmas preocupações anteriores. Não se prioriza mais o combate ao passado; a principal diretiva, evidenciada de forma inequívoca pelo conteúdo da revista, é caminhar em busca da almejada música brasileira de características nacionais. Esse movimento não se restringe aos problemas intrínsecos do fenômeno musical, mas estende-se a diversos setores da vida musical brasileira. Algumas instituições e atividades musicais são discutidas, evidenciando a preocupação de construir, e não apenas questionar o que já existia.

É estranho que, na primeira publicação sobre música dirigida por modernistas, não haja sequer um único artigo específico sobre Carlos Gomes, a pouco tempo do vórtice do movimento em que estivera em evidência. Teria isso o significado de que a classe musical, a quem se dirigia a revista, simplesmente ignorara os acontecimentos? Mais aparenta que as prioridades do movimento haviam mudado e não convinha reabrir antigas feridas.

As poucas menções ao compositor, também ausentes dos numerosos artigos sobre ópera trazidos na revista, não lhe são opositivas – e, na mais extensa delas, ele é enaltecido e convocado a representar o próprio país –, na comparação com os norte-americanos realizada por Mário de Andrade (p.316). No episódio, o autor dá importância especial a Carlos Gomes, tanto ao seu significado histórico como ao "valor estritamente musical de criação" que suas obras representam. Nem o próprio Mário de Andrade guiou-se por essas palavras todo o tempo; sua avaliação do compositor apresentará diversos matizes, sem nunca esconder, porém, sua admiração por Carlos Gomes.

O nacionalismo entra em cena

Diversos estudiosos consideram que, em 1924, houve a primeira importante mudança de rumos do movimento modernista.[107] No período ante-

---

107 Cf. Amaral, A., op. cit., p.219; Moraes, E. J. de, op. cit., p.49.

rior, havia sido priorizada a renovação estética, o que provocou inevitável confronto com as tendências precedentes, desencadeando a luta aberta contra o passadismo e seus personagens simbólicos. No segundo momento, tornava-se prioritário buscar o caráter nacional das expressões artísticas, começando pela literatura, e elaborar "um projeto de cultura nacional em sentido amplo".[108]

A mudança de rumos não ocorreu espontaneamente; na opinião de Amaral, foi provocada, principalmente, pelas consequências políticas da Revolução de 1924, em São Paulo, e a influência dos movimentos europeus.[109] O estudo dessas causas vai muito além dos propósitos deste livro, porém os indícios de que mudanças estavam sendo processadas estão presentes em vários textos estudados, principalmente aqueles da revista *Ariel* que prioriza a discussão sobre a criação da música de caráter nacional.

A crescente predisposição ao nativismo como ao nacionalismo desde as comemorações do Centenário da Independência em 1922, e uma exaltação do Brasil, andava no ar, em virtude do acelerado ritmo de progresso em que vivia o país desde a I Grande Guerra.[110]

Entretanto, mais um acontecimento que deixou marcas profundas nos modernistas contribuiu também para a mudança de rumos operada: a chamada "Viagem da Redescoberta do Brasil". Acompanhando Blaise Cendrars, "o maior poeta moderno francês vivo",[111] alguns modernistas e seus amigos empreenderam a célebre viagem em duas etapas. No Carnaval de 1924, dirigiram-se ao Rio de Janeiro e, pouco depois, na Semana Santa, visitaram diversas povoações e cidades históricas de Minas Gerais, incluindo sua capital.

Mário de Andrade já havia estado em Minas Gerais em 1919, voltando de lá absolutamente convencido da genialidade do Aleijadinho.[112] Onde já

---

108 Moraes, E. J. de, op. cit., p.73.
109 Cf. Amaral, A., op. cit., p.219-20. Oswald de Andrade e Tarsila do Amaral passaram quase todo o ano de 1923 em Paris. Ali já estavam Sérgio Milliet e Brecheret. Outros artistas, vinculados ao grupo modernista, ali estiveram, ao menos uma temporada, no mesmo ano, entre eles: Anita Malfatti, Di Cavalcanti e Villa-Lobos.
110 Amaral, A., *Blaise Cendrars no Brasil e os modernistas*, p.46.
111 Sevcenko, op. cit., p.288.
112 Andrade, M. de, *A arte religiosa no Brasil*, p.83-5.

estivera, atuou como cicerone do grupo, e o impacto da viagem serviu-lhe de inspiração para criar o extenso poema "Noturno de Belo Horizonte", publicado no *Clã do jabuti*, livro de poemas no qual "assume ainda mais ostensivamente uma tônica de compor símbolos e representações nacionais".[113] As impressões da viagem, porém, calaram fundo em Tarsila do Amaral. A pintora reformulou seu trabalho desde então, adotando em suas telas a temática nacional e as cores "que adorava em criança", cores que voltou a encontrar em Minas Gerais.[114] A viagem deixou ainda suas marcas na poesia de Oswald de Andrade, presentes, sobretudo, em seu livro de poemas *Pau-Brasil*, de 1925.[115]

O marco inicial dos novos tempos, assim considerado por estudiosos do modernismo,[116] foi o "Manifesto Pau-Brasil", de Oswald de Andrade, publicado no *Correio da Manhã*, do Rio de Janeiro, no dia 18 de março de 1924, entre as duas etapas da viagem. No Manifesto, há mudanças nos propósitos do autor. Ali está o humor, a sátira, o caráter combativo que lhe são característicos, mas os alvos são outros. Não mais atinge o passado de forma indiscriminada, porém apenas seu lado erudito, doutor, bacharelesco.

Quanto aos músicos, o autor cita poucos nomes, entre eles três compositores: Wagner, Stravinski e Debussy, deixando de lado qualquer alusão a Carlos Gomes. Seu personagem indígena, Pery, é ignorado e até mesmo o indianismo romântico é poupado.

Entre as poucas referências musicais, Wagner simboliza a cultura europeia, o espetáculo de ópera que sucumbe frente ao carnaval, certamente, uma impressão da viagem: "O Carnaval no Rio é o acontecimento religioso da raça. Pau-Brasil. Wagner submerge ante os cordões de Botafogo. Bárbaro e nosso".[117]

O "Manifesto Pau-Brasil" gerou algumas críticas e divergências, por parte de outros modernistas que não concordaram com as propostas de

---

113 Sevcenko, op. cit., p.297.
114 Amaral, A., op. cit., p.61.
115 O livro contém, pelo menos, dois grupos de poemas relacionados à viagem. Um deles, com apenas dois poemas, é intitulado "Carnaval". O outro, com quase trinta poemas, chama-se "Roteiro das Minas". Andrade, O. de, *Poesias reunidas*, p.49-51, 69-79.
116 Cf. Amaral, A., *Artes plásticas na Semana de 22*, p.219.
117 Andrade, O. de, *Do pau-brasil à antropofagia e às utopias:* manifestos, teses de concursos e ensaios, p.5.

Oswald de Andrade. A partir de então, Mário de Andrade e seu autor começam a afastar-se pouco a pouco, abrindo caminhos próprios que serão trilhados cada vez mais separadamente[118] até o completo rompimento. Outra reação veio do grupo que se denominou "verdamarelo", liderado por Del Picchia e Plínio Salgado, que culminará, após o "Manifesto Antropófago", em 1928, na cisão definitiva do movimento. Os motivos de tantas divergências serão comentados superficialmente, pois estão além dos limites deste livro.

Oswald de Andrade voltaria a citar Carlos Gomes, brevemente, no fim de 1926, ao redigir texto que destinaria a ser o prefácio de seu livro *Serafim Ponte Grande*, o que não se concretizou quando a obra foi publicada, em 1933, sendo preterido pelo brilhante prefácio autobiográfico que acompanha o livro. "O que é que faz a obra de arte diferente de uma ópera de Carlos Gomes? Não há regras. É sempre diferente".[119] Pode-se constatar que sua opinião sobre o compositor e suas óperas não havia mudado.

Em 1926, surge a primeira edição de *Historia da musica brasileira*, de Almeida, marco de nossa historiografia musical por ser a primeira obra do gênero que afirma de forma inequívoca a possibilidade da criação de música culta, de caráter brasileiro, a partir das manifestações populares, tema que seus antecessores somente vislumbraram.[120] No "Prefácio" de sua segunda edição, de 1942, o autor assim comentou a edição anterior: "Em 1926, resumi as impressões e os dados históricos que me permitiam concluir pela afirmação da existência de uma música brasileira, haurida nas fontes populares e que se vinha formando lentamente através do tempo".[121]

É inegável a dívida do autor para com seu conterrâneo Guilherme Theodoro Pereira de Mello, que, em 1908, publicara seu livro pioneiro *A musica no Brasil*, expressando preocupação semelhante, embora sem demonstrar a mesma convicção e objetividade. Renato Almeida não omite as referências ao seu predecessor, ao longo do texto de *Historia da musica brasileira*, porém a obra é dedicada a Graça Aranha, cujo pensamento aflora em diversos trechos do livro. A obra mais alardeada desse autor na época da Semana de

---

118 Cf. Moraes, E. J. de, op. cit., p.90-4.
119 Andrade, O. de, *Estética e política*, p.45.
120 Almeida, *Historia da musica brasileira*, 1926.
121 Id., *História da música brasileira*, 1942, p.XI.

Arte Moderna, *A estetica da vida*,[122] é citada em alguns momentos. Na "Introdução", Renato Almeida já expõe sua tese, reafirmando-a em diferentes pontos do livro, como um *leitmotiv* que perpassa a obra.

> Não podíamos deixar de ser musicais. Só as naturezas frias são mudas e a nossa sinfoniza a própria luz. Pouco importam as formas do canto popular, as modificações autóctones ou importadas; ficou o ritmo brasileiro, com uma cor dourada, cheia de sol, fulgente, maravilhosa. Com ele havemos de criar a nossa música e os que o desprezarem não construirão nada de definitivo, porque fora do meio as obras são precárias.[123]

Se a proposta torna evidentes suas raízes modernistas, a linguagem do autor, no entanto, identifica-o com os literatos do passado, e ele próprio viria a reconhecer mais tarde ter realizado "um livro um pouco impressionista".[124] Utilizando-se da correspondência, Mário de Andrade já havia feito sugestões ao amigo de maneira muito sutil sobre sua "dicção", referindo-se a um texto anterior.[125]

Entretanto, nada é mais evidente que o conteúdo francamente nacionalista do livro, atualizando seu texto com o novo rumo que o modernismo tomava e transformando-o em marco inicial da historiografia musical brasileira de orientação modernista-nacionalista. Se há um trecho do livro no qual o autor consegue ser ainda mais claro, escancarando a tendência de pensamento que o guiava, este trecho é o que fala do "espírito moderno na música":

> Porque havemos nós de imitar e com a agravante de buscar os modelos em outros meios? Temos ao alcance de nossas mãos um prodigioso material, no

---

122 Aranha, *A estetica da vida*. O autor não menciona Carlos Gomes. Cita diversas vezes Wagner, Debussy, que é muito elogiado, assim como a música francesa e alguns compositores mais antigos, como Beethoven e Mozart.
123 Almeida, *Historia da musica brasileira*, 1926, p.15.
124 Mariz, *Três musicólogos brasileiros*: Mário de Andrade, Renato Almeida, Luiz Heitor Correa de Azevedo, p.96.
125 A autora da edição da correspondência entre eles traduziu assim as observações de Mário de Andrade, dizendo a Renato Almeida que "corria o risco de empolar o estilo com a grandiloqüência e o excesso verbal, tão característicos dos cânones acadêmicos contra os quais se colocava o modernismo". Nogueira, M. G. P., op. cit., p.XIII. A carta em questão foi escrita em 19 de julho de 1923. Ibid., p.26-7.

qual elas modelarão com volúpia a obra criadora e maravilhosa. Não temos que ser modernos à Satie, ou à Schoemberg, mas modernos dentro de nossas forças e da nossa sensibilidade.
Trair o meio seria tão funesto quanto trair o tempo.[126]

Carlos Gomes é personagem do terceiro capítulo, "Romantismo na música brasileira". Tudo o que dele está escrito praticamente reproduz o artigo estudado anteriormente do mesmo autor, publicado na revista *America Brasileira* em 1922, que teve diversos trechos de seu texto já citados neste trabalho.[127]

Almeida compartilha posições anteriores mais agressivas, como aquelas de Oswald de Andrade e Mário de Andrade, nos textos estudados, porém abre nova linha de juízo, que não se ocupa mais em somente depreciar o compositor e sua música. Ali se encontra, de forma explícita, a convicção de que Carlos Gomes não deveria ter saído do país, pois poderia ter sido o fundador da música brasileira, ideia que Mário de Andrade deixara aflorar no *Correio Musical Brasileiro*.

Esse novo conceito difere do pensamento dominante no século XIX, quando se discutia a ida do compositor para a Itália ou a Alemanha, mas não se cogitava sua permanência no Brasil. Tal mudança sugere-nos uma nova digressão, denunciando uma contradição.

Pessoas do século anterior, vivendo em um contexto romântico que se caracterizava pela primazia da idealização, porém conscientes das condições precárias da atividade musical brasileira, não hesitaram em apoiar a ida de Carlos Gomes para a Europa, onde pudesse desenvolver-se, divergindo somente quanto ao país de seu destino. Em vez disso, mais racionais pelo próprio espírito da época, os modernistas condenam-no, idealizando o que teria sido sua permanência no Brasil e ignorando as questões práticas que o levaram a sair do país.

---

126 Almeida, op. cit., p.159-60.
127 O texto sobre o compositor possui cerca de nove páginas, sendo equivalente ao que corresponde ao Pe. José Maurício e a Villa-Lobos, lembrando que este somente começava sua trajetória. Alternando os assuntos, o autor traz um resumo biográfico de Carlos Gomes, comenta suas obras com ênfase no *Guarany* e realiza a apreciação de sua tendência estético-musical. No resumo biográfico, em rodapé, menciona duas possíveis datas de nascimento do compositor, ambas erradas. Almeida, op. cit., p.83.

O livro traz também a primeira evidência de uma nova tendência de pensamento, atrelada ao modernismo nacionalista, que será "oficializada" pela historiografia musical subsequente: o tratamento diferenciado dos compositores do passado, favorecendo aqueles que utilizaram elementos característicos brasileiros em suas músicas, em detrimento dos que não o fizeram, mantendo-se refratários a tais procedimentos.

Almeida inaugura essa tendência, fazendo algumas restrições a Miguez por razões semelhantes às de Carlos Gomes, enquanto é generoso nos elogios a Levy e Nepomuceno. Henrique Oswald é um caso à parte, com quem o autor procura ser mais cuidadoso, demonstrando grande respeito. Essa mesma tendência de apreciação passará a ser adotada por outros autores, inclusive no que concerne a Henrique Oswald.

Igual procedimento, relativo ao passado, será aplicado como critério de avaliação da qualidade das obras contemporâneas, norteando a conduta dos autores que professarem o mesmo ideal. A partir de então, o comprometimento dos artistas criadores com o nacionalismo, evidenciado a partir da presença de elementos nativos característicos em suas composições, passaria a ser um fator que os favoreceria, quando avaliados por amplos setores da crítica e da historiografia musical brasileiras.

As normas para a utilização dos elementos nativos de origem popular, bem como sua aplicação, estavam por vir no *Ensaio sobre a música brasileira*, de Mário de Andrade. Doravante, "[...] o que conta para o bom mérito de uma obra é seu teor de brasilidade [...] A brasilidade é o critério da boa arte".[128]

Naturalmente, ninguém é mais enaltecido que Villa-Lobos. O texto que lhe é dedicado integra o Capítulo V, "O espírito moderno na música", e nele só há espaço para elogios. Mesmo tendo sido escrito em um momento em que o compositor iniciava seu comprometimento com a música de caráter brasileiro, o autor afirma, para concluir, que sua música é "uma interpretação do fenômeno brasileiro, nas suas vozes de exaltação e melancolia, de pavor e de doçura".[129] No fim do capítulo, o autor reitera seu *leitmotiv* e aconselha seus leitores, dirigindo-se, sobretudo, aos compositores:

---

128 Moraes, E. J. de, op. cit., p.104. Obs.: O autor refere-se à literatura, mas o conceito foi aplicado em todos os setores das atividades artístico-culturais.
129 Almeida, op. cit., p.174.

O desenvolvimento e o crescimento da nossa música, através de todas as incertezas, nos convencem de que temos uma alta sensibilidade musical e de que havemos de criar uma música brasileira, livre e maravilhosa, filha do nosso ambiente e reflexo da variável e múltipla psique brasileira. Necessário, porém, é nos livrarmos das escolas e dos preconceitos estrangeiros, das cópias e das imitações, sentirmos por nós mesmos, com toda a força e barbaria de um temperamento jovem, neste mundo jovem que habitamos.[130]

Não se pode esquecer que a precedência cronológica do livro *Historia da musica brasileira*, como divulgador das novas tendências de pensamento, tem certa relatividade, pois os textos que se referem a Pe. José Maurício, Carlos Gomes, Miguez e Levy já haviam sido publicados, quase na íntegra, em 1922, no artigo "A musica no Brasil, no seculo XIX", do periódico *America Brasileira*. Entretanto, não se pode comparar o alcance e a repercussão dessa publicação, preservada em poucas bibliotecas, com o livro em questão, mesmo que este não houvesse tido boa acolhida.

Pois foi o que ocorreu principalmente entre os modernistas. Prudente de Morais, neto, por mais que Mário de Andrade, que o chamava carinhosamente de "Prudentico", houvesse tentado dissuadi-lo, escreveu crítica desfavorável ao livro de Almeida na *Revista do Brasil*, pela qual recebeu reprimenda de Mário de Andrade.[131] O próprio Mário de Andrade não escreveu crítica, o que costumava não ser bom sinal, porém fez comentários a respeito na conferência sobre Ernesto Nazareth,[132] os quais saíram publicados e desagradaram muito a Almeida, provocando a pior crise da relação entre eles e tensa troca de cartas.[133]

---

130 Ibid., p.178.
131 Em carta a Renato Almeida, Mário de Andrade afirma que tentou evitar a publicação da crítica, mas esta se concretizou. Nogueira, M. G. P., op. cit., p.164. A crítica foi publicada em: *Revista do Brasil* (segunda fase), n.1, p.29, 15 set. 1926. Em outra carta, a Prudente de Morais, Mário de Andrade demonstra sua contrariedade: "Eu mesmo por exemplo já falei da literatice do estilo do Renato pra ele sem que ele conservasse o mínimo ressentimento. O artigo é inteiro agressivo e você não ressalta que o livro tem qualidades também e é indiscutível que tem". Koifman (Org.), *Cartas de Mário de Andrade a Prudente de Moraes, neto*, p.201.
132 A conferência foi realizada em São Paulo, na Sociedade de Cultura Artística, em 1926. Seu texto está publicado em *Música, doce música*, sob o título de "Ernesto Nazaré". A conferência faz ligeira citação do nome de Carlos Gomes. Andrade, *Música, doce música*, p.121-30.
133 Cf. Nogueira, M. G. P., op. cit., p.160-72.

A musicologia brasileira inda cochila numa caducidade de críticas puramente literárias. [...] Embora haja utilidade histórica ou estética nas obras dum Rodrigues Barbosa ou Renato Almeida, se deverá reconhecer com franqueza que essa utilidade é mínima, porque destituída de caráter prático.[134]

Por meio do texto da conferência, pode-se perceber o que Mário de Andrade queria dizer com "caráter prático". Almeida deveria ter reservado, ao menos, parcela de seu livro para o estudo das muitas manifestações musicais populares brasileiras que permaneciam ignoradas, sem que lhes houvesse, ainda, sido dedicado nenhum trabalho mais sério. Por carta, estimulou o amigo, embora não sendo músico, a fazê-lo, "que seja literariamente mas especializadamente", e, ao mesmo tempo, justificou seus comentários na conferência.[135]

A suposição é que esse episódio tenha despertado o interesse de Almeida pelo folclore, o que se manifestou mais tarde, vindo a tornar-se respeitável estudioso da matéria sobre a qual foi responsável por diversas publicações. De outro lado, certamente foi o ponto de partida para a grande reformulação que seu livro veio a sofrer na segunda edição, incluindo numerosos exemplos musicais de manifestações folclóricas brasileiras.

Há somente uma aparente contradição que merece ser mencionada. Se acompanharmos o comportamento de Mário de Andrade em relação a Carlos Gomes, pode-se perceber alguma distensão de seu antagonismo inicial, a partir de *Ariel*. Essa distensão será concretizada em seus trabalhos futuros. O livro de Almeida, em 1926, viria quebrar a evolução linear dessa tendência, voltando ao antagonismo de 1922. A contradição explica-se pelo reaproveitamento dos textos daquele ano, de *America Brasileira*, que vieram a integrar partes do livro.

A segunda edição da obra, publicada em 1942, muito ampliada e modificada, fez que a primeira edição caísse no esquecimento. A importância da segunda edição é inegável na historiografia musical brasileira, porém o momento histórico da primeira edição foi mais decisivo para a nossa cultura, assim como foi maior sua influência.

---

134 Andrade, M. de, op. cit., p.129.
135 Nogueira, M. G. P., op. cit., p.163-72. A bem da verdade, *A musica no Brasil*, de Guilherme Theodoro Pereira de Mello, possui numerosas citações de temas populares, representados em grafia musical.

Mesmo havendo feito restrições ao livro de Almeida, ele serviu de estímulo para Mário de Andrade, como veremos, em seu projeto de escrever um livro de história da música destinado ao ensino, que resultará no *Compendio de historia da musica*.

Se fosse possível representar o livro estudado por meio de um único símbolo, seria escolhida a imagem, mais ou menos abstrata, de uma pergunta, cuja resposta virá de outro autor, Mário de Andrade, no *Ensaio sobre a música brasileira*. As hipóteses que levaram o autor baiano a crer firmemente na possibilidade de existir música culta a partir da música brasileira de origem popular transformar-se-ão em teses defendidas por Mário de Andrade, propondo soluções práticas que concretizarão as aspirações de Almeida.

Foi visto, anteriormente, que, após 1924, o movimento modernista priorizara a elaboração de um projeto de cultura nacional. Entretanto, o grupo principiou a apresentar mais e mais divisões internas, sobretudo em relação à maneira de conduzir o referido projeto. Nesse processo, acentuaram-se as diferenças entre tendências políticas dos membros do grupo – alguns modernistas passaram a exercer maior militância política –, que mantiveram polêmicas entre si por meio da imprensa, delineando-se a divisão entre o grupo verdamarelo, de tendência conservadora que desaguará no Integralismo,[136] e o grupo de Oswald de Andrade, tendendo à esquerda. Enquanto isso, Mário de Andrade seguia seu próprio caminho, filiando-se em 1927 ao novo partido político surgido em São Paulo, o Partido Democrático, de oposição ao governo do estado. Rubens Borba de Moraes comentou esta fase:

> Embrenhamo-nos pela ação política com a intenção de derrubar a oligarquia P.R.P., instituir o voto secreto, a verdadeira e legítima expressão da vontade popular. Queríamos modernizar a política brasileira. [...] Fomos dos doze primeiros jovens a fundar uma sociedade para esse fim, que se transformou, logo depois, em partido político: o Partido Democrático.[137]

No ano de 1928, as diferentes tendências já estavam definidas quando Oswald de Andrade lançou o "Manifesto Antropófago", no mês de maio,

---
136 Brito, M. da S., op. cit., p.75.
137 Moraes, R. B. de, Recordações de um sobrevivente da Semana de Arte Moderna. In: Amaral, op. cit., p.303.

no primeiro número da *Revista de Antropofagia*. Essa publicação, em sua primeira fase, ainda seria ecumênica, trazendo numerosas colaborações de Mário de Andrade e demais membros do grupo verdamarelo, enquanto Oswald de Andrade permanecia uma temporada na Europa. *Macunaíma*, obra de Mário de Andrade publicada em 1928, foi muito bem recebida pela *Revista de Antropofagia*, que a considerava uma obra antropofágica.[138]

Desde a guinada decisiva do movimento modernista em direção ao nacionalismo, algumas mudanças foram processadas. Uma delas tem maior interesse para este estudo: é a revalorização de determinada parcela do romantismo, especificamente o indianismo. O indígena voltou a ser figura central nas duas correntes modernistas, a verdamarela e a antropofágica, mas de forma radicalmente diferente entre elas.

Na concepção do grupo verdamarelo, o indígena seria símbolo nacional porque se integrou com o branco, de maneira pacífica, trazendo os bons sentimentos e a ausência de preconceitos como contribuição à alma brasileira. No pensamento da outra corrente, ao contrário, a integração foi feita de maneira violenta por meio da deglutição do branco pelo índio, por meio da antropofagia.[139] "O índio devora o colonizador e, atribuindo-lhe novo valor, utiliza-se dos elementos aproveitáveis da figura do devorado".[140]

A posição verdamarela não estaria muito distante do indianismo romântico, e os críticos denominaram-na "neoindianismo".[141] Um de seus líderes, Salgado, na mesma revista que traz o "Manifesto Antropófago", deixa entrever o parentesco entre os movimentos.

> A última tentativa para reduzir o índio à forma européia, é, talvez, o do nosso chamado indianismo, expressão do romantismo em nossa literatura. [...] E como esse movimento de Gonçalves Dias e José de Alencar representa o primeiro passo para uma compreensão melhor do indígena, é justo perdoarmos a

---

138 O n.2 da *Revista de Antropofagia* publicou a "Entrada" de *Macunaíma*. Sobre sua receptividade pelo grupo antropofágico, cf. Moraes, E. J. de, *A brasilidade modernista:* sua dimensão filosófica, p.151. Mário de Andrade, por sua vez, reconheceu haver recebido, "subconscientemente", alguma influência de Oswald de Andrade ao escrever a "Carta prás Icamiabas", de *Macunaíma*, em correspondência para Bandeira. Moraes, M. A. de, (Org.), *Correspondência Mário de Andrade & Manuel Bandeira*, p.360.
139 Moraes, E. J. de, *A brasilidade modernista:* sua dimensão filosófica , p.131-4.
140 Ibid., p.160.
141 Campos, Uma poética da radicalidade. In: Andrade, O. de, *Poesias reunidas*, p.LI.

esses escritores os prejuízos inerentes ao seu tempo. E é preciso também registrar que, no meio de muita fantasia, há expressões fiéis da psicologia selvagem em muitos trechos da poesia e do romance românticos.[142]

Haroldo de Campos, por sua vez, reconhece que também o indígena dos antropófagos teria origem francesa, fato que Oswald de Andrade nunca negou.

O "índio" oswaldiano não era o "bom selvagem" de Rousseau, acalentado pelo romantismo e, entre nós, "ninado pela suave contrafação de Alencar e Gonçalves Dias". Tratava-se de um *indianismo às avessas*, inspirado no selvagem brasileiro de Montaigne (*Des Cannibales*), de um "mau selvagem", portanto, a exercer sua crítica (devoração) desabusada contra as imposturas do civilizado.[143]

O "Manifesto Antropófago" evidencia o pensamento de seu autor; enaltece o indígena que habitava o Brasil, antes da chegada do Europeu, e desanca a colonização portuguesa e suas consequências. Não tem qualquer tolerância com o indianismo romântico e seus personagens.

Nunca fomos catequizados. Fizemos foi Carnaval. O índio vestido de senador do Império. Fingindo de Pitt. Ou figurando nas óperas de Alencar cheio de bons sentimentos portugueses.
[...]
Contra o índio de tocheiro. O índio filho de Maria, afilhado de Catarina de Médicis e genro de Antônio Mariz.[144]

O indígena personagem de ópera, um dos heróis deste livro, continuava a ser alvo do grupo antropófago, tal como antes. Quem havia mudado de lado, contraditoriamente, era seu antigo algoz, Del Picchia, agora um dos líderes do grupo verdamarelo.

Ao retornar da Europa, Oswald de Andrade radicalizou a segunda fase da revista, deixando de contar com a colaboração de Mário de Andrade e os

---
142 Salgado, A língua tupy. *Revista de Antropofagia*, n.1, p.5, maio 1928. Edição fac-similar.
143 Campos, Uma poética da radicalidade. In: Andrade, O. de, op. cit., p.LI.
144 Andrade, O. de, Manifesto Antropófago. *Revista de Antropofagia*, n.1, p.3, 7, maio 1928. Edição fac-similar.

demais modernistas não oswaldianos. A irreverência sem tréguas, dirigida principalmente contra os integrantes do grupo verdamarelo, tornou-se a nova tônica da revista. No ano seguinte, 1929, Oswald de Andrade conseguiu indispor-se definitivamente com Mário de Andrade e Paulo Prado, o que, para diversos autores, marca o fim do movimento modernista.[145]

Na segunda fase (segunda dentição) da *Revista de Antropofagia*, em texto que o movimento reafirma seus princípios e agride o grupo adversário, encontram-se mais algumas referências ao indígena de ópera, com a costumeira irreverência.

> Os verdamarelos daqui querem o gibão e a escravatura moral, a colonização do europeu arrogante e idiota e, no meio disso tudo, o guarani de Alencar dançando valsa. Uma adesão como essa não nos serve de nada, pois o antropófago não é índio de rótulo de garrafa. Evitemos essa confusão de uma vez para sempre! Queremos o antropófago de Knicker-brockers e não o índio de ópera.[146]

Essa nova fase da revista torna-se implacável, não poupando ninguém. Até Mário de Andrade transforma-se em alvo da irreverência dos seguidores da antropofagia. O centenário de Alencar também se torna motivo de mais chacotas. No último número da revista, Alencar e seu personagem são homenageados novamente.

> O índio que queremos não é o índio de lata de goiaba, inspirando poemas lusos do sr. Gonçalves Dias e romances franceses ao sr. José de Alencar. Esse índio decorativo e romântico nós damos de presente à Academia de Letras.[147]

Durante o restante de sua vida, Oswald de Andrade ainda produziu muitas obras, mas pouco falou de música. Menos ainda de Carlos Gomes. Em suas numerosas entrevistas, nas quais com frequência era inquirido sobre a Semana de Arte Moderna, não voltou a mencionar o compositor.

---

145 Boaventura, *O salão e a selva:* uma biografia ilustrada de Oswald de Andrade, p.134-43.
146 Revista de Antropofagia, 2. dentição, n.10. In: *Diário de S. Paulo*, p. 10, 16 jun. 1929. Edição fac-similar.
147 Revista de Antropofagia, 2. dentição, n.15, In: *Diário de S. Paulo*, p.10, 1º ago. 1929. Edição fac-similar.

Alguns nomes são citados esporadicamente em suas obras, tais como Debussy, Stravinsky e até mesmo o brasileiro Lorenzo Fernandez, porém sua preferência era dirigida a Villa-Lobos e, sobretudo, Satie, que foi seu compositor preferido e também o mais citado. "Se houve ultimamente um gênio em França, esse se chamou Erik Satie."[148] Pode-se acrescentar a observação pessoal que Satie, entre todos os compositores, talvez tenha sido aquele cuja conduta musical guardou mais semelhança com o espírito irreverente de Oswald de Andrade.

Nas últimas entrevistas, o autor reviu sua opinião sobre diversas pessoas com as quais tivera entreveros e polêmicas, porém não se recordou de Carlos Gomes. Uma exceção é a conferência sobre a qual já falamos, "Informe sobre o modernismo", realizada em 15 de outubro de 1945, na qual volta a falar do compositor:

> E manifestamos no Teatro Municipal, ao lado de músicos e artistas. Somos vaiados num dilúvio. Resistimos. O "terror" modernista começa. É preciso chamar Antônio Ferro de gênio e Carlos Gomes de burro. Chamamos.[149]

As palavras de Oswald soam como que uma justificativa, pois dão a entender que foram as circunstâncias que lhes impuseram a atitude mais radical. Está implícito que nem Antônio Ferro seria um gênio, nem Carlos Gomes um burro, mas "foi preciso" fazê-lo.

No fim da última série de artigos que escreveu, "A marcha das utopias", encontra-se uma derradeira lembrança do indianismo romântico. Falando de Rousseau, assim se expressa:

> Pelo menos, o seu índio, o índio bom, é perfeitamente utópico. No *Manifesto de Antropofagia* publicado em São Paulo no ano ainda modernista de 1928, vinha isto: "Contra o índio de tocheiro, o índio batizado e genro de Dom Antônio de Mariz". É que todos os índios, conformados e bonzinhos de cartão postal e de lata de bolacha, tinham saído de Rousseau. O romantismo serviu-se dele à vontade e ele veio espraiar-se aqui, ninado pela suave contrafação de Alencar e Gonçalves Dias.[150]

---

148 Andrade, O. de, *Ponta de lança:* polêmica, p.90.
149 Id., *Estética e política*, p.99.
150 Id., *Do pau-brasil à antropofagia e às utopias:* manifestos, teses de concursos e ensaios, p.226.

A visão de Mário de Andrade

Há um fator que sempre diferenciou Mário de Andrade dos demais modernistas: seu especial interesse pela cultura popular, fator que será decisivo para a criação de algumas obras que serão estudadas. Esse interesse, dirigido inicialmente a manifestações literárias populares, possuía o objetivo de encontrar material que pudesse contribuir para a criação culta ou erudita. Durante a década de 1920, aumentou gradualmente o interesse de Mário de Andrade pelo assunto, ampliando muitíssimo seu conhecimento da cultura popular. Até mesmo antes da Semana de Arte Moderna já escrevera contos que recriavam episódios da vida rural paulista.[151]

Em *Paulicéia desvairada*, de 1922, há "várias inserções de documentos populares" e, nessa época, "já havia um clima de aceitação" entre os modernistas tanto da poesia popular como da música, porém o "interesse pelo Folclore apenas se esboçava".[152]

Anteriormente foi discutida a participação de Mário de Andrade, juntamente com outros modernistas e o poeta francês Cendrars, na "Viagem da Redescoberta do Brasil", em 1924, com destino ao Rio de Janeiro e a Minas Gerais, na qual o contato com a cultura popular deixou marcas profundas na obra de Tarsila do Amaral, inspirou a poesia de Oswald de Andrade e provocou a criação de uma das grandes obras de Mário de Andrade, o célebre "Noturno de Belo Horizonte". Cerca de ano e meio após essa viagem, em outubro de 1925, Mário de Andrade escrevia a Anita Malfatti:

> Eu também estou mudando muito. Estou trabalhando o Brasil como já contei pra você. Estou também num problema formidável de que o "Noturno de Belo Horizonte" que vai aqui é uma das soluções. Dei também pra fazer modas e toadas à feição dos cantadores rústicos copiando deles o que têm de aproveitável: a liberdade de forma, a ingenuidade de expressão, os temas caracteristicamente nacionais, a maneira ingênua e amorosa de expressão e a organização sensual da imagem.[153]

---

151 Esses contos estão incluídos em: Andrade, M. de, *Obra imatura*.
152 Lopez, *Mário de Andrade*: ramais e caminho, p.77. A autora acrescenta, à mesma página, que Mário de Andrade já realizava pesquisa de campo, colhendo dados para sua futura obra *Modinhas imperiais*, em 1922!
153 Batista (Org.), *Mário de Andrade*: cartas à Anita Malffati, p.104.

Segundo Telê Ancona Lopez, "em 1924 e 1926 o escritor usa da criação popular como fonte para sua criação erudita, que procura firmar em posições de nacionalismo estético e mesmo social".[154] Entretanto, ainda não é um pesquisador sistemático do folclore. Tampouco o será durante sua primeira "viagem etnográfica", realizada em maio de 1927, quando percorreu trechos do Pará e Amazonas, chegando até o Peru. Nessa época, seu romance *Macunaíma* ainda estava sendo elaborado, tendo sido enriquecido com elementos da viagem.

A mesma estudiosa considera que o primeiro trabalho de Mário de Andrade como "sistematizador de Folclore" foi "O romance do Veludo", publicado na *Revista de Antropofagia* em agosto de 1928.[155] Pouco depois, entre dezembro de 1928 e março de 1929, Mário de Andrade realiza sua segunda "viagem etnográfica", dessa feita para alguns estados do Nordeste brasileiro. Nessa viagem, o escritor torna-se um verdadeiro pesquisador de campo, indo ao encontro de diversas manifestações populares, das quais participa intensamente. Os resultados dessa pesquisa estão presentes em diversas obras, principalmente no *Ensaio sobre a música brasileira*.

Após esta introdução que objetiva acompanhar alguns aspectos da evolução do pensamento de Mário de Andrade[156] mais condizentes com a pesquisa realizada no específico período estudado, este livro retornará ao seu curso principal.

Quem alertou, inicialmente, sobre o interesse de Mário de Andrade por Carlos Gomes foi Jorge Coli, estudioso de ambos os personagens:

> Carlos Gomes exerce uma poderosa atração sobre Mário de Andrade. É uma espécie de diabo tentador, pois encarna tudo aquilo que é execrável, segundo o autor de *Macunaíma*, e que, no entanto, é tão secretamente sedutor.[157]

A partir da pesquisa, foi constatado que esta atração pode ser observada por meio de inúmeras manifestações ao longo de toda a vida literária de Má-

---

154 Lopez, op. cit., p.78.
155 Ibid., p.81.
156 Um estudo amplo da evolução do pensamento de Mário de Andrade pode ser encontrado na primeira parte, "A construção", de Lopez, op. cit., p.11-118.
157 Coli, J., *Música final: Mário de Andrade e sua coluna jornalística Mundo musical*, p.202.

rio de Andrade. Em seguida, optou-se por classificá-las em diferentes categorias, conforme sua natureza. As manifestações mais evidentes são alguns trabalhos que realizou especificamente sobre o compositor ou sua música. Em segundo lugar, e mais numerosos, são os textos que se ocupam de variados aspectos da música ou da vida musical e que, no entanto, possuem trechos dedicados ao compositor ou a suas obras mais ou menos extensos. Essa é a categoria que inclui ensaios diversos, textos historiográficos e críticas musicais, nos quais o objeto principal não é o compositor ou sua música. A terceira categoria, ainda mais numerosa, porém menos perceptível, engloba as rápidas citações ao compositor ou suas obras, em textos sobre quaisquer assuntos, mesmo que não possuam nenhuma relação com música.

Como a terceira categoria mostra-se mais abstrata quanto à sua descrição e imprevisível quanto à sua ocorrência, é oferecido aqui um exemplo que lhe pertence: nas crônicas sobre literatura *Os filhos da Candinha*, a respeito das quais o próprio Mário adverte, na introdução, que são "as mais levianas que publiquei", há uma delas, de 1932, "Cai, cai, balão!", que não trata da canção folclórica homônima, mas da efetiva queda de um balão. Em determinado ponto do texto, encontra-se: "A rota pode ser muitíssimo bem norteada, se vai de Belém ao cabo Horn, que nem Carlos Gomes vai da 'Noite do Castello' ao 'Escravo'".[158] Tais manifestações são numerosas e estendem-se por toda a trajetória do escritor.

Não se pode deixar de observar também as diferenças na postura de Mário de Andrade, conforme os textos sejam ou não destinados a publicação. Quando não o são, as ocorrências podem tornar-se ainda mais saborosas. Nos textos que serão publicados, o escritor é mais comedido nas expressões emocionais e procura não se contradizer em relação a outras possíveis manifestações públicas. Nos textos privados, tais como cartas, abre seu coração, permitindo transparecer suas emoções. Um exemplo é a carta a Manuel Bandeira, escrita em dezembro de 1923, portanto não tão distante da Semana de Arte Moderna, em que evoca aventuras amorosas da mocidade e revela suas preferências musicais de então.

---

158 Andrade, M. de, *Os filhos da Candinha*, p.124. A crônica foi publicada, no *Diário Nacional*, em 3 de agosto de 1932, e está também publicada em: Andrade, M. de, *Táxi e crônicas no Diário Nacional*, p.559-61.

Como aos 19 anos. Sairei depois muito contente, satisfeito de minha masculinidade. E livre dos desejos, cantando o "Guarani" (como é linda a "Canção do aventureiro"!) de Carlos Gomes – o maior músico de todos os tempos, empurrarei para diante o tílburi, meus queridos tílburis, o tílburi da minha mocidade, a trabalhar!!.[159]

Quanto ao conteúdo das referências, pode-se ainda constatar a existência de alguns temas recorrentes. Foi percebido que três deles são mais frequentes, mudando conforme o momento de sua vida ou surgindo com diferentes matizes: a ida de Carlos Gomes para a Itália, deixando o Brasil, onde poderia ter sido o fundador da música brasileira, a discussão sobre a genialidade do compositor e, finalmente, a sua regressão estética após o insucesso da *Fosca*.

O primeiro é mais frequente no período compreendido neste livro, quando sua importância impõe-se aos demais. A partida do compositor para a Itália já era assunto do primeiro texto de Mário de Andrade por nós estudado, publicado no *Correio Musical Brasileiro* em julho de 1921. Entretanto, muitos anos mais tarde, no fim de sua vida, o tema ainda pode ser encontrado no artigo "O maior músico", de *O mundo musical*, publicado em maio de 1943 sobre o humilde músico chinês Nyi Erh, morto recentemente pelos invasores japoneses.

Nyi Erh, a comparação de mau gosto se impõe, como o nosso Carlos Gomes, um dia fugiu da casa dos pais. Bem mais feliz que o brasileiro porém, não encontrou no seu caminho um mandarim bordado que o enviasse à ópera na Itália.[160]

A questão da genialidade de Carlos Gomes, embora não se conserve homogênea, poderia ser aquela mais constante. O conceito de Mário de Andrade sobre a genialidade ou não do compositor mudou quase tantas vezes quanto o assunto foi reiterado. Após sua primeira viagem a Minas Gerais, em 1919, Mário de Andrade retornou convencido de que o único gênio, entre todos os artistas brasileiros, fora Aleijadinho. Carlos Gomes não con-

---
159 Moraes, M. A. de (Org.), *Correspondência Mário de Andrade & Manuel Bandeira*, p.110.
160 Andrade, M. de, O maior músico. In: Coli, J., op. cit., p.31.

seguiu igualar-se ao artista mineiro, porém, em alguns momentos, alcançou esse patamar glorioso, conforme os tantos matizes do pensamento de Mário de Andrade.

O terceiro tema ganha importância a partir da década de 1930, quando Mário de Andrade aproximou-se da partitura da ópera *Fosca*, estudando-a cuidadosamente, motivado por apresentações locais da mesma ópera e pela aproximação das comemorações do centenário de nascimento de Carlos Gomes, em 1936. Essa aproximação presenteou a historiografia musical brasileira com um de seus mais modelares trabalhos de análise crítica, que será objeto de estudo neste livro em "Carlos Gomes e o modernismo: o legado cultural", e a regressão estética optada pelo compositor após o insucesso da *Fosca* tornou-se, dos três, o tema mais frequente da fase final de sua vida.

Mas *Fosca* foi quase um fracasso e o medo de perder sua popularidade fê-lo escrever "em língua de público" *Salvator Rosa*, voltando atrás e reencontrando o sucesso perdido. O compositor vendera sua alma ao diabo. Apólogo do artista que trai seu ideal da verdadeira Arte pelo sucesso, a história de Carlos Gomes é advertência.[161]

No ano de 1928, Mário de Andrade publicou duas de suas mais importantes obras: *Macunaíma* e o *Ensaio sobre a música brasileira*. *Macunaíma*, a primeira obra daquele ano, publicada em maio,[162] aparentemente quase nada traz sobre Carlos Gomes; todavia, em sua preparação, Mário de Andrade retomou a questão do indianismo, a começar pela reabilitação de Alencar. A dedicatória original da obra era dirigida a Paulo Prado e José de Alencar, "pai-de-vivo que brilha no vasto campo do céu".

Segundo Lopez, "pai-de-vivo" tem "o sentido de estrela que preside a vida de seres da terra". Alencar seria "pai do vivo" Mário de Andrade. Lopez vai além em sua leitura, observando que Alencar estaria, portanto, "consagrado à perenidade, [...] patenteada através do verbo no presente do indicativo, 'que brilha'".[163]

---

161 Coli, J.; Dantas, Sobre *O banquete*. In: Andrade, M. de, *O banquete*, p.29.
162 Andrade, M. de, *Macunaíma*: o herói sem nenhum caráter.
163 Lopez, *Macunaíma*: a margem e o texto, p.75.

Fica estabelecido, mais uma vez, que Mário não compartilhava a mesma posição radical da corrente antropofágica em relação ao indianismo e a Alencar. De longa data, 1921, já era perceptível seu pensamento diferenciado, tomando-se como indicativo o artigo "Curemos Pery", sobre o qual já falamos. No entanto, Mário de Andrade preferiu retirar a dedicatória, possivelmente para não gerar contrariedades dentro do grupo.

Esquiva-se de uma eventual polêmica entre modernistas de mesma água ideológica, em termos possivelmente de primitivismo e nacionalismo, pois, a dedicatória completa marcaria um enfoque de José de Alencar inteiramente oposto ao do Manifesto Antropofágico.[164]

Em 1928, sua relação com Oswald de Andrade e seus correligionários era ainda cordial, a julgar pelas diversas colaborações que deixou no primeiro ano da *Revista de Antropofagia*, que, por sua vez, saudou festivamente a chegada de *Macunaíma*.

Macunaíma tem tanta moleza, tanta sem-vergonhice, tanta basófia bem nossas que dá vontade da gente se estirar nas páginas dele como numa rede, e, balanço vai balanço vem, se abandonar e se esquecer naquela gostosura.[165]

Mesmo após a radicalização do grupo antropofágico, que passou a tratar os demais modernistas com a mais extrema irreverência, entre eles Mário de Andrade, o que ocorreu na "segunda dentição" da *Revista de Antropofagia*, *Macunaíma* continuou sendo preservado.

Mas o movimento modernista não produziu coisa alguma? Produziu. Produziu "MACUNAÍMA", que o sr. Mário de Andrade teve a idéia genial de transpor das lendas amazônicas coligidas por Amorim e outros, copiando-lhes mesmo a adorável linguagem poética, o que torna o seu trabalho verdadeiramente homérico, no bom sentido. "MACUNAÍMA" é o nosso livro cíclico, a

---

164 Ibid., p.76.
165 Machado, Um poeta e um prosador. *Revista de Antropofagia*, n.5, p.4, set. 1928. Edição fac--similar.

nossa **Odysséa**. Mas ele já cede à aproximação da "descida antropofágica". – "MACUNAÍMA" pois, os antropófagos a reivindicam para si.[166]

Mário de Andrade, por sua vez, viu o interesse antropofágico por *Macunaíma* até com algum bom humor, o que se pode perceber em carta a Almeida comentando crítica de Tristão de Ataíde a essa obra: "E agora ainda me vem pela antropofagia o Oswaldo de Andrade convertendo *Macunaíma* à tese antropofágica ou coisa que o valha, dele! ... Êh mundo, mundo".[167] A origem do livro remonta a 1926, ano em que Mário de Andrade, cada vez mais interessado nos estudos etnográficos, conheceu *Vom Roraima zum Orinoco*, livro resultante das pesquisas do etnógrafo Koch-Grünberg que trazia inúmeras lendas ameríndias colhidas alguns anos antes na Venezuela, lendas que o fascinaram, apresentando-lhe Macunaíma.

Nas lendas sobressai o personagem Macunaíma, deus e herói civilizador, contraditório, irreverente, preguiçoso e sensual. Identifica-o então com o comportamento do povo brasileiro e entusiasmado, transfere as peripécias do herói para um romance, culto, mas estruturalmente fiel ao romance popular. Resulta uma rapsódia que acompanha as vicissitudes, não de um herói, mas de um anti-herói, através da narração poética.[168]

Ao contrário de algumas obras de Mário, cujo processo de criação foi longo, e pode ser acompanhado por meio de sua copiosa correspondência, *Macunaíma* veio-lhe em poucos dias. O livro foi escrito em seis dias de intenso trabalho, no fim de 1926, corrigido e aumentado no ano seguinte e finalmente publicado em 1928. Mesmo assim, há diversas referências à obra, em suas cartas, uma das quais comenta sua gênese, em especial.

Pretendia escrever pra *tutti quanti* da fazenda porém afora algumas urgências não escrevi pra ninguém. Nem vadiei tampouco. O caso é que me veio na cacho-

---

[166] Costa (pseudônimo: Tamandaré), Moquém: Hors d'oeuvre. *Revista de Antropofagia*, 2. dentição, n.5. In: *Diário de S. Paulo*, p.6, 14 abr. 1929. Edição fac-similar. É Augusto de Campos quem afirma na introdução da edição fac-similar: "sabe-se seguramente que Tamandaré, que assinava os terríveis *Moquéns*, era Oswaldo Costa".
[167] Nogueira, M. G. P., op. cit., p.229. A carta é de outubro de 1928.
[168] Lopez, *Mário de Andrade:* ramais e caminho, p.79.

la o diacho duma idéia de romance engraçado e já posso apresentar pra você o Sr. Macunaíma, índio legítimo que me filiou aos indianistas da nossa literatura e andou fazendo o diabo por esses Brasis [...] Não tem senão dois capítulos meus no livro, o resto são lendas aproveitadas com deformação ou sem ela. Está me parece que um gosto e já escrito inteirinho o romance, e em segunda redação.[169]

Entretanto, Bandeira, seu principal interlocutor, fez algumas ressalvas a trechos do livro, e os dois amigos mantiveram o assunto durante várias cartas.[170] Por fim, tornou-se o livro "mais importante do nacionalismo modernista brasileiro", e a impressão de obra-prima que gerou entre os modernistas da época mantém-se até hoje.[171]

A estrutura da obra é complexa e multiforme; embora seja uma obra literária, há autores que a veem relacionada a formas musicais;[172] seu próprio autor chamou-a de "rapsódia", termo que, em música, designa obra que não se submete à rigidez formal, permitindo, a seu compositor, ampla liberdade de ação. *Macunaíma* tornou-se objeto de estudo de alguns dos mais importantes literatos brasileiros, que lhe propuseram diferentes interpretações, segundo óticas diversas.[173]

Efetivamente, a composição rapsódica que norteia o texto justapõe à cena nuclear, representada pela perda e busca da muiraquitã, um número infinito de episódios de procedência variada, que ora fornecem novos elementos para a compreensão geral do enredo, ora apenas ornamentam a ação principal, ora lhe disputam a primazia.[174]

Um desses episódios, quase no fim do livro, faz referência a Carlos Gomes, e esse episódio, ao contrário da maior parte da obra, oferece alguns

---

169 Andrade, M. de, *A lição do amigo*: cartas de Mário de Andrade a Carlos Drummond de Andrade, anotadas pelo destinatário, 1982, p.100-1.
170 Moraes, M. A. de (Org.), op. cit., p.356-68.
171 Souza, *O tupi e o alaúde*: uma interpretação de *Macunaíma*, p.9.
172 Gilda de Mello e Souza tem a convicção de que, ao elaborar seu livro, Mário de Andrade "não utilizou processos literários correntes", mas duas formas básicas da música ocidental comuns à música popular e erudita: a *suíte*, que tem seu correspondente popular no bailado do *bumba meu boi*, e a *variação*, presente "no improviso do cantador nordestino". Ibid., p.12.
173 Entre os diversos estudos sobre a obra, destacam-se: Proença, *Roteiro de Macunaíma*; Campos, *Morfologia do Macunaíma*; Lopez, *Macunaíma*: a margem e o texto; Souza, op. cit..
174 Ibid., p.31.

elementos que poderiam sugerir seu significado. No fim de semana, o herói que dá nome ao livro resolve ir até o parque do Anhangabaú, no centro de São Paulo, e ali encontra o monumento a Carlos Gomes, "que fora um músico muito célebre e agora era uma estrelinha do céu". Senta-se no parapeito da fonte, pondo-se a olhar a água que lembra as águas do mar.

Da gruta escura, vê surgir "uma embarcação muito linda" que flutua sobre as águas. É um transatlântico de luxo que faz a rota da Europa, e Macunaíma decide partir, dizendo: "Vou pra Europa que é milhor!". Os passageiros acenam chamando-o, mas, quando ele já está prestes a subir a bordo, o navio parte, deixando-o em terra, enquanto é vaiado por seus tripulantes.[175]

Macunaíma vive esse episódio ao lado do monumento a Carlos Gomes, representando, de imediato, mais uma alusão ao que sucedeu com o compositor, que abandonou sua terra para viver na Europa. Haroldo de Campos, em sua profunda análise da obra, não se ocupou especificamente desse episódio; Cavalcanti Proença menciona-o, remetendo-o à dedicatória primeira que Mário de Andrade preferiu omitir, e, assim, restringe-se somente ao início do episódio.

> Os heróis indígenas viravam estrela e, por isso, Carlos Gomes está hoje brilhando no céu. Na primitiva dedicatória de *Macunaíma* vinha o nome de José de Alencar "que hoje é estrelinha no céu". Carlos Gomes, como todos os heróis, na tradição indígena, depois de morto vira estrela. Mário de Andrade pensava isso mesmo, conforme se vê da carta escrita a Manuel Bandeira: "Então vai ser astro que é o destino fatal dos seres".[176]

Gilda de Mello e Souza, ao contrário, descreve minuciosamente o episódio e comenta-o,[177] recorrendo a uma abordagem psicanalítica que poderia ver a busca da muiraquitã, o motivo central do livro, como algo insincero que "escondia como uma máscara a realidade primeira, *inconfessável* e recalcada": o intuito de ir embora para a Europa. A autora afirma que o papel do episódio é importante, "derivado do lugar que ocupa no fluxo narrativo. Mário de Andrade tem uma sensibilidade estrutural admirá-

---

175 Andrade, M. de, *Macunaíma*: o herói sem nenhum caráter, p.153-5.
176 Proença, op. cit., p.195.
177 Souza, op. cit., p.81-4.

vel e jamais erra na distribuição das seqüências", concluindo assim seus comentários:

> O herói só volta para o Uraricoera porque o navio em que tenta embarcar não o aceita entre os passageiros elegantes, que se dirigem para a Europa. Por conseguinte, o autor sublinha, ainda uma vez através da cena, o aspecto dialógico do entrecho e o nítido comportamento ambivalente do personagem, sempre dilacerado entre as duas fidelidades, ao Brasil e à Europa.[178]

A importância do episódio na estrutura da obra, bem como seu conteúdo, traz à cena não somente a insistência do tema da ida de Carlos Gomes para a Europa, como também o próprio dilema de Mário de Andrade, que se recusou a fazê-lo. Sobre isso, não foi encontrada melhor contribuição que aquela oferecida pelo lúcido estudo de Jorge Coli.

Coerente com seu projeto de uma cultura profundamente brasileira, Mário de Andrade recusou terminantemente viajar para a Europa a fim de preservar, de um certo modo, sua especificidade nacional de perturbações estrangeiras. Considerava também que o papel do gênio é quase nocivo à formação da cultura de um país, pois surge, para ele, como a afirmação de uma individualidade isolada, ao invés de se integrar numa expressão coletiva. Em sua poética, o Tietê, o rio que, distanciando-se do oceano, avança adentro pela terra, é um símbolo, porque carrega o poeta para longe das "tempestades do Atlântico", evocadoras, ao mesmo tempo, da efervescência do espírito criador genial e da travessia para a Europa.[179]

Por sua natureza singular, pode-se dizer, com relativa segurança, que *Macunaíma* proporciona uma infinidade de interpretações possíveis, entretanto esse episódio contém elementos que poderiam identificá-lo com fatos da vida do próprio Mário de Andrade. Não é difícil imaginar que o transatlântico de luxo e as pessoas finíssimas, integrantes do episódio, evocariam a aristocracia paulista dos salões frequentados por Mário de Andrade, repletos de pessoas que regularmente passavam temporadas na Europa,

---

178 Ibid., p.84.
179 Coli, J., *Música final*: Mário de Andrade e sua coluna jornalística *Mundo musical*, p.202.

as quais quem sabe quantas vezes não o desafiaram, ou até o seduziram, a proceder da mesma maneira?

Se o episódio possui referências autobiográficas, torna-se ainda mais evidente a importância do significado que a ida do compositor para a Europa exercia no imaginário de Mário de Andrade, pois, enquanto ocorrem os acontecimentos, Carlos Gomes ali está presente, perenizado, como um monumento, sem deles participar.

No entanto, abandonando o episódio para dar enfoque novamente à obra como um todo, pode-se aventar ainda a existência de mais uma possível analogia, surgida a partir da leitura de outra grande estudiosa de Mário de Andrade e *Macunaíma*.

> Macunaíma não fica fiel à filha de Vei, a Sol, isto é, a uma possível cultura tropical, mas se compromissa com a portuguesa e parte para a cidade da máquina. Depois, quando tenta regressar à fidelidade de sua antiga vida no Uraricoera, é punido por suas próprias contradições: nas águas geladas a miragem da Iara e a destruição pela piranha (civilização tropical).[180]

A hipótese é que poderia existir relação entre o arcabouço mais geral da história de Macunaíma e a trajetória de Carlos Gomes. No romance, o herói deixa sua terra e sua cultura para dirigir-se à cidade grande, cosmopolita – que simbolizaria a civilização europeia –, onde realiza proezas, retornando depois, enfermo, ao Uraricoera, para ali morrer. Em todos esses pontos, há correspondência com o que ocorreu com Carlos Gomes. Seria mais uma manifestação do tema recorrente de sua ida para a Europa, subjacente à história de *Macunaíma*, em linhas gerais.[181]

No estudo das obras seguintes, o *Ensaio sobre a música brasileira* (1928) e o *Compendio de historia da musica* (1929), escritas no mesmo contexto de *Macunaíma*, a ponto de que se considere quase uma trilogia, pode-se perceber que Carlos Gomes, naquele período, estava bastante presente no imaginário de Mário de Andrade. Nas duas obras relacionadas à música,

---

180 Lopez, op. cit., p.113-4.
181 Os estudiosos divergem quanto aos arquétipos que associam à narrativa de Mário de Andrade em *Macunaíma*. Enquanto Haroldo de Campos baseia-se no modelo do conto russo de magia, Gilda de Mello e Souza propõe o modelo do romance arturiano, com sua constante busca pelo Graal. Souza, op. cit., p.41-4, 60-80.

torna-se evidente a revalorização do compositor e, no *Compendio*, que lhe dá especial destaque, constata-se que o escritor havia realizado uma análise detalhada de algumas de suas partituras.

Se tais procedimentos ocorrem com naturalidade nos dois livros que tratam de música, o que dizer do lugar de destaque, segundo Gilda de Mello e Souza, que Mário reservou para o episódio em que se encontram Macunaíma e o monumento a Carlos Gomes, encontro que não seria previsível em uma obra literária convencional, porém torna-se possível em *Macunaíma*, obra que não se submete à fatalidade física do tempo e do espaço?

O *Ensaio sobre a música brasileira*[182] já havia sido citado diversas vezes neste trabalho, tal sua importância, pois é um divisor de águas da musicografia brasileira. Há muitos anos, desde o século anterior, aspirava-se alcançar no país uma manifestação musical que possuísse identidade brasileira. Almeida já preconizava a existência de tal música, com alguma segurança, em sua recente *Historia da musica brasileira*, corroborando a intuição de autores anteriores, como Pereira de Mello, porém ninguém havia proposto ainda, com lucidez, um caminho para alcançá-la, estabelecendo referenciais que norteassem aqueles que a buscavam.

O *Ensaio* vem aplacar essa antiga ansiedade. Sua gênese é anunciada por Mário de Andrade, em 1926, com outro formato que acabou sendo preterido. Em duas cartas,[183] escritas no intervalo de dois dias,[184] Mário de Andrade reporta a Prudente de Moraes, neto, e Bandeira, nessa ordem, dois correspondentes que lhe eram muito próximos, haver escrito "um livrinho" chamado *Bucólica sobre a música brasileira*. Informa que se trata de um diálogo entre dois personagens, Lusitano e Sebastião, e, a partir dali, as informações divergem nas duas cartas, porém são complementares. É necessário considerar ambas as cartas para que se entenda melhor o conteúdo da *Bucólica*.

---

182 Andrade, M. de, *Ensaio sobre a música brasileira*.
183 Koifman (Org.), op. cit., p.201-4; Moraes, M. A. de (Org.), op. cit., p.306-9. Adotamos procedimento similar ao de Flávia Tosi, no estudo da gênese da mesma obra, em *Café, uma ópera de Mario de Andrade*: estudo e edição anotada.
184 A carta a Manuel Bandeira é datada de 7 de setembro e começa falando: "de terça-feira passada p'ra ontem, segunda, escrevi um livrinho", tendo sido escrita, portanto, na terça-feira seguinte. A carta a Prudente de Moraes, neto, não é datada de maneira convencional; dela consta "domingo, pé de cachimbo" e seu autor diz que está "desde terça escrevendo um livrinho [...]". A Bandeira, Mário de Andrade afirma que comentou sobre o assunto com Prudentico. Portanto, a carta a este último foi escrita no domingo, dia 5 de setembro, sendo anterior. Koifman, op. cit., p.203; Moraes, M. A. de (Org.), op. cit., p.306-7.

Com Bandeira, resume as partes da obra:

> Divisão: Preâmbulo, Introdução no assunto, Rítmica brasileira, Orquestração brasileira, Harmonização brasileira, Melódica brasileira, Elogio de Carlos Gomes, Continuação de Melódica brasileira, Conclusão do assunto, Final.

Explica que o livro não "está dividido em capitulinhos intitulados assim", é somente um esquema para "mostrar como está feito". Há uma parte "sobre a língua brasileira", preocupação central de Mário de Andrade naquele momento, e, quanto aos personagens, Lusitano "fala em português da gema escrito em ortografia da reforma portuga", Sebastião "fala em brasileiro e na minha ortografia".[185]

A Prudente de Moraes, neto, discorre um pouco sobre o conteúdo.

> Falei primeiro sobre ritmo (e é lógico que também acho que não só a sincopa é brasileira) depois fiz umas considerações sobre orquestra típica depois sobre harmonia (porque estes assuntos são menos importantes e discuto muito bem si podem ser nacionalizáveis) e acabei falando sobre melódica nacional e me parece que botei nisso muita coisa inda não refletida. Agora vou atacar as músicas demasiadamente raciais e c'est fini.[186]

Mário de Andrade a Bandeira prevê que o livro esteja pronto até o fim do ano. "Porém como certas afirmativas requerem muito mais reflexão do que já fiz numa semana de ebulição intensíssima não garanto nada".[187] Ao contrário do início sucinto, continua a discorrer sobre diversas outras questões, tais como os "torneios melódicos nacionais", a importância do caráter psicológico, e lança suas próprias dúvidas sobre o funcionamento de tudo isso, revelando certa insegurança, afinal, tratava-se de um interlocutor qualificado, com quem Mário de Andrade mais vezes aconselhava-se. A enorme abrangência da correspondência do escritor permite a coleta de muitas informações esparsas sobre o andamento de seus trabalhos e projetos, porém, com os demais interlocutores, Mário de Andrade comunica os acontecimentos; com Bandeira, dialoga, discute e aconselha-se.

---

185 Ibid.
186 Koifman, op. cit., p.203.
187 Moraes, M. A. de, (Org.), op. cit., p.307.

A carta a Bandeira não transmite a impressão de que o trabalho estivesse prestes a ser concluído e nem torna tão evidente a semelhança entre a *Bucólica* e o *Ensaio*. Embora dedique menor espaço ao assunto, Mário de Andrade mostra-se mais seguro na carta a Prudentico, comentando que "só faltam as considerações gerais finais". A descrição do conteúdo do trabalho assemelha-o ao *Ensaio*, o que se torna ainda mais claro quando o escritor emite sua opinião sobre ele: "Me parece que está saindo coisa documental importante e sobretudo como reflexões estéticas estou botando nele muita coisa que talvez aproveite".[188]

Resta observarmos que a divisão das partes da *Bucólica* contemplava um espaço próprio para o "Elogio de Carlos Gomes". Talvez nunca se saiba o que teria sido isso, entretanto é uma evidência de que conceitos emitidos anteriormente, desfavoráveis ao compositor, haviam sofrido mudanças. Incluí-lo entre os tópicos do trabalho futuro, precedido da palavra "elogio", vem demonstrar outra predisposição em relação a ele. Embora sejam planos não concretizados, a constatação de sua existência vem somar-se a tantos outros exemplos da referida preocupação de Mário de Andrade com Carlos Gomes.

Em outra carta a Bandeira, de agosto de 1928, Mário de Andrade dirime qualquer dúvida sobre a relação entre as duas obras; anuncia a conclusão do *Ensaio*, comentando seu trabalho.

> Este *Ensaio* afinal é a idéia daquela *Bucólica sobre música brasileira* de que você sabe a existência. Achei que carecia refundir inteiramente e refundi. Principiei, isto é, refundindo. Lia um pedacinho da *Bucólica* e escrevia aquilo em texto novo e idéias mais claras. Porém isso não durou nem duas páginas, a *Bucólica* era uma m..., me deixei levar por uma precisão mais didática, fiz um livreco ordinário mas enfim, seu Serafim, que não vai ser inútil pros músicos, creio. Escrito em duas semanas! Só o trabalho de ordenar, anotar, metronomizar, reler e corrigir os documentos folclóricos, você vai se sarapantar da minha faculdade de trabalho. O livro vale é por isso, traz nada menos de 126 músicas populares, melodia só, imagino que todas inéditas e muitas de fato interessantíssimas como valor artístico, além do valor folclórico que todas têm.[189]

---

188 Koifman, op. cit., p.203.
189 Moraes, M. A. de (Org.), op. cit., p.400.

Meses após a publicação de *Macunaíma*, surgia a primeira edição do *Ensaio sobre a música brasileira*. O autor abdicou da forma dialogada, mas pode-se notar que parte significativa dos assuntos previstos para a *Bucólica* ali estão presentes. O livro é dividido em duas partes: a primeira delas é o ensaio propriamente e a parte seguinte, a exposição de inúmeras melodias folclóricas, de todo o Brasil, recolhidas por diversas pessoas, que Mário de Andrade compilou pacientemente, acompanhadas de seus respectivos comentários.

Sob o título "Música brasileira", com caráter introdutório, Mário de Andrade inicia propondo algo que vem contra os textos modernistas mais radicais aqui estudados. Pondo em discussão se as obras dos compositores do passado poderiam ser contadas "como valor nacional", opina que é "incontestável que sim". Diverge da posição de alguns "modernos" que acabaram "derrubando da jangada nacional" obras e autores brasileiros do passado. Acusa-os de "ignorância e leviandade sistematizada", denunciando que buscam o mesmo que os estrangeiros: o exotismo das "sensações fortes", e não "a expressão natural e necessária duma nacionalidade" (p.13-4).

Adiante, esclarece melhor seu pensamento, condenando aqueles que reconhecem, como música brasileira, somente aquela que traz consigo elementos característicos nacionais, e aos que assim pensam dá o nome pejorativo de "exclusivistas". Adverte que o excesso de características nacionais "cai num exotismo *que é exótico até para nós*" [sic]. Esse excesso é "objetivo e exterior em vez de psicológico" e, portanto, torna-se perigoso (p.27).

A questão do exotismo leva-o a rever posições anteriores, surgindo então a primeira citação a Carlos Gomes. A oposição entre ele e Villa-Lobos, que nutriu os embates modernistas do primeiro momento, passa a ser vista com outros olhos. Reconhece que "a expansão do internacionalizado Carlos Gomes e a permanência além-mar dele prova que a Europa obedece à genialidade e a cultua"; ao mesmo tempo, admite que o exotismo contribuiu, em "coeficiente guassú", para o sucesso europeu de Villa-Lobos. Negando que queira diminuí-lo, reitera que ele já era um grande compositor, "antes da pseudo-música indígena de agora", porém só conseguiu o aplauso europeu após realizar "uma obra extravagando" (p.14).

O que propõe agora não é excluir, mas incluir também os compositores brasileiros do passado. "Por isso tudo, Música brasileira deve de significar toda música nacional como criação quer tenha quer não tenha caráter étnico" (p.16). Reconhecendo que as "escolas étnicas" são recentes, busca, na música dos compositores do passado, vestígios de elementos nativos ainda que indefiníveis, lançando uma de suas célebres assertivas, presentes no *Ensaio*.

Na obra de José Maurício e mais fortemente na de Carlos Gomes, Levy, Glauco Velasquez, Miguez, a gente percebe um não-sei-quê indefinível, um rúim que não é rúim propriamente, é um *rúim esquisito* pra me utilizar duma frase de Manuel Bandeira. Esse não-sei-quê vago mas geral é uma primeira fatalidade de raça badalando longe.[190]

Após integrar o passado, Mário de Andrade inicia a falar do presente, o "período atual", que tem suas próprias especificações. O momento é de primitivismo social e não estético; é hora de construir, e a arte deve ser "interessada", com o objetivo de "conformar a produção humana do país com a realidade nacional". Não há espaço para a "arte exclusivamente artística e desinteressada", que é "intrinsecamente individualista", e seus efeitos são destrutivos. Quem não se submeter às exigências dessa fase "primitivística" será "pedregulho na botina" (p.18).

Abre uma única exceção para os que forem gênios, os quais saberão encontrar, de maneira natural, *fatalmente*, "os elementos essenciais da nacionalidade", mesmo que fizerem arte que pertença ao "patrimônio universal". Para todos os demais se torna imperativo fazer arte brasileira, o que não poderia estar mais claro que em outra de suas célebres afirmações.

Todo artista brasileiro que no momento atual fizer arte brasileira é um ser eficiente com valor humano. O que fizer arte internacional ou estrangeira, si não for gênio, é um inútil, um nulo. E é uma reverendíssima besta.[191]

Ao resumir as proposições introdutórias, volta a citar não Carlos Gomes, mas uma obra sua, *Salvador Rosa* – justamente aquela que sempre foi considerada a mais italiana de todas as suas óperas –, para dar exemplo de obra do passado que deveria ser adotada como nacional. Quanto ao momento

---
190 Andrade, M. de, op. cit., p.17.
191 Ibid., p.19.

atual, reitera sua posição anterior, afirmando que nela não há "xenofobia nem imperialismo", mas o intuito de "nacionalizar a nossa manifestação".

O critério histórico atual da Música brasileira é o da manifestação musical que sendo feita por brasileiro ou indivíduo nacionalizado, reflete as características musicais da raça.
Onde que estas estão? Na música popular.[192]

A segunda seção, "Música popular e música artística", vem responder à indagação que encerra o trecho introdutório, reconhecendo inicialmente o desconhecimento do "populário musical brasileiro". Para provar a riqueza do "populário", sobretudo quanto à sua rítmica, Mário de Andrade cita diversas maneiras em que se grafou uma mesma melodia folclórica por razões que se estendem da inaptidão dos que o fizeram ao propósito de grafar somente sua "síntese essencial", ou seja, sem necessidade de exatidão, deixando ao cantador a tarefa de realizá-la com liberdade e invenção (p.20-4).

O assunto seguinte refere-se às múltiplas influências recebidas pela música popular brasileira e as proporções em que essas influências atuaram. Ao falar da modinha que foi, ao início, "uma acomodação mais aguada da melodia da segunda metade do séc. XVIII europeu", volta a citar Carlos Gomes, mas também Francisca Gonzaga, afirmando que algumas "peças populares", de ambos os autores, ainda demonstram aquela acomodação (p.25).

Combate outra tendência dos artistas, a "unilateralidade", que explica ser a adoção de uma única influência, a indígena ou africana, por exemplo, como aquela que levará à verdadeira música brasileira. O que se deve fazer "é aproveitar todos os elementos que concorrem pra formação permanente da nossa musicalidade étnica". Para encerrar a seção, lança seu maior axioma, o qual orientará todos os compositores que adotarão, a partir do *Ensaio*, a estética modernista-nacionalista: "O compositor brasileiro tem de se basear quer como documentação quer como inspiração no folclore" (p.28-9).

Nesse momento, principia a focalizar, separadamente, cada um dos parâmetros que elegeu para estudo: ritmo, melodia, polifonia, instrumentação e forma. Sob cada um desses portais, empreenderá o estudo comportamen-

---

192 Ibid., p.20.

tal das manifestações musicais brasileiras de origem popular, procurando identificar seus elementos integrantes e a frequência em que ocorrem, na busca de identificar o que chamará de "constâncias". Estas, por sua vez, deverão ser utilizadas pelos compositores que tiverem o intuito de alcançar a realização da música artística de raízes brasileiras.

Deve-se recordar que o estudo desses parâmetros era um dos propósitos da *Bucólica sobre a música brasileira*, segundo a carta a Bandeira que foi citada, tornando evidente a relação genética entre as duas obras.

O primeiro parâmetro a ser estudado, que dá título à nova seção, é o "Ritmo" (p.29-39). Mário de Andrade praticamente aborda uma única constância rítmica presente na música brasileira, a síncopa, sem considerá-la, porém, "uma obrigatoriedade". Tampouco é algo imprescindível, e seu uso sistemático e constante pode levar à banalização da música e à fadiga (p.38).

A "Melodia" (p.39-49), o segundo parâmetro, traz consigo questões mais complexas que o autor não se furta em discutir, como a invenção melódica expressiva, o poder dinamogênico da música, a ambiência musical e o emprego direto de melodias populares, alguns termos pouco familiares aos não "iniciados" em Mário de Andrade, porém relevantes para os compositores nacionalistas.

Mário de Andrade comenta também alguns procedimentos musicais característicos de melodias, como o uso da sétima abaixada e do modalismo (p.44-5). Novamente utiliza diversos termos próprios que se tornarão frequentes após serem adotados por autores nacionalistas: a "inquietação da linha melódica" que chega a ser "torturadíssima" nas modinhas, referindo-se a seus grandes saltos melódicos; os "sons rebatidos" de alguns arabescos, querendo falar dos sons repetidos (p.45-6). Por fim, com o auxílio de pequenos exemplos musicais, esclarece assuntos anteriores e ainda comenta mais um procedimento que lhe ocorre, a direcionalidade descendente de melodias populares (p.46-9).

"Polifonia" é o título de mais uma seção, na qual Mário de Andrade parte da observação de que os "processos de harmonização sempre ultrapassam as nacionalidades". Considera muito pobres os "processos harmônicos populares" para serem aproveitados na música artística, e, de outro lado, se forem desenvolvidos, coincidirão com a harmonia europeia. Esta é "vaga e desraçada"; muitos de seus processos são individuais e não têm caráter nacional. Conclui que "é absurdo pretender harmonização brasileira" (p.49-51).

Vê, como possível solução, a utilização dos processos polifônicos populares que, se desenvolvidos, poderão "produzir sistemas raciais de conceber a polifonia". Mostra-se contrário ao uso dos processos polifônicos europeus que podem "descaracterizar a melodia brasileira", inclusive a "repetição canônica" que "assume o aspecto de mera retórica européia" (p.52-4).[193]

A "Instrumentação" é o penúltimo parâmetro estudado e, novamente, Mário de Andrade não encontra soluções nacionais para o problema. Nessa busca, faz interessantes comentários sobre o timbre "anasalado" que predomina no canto e em alguns instrumentos de uso popular, mencionando ainda a possível ocorrência de microtons, nos glissandos do canto nordestino (p.55-7).

Entretanto, não crê que os sinfonistas brasileiros devam recorrer a orquestras de instrumentos típicos. A solução seria a "transposição de processos", que entende como a aplicação, nos instrumentos tradicionais, da "maneira com que o povo trata os instrumentos dele", sem, contudo, desvirtuar a natureza daqueles instrumentos. Por fim, sugere a inclusão de instrumentos típicos na orquestra sinfônica, destacando as percussões (p.58-61).

Na última seção, "Forma", inicia combatendo as peças que trazem no nome a designação de *brasileiro*, quando seus autores intentaram ressaltar características nacionais, pois é "uma concessão ao exótico ou pro estrangeiro". Em contrapartida, não aconselha a utilização de formas tradicionais pelos compositores atuais: "O alegro-de-sonata anda bem desmoralizado" (p.61-2).

Os compositores brasileiros não se aproveitam do "populário", e mesmo Villa-Lobos, que faz uso de nomes de formas populares, não as utiliza realmente e nem as desenvolve, imprimindo à sua música "feição individualista excessiva". Mário de Andrade discorre sobre a variedade formal que se encontra nas manifestações populares, tema central da seção que serve de sugestão aos compositores, iniciando com as músicas cantadas. Quando menciona as formas corais, realiza uma digressão para enaltecer o valor social do canto coral e recomendá-lo aos compositores (p.63-5).

---

193 Esta é, talvez, a mais controversa de suas sugestões no *Ensaio*, inclusive entre os próprios compositores nacionalistas. Camargo Guarnieri e sua escola de composição, por exemplo, não a adotaram.

Quanto às formas de música instrumental, Mário de Andrade recomenda o uso da "Variação" que é "muito comum no populário". Ressalta a riqueza numérica das danças existentes e sugere a criação de "Suítes" de danças, lembrando que essa forma "não é patrimônio de povo nenhum". Por fim, dá diversos exemplos de possíveis suítes constituídas de formas brasileiras (p.66-9).

A conclusão da primeira parte, ou seja, do ensaio propriamente dito, contém um tom pessimista no início, por causa de duas razões que se opõem à fixação do que a obra está propondo: "a dificuldade de estudo do elemento popular e o individualismo bastante ridículo do brasileiro". Ao constatar que o folclore brasileiro "não tem sido estudado como merece", ressalta que os compositores nacionais devem fazê-lo sem "preguiça", indo "estudar na fonte as manifestações populares". O individualismo excessivo nada mais é que produto da "mais pífia a mais protuberante e inculta vaidade" (p.70).

Mário de Andrade, entretanto, procura dar a seu texto um final "menos amargurento", mesmo reconhecendo que "os nossos defeitos por enquanto são maiores que as nossas qualidades". Para lográ-lo, retoma um ponto muito enfatizado por Almeida, em *Historia da musica brasileira*, que já era cogitado por autores do passado e doravante passará a ser lugar-comum no ideário nacional: a musicalidade natural do brasileiro que Mário de Andrade destaca ainda mais, dizendo ser "um povo esplendidamente musical" (p.72).

Vê, com otimismo, a tentativa que "figuras fortes e moças" têm empreendido para transformar o populário em música artística, citando Luciano Gallet, Lorenzo Fernandez e Villa-Lobos. Lembra-se também de figuras do passado que "são ilustres sem condescendência", voltando a citar o principal personagem deste trabalho: "Carlos Gomes pode nos orgulhar além dos pedidos da época e nós temos que fazer justiça a quem está como ele entre os milhores melodistas universais do séc. XIX" (p.72).

A segunda parte da obra, "Exposição de melodias populares", preenche a lacuna que Mário de Andrade denunciou existir na obra de Almeida, *Historia da musica brasileira*. Aquilo que denominou ausência de "caráter prático", querendo dizer que a obra do amigo apresentava somente preocupação literária e não trazia nenhum exemplo musical das manifestações populares brasileiras, é corrigido no *Ensaio*.

Os inúmeros exemplos de melodias de origem popular recolhidos por Mário de Andrade e vários outros colaboradores encontram-se divididos em duas grandes categorias: "Música socializada", que compreende manifestações coletivas, como cantos de trabalho, cantos infantis, danças dramáticas, cantigas militares e outras; e "Música individual", que são toadas, desafios, lundus e modinhas, pregões e mesmo refrões de manifestações coletivas.

Entre as toadas, encontra-se uma melodia paranaense cujo perfil melódico coincide com um trecho do mais célebre dueto do *Guarany*, "Sento una forza indomita", fato que motivou Mário a realizar o derradeiro comentário desse estudo:

> Tem de curioso trazer a frase do "Guarani", quasi inteirinha. Coincidência, Influência do "Guarani"? Ou foi Carlos Gomes que botou frase popular tradicional na ópera dele? Tudo é possível porque esta toada paranaense me comunicada por aluna, obedece como tipo melódico a um verdadeiro *nomos* tradicional, freqüentíssimo em variantes infinitas, dotadas sempre da mesma monotonia melancólica, entre os cantadores brasileiros, especialmente de Minas e S. Paulo.[194]

O *Ensaio sobre a música brasileira* é a obra que maior influência exerceu – e ainda exerce – sobre músicos e compositores brasileiros, simpáticos ao nacionalismo musical. Quanto aos compositores, seu conteúdo normativo serviu-lhes de orientação sobre a necessidade do estudo sistemático do folclore e do aproveitamento dos elementos de origem popular em suas obras eruditas; as melodias populares que ali se encontram serviram-lhes de matéria-prima para composições e estudos.

Entretanto, o conteúdo normativo das propostas de Mário de Andrade não é suficientemente detalhado, e alguns parâmetros, tais como harmonia, polifonia e instrumentação, são abordados de maneira superficial e genérica. Isso permitiu que os compositores realizassem diferentes leituras da obra, adaptando as sugestões de Mário de Andrade às suas próprias tendências e preferências pessoais, gerando multiplicidade de matizes dentro da proposta nacionalista. As diversas aplicações da polifonia de modelo europeu e a busca de soluções harmônicas, assim como a maior ou menor aproximação da atonalidade, são alguns exemplos que ilustram essa assertiva.

---

194 Andrade, M. de, op. cit., p.134.

Embora a obra não contemple Carlos Gomes com uma seção própria, dedicada a ele, como era planejado na *Bucólica*, não é insignificante o número de vezes em que é citado, ou sua música, ao longo do *Ensaio*. Tal como os textos da revista *Ariel* já permitiam vislumbrar – e agora em um texto definitivo de um livro que se propunha a ser "obra de ação" e influenciar a muitos –, a postura de Mário de Andrade em relação a Carlos Gomes havia mudado.

O *Ensaio*, em definitivo, não exclui o passado histórico-musical brasileiro, portanto só poderia agir de maneira similar com o maior compositor da segunda metade do século XIX. Tal como os modernistas procederam antes da Semana de Arte Moderna, garimpando artistas que pudessem ser incorporados ao movimento e assim dando feição de solidez, de amplitude, ao grupo que se formava, a inclusão do passado histórico teria a função de embasar o presente, dando-lhe lastro necessário, e agregar todas as forças possíveis na construção da própria nacionalidade.

Entretanto, a inclusão do passado não ocorre somente por razões históricas. Mário de Andrade vê na obra de Carlos Gomes e de outros compositores "internacionalizados", como Velásquez e Miguez, indícios musicais rudimentares de origem nacional, dando-lhes a condição de precursores e sugerindo, de maneira implícita, que as tendências atuais não surgiram espontaneamente, sem raízes, mas obedeceram à sequência natural dos acontecimentos.

É interessante observarmos ainda que, da mesma maneira que Alencar era mencionado na primeira dedicatória de *Macunaíma*, tendo sido seu nome retirado mais tarde aparentemente por razões estratégicas, a seção "Elogio de Carlos Gomes", que integrava a *Bucólica*, também deixou de existir na obra final; teria sido pelas mesmas razões? Essa discussão prosseguirá no estudo da próxima obra.

De outro lado, o *Ensaio* contém alguns elogios ao compositor, como na primeira vez em que é citado: o sucesso de Carlos Gomes "prova que a Europa obedece à genialidade e a cultua" (p.14). Não deixa de ser mais uma ocorrência do tema da genialidade, identificado anteriormente. Em outro ponto, o compositor é considerado um dos maiores "melodistas universais do séc. XIX" (p.72), observação que já era frequente entre os autores estudados aqui em "Carlos Gomes antes da Semana de Arte Moderna: sua bibliografia e imagem" e manter-se-á opinião constante de Mário de Andrade ao longo de sua vida.

O *Compendio de historia da musica*, publicado em 1929,[195] obra que o autor reconhece, em nota "Preliminar", ter escrito em um mês durante outubro de 1928, possui também real importância neste livro. A obra é dedicada a Almeida. Ao contrário do rápido processo de escrita, sua concepção foi lenta, conforme pode ser acompanhado por meio do epistolário de Mário de Andrade.

A primeira menção encontrada ao projeto de escrever uma *História da música* – nome que só será modificado pouco antes de a obra ser editada – vem de carta endereçada a Malfatti, escrita em março de 1924: "Depois escreverei a minha *História da música*. Trabalho longuíssimo este em que pretendo gastar uns 3 anos".[196] Continua a comentar rapidamente sobre a obra com a pintora e diversos amigos nos anos seguintes, porém é na correspondência com Bandeira que se encontram as melhores informações sobre o assunto.

Em maio de 1924, pela primeira vez, Mário de Andrade menciona a obra planejada a Bandeira: "Mas não tenho tempo para atacar a minha *História da Música*...".[197] Em resposta, o autor de *Carnaval* encoraja-o, escrevendo em letras garrafais o que considera prioritário.

> Você precisa afirmar-se com precisão definitiva: publicar o *Losango cáqui* e o *Clã do jabuti*. **Escrever a História da Música** pelo menos da brasileira. O Renato [Almeida] está acabando uma história da música brasileira. Ele não conhece a técnica e a teoria musicais: fará obra de literato e amigo da filosofia. Você é o único homem capaz de falar bem e com autoridade, de música no Brasil. Os técnicos são burros ou não têm cultura precisa: os inteligentes e cultos não conhecem a técnica.[198]

As palavras de Manuel Bandeira revelaram-se premonitórias em relação à obra de Almeida, como foi visto, porém a mesma poderia ter servido de

---

195 Andrade, M. de, *Compendio de historia da musica*, 1929.
196 Batista (Org.), op. cit., p.76. A carta é datada de 18 de março de 1924. A organizadora comenta, em suas notas, que Mário de Andrade contou "sua necessidade de adiantar a obra" a diversos amigos, citando-os: Manuel Bandeira, Carlos Drummond de Andrade, Prudente de Morais Neto e Anita Malfatti (p.165).
197 Moraes, M. A. de (Org.), op. cit., p.122. A carta é datada de 19 de maio de 1924.
198 Ibid., p.125. A carta é datada de 23 de maio de 1924.

estímulo para Mário de Andrade após o desafio recebido. Menções passageiras à *História da música* continuaram existindo na correspondência entre eles até surgir algo mais relevante, quase às vésperas da primeira "viagem etnográfica" de Mário de Andrade em direção ao Amazonas, já em 1927.

> Como estou áspero hoje não? Estou sim tenho minhas razões, ando meio sofrendo, você não imagina, quero pegar direito na minha *História da Música* e me falta vontade, me falta tempo, me falta elementos, às vezes me parece que o livro vai ficar ruim e avança tão devagarinho!... [...] Vamos a ver se estes três meses de viagem me rebotam no meu destino outra vez. Em todo caso parto só aparentemente alegre, parto amargurado. [...] Não fiz nada de nada no mês passado. Não adiantei uma linha na minha *História*.[199]

Ao retornar da viagem, volta a mencionar a obra, porém sem muito entusiasmo: "Aliás é bom porque tenho mesmo que reprincipiar imediatamente essa porcaria conservatorial que é a *História da Música* que estou fazendo pra ver se até dezembro está pronta".[200] Seus planos não se concretizaram, mas exatamente um ano depois, no fim de agosto de 1928, as notícias parecem indicar o desfecho da novela.

Relata o acordo que fizera com o editor para publicar o *Ensaio* e reporta a obrigatoriedade de entregar-lhe também o *Compendio de historia da musica*, cujo nome é citado pela primeira vez. Entretanto, por suas próprias palavras, constata-se que a obra será mais concisa do que o planejado anteriormente:

> Mas voltando pro meu *Compêndio de historia da música*, imagine que eu tinha dois livros manuscritos já completos desde a Grécia até Monteverdi. Vou abandonar tudo. E em fim de novembro tenho que entregar os originais do *Compêndio*![201]

Na última carta em que se refere à obra, antes de sua edição, Bandeira faz comentários reveladores e novamente compara o trabalho de Mário de Andrade ao de seus antecessores.

---
199 Ibid., p.340. Carta de 6 de abril de 1927.
200 Ibid., p.350. Carta de 30 de agosto de 1927.
201 Ibid., p.400. Carta de 29 de agosto de 1928.

Achei boa a remodelação da *História da Música*. Você tem um desdém grande demais pelos livrecos didáticos. [...] Você afinal uma *História da Música* como você sonharia, não escreveria mesmo: tinha que ficar num meio termo, numa transação entre o que você quereria fazer e o que precisaria fazer para os fins didáticos. Assim faz logo coisa bem feita servindo bem o fim. E nós não temos nada no assunto, porque o Melo, o Renato e o Cernicchiaro, apesar de só falarem em música brasileira...[202]

No *Compendio de historia da musica*,[203] as referências iniciais a Carlos Gomes encontram-se no Capítulo X, "Romantismo", e a primeira delas tem função de exemplificar o comportamento do compositor russo Miguel Glinka [sic]: "Mas, como faria também pouco depois Carlos Gomes entre nós, ele inda se manifestava mais nacional pelo texto escolhido que pela invenção musical" (p.142). Logo adiante, quando lista os compositores de "Outras Escolas Nacionais", volta a citá-lo: "Carlos Gomes, Alexandre Levi, Alberto Nepomuceno pro Brasil" (p.143).

Mário de Andrade dedica dois capítulos ao estudo da música no Brasil, dividindo o assunto em "música artística" e "música popular". São pequenos capítulos, com pouco mais de dez páginas mais ou menos equivalentes em suas dimensões. No último capítulo do livro, "Atualidade", o autor abrange todos os países, inclusive obras e compositores brasileiros.

"Música artística brasileira", o Capítulo XI, não possui o tradicional enfoque sobre história da música. Percebe-se isso no momento em que Mário de Andrade passa a falar da República. Até esse ponto, o escritor mantém-se fiel à narração histórico-cronológica dos acontecimentos. Com a vinda da República, que Mário de Andrade associa à decadência musical, transforma o *Compendio* em tribuna para divulgar suas lutas e os temas que lhe são mais caros: a decadência das temporadas líricas, a hegemonia cultural de Buenos Aires que faz do Brasil "terra de passagem", a falta de cultura

---

202 Ibid., p.403. Carta de 2 de setembro de 1928.
203 A obra é dividida em treze capítulos, não ordenados de maneira convencional, ou seja, de acordo com a sequência dos períodos históricos. Embora obedeça à ordem cronológica, a maioria dos capítulos possui nomes de formas musicais ou procedimentos composicionais característicos, como "Polifonia católica", "Polifonia protestante" e "Melodrama". Somente quatro capítulos possuem nomes mais ou menos convencionais: "Música na antiguidade", "Classicismo", "Romantismo" e "Atualidade".

do público, a questão da virtuosidade e, naturalmente, o "Nacionalismo musical".

Retoma então o discurso histórico para falar de Carlos Gomes, de maneira específica, utilizando para isso cerca de seis páginas, o que representa cerca de metade da extensão de todo o capítulo, concluindo-o com um único parágrafo sobre Henrique Osvaldo [sic].

Antes da privilegiada seção que lhe é dedicada, Carlos Gomes já tem seu nome mencionado quatro vezes: como filho de Manuel José Gomes, como autor das duas óperas brasileiras que representam "seus primeiros passos no melodrama", associadas ao período de maior brilho da Academia Imperial de Música e Ópera Nacional (p.153), e na seção sobre o "Nacionalismo musical", que merece maior atenção.

Mário de Andrade inicia essa seção falando da "firmação racial", reiterando que até 1914 o Brasil vivia ainda "na subserviência da Europa", o que afirmara na introdução. É curioso que, em seguida, Carlos Gomes tem seu nome citado entre aqueles que "refletem a preocupação nacionalista", ao lado de Levy e Nepomuceno, enquanto Miguez, Braga, H. Osvaldo e outros são listados no grupo dos "menos característicos, presos por demais à lição européia, e cujas tentativas de música abrasileirada mais parecem concessão pro exótico" (p.157). Concluindo a seção, afirma ainda que "as figuras admiráveis de Carlos Gomes e Henrique Osvaldo" dominaram a cena musical brasileira antes do momento atual, representando "as expressões mais características do nosso romantismo musical" (p.158).

"Carlos Gomes foi um dos maiores melodistas do séc. XIX. Gênio dramático de força, ele concentra a expressão na melodia, como era costume na escola oitocentista italiana em que se cultivou" (p.158). Com essas palavras, Mário de Andrade dá início à seção específica sobre Carlos Gomes e, da mesma maneira que o fizera no *Ensaio*, destaca o valor do compositor como melodista.[204]

Porém, na sequência imediata e inesperadamente, retoma o discurso de 1922 da revista *Klaxon*, o momento mais antagônico a Carlos Gomes que se encontra em todos os seus textos estudados. Reafirma que suas obras "são inexeqüíveis no teatro atualmente, como são a maioria das obras do passa-

---

204 Andrade, M. de, *Ensaio sobre a música brasileira*, p.72.

do". Citando nomes de vários compositores, de Monteverdi a Verdi, afirma que eles "não se sustentam mais".

"O Teatro é a forma mais transitória da Música". Limita a liberdade musical do compositor e está sujeito "às normas sociais do tempo", que se modificam, desaparecendo o interesse. A dimensão das obras é enorme; os compositores não conseguem manter a "inspiração" durante toda a música. A execução contemporânea de muitas óperas do passado teria somente interesse histórico e, entre essas óperas, estão aquelas de Carlos Gomes.

Da mesma maneira inesperada que inicia essa pessimista reflexão sobre a ópera, retorna ao discurso enaltecedor de Carlos Gomes, dizendo: "Mas isso não embaça a grandeza do gênio dele". Após essa inflexão continua destacando suas qualidades de melodista, seu *Cantabile* e "Arias magníficas", que podem não ser profundos, mas estão carregados de dramaticidade.

Inicia, porém, um assunto de maior interesse, já vislumbrado no *Ensaio*, em que não evoluiu: "Muitas vezes a música dele se eriça de ritmos e acentos desconhecidos" que vão além do "cromatismo pueril" com que caracterizou o acompanhamento de Peri, procurando solução fora do "diatonismo monódico da ópera italiana" (p.158).

> É opinião repisada entre nós que Carlos Gomes não tem nada de musicalmente brasileiro, a não ser o entrecho de algumas óperas. Mesmo que assim fosse, ele tinha o lugar de verdadeiro iniciador da música brasileira porque na época dele, o que faz a base essencial das músicas nacionais, a obra popular, inda não dera entre nós a cantiga racial.[205]

Mário de Andrade considera inadmissível que se tenha "como brasileiros" os cantos de origem negra, portuguesa, indígena, as modinhas quase sempre de feitio europeu e até mesmo os tangos e habaneras do século XIX, "e repudiemos um gênio verdadeiro cuja preocupação nacionalista foi intensa" (p.159). Para exemplificar suas palavras, transcreve música e texto, integralmente, de uma modinha registrada por um dos muitos viajantes que por aqui passaram no século XIX, modinha que possui "vagueza de caráter" e é considerada "como brasileira" (p.159-60).

---

[205] Andrade, M. de, *Compendio de historia da musica*, 1929, p.159.

Nega que o "brasileirismo de Carlos Gomes" seja restrito apenas aos libretos, embora reconheça que sua música tenha "porcentagem vasta de italianismo". Para demonstrar sua assertiva, pede atenção sobre a "estranheza rítmica" do *Guarani* e do *Escravo*.

> Não que Carlos Gomes se utilizasse da [...] sincopa, mas, tratando assuntos em que o elemento brasílico se contrapunha ao estrangeiro, soube vencer as combinações rítmicas de caráter europeu e criar um movimento estranho, muito áspero, selvagem de verdade, apesar de não ter nenhuma característica exclusiva brasileira.[206]

Com diversos exemplos de trechos do *Escravo*, procura ilustrar suas afirmações, acrescentando comentários que enriquecem o texto. Nessa ópera, diz ele, há vários elementos, tais como frases, temas e ritmos, para os quais não se pode "estabelecer uma genealogia européia". O tema instrumental de Ilara, por exemplo, assume "verdadeira função de motivo condutor": "É uma frase cheia de estranheza, duma verde, agreste malinconia, misteriosa, ondulante, lindíssima na fatalidade rítmica". Considera injustos os "rios de louvor" dedicados pelos críticos à maneira com que Wagner trabalha seus temas, fazendo a ressalva de que há "outros gênios tão bons tematisadores quanto ele" (p.161).

Nas observações sobre a diferenciação de caráter entre os temas dos personagens do *Escravo*, lembra-se de uma curiosa constância "da melódica brasileira", "a pererequice dos saltos", assunto que novamente nos remete ao *Ensaio sobre a música brasileira*.[207]

Ao falar do *Guarani*, admite que "é bem inferior" ao *Escravo*, "como caracterização", porém o tema de Pery tem "uma estranheza bem expressiva". Discute de onde teria vindo essa característica, chegando à conclusão de que não poderia ser oriunda da Itália.

> A frase dele muitas feitas possui uma ambiência florestal, ambiência de mato-virgem, selvagem. Outras surgem com uma frescura popularesca saborosa, mas desajeitada, rude feito um batepé de pé que jamais não soube ondular

---

206 Ibid., p.161.
207 Id., *Ensaio sobre a música brasileira*, p.45-6.

Siciliana ou saltar levianinho na Tarantela. Melodia caipirona. São tiques muito especiais, muito diferentes da melódica racial italiana.[208]

O mesmo trecho do *Guarani*, no qual encontrou semelhanças com uma melodia folclórica na parte final do *Ensaio*, é agora comparado a outra melodia, dessa feita indígena, divulgada por Roquete Pinto em *Rondonia*. Mesmo assim, não se esquece de sua citação, no *Ensaio*, e pergunta de onde teriam vindo essas estranhezas da música de Carlos Gomes, a não ser "da essência brasileira se ensaiando através de todo o italianismo erudito dele?".

O espírito que comanda a seção conclusiva é preparado, afirmando que Carlos Gomes é um antecessor de Villa-Lobos e, por essa razão, aconselha a que se reveja o antagonismo dirigido ao grande compositor romântico (p.163).

Carlos Gomes é a retórica da barbárie, enquanto Villa-Lobos não surgia pra ser tantas feitas bárbaro duma vez. Me revolta a displicência afobada e pedante com que estamos tratando por vaidade e confiança demais em nós mesmos o maior dos músicos brasileiros do passado, o que mais penou para nos anunciar. E nós, os que já estamos tomando posição de veteranos dentro da vida contemporânea brasileira, nós temos que fazer justiça a Carlos Gomes. Deixemos a caçoada, o debique, a indiferença, a descompostura degolante pros moços.[209]

Conclui refletindo sobre o momento contemporâneo e dando continuidade às admoestações. Os moços não têm "que fazer o que Carlos Gomes fez"; a música atual deverá ser outra, sem os traços do compositor. Os jovens poderão até desprezá-lo, pois as exigências "da Atualidade brasileira" não têm relação com sua música.

Mas além dessa *atualidade* moça, tão feroz, existe a *realidade* brasileira que transcende as exigências históricas e passageiras das épocas. E nesta realidade Carlos Gomes tem uma colocação excepcional.[210]

---

208 Id., *Compendio de historia da musica*, 1929, p.162.
209 Ibid., p.163.
210 Ibid., p.164.

Se o *Ensaio* reconhece a produção dos compositores do passado como integrante da "Música brasileira", entre eles Carlos Gomes, o *Compendio* dá um passo adiante, incluindo-o entre aqueles que "Refletem a preocupação nacionalista". Na obra anterior, Mário de Andrade afirmava que Carlos Gomes – e alguns outros compositores – traziam em suas músicas "um não-sei-quê indefinível, um rúim que não é rúim propriamente", querendo significar algo que destoava do restante conteúdo europeu de suas obras.[211] No *Compendio*, Mário identifica obras e trechos de obras específicos que apresentam procedimentos estranhos à cultura musical italiana e sugere que Carlos Gomes somente poderia tê-los trazido do Brasil.

O tom dominante de todo o texto dedicado a Carlos Gomes é francamente favorável ao compositor, o que não se é de estranhar, considerando a evolução lógica e linear processada nos textos anteriores, desde *Ariel*, nos quais Mário de Andrade aproximava-se gradualmente de Carlos Gomes. Por essa razão, o trecho inicial do texto ora estudado torna-se uma verdadeira incógnita, causando surpresa. Por que Mário de Andrade teria voltado ao mesmo discurso de *Klaxon*, em 1922, desestimulando a "execução contemporânea" de óperas de Carlos Gomes, pois essas possuiriam somente interesse histórico?

A resposta vem da campanha contra as temporadas líricas oficiais empreendida por Mário de Andrade no ano anterior, 1928. Na "Preliminar" da primeira edição do *Compendio*, Mário afirma que seu texto "foi escrito no mês de outubro passado", portanto, imediatamente após o encerramento da "Temporada Lírica Oficial de 1928", que ocorreu entre os dias 17 e 29 de setembro.[212] No mesmo período em que as óperas eram apresentadas, Mário de Andrade publicou uma série de artigos[213] que se colocavam frontalmente contra as temporadas líricas promovidas pela municipalidade, artigos que beiravam a agressividade.

A Temporada Lírica Oficial se baseia num despropósito de erros, escondidos debaixo da mais irritante hipocrisia. Nenhum interesse verdadeiro a justi-

---

211 Cf. Id., *Ensaio sobre a música brasileira*, p.17.
212 Embora tenha sido uma temporada de apenas oito récitas de assinatura, seu destaque foi a presença do célebre maestro italiano Tullio Serafin, que se apresentava, pela primeira vez, em São Paulo. Cerquera, op. cit., p.133-5.
213 Os artigos integram a seção "Música de pancadaria", com o título de "Campanha contra as temporadas líricas", em Andrade, M. de. *Música, doce música*, p.193-206.

fica. A nacionalidade está abolida. A cidade está abolida. O povo está abolido. A arte está abolida.[214]

Essas são as palavras que introduzem os artigos, os quais demonstrarão, uma a uma, todas as desvantagens do evento, e os mesmos argumentos empregados em *Klaxon,* no artigo "Pianolatria", de 1922, referentes ao valor somente histórico de muitas óperas que não seria suficiente para justificar sua execução contemporânea, voltam a ser apresentados.[215]

A ausência de óperas de Carlos Gomes na temporada questionada é assunto que o escritor, curiosamente, evita nos artigos. Ele refere-se à temporada como um todo; o compositor, a princípio, não estaria isento dos problemas que objeta e, afinal, pertencia ele também à comunidade geral dos compositores do passado. Se o excluísse desse rol, advogando a execução de suas óperas, estaria se contradizendo. Restava a Mário de Andrade ser coerente consigo mesmo, evitando abrir qualquer exceção. A campanha custou-lhe muitos dissabores, que são relatados em carta a Bandeira.[216]

> Não sei se você tem seguido a minha campanha contra o lírico. Pois vale a pena. Tenho sido duma violência famosa e só vendo aqui como tudo está abespinhado contra mim. No teatro fico só como Napoleão na poesia "Ei-lo sentado" e é uma gostosura de raiva dos outros. Desconfio que qualquer dia inda me batem. No sábado passado bati um record da carta-anônima, três no mesmo dia![217]

A única referência a Carlos Gomes, em todos os artigos, é para utilizá-lo como comparação, pois a ópera de Mignone, *O Inocente,* de feitura italiana, integrava a temporada.

---

214 Ibid., p.193.
215 Cf. Id., Pianolatria. *Klaxon*: mensário de arte moderna, n.1, p.8. Edição fac-similar; Id., *Música, doce música,* p.197-8.
216 "O balanço da temporada oficial de 1928 acusou a incapacidade do empresário Scotto em manter o nível atingido o ano anterior. A colaboração de Claudia Muzio não impediu a derrocada de Ottavio Scotto, que abandonou definitivamente a praça de São Paulo. Em outras ocasiões esse empresário agiu com o mesmo arrojo excessivo, arruinando ótimas perspectivas". Teria a campanha de Mário de Andrade colaborado para este cenário? Cerquera, op. cit., p.135.
217 Moraes, M. A. de (Org.), op. cit., p.407. A carta é datada de 26 de setembro de 1928.

Porque em música italiana, Francisco Mignone será mais um, numa escola brilhante, rica, numerosa, que ele não aumenta. Aqui ele será um valor imprescindível. Mas com o *Inocente* ele é *mais um* na escola italiana. No tempo de Carlos Gomes inda *O Inocente* teria de ser contado como manifestação brasileira de arte. Porque então não tínhamos base nacional definitivada, em mesmo na música popular, que se debatia entre a habanera cubana e a roda portuga. Hoje não.[218]

Diante de tudo isso, levantam-se duas hipóteses que tentariam explicar o início do texto referente ao compositor no *Compendio*. A primeira delas é que Mário de Andrade te-lo-ia escrito sob o mesmo influxo emocional dos dias anteriores, em que esteve envolvido na campanha. As palavras contrárias ao teatro de ópera que ali se encontram, em pequena digressão, destoam de todo o restante do texto, que se restringe a Carlos Gomes. A segunda hipótese é que o escritor estaria somente procurando manter-se coerente com seu próprio discurso anterior, evitando contradizer-se em tão curto espaço de tempo após a polêmica que ele mesmo gerara. Ambas as hipóteses não são excludentes entre si e poderiam muito bem coexistir.

O conhecimento desse contexto que envolveu sua escrita poderia permitir que se relativizasse a dureza dos conceitos de Mário de Andrade em relação às óperas de Carlos Gomes, atenuando-os por causa de sua própria natureza circunstancial. Entretanto, o texto, tal como se encontra, não permite que se conheçam tais circunstâncias, a não ser para estudiosos do assunto; aos leitores comuns, apresentam-se como conceitos fechados. Assim também ocorreu quando o texto foi reproduzido, inúmeras vezes, por autores que desconheciam ou não julgavam serem relevantes as atenuantes oferecidas pelo contexto, prejudicando o compositor.

O estudo do mesmo contexto permite ainda que se depare com uma aparente contradição de Mário de Andrade, que merece ser mencionada, conceitualmente vinculada a este trabalho, obrigando a outra digressão.

---

218 Andrade, M. de, op. cit., p.203. Neste trecho, é inegável o parentesco com o *Ensaio*, o que se torna ainda mais evidente algumas linhas abaixo, ao falar que a Rússia contemporânea repudiou Stravinski e Kandinski, observação que geraria controvérsias e que também está presente no *Ensaio*, à página 17 (edição utilizada). Também é interessante comparar a atitude de Mário de Andrade em relação à primeira ópera de Mignone, *O contratador de diamantes*, assunto de *Ariel*, n.11, que é comentado anteriormente (ver nota de rodapé específica). Nota-se agora que Mário de Andrade tenta aproximar-se de Mignone para trazê-lo ao grupo modernista.

Um mês antes da controversa Temporada Lírica, entre os dias 27 e 29 de agosto, Mário de Andrade escreveu o libreto da ópera cômica *Pedro Malazarte*, entregando-o a Camargo Guarnieri, que concluiu sua composição em 1932. Em artigo que escrevi sobre *Pedro Malazarte*, destaquei a atitude contraditória do escritor.

Se levássemos em conta o que Mário de Andrade, no ano de 1928, escrevia em jornais contra as "Temporadas Líricas Oficiais", desancando sobretudo a malversação do dinheiro público na subvenção da montagem e apresentação de óperas já muito conhecidas, destinadas a um público restrito, não poderíamos imaginá-lo escrevendo um libreto de ópera no mesmo ano.[219]

Mais luzes sobre o assunto que poderiam esclarecer esse estranho comportamento podem ser encontradas no próprio *Compendio*, especificamente no capítulo "Classicismo", em que Mário de Andrade comenta a "contradição bastante ridícula de viver o drama da vida em teatro".

Mas não o é na Ópera Cômica porque esse ridículo é mais um elemento de comicidade, mais um elemento de prazer. O que é contradição no drama musical, vira valor estético na comédia musical. Quanto mais prazer desinteressado, mais artístico é. A Ópera Cômica é a única solução perfeita da arte dramático--musical.[220]

Ao retornar ao curso principal, pode-se observar que o restante do texto destaca somente aspectos positivos de Carlos Gomes e sua música. Em certo ponto, Mário de Andrade até se contradiz, em favor do compositor, contrariando um de seus principais temas recorrentes. Em vez de condenar sua ida para a Itália, perdendo a oportunidade histórica de tornar-se o fundador da música nacional, o escritor afirma justamente o contrário: "ele

---

219 Rodrigues, *Pedro Malazarte*, uma ópera modernista. *Brasiliana*, n.26, p.14-5, dez. 2007.
220 Andrade, M. de, *Compendio de historia da musica*, 1929, p.110. Alguns anos mais tarde, em 1933, durante a temporada lírica paulistana, Mário de Andrade sofrerá uma reconversão à ópera, voltando a admirar esse gênero de espetáculo. No fim de sua vida, criará o libreto da ópera coral *Café*, que não verá ser musicada, pois Mignone, a quem foi destinada, preferiu não a realizar. A relação de Mário de Andrade com a ópera foi objeto de estudo de Jorge Coli, resultando em algumas publicações, das quais se destaca Coli, J., op. cit., p.316-32. A ópera Café é estudada em Tosi, *Café: uma ópera de Mário de Andrade:* estudo e edição anotada.

CARLOS GOMES – UM TEMA EM QUESTÃO   225

tinha o lugar de verdadeiro iniciador da música brasileira". E, utilizando-se da racionalidade que faltava às primeiras avaliações do compositor realizadas pelos modernistas, acrescenta: "porque na época dele, o que faz a base essencial das músicas nacionais, a obra popular, inda não dera entre nós a cantiga racial". Portanto, o compositor não poderia ser cobrado por não haver realizado música característica brasileira em sua época (p.159).

No *Compendio*, pela primeira vez entre todos os textos estudados, Mário demonstra maior conhecimento analítico de duas óperas de Carlos Gomes: em primeiro lugar o *Escravo* e depois o *Guarani*. Sempre se referindo ao nome dos personagens em português, destaca alguns trechos do *Escravo*, detalhando suas localizações na partitura e realizando comentários de interesse estético-musical. Dentre eles, destaca-se a referência a Wagner e à utilização do motivo condutor por Carlos Gomes, preludiando seu célebre artigo sobre a ópera *Fosca*, escrito em 1933, que estuda a questão com profundidade e que ainda será objeto deste livro.

É sintomático que, no fim do texto, Mário de Andrade refira-se a Villa-Lobos, de maneira inesperada, ao dizer: "Carlos Gomes é a retórica da barbárie, enquanto Vila-Lobos [sic] não surgia pra ser tantas feitas bárbaro duma vez" (p.163). Quase na conclusão, pouco antes da exortação em favor do compositor, que supomos dirigia-se aos modernistas históricos, a inclusão de Villa-Lobos estabelece relação de continuidade e consequência entre os dois compositores, negando o pensamento modernista dos primeiros anos, que os situava em lados opostos. Se não fosse intencional essa atitude de Mário de Andrade, que mais poderia justificar a isolada citação de Villa-Lobos, em um contexto que lhe é estranho?

Com isso, enfraquece a imagem artificial anterior, criada por razões estratégicas, colocando-os em seus momentos históricos próprios e desfazendo o equívoco de confrontar, em iguais condições, artistas que não compartilharam a mesma época e não viveram os mesmos contextos artístico-sociais ou até mesmo histórico-geográficos.

Vem então a parte conclusiva que, se não é dirigida aos moços, como declara o autor, e nem à população geral, que nunca deixou de admirar Carlos Gomes, somente poderia ser endereçada aos intelectuais brasileiros e justamente àquela parcela que ainda conservava certo menosprezo para com o compositor, ou seja, os modernistas históricos e os que deles receberam influência. Esse é o momento em que Mário de Andrade conclama todos a que se faça justiça a Carlos Gomes, sem qualquer irreverência, pondo em destaque o posto que o compositor ocupa na *"realidade* brasileira".

Após haver estudado as diversas partes do texto,[221] é possível propor uma última reflexão sobre sua origem. Partindo da hipótese que o que estivera anteriormente planejado para a *Bucólica,* com o nome de "Elogio de Carlos Gomes", e que foi suprimido no *Ensaio sobre a música brasileira* teria sido adicionado ao *Compendio,* resultando no texto específico referente a Carlos Gomes.

Como primeiro argumento, são consideradas somente razões práticas para a opção que teria sido escolhida por Mário de Andrade: a proximidade cronológica entre *Ensaio* e *Compendio*; o ritmo alucinante e a multiplicidade de seu trabalho; o pouco tempo de que dispunha para concluir seus projetos.

Os demais argumentos nos seriam dados pelas características do próprio texto: a desproporção entre as dimensões daquilo que é destinado a Carlos Gomes e o restante do capítulo sobre "Música artística brasileira", no *Compendio,* do qual ocupa praticamente a metade; o texto não só ignora qualquer organização cronológica interna como quebra a ordem cronológica observada em todo o restante do capítulo, fazendo-o retroceder no tempo; no texto, a natureza do conteúdo é analítica, extensiva, enquanto no capítulo, ao contrário, a matéria é muito mais condensada; todas essas razões contribuem para que o texto adquira o aspecto de um grande apêndice, adicionado a outro texto de diferente natureza.

Por fim, restam algumas observações complementares. O mesmo texto, tal como se apresenta no *Compendio,* não caberia no *Ensaio* em sua forma final. Suas dimensões, o conteúdo analítico detalhado, o enfoque laudatório ao compositor são todas características que destoariam do conteúdo normativo e objetivo do *Ensaio.* Ao contrário, no *Compendio,* sua presença seria menos prejudicial, mesmo tornando desigual – talvez propositalmente – a importância que acabou sendo dada a Carlos Gomes diante dos demais compositores e fatos da história musical brasileira.

---

221 A primeira parte (p.158) destaca o compositor como melodista, à guisa de introdução, e teria sofrido a inserção da digressão sobre o envelhecimento do teatro de óperas; a segunda parte (p.158-63), corpo principal do texto, demonstra a ocorrência de elementos de origem nativa em sua música para justificar a assertiva de ser ele o "iniciador da música brasileira"; a terceira parte (p.163-4), conclusão, exorta ao reconhecimento de sua importância no cenário musical brasileiro.

De outro lado, o teor de exortação, da parte final do texto, adequar-se-ia muito bem ao caráter de "programa de ação" do *Ensaio*, denunciando suas origens. No contexto modernista, considerando os antecedentes, "Elogio de Carlos Gomes" poderia ser título de desagravo. Entretanto, o conteúdo do texto que se conhece, no *Compendio*, bem poderia ostentar esse título, ao qual a exortação final somente acrescentaria significado, dando-lhe natureza de verdadeiro desagravo ao compositor.

***

Numerosas outras referências a Carlos Gomes podem ser encontradas em diferentes setores da copiosa produção de Mário de Andrade. Normalmente, são rápidas alusões a ele ou sua música, a maioria das vezes em textos jornalísticos de pequena extensão, como crônicas e críticas de arte, porém podem ocorrer em textos de maior envergadura, como os diversos ensaios.

Nesse período estudado, Mário publicou ainda um de seus mais importantes ensaios, "O Aleijadinho",[222] culminando um processo que se iniciou em 1919, ano em que o escritor realizou sua primeira viagem a Minas Gerais. Desde essa data, em diversas ocasiões, Mário de Andrade mostrou-se convencido da genialidade do artista mineiro e, mais do que isso, passou a afirmar ser ele o único gênio verdadeiro entre todos os artistas brasileiros. Como já foi mostrada, a questão da genialidade de Carlos Gomes é um tema recorrente em Mário de Andrade; o compositor até alcançou esse *status* em algumas ocasiões, mas somente Aleijadinho nunca viu questionada sua condição de gênio durante toda a trajetória de Mário de Andrade.

Publicado em 1928, o texto do ensaio serve melhor para conhecer o pensamento de Mário de Andrade do que para o estudo sobre o compositor, pois traz somente uma única menção passageira a ele. Em muitos outros textos do escritor, Carlos Gomes torna-se exemplo para explicar algum fato ou conceito e, dessa vez, não é diferente:

> No fundo, a generalidade dos brasileiros não temos confiança no que é nosso, a não ser depois que estranhos nos autorizam ao samba, a Carlos Gomes e à baía de Guanabara.[223]

---

[222] Andrade, M. de, O Aleijadinho. In: *Aspectos das artes plásticas no Brasil*.
[223] Ibid., p.24.

Mário de Andrade, inúmeras vezes, denunciou esse problema brasileiro e, em algumas ocasiões, o compositor voltaria a ser citado. O aspecto combativo do texto, porém, não se restringe às questões estéticas, destacando-se também pelo estudo da situação do mulato na sociedade colonial, assunto que ocupa toda a seção inicial do ensaio. Sua importância foi reconhecida por alguns autores: "*O Aleijadinho* do Mário de Andrade é, nos seus contornos mais evidentes, um dos primeiros brados de anti-racismo produzidos no país".[224]

Além de ser um dos mais extensos textos que escreveu sobre Aleijadinho, suas consequências foram igualmente amplas, sobretudo entre os intelectuais mineiros, para os quais Mário de Andrade exerceu função aglutinadora e quase messiânica.

O problema é que os mineiros não reconheciam suficientemente os traços peculiares de seu passado. Foi Mário de Andrade quem primeiro percebeu, inserindo-o em toda sua grandeza na História do Brasil. No seu *O Aleijadinho*, mostrou aos condiscípulos de Belo Horizonte que Minas tinha sua própria identidade e que os mesmos poderiam ser diferentes dentro das nossas letras.[225]

A vertente mais numerosa, porém, dos textos em que se encontram ligeiras referências a Carlos Gomes é aquela dos textos jornalísticos, embora tenham sido produzidos em períodos limitados, nos quais Mário de Andrade colaborava com algum órgão de imprensa.[226] Um dos mais produtivos períodos, parte dele compreendido neste livro, é aquele em que escreveu regularmente para o *Diário Nacional*.

Esse jornal era órgão oficial do Partido Democrático, nascido para constituir oposição ao poderoso PRP, que governava o estado. A partir do fim de agosto de 1927, Mário de Andrade tornou-se responsável pela maioria "das críticas de Artes plásticas, Música e Literatura" publicadas pelo jor-

---

224 Fonseca, E., Mário de Andrade e os mineiros: um depoimento. In: Silva (Org.), *Mário universal paulista: algumas polaridades*, p.23.
225 Ibid., p.22.
226 Deles, muitos foram publicados novamente, e esse foi o universo de pesquisa deste livro, que não priorizou fontes primárias, nesse caso, como comentado anteriormente.

nal, atuando também como cronista, em 1928, até o "momento em que o jornal é fechado", em setembro de 1932.[227]

Estão lá amigos que conhecem e apóiam a luta modernista e até mesmo um companheiro genuíno, Sérgio Milliet. A direção respeita suas idéias e o arrojo de suas propostas de "língua nacional". A composição e a revisão têm ordem para acatar – e o fazem, na maioria das vezes – sua ortografia, sua sintaxe e seus neologismos.[228]

Durante quase um ano,[229] Mário de Andrade produziu crônicas regularmente, publicadas em uma coluna do jornal que ostentava o título de "Táxi", no qual a estudiosa responsável pela republicação dos textos vê especial significado.

O título é uma feliz escolha; ao mesmo tempo que estabelece a vinculação ao contemporâneo, tão ao gosto dos modernistas, sugere o empenho do intelectual participante que usa da imprensa de massa como seu veículo. "Táxi" conduzirá sua opinião, da mesma forma que em 1922 a revista *Klaxon* propagara a modernidade.[230]

Quanto aos textos republicados, nenhum deles é, especificamente, sobre Carlos Gomes e poucos são aqueles que tratam de música, ou dos músicos, como tema principal. Entretanto, como já foi dito, as menções ao compositor podem surgir em diferentes textos, inesperadamente. Na crônica da série "Táxi", "Pessimismo divino", de 1929, Mário de Andrade contesta aqueles para os quais a música é a expressão mais profunda da sensibilidade humana e discute essa complexa questão interdisciplinar.

Aceito ainda que às vezes a música seja expressão de estados líricos intensos substituindo "profundeza" que é metáfora por "intensidade", mais legítimo.

---

227 Lopez, Mário de Andrade no *Diário Nacional*. In: Andrade, M. de, *Táxi e crônicas no Diário Nacional*, p.15.
228 Ibid.
229 De 9 de abril de 1929 a 5 de fevereiro de 1930, quando o nome "Táxi" é eliminado da coluna. Ibid., p.18.
230 Ibid.

Carlos Gomes inventando a ária "ciel di Paraíba" estava certamente num estado lírico muito mais intenso que quando inventou as graças leves e amaneiradas da balada de Cecília.[231]

Duas outras referências, ainda pertencentes à série "Táxi", não são exatamente sobre o compositor, mas sobre seu monumento no Anhangabaú. O texto é uma curiosa reflexão sobre a funcionalidade das estátuas, defendendo a ideia de que elas só se tornam verdadeiramente educativas, fazendo lembrar os personagens que representam, quando obstruem o caminho dos transeuntes. Na rua, onde pessoas circulam livremente, "não passarão jamais de bronzes pobres".

Critica também a egolatria dos que substituem "o culto dos mortos pelo culto das estátuas":

> Quais são os que apenas conhecem mais intimamente a obra de Carlos Gomes dentre os que povoaram com porcelanas ocasionalmente de bronze a escadaria do Anhangabaú?[232]

Não é somente o monumento a Carlos Gomes que é comentado, e nem é ele o objeto central do artigo; entretanto, deve-se lembrar sua importância no episódio de *Macunaíma*, em que o herói sente-se atraído pela possibilidade de viajar à Europa, episódio que promove o encontro simbólico dos dois personagens, Macunaíma e Carlos Gomes, anteriormente estudado.

A última referência ao compositor, dentro do período estudado, ocorre na crônica "Aleijadinho", publicada em 30 de maio de 1930. Seu texto resume alguns pontos do ensaio "O Aleijadinho", estudado acima, publicado no mesmo ano, com o qual está profundamente relacionado. As citações ao compositor ocorrem nas mesmas circunstâncias, com a mesma função de exemplo do assunto em questão, mudando somente os demais personagens citados.

---

231 Ibid., p.99. Ao primeiro trecho do *Escravo*, Mário de Andrade dá realce especial, no *Compendio*, qualificando-o como "sublime". O outro trecho, do *Guarani*, nem é lembrado. A suposição é que ali estão pela proximidade da escrita do *Compendio*. Cf. Id., *Compendio de historia da musica*, 1929, p.161-2.
232 Id., *Táxi e crônicas no* Diário Nacional, p.150. A crônica intitula-se "O culto das estátuas", e sua continuação leva o mesmo nome, com a indicação "II". Foram publicadas nos dias 24 e 29 de setembro de 1929 e estão reproduzidas entre as páginas 147 e 150.

CARLOS GOMES – UM TEMA EM QUESTÃO   231

A maior fatalidade que impediu a fixação da grandeza dele em nós, foi não termos tido nenhum estrangeiro que nos viesse ensinar que o Aleijadinho era grande. Nós só nos compreendemos quando os estranhos nos aceitam. Exemplos típicos: Carlos Gomes e Villa-Lobos. Brecheret também.[233]

A derradeira obra a ser estudada, *Modinhas imperiais*, foi publicada em 1930,[234] obra que custou a Mário de Andrade anos de pesquisa, a julgar pela observação de Lopez: "A cronologia que dá com relação à coleta de dados para *Modinhas imperiais* mostra que em 1922 já fazia pesquisa de campo".[235]

O texto do "Prefácio" discute, inicialmente, a controvérsia em torno da paternidade da modinha, se brasileira ou portuguesa, na qual o autor prefere não opinar com certeza. Afirma que, até o fim do romantismo, todos os poetas mais ilustres haviam sido musicados nas modinhas (p.6). Mário pensa que a modinha originou-se da música erudita europeia e, como tal, permaneceu no Brasil até o século XIX, quando participou de um raro processo cultural que a fez deixar de ser música erudita para tornar-se música popular (p.8). A partir desse ponto, encontram-se as informações técnicas de maior interesse, descrevendo algumas de suas características musicais mais frequentes (p.8-11). As "Notas" (p.12-6) podem ser de ainda maior importância que o "Prefácio", pois Mário de Andrade estende-se em explicações minuciosas de cada uma das peças musicais.

Embora Carlos Gomes tenha sido sempre associado a modinhas, sobretudo por autores do século XIX que jamais se esqueciam de "Quem sabe?", em *Modinhas imperiais* há somente algumas referências ligeiras ao compositor, que pouco acrescentam, além de nenhuma de suas composições estar ali publicada. Uma das razões é evidente: aquela modinha, a mais conhecida delas, praticamente já pertencia ao domínio público e, quanto a possíveis outras, um comentário de Mário de Andrade alguns anos mais tarde poderia esclarecer: "O próprio Carlos Gomes, italianizado pelo seu destino, dei-

---
233 Ibid., p.205. Cf. Id., O Aleijadinho. In:. *Aspectos das artes plásticas no Brasil*, p.24.
234 Id., *Modinhas imperiais*, 1980. A publicação consiste de dezesseis peças musicais, antecedidas por "Prefácio", "Notas", "Bibliografia musical consultada" e "Bibliografia citada", todos os textos de Mário da Andrade.
235 Lopez, *Mário de Andrade*: ramais e caminho, p.77.

xou modinhas e hinos patrióticos que já se afastavam, pela maior pesquisa erudita, da suave boçalidade das nossas modinhas e lundus de salão".[236]

***

Não seria possível, em um capítulo que se encerra por volta de 1930, pretendermos continuar estudando as demais obras de Mário de Andrade que possuem referências significativas a Carlos Gomes. Elas continuarão existindo até o fim da vida do escritor. Os limites temporais estabelecidos para o próximo capítulo comportariam esse estudo; entretanto, realizá-lo da mesma maneira que foi feito até aqui estenderia o trabalho muito além das possibilidades. Buscou-se então uma solução para fazê-lo, mantendo-o nesse mesmo contexto em que se trata de Mário de Andrade, porém de maneira sucinta, sem estudar as obras uma a uma, mas buscando as referências ao compositor em determinadas obras-chave da produção e da estética do escritor, e dessa forma avaliar a permanência de Carlos Gomes no imaginário de Mário de Andrade.

Recorreu-se ao auxílio, como referencial, de um esquema proposto por Coli, em 1972, para "situar as etapas mais básicas da evolução do pensamento musical" do escritor, por meio do qual se pode ter uma visão panorâmica de toda sua vida ativa, porém resumida em tópicos. Em seguida, seguiu-se a localização e o estudo das referências ao compositor, em cada uma das etapas propostas.[237]

A primeira etapa, cuja característica é o "apelo à nacionalização da música brasileira", possui seu "núcleo" situado no fim da década de 1920, com o *Ensaio* e *Macunaíma*, aos quais poderia ser acrescentado o *Compendio* para completar o que é aqui denominado "trilogia", obras essenciais para a compreensão do período, com o sustento de textos de menor extensão, mas não menor importância, como o ensaio "O Aleijadinho". Essa etapa praticamente corresponde ao período estudado até aqui, em que a presença de Carlos Gomes tornou-se notória, acompanhando a evolução do pensamento de Mário de Andrade.

---

236 Andrade, M. de, Os compositores e a língua nacional. In: *Aspectos da música brasileira*, p.33.
237 O esquema proposto encontra-se em Coli Jr., Jorge Sidney. Mário de Andrade: introdução ao pensamento musical. *Revista do Instituto de Estudos Brasileiros*, n.12, p.114n-115n, 1972.

A etapa seguinte é aquela da "consciência da crise da técnica artística na produção brasileira: apelo ao artesanal como elemento moralizador". Seu ponto culminante é alcançado em "O artista e o artesão", de 1938, ou "Cultura musical", de 1935. Essa etapa traz consigo duas preocupações características que serão mencionadas posteriormente.

Dentro desse período, há também um artigo que ilustra a importância da técnica e do trabalho artesanal, "Carlos Gomes e Villa Lobos", datado de 6 de dezembro de 1934 e destinado ao *Diário de S. Paulo*, que não foi publicado. Em 1994, Flávia Toni publicou-o, pela primeira vez, na revista *Cultura Vozes*.[238]

Nesse artigo, Mário de Andrade observa que, até hoje, somente dois músicos brasileiros conseguiram ganhar a atenção do mundo: Carlos Gomes e Villa-Lobos. Inicialmente, vê uma vantagem do segundo, a de ter sido sempre um pesquisador, enquanto "Carlos Gomes só uma vez, com a *Fosca*, me parece ter realmente procurado se elevar e progredir". De outro lado, "a lição dele é muito mais eficaz, importante e social que a de Villa Lobos", explicando sua afirmação. Já está presente o tema da regressão estética após a *Fosca*.

Antes, porém, retorna à questão da genialidade, opinando que "Villa Lobos é mais genial que Carlos Gomes", mas é tudo. Em contraposição, seu autodidatismo "não é apenas lamentável, como atinge as raias da ignorância".

Carlos Gomes é exatamente o contrário. Carlos Gomes tem um *métier* formidável não apenas conseguido à custa dos anos, mas o "métier" do operário intelectual que estuda e aprende e enfim sabe pra então principiar a sua criação. [...] mas a sua honestidade, o seu "métier" de operário probo, o exaltaram e exaltam ainda. Porque não apenas no Brasil, mas no mundo Carlos Gomes, atrasado, envelhecido, corroído pelas doenças musicais italianas do seu tempo, permanece firme e já agora com seu valor fixo. É um nome da música universal. Esta é a lição máxima dele, a grande finalidade em que ele permanece mais que todos vivo em nossa memória. [...] Foi honesto, teve o que ninguém quer ter, "métier". Deu-se a um trabalho a que ninguém quer se dar, o estudo quotidiano e irremediável. E por isso ele ainda se conserva o Maior.[239]

---

238 Andrade, M. de, Carlos Gomes e Villa Lobos. *Cultura Vozes*, v.88, n.2, p.86-9, mar./abr. 1994.
239 Ibid., p.88-9.

Em "O artista e o artesão", pouco depois, Mário reafirma que, se o artista não for, ao mesmo tempo, artesão, ou seja, "que não conheça perfeitamente os processos, as exigências, os segredos do material que vai mover", poderá até ser artista, mas não será bom artista. Poderá tornar-se artista verdadeiro à medida que se torne artesão.[240] Mário de Andrade refere-se às artes plásticas, porém a transposição para a música é imediata. Está claro que Carlos Gomes é apresentado como um artista que, antes de tudo, era também artesão e essa qualidade garantiu-lhe a sobrevivência mesmo com todas as adversidades, tornando-se exemplo a ser seguido pelas novas gerações.

Serão retomadas então as duas preocupações que também caracterizaram essa etapa. A primeira delas é a "preocupação com a técnica de composição e interpretação vocal", que gerou, em 1936-1937, o "Primeiro Congresso da Língua Nacional Cantada". Em tema tão específico, não poderiam faltar referências a Carlos Gomes, sobretudo em se tratando do canto. O objetivo de Mário de Andrade, porém, era o estudo do canto em língua nacional, o que representa parcela diminuta da produção do compositor. Foi então que o escritor encontrou a tradução do *Guarani*, para a língua portuguesa, realizada por Paula Barros, para oferecer seus exemplos, dando afinal algum relevo a Carlos Gomes em um contexto que, a princípio, não lhe favoreceria.[241]

A segunda preocupação é aquela "com o efeito psicológico e com a natureza coletivizadora da música", a qual culminaria com "Terapêutica musical", de 1937. Sete anos antes, porém, em 1930, já está presente no artigo "Dinamogenias políticas", no qual Mário de Andrade analisa alguns exemplos de "dinamogenias rítmicas", no caso, frases entoadas ritmicamente pela coletividade, que foram recolhidas por ele na ocasião em que o povo de São Paulo recepcionou Getúlio Vargas e João Pessoa.[242] Ao analisar uma determinada "célula rítmica" que lhe aparenta significar "a fatalidade abatida, a escravidão", oferece alguns exemplos de sua ocorrência, em obras

---

240 Cf. Id., O artista e o artesão. In: *O baile das quatro artes*, p.12.
241 Cf. Id., Os compositores e a língua nacional. In: *Aspectos da música brasileira*, p.53-5. Essa versão do *Guarani* foi publicada em 1938, tendo havido uma representação da ópera em 20 de maio de 1937, no Teatro Municipal do Rio de Janeiro, utilizando-a. A filha do compositor, Itala Gomes Vaz de Carvalho, conseguiu proibir, na justiça, futuras execuções da mesma versão.
242 Esse fato ocorreu no início de janeiro de 1930. Está narrado em Sevcenko, op. cit., p.305-7.

do repertório internacional, recordando-se então de outros exemplos, existentes nas óperas de Carlos Gomes.

Só lembro mais a documentação de Carlos Gomes, gênio muito maior do que se supõe. No "Guarani" e no "Escravo", as passagens de Pery, de Ilara, de Iberê, todos mais ou menos escravos, abundam dessa célula rítmica. Lembro-me de uma fala mui submissa de Pery, secundando a Dão Antônio, quasi toda criada nesse ritmo. No "Escravo", numa das primeiras cenas, quando o conde acaba de ler a carta delatando a revolta dos escravos, a orquestra bate em fortíssimo essa célula rítmica. E o tema que acompanha Iberê, e com o qual ele entoa as palavras "Libero nacqui al par del tuo signor", também finaliza com essa mesma batida da escravidão e da fatalidade.[243]

A terceira etapa, já na década de 1940, caracteriza-se pela "confiança na solidez da formação nacionalista dos compositores brasileiros, apelo a sua consciência artesanal e através dela, política". O texto de referência dessa fase é "Evolução social da música no Brasil", escrito em 1939, mas publicado em 1941. Nesse texto, a seção que trata do Império traz diversas referências a Carlos Gomes; entretanto, quando seu autor anuncia o surgimento da "maior figura musical que o Brasil produziu até agora", não é do compositor que fala Mário de Andrade, mas de Francisco Manuel da Silva.

Sua grande importância resulta da participação decisiva no destino das duas principais instituições musicais do Império: o Conservatório, do qual foi o fundador, e a Academia Imperial de Ópera. O que ali está implícito é que, embora tenha exercido ainda outras atividades, o que realmente lhe deu maior significado foi sua participação social.

Mário de Andrade afirma que Carlos Gomes foi o "resultado de tudo isso"; sem a existência de Francisco Manuel, teria sido improvável sua trajetória. De maneira mais contundente, reitera que, "quanto mais eu estudo Carlos Gomes, mais admiro Francisco Manuel". Por fim, o compositor consegue ter seu valor reconhecido: "Como arte, Carlos Gomes é a síntese

---

243 Andrade, M. de, *Música, doce música*, p.110. Mais tarde, em 1944, Mário de Andrade volta a citar esses exemplos de Carlos Gomes no artigo "Músicas políticas III", do "Mundo musical". Cf. Coli, J., *Música final*: Mário de Andrade e sua coluna jornalística Mundo musical, p.130-3.

profana de toda a primeira fase estética da nossa música, a fase a que chamarei de 'Internacionalismo Musical'". No entanto, faz-se necessário ainda justificar seu papel social:

> Não quereria para mim o drama desses compositores profanos da fase internacionalista. Esforços graves eles fizeram, e o que é pior, nada compensadores, para adquirir uma realidade social mais legítima e brasileira. Refletiram nesse esforço, ingenuamente atrasados, o romantismo indianista, e nos deram "O Guarani", "O Escravo", "Moema" e outros sonhos e quimeras. Em todo caso, Carlos Gomes, com suas duas óperas brasílicas, assumiu uma finalidade social-nacional respeitável, fazendo-se o eco, embora romanticamente indianista, do movimento pela abolição. E que esse eco era consciente, o prova a dedicatória do "Escravo".[244]

Nessa etapa, o esquema proposto por Coli oferece-nos duas vertentes, das quais a primeira é: "música, pelas suas características intrínsecas ('Terapêutica musical') como arma política", remetendo-nos para os artigos do "Mundo musical", escritos entre 1943 e 1945. No primeiro artigo dessa série, "O maior músico", que já foi citado anteriormente, Carlos Gomes não é somente o antípoda, mas o exemplo contrário do humilde músico chinês, herói do texto, que é enaltecido pelo papel que exerceu na resistência aos invasores japoneses, atividade que o levou à morte: "Bem mais feliz que o brasileiro porém, não encontrou no seu caminho um mandarim bordado que o enviasse à ópera na Itália".

Da segunda vertente, que é definida como o "problema do compositor erudito expressando na sua obra um caráter 'ético' e social", o exemplo sugerido é "Chostacovitch", prefácio do livro de Victor Seroff, escrito no próprio ano da morte de Mário de Andrade, 1945. Ali não se encontra nenhuma referência a Carlos Gomes ou suas músicas, embora haja rápidas menções aos nomes de alguns compositores, entre eles Verdi e Wagner, que pertenceram ao mundo da ópera.

Entretanto, dessa mesma época são os artigos do "Mundo musical". Dentre eles, há grupos de artigos que configuram verdadeiras séries inter-

---

244 Andrade, M. de, Evolução social da música no Brasil. In: *Aspectos da música brasileira*, p.22. O trecho sobre o Império, que inclui todas as citações realizadas, está compreendido entre as páginas 19 e 22.

nas, as quais obedecem a sua própria lógica sequencial, tal como ocorre com a série denominada *O banquete*, que mereceu publicação em separado. Ela contém diversas referências a Carlos Gomes; duas delas estão relacionadas ao tema da regressão estética após a *Fosca*, porém ali está também aquela que tem o propósito de realçar sua participação social, questionando os compositores atuais. Reitera o episódio já mencionado anteriormente, em "Evolução social da música no Brasil".

> Carlos Gomes, bem conscientemente, como prova a dedicatória do "Schiavo", foi em música o companheiro de Castro Alves na campanha abolicionista. Tudo música a serviço de alguma coisa a mais que um simples diletantismo estético. E hoje! Com exceção do Villa Lobos coral, quem mais faz música de serviço social, neste ano da graça de 1944, neste dia sem graça de 9 de novembro![245]

Com o valioso auxílio do esquema de Coli, pode-se perceber a insistente presença da evocação de Carlos Gomes em cada uma das diferentes etapas da evolução do pensamento ideológico-musical de Mário de Andrade. O escritor foi em busca de múltiplas facetas do compositor e sua música para servir-lhe de exemplo, em cada nova etapa da vida, mesmo que o exemplo fosse negativo, o que ocorreu poucas vezes.

A presença constante do compositor ratifica a afirmação anterior e demonstra sua permanência no imaginário de Mário de Andrade, ainda que este tenha alterado seus fundamentos em tantas ocasiões, como de fato ocorreu. Em alguns casos estudados, pode-se supor que tenha havido até esforço do escritor para acomodá-lo, a ele ou sua música, em alguma categoria que justificasse sua presença, em um novo sistema de referências. Em geral, foi-lhe concedida, em cada etapa, a possibilidade de servir como exemplo e o privilégio de ocupar posições de destaque nos mais diversos contextos.

Epílogo

Ao longo do estudo empreendido no início deste livro, acompanha-se a busca de possíveis contatos de Mário de Andrade com cada uma das obras

---

245 Id., *O banquete*, p.124.

ali estudadas, a maioria delas da autoria de consagrados literatos da época, constatando que poucas foram aquelas que, com segurança, se poderia afirmar que tivessem alcançado seu conhecimento, sobretudo antes da Semana de Arte Moderna. Recordando mais uma vez que Mário de Andrade era o único músico entre os modernistas, pode-se supor que ainda menor seria a probabilidade de que seus pares conhecessem tais obras, cujo assunto principal era Carlos Gomes ou sua música.

O movimento modernista foi liderado por literatos e estes, escolhendo como prioridade, nos primeiros momentos, o combate ao passado, abriram a primeira frente de batalha justamente contra os literatos do passado, os quais, porém, como foi visto anteriormente, foram os que mais contribuíram para transformar Carlos Gomes no maior herói brasileiro de seu tempo, imagem que se propagou por todas as camadas sociais do país. A identificação do compositor com tais literatos pouco lhe serviu de ajuda, e sim o contrário, tornando-se mais uma das razões que o transformaram em um dos alvos modernistas, aquele de maior representatividade popular.

Muito lhe pesou, também, ter sido autor da mais célebre ópera brasileira, *Il Guarany*, composta sobre um texto indianista, movimento literário duramente combatido pelos novos ideais estéticos, com o qual também passou a ser identificado, juntamente com seu personagem Pery, o "índio de ópera", tal como o denominaram seus algozes modernistas. Entre esses, entretanto, não houve uniformidade de postura e nem mesmo de comportamento em relação a Carlos Gomes. Cada um manifestou-se da maneira que lhe foi mais natural, provocando diferentes danos à imagem do compositor, mesmo que não lhe fossem dirigidos diretamente, como é o caso de Pery, seu personagem.

Entre as forças que agiram na mesma direção estão aquelas ligadas à ópera: o desgaste das óperas tradicionais e seu sistema de apresentações, baseado em companhias estrangeiras itinerantes; a inauguração do Teatro Municipal, cujas temporadas ajustaram-se mais ao gosto da elite governante, possibilitando apresentações de óperas de montagem mais complexa, como aquelas de Wagner; o surto wagneriano que varreu São Paulo, sobretudo nas temporadas oficiais de 1922 e 1923, envolvendo a vida social das altas rodas da cidade.

Entretanto, esse quadro mais desfavorável a Carlos Gomes possui limites temporais específicos, atingindo seu paroxismo durante um determinado período, que compreende cerca de um ano, antes e depois, da Semana de Arte Moderna. Após a primeira metade de 1923, com o surgimento da revista *Ariel*, torna-se evidente o processo de distensão em relação ao compositor.

O comportamento das manifestações, porém, não é similar quando o assunto central é o indianismo e seu personagem Pery, quase sempre com seu nome aportuguesado. Enquanto Carlos Gomes praticamente é abandonado, como tema, a partir de 1924, pelos modernistas não músicos – o que nunca acontecerá com Mário de Andrade –, as diferentes posições relativas ao indianismo tornam-se motivo de divergências entre tendências opostas que se tornam irreconciliáveis, arrastando consigo Pery, que assim continuará como protagonista até cerca de 1930.

Pode-se acompanhar nos textos estudados a evolução do pensamento nacionalista em busca da música de caráter brasileiro. Tal pensamento, em um primeiro momento, estigmatizou Carlos Gomes como um compositor italiano e, tomando-o como paradigma, utilizou-se do mesmo conceito para condenar os demais compositores que não abandonaram suas convicções internacionalistas.

A presteza com que o modernismo – como foi visto, antes de tudo, um movimento literário – chegou até a música deve-se a Mário de Andrade, o multidisciplinar líder do movimento. Suas infindáveis pesquisas sobre a cultura popular, que foram inicialmente aplicadas à literatura, vieram a ter aplicação decisiva para a vida musical brasileira, direcionando o comportamento dos compositores nacionalistas a partir de então.

Nesse momento, avulta-se mais um personagem que, na Semana de Arte Moderna, tivera papel secundário: Renato Almeida. Seus textos sobre música, inicialmente mais literários que musicais, serviram como exemplos a não ser seguidos para uma nova vertente da musicologia, de cunho menos literário, aberta por Mário de Andrade no Brasil. Porém, seus textos, além do papel de relevo que desempenharão na historiografia musical brasileira, servirão para demonstrar a evolução do próprio movimento modernista na área musical.

A admiração de Mário de Andrade por Carlos Gomes era antiga; como foi visto, remonta aos tempos de juventude, quando o conhecimento que possuía de sua música, conforme sugerem os indícios, era de natureza mais intuitiva, espontânea. Em contrapartida, a admiração que nutria por Wagner, no mesmo período, já era produto de muita análise e reflexão, tais como o demonstram suas partituras minuciosamente analisadas.

Ao sugerir que estivera presente à primeira representação de *Tristão e Isolda*, em São Paulo, no ano de 1911, Mário de Andrade deixa transparecer sua admiração por Wagner.[246] Ouso afirmar que, à época da Semana de Arte Moderna, seu conhecimento de Wagner era superior, mais bem fundamentado, que o de Carlos Gomes. Anos mais tarde, virá a decepção por Wagner, mais por razões ideológicas que musicais; entretanto, a imagem insistente de Carlos Gomes será sua companhia até o fim da vida, ganhando contorno e nitidez.

Passado o período conflituoso em torno da Semana de Arte Moderna, pouco a pouco, Mário de Andrade vai aproximar-se de Carlos Gomes. Em *Ariel*, com a dupla responsabilidade de também dirigir a revista, na maior parte do tempo, ainda não aparenta ser sincera a distensão que demonstra em direção ao compositor. A longa preparação da *Bucólica sobre a música brasileira*, que incluiria um "Elogio de Carlos Gomes", já indica o contrário, tornando-se evidente, no *Ensaio sobre a música brasileira*, o formato final da *Bucólica*. Porém, ali não está o "Elogio de Carlos Gomes".

Enquanto isso, o compositor torna-se presente, mesmo de maneira passageira, em diversos outros textos do escritor, incluindo *Macunaíma*. Terminando a década, como que se redimindo de posturas anteriores, Mário de Andrade finalmente reconhece Carlos Gomes como fundador da música brasileira na importante primeira edição do *Compendio de historia da musica*, infelizmente alterado nas edições seguintes, como será visto posteriormente.

Ali estaria o "Elogio de Carlos Gomes", conforme se supõem, demonstrando também que Mário de Andrade havia adquirido maior conhecimento da música do compositor, evidenciado por meio das análises de trechos do *Guarani* e do *Escravo*. Com os exemplos oferecidos, realiza o esforço de dar forma concreta aos vagos elementos brasileiros, denunciados na música de Carlos Gomes desde o século anterior, e que, no *Ensaio*, continuavam a ser definidos com a mesma vagueza, como "um rúim esquisito".[247] Ainda no *Compendio*, Mário de Andrade conclama seus correligionários a que dei-

---

246 Andrade, M. de (pseudônimo: Florestan), Companhias nacionais. *Ariel:* Revista de Cultura Musical, n.11, ago. 1924, p.384.
247 Id., *Ensaio sobre a música brasileira*, p.17.

xem toda a irreverência em relação a Carlos Gomes e façam justiça ao compositor, para ele, "o maior dos músicos brasileiros do passado", merecedor de "colocação excepcional" na realidade brasileira.[248]

Mário de Andrade vai ampliando, gradualmente, seu conhecimento sobre Carlos Gomes; poucos anos mais tarde, é o momento de a ópera *Fosca* ser analisada com cuidado, utilizando as ferramentas que lhe proporcionaram as análises de Wagner. As partituras de óperas de Carlos Gomes que pertenceram a Mário de Andrade mostram sinais evidentes de suas leituras, com numerosas anotações marginais, denunciando suas preferências. Assim, *Guarany*, *Lo Schiavo* e *Fosca* receberam de Mário de Andrade atenção especial, enquanto *Maria Tudor* e *Colombo* foram menos privilegiadas. *Salvator Rosa* não traz nenhuma anotação e, quanto a *Condor*, não nos foi possível encontrá-la.[249]

Para concluir, foi possível perceber a presença de Carlos Gomes nos mais diversos momentos da vida de Mário de Andrade. Ali estava ele, mesmo quando o escritor não falava de música, servindo de exemplo para ilustrar qualquer argumento, geralmente um bom exemplo, mas nem sempre... Carlos Gomes apresentava virtudes, porém também defeitos, o que se torna natural quando o personagem deixa as alturas da posição de herói para tornar-se um companheiro de jornada, uma lembrança sempre recorrente.

---

248 Id., *Compendio de historia da musica*, 1929, p.163-4.
249 Todas são reduções de canto e piano e encontram-se na biblioteca do IEB-USP.

3
CARLOS GOMES E O MODERNISMO:
O LEGADO CULTURAL

> *"A humanidade carece de rótulos pra compreender as coisas. Falando de modo geral, a humanidade não compreende as coisas, compreende os rótulos".*
>
> Mário de Andrade

Carlos Gomes na historiografia musical brasileira

A primeira publicação que será estudada é o número especial da *Revista Brasileira de Musica*, do ano de 1936,[1] dedicado exclusivamente a Carlos Gomes. São quase quinhentas páginas da revista que, em seus números ordinários, costumava ter bem menos páginas. Percebe-se a grandeza do significado que é dado à publicação por meio da importância dos nomes que assinam suas páginas introdutórias. O primeiro deles é o próprio ministro da Educação, Gustavo Capanema, que tem seu texto manuscrito reproduzido em fac-símile.

Servir ao Brasil não é apenas atuar sobre o momento que passa, sobre as coisas presentes. É também olhar para o passado, para as figuras excepcionais que compuseram o sentido que deve ter o nosso destino. Carlos Gomes foi uma dessas figuras decisivas. Neste ano, que marca o 1º centenário de seu nascimen-

---

1 *Revista Brasileira de Musica*, v.3, n.2, jul. 1936.

to, o dever de trazê-lo às nossas cogitações é maior. Façamos esta evocação, não apenas como uma homenagem de afeto, mas sobretudo como a afirmação de nossa perseverante vontade de dar ao Brasil aquilo que ele lhe deu: a vida inteira de esforço sem trégua.[2]

Participam também da seção introdutória o reitor da Universidade do Rio de Janeiro e o diretor do Instituto Nacional de Música, com seus respectivos textos, configurando ainda mais o aspecto oficial da publicação. A partir desses textos, pode-se afirmar que a posição oficial em relação ao compositor é praticamente a mesma da época do Império. O reitor Raul Leitão da Cunha deixa subentendida a crítica aos primeiros tempos da República, ao considerar a "glorificação de hoje" como uma reparação da "displicência" do país, nos últimos anos de Carlos Gomes (p.77).[3]

A primeira seção é dedicada às "Recordações pessoais"; são textos da autoria de pessoas que conviveram com o compositor, mesmo por pouco tempo, oferecendo depoimentos sobre episódios vivenciados. Portanto, são pessoas mais idosas que o restante dos autores dos artigos, compartilhando pontos de vista semelhantes à maioria dos autores estudados no início deste livro.

A segunda seção, intitulada "O homem e sua arte", trata de diversos segmentos da obra musical de Carlos Gomes, excetuando suas óperas, tais como modinhas, canções e músicas para piano. Contém ainda alguns artigos variados que se ocupam de sua vida pessoal e profissional. É a seção mais heterogênea da revista, onde já começam a aflorar heranças modernistas e demais tendências.

Nessa seção, destaca-se o brilhante artigo de Luiz Heitor Correia de Azevedo, "Carlos Gomes folclorista" (p.177-84), que por si só, no próprio título, evidencia uma entidade de grande interesse modernista, o folclore, nem assim tão presente no conteúdo do texto. Embora não seja o caso do artigo de Azevedo, nos textos que envolvem apreciação musical há casos em que se depara com certa superficialidade no tratamento do objeto estudado.

---

2 Capanema, Palavras de introdução. *Revista Brasileira de Musica*, v.3, n.2, p.75, jul. 1936.
3 A partir das diversas referências ao seu nome, nos artigos da revista, pode-se notar também que Luiz Heitor Correia de Azevedo, secretário de redação da mesma, foi o autor dos convites aos seus numerosos colaboradores, o que nos leva a crer que, na verdade, ele atuou como editor da obra.

Foram textos encomendados, o que se infere de seus próprios comentários, a pessoas de notório conhecimento, porém, nem todos demonstram familiaridade, ou especial interesse, pelo assunto proposto, ocorrendo até o caso extremo de o autor confessar sua contrariedade em relação ao mesmo.

O texto de Otávio Bevilacqua, "Carlos Gomes: a época e o meio em que viveu – suas modinhas", que abre a seção, é um bom exemplo do que foi dito (p.143-59). O autor torna evidente sua admiração por Wagner (p.145) e recorre a longas citações de textos anacrônicos[4] de Oscar Guanabarino – seu provável desafeto – que se justificavam em sua época e contexto, refletindo alguma inocência, para formar juízo de Carlos Gomes. Nas poucas páginas em que se ocupa das modinhas, sem nelas ver nenhum valor, o autor até se utiliza do critério modernista de avaliação segundo o teor de brasilidade, mas acaba revelando sua deficiência doutrinária ao desvalorizar a manifestação popular:

> As *modinhas* de C. G. [sic], contudo, falhas quanto a processos de arte erudita, são, como caráter, muito mais brasileiras do que a grande maioria da produção sua destinada ao teatro [...] (p.155).

O comprometimento com o modernismo torna-se fortemente evidente, no artigo de Eurico Nogueira França, "Carlos Gomes e a política do seu tempo" (p.164-7). Considerando que o músico "só penetra o espírito nacional pela assimilação do folclore da sua pátria", o autor utiliza a analogia do distanciamento da música de caráter brasileiro vivido por Carlos Gomes para deduzir, por conseguinte, que ele mantinha semelhante "alheamento" em relação às questões políticas brasileiras, como o abolicionismo. Embora reconheça que o Brasil do século XIX ainda não lhe fornecia "música típica", vê como trágico o destino do compositor, ao "se proclamar 'brasileiro e patriota', vendo sua arte inelutavelmente sujeita à lição européia" (p.165).

Enio de Freitas e Castro, em seu artigo "A música vocal de câmara de Carlos Gomes" (p.185-7), coloca-se de maneira ainda mais radical. O autor acaba revelando que seu posicionamento é consequência da admiração que nutre pela música alemã, sobretudo o wagnerismo; entretanto, há coinci-

---

4 Entre os textos citados, há trecho dos *Folhetins sobre a ópera* Fosca *de Carlos Gomes*, publicação em que Guanabarino, de forma ingênua, combate a música de Wagner.

dências entre suas ideias e alguns pontos do pensamento modernista dos primeiros momentos, como o repúdio à ópera italiana. Em suas palavras iniciais, confessa que há "profunda divergência" entre sua "maneira de sentir a música" e o que mostra o compositor por meio de suas obras. "Quase tudo o que lhe agrada está contra o meu gosto, tal como, em primeiro plano, a ópera italiana". Sugere que seu estudo seja visto mais como uma homenagem pessoal a Carlos Gomes (p.185).

Critica severamente a escola italiana, que priorizava a voz, a melodia, em detrimento de "uma boa interpretação musical do texto". Seus modelos admirados são os compositores alemães, que, lamentavelmente, não exerceram nenhuma influência sobre Carlos Gomes (p.186). Acredita que o compositor tenha escrito muitas obras do gênero – não utiliza, nem uma vez, a denominação "canção" –, porém, das trinta obras recebidas para realizar seu texto, escolhe uma para ser estudada "detalhadamente" e faz rápidas referências a mais duas, tudo isso em um espaço menor que uma página de texto. Conclui dando um "valor relativo" às canções de Carlos Gomes, cuja "construção é tida, escolarmente, como pobre e de mau gosto, porém corresponde talvez ao gosto da época em que foram escritas, tanto quanto às preferências do meio" (p.187).

O ponto alto da revista encontra-se em sua terceira seção, "As óperas", na qual diversos autores analisam as óperas de Carlos Gomes. Um dos destaques é o ensaio de Azevedo "As primeiras óperas: *A Noite do Castello* (1861), *Joanna de Flandres* (1863)"[5] (p.201-45). Essas óperas, compostas no período em que o compositor ainda era um estudante no Brasil, foram praticamente esquecidas pelos autores do século XIX a partir do momento em que ele obteve sucesso no exterior.

Os numerosos textos que estudamos no início deste livro mencionavam essas óperas da mesma maneira que o faziam com o "Hino acadêmico", ou seja, como feitos do passado, suplantados por glórias muito superiores. Poucos eram os textos que traziam algum dado suplementar às informações corriqueiras que pouco falavam das obras, ou mesmo sua execução. O texto de Alexandre José de Mello Moraes Filho representa uma das exceções,

---

5 O ensaio voltou a ser publicado, em livro, tornando-se mais acessível. Seu nome sofreu pequena alteração. Cf. Azevedo, L. H. C. de, As primeiras óperas de Carlos Gomes: *A Noite do Castello* (1861). *Joana de Flandres* (1863). In: *Música e músicos do Brasil*, p.158-202.

pois cita os nomes dos cantores que as interpretaram. A maior quantidade de informações encontra-se no texto de André Rebouças, "Notas biographicas: Carlos Gomes", que, infelizmente, estende-se somente até a estreia de *A Noite do Castello*; todavia, traz numerosas citações de matérias dos jornais da época que foram proveitosas, também, para Azevedo.

Até 1936, continuava a não existir nenhum estudo específico sobre essas óperas, daí a importância desse ensaio, destacando-se também a qualidade da pesquisa empreendida por seu autor. Outra inovação digna de nota é a existência de numerosos exemplos musicais, feito incomum, inclusive nos textos sobre música, que, muitas vezes, ainda eram escritos por literatos.

O ensaio oferece também muitas informações sobre a Imperial Academia de Música e Ópera Nacional, estando recheado de inúmeros testemunhos do passado, tanto matérias de jornais como obras históricas e biográficas, algumas delas conhecidas deste trabalho, da autoria de Cernicchiaro, Luiz Guimarães Junior e, principalmente, Rebouças, o autor mais citado. Em diversos momentos, torna-se perceptível o comprometimento do autor com o ideal do modernismo nacionalista, tal como quando fala da Ópera Nacional:

> Chegamos a ter, pois, nesse período áureo, teatro lírico em vernáculo, compositores e cantores de ópera e, o que é mais importante, a consciência de nós mesmos, a consciência de que estávamos fundando uma arte nova, que não tinha motivos para ser inferior aos modelos europeus.[6]

Em nota de rodapé, o autor destaca o período que vai da maioridade de Pedro II à Guerra do Paraguai como aquele em que houve a "descoberta intelectual do Brasil", irrompendo um "surto nacionalista, em todos os seus aspectos" (p.203).

Após resumir o enredo de *A Noite do Castello*, enfoca a recepção que a ópera recebeu, citando jornais da época com o apoio do texto de Rebouças, e começa a falar da música. Transcreve diversos exemplos musicais, reconhecendo que Carlos Gomes nessa ópera serviu-se fartamente dos modelos verdianos, e conclui a primeira parte descrevendo as polêmicas na imprensa

---

6 Azevedo, L. H. C. de, As primeiras óperas: *A Noite do Castello* (1861), *Joanna de Flandres* (1863). *Revista Brasileira de Musica*, v.3, n.2, p.203, jul. 1936.

envolvendo uma das cantoras, além da noite de estreia da ópera, tendo que recorrer mais uma vez a Rebouças.

Na época da segunda ópera, *Joanna de Flandres*, a situação da Ópera Nacional estava crítica. Uma mudança administrativa, de 1862, havia incumbido a empresa de organizar não somente os espetáculos de ópera nacional, mas também aqueles de ópera italiana. Isso gerou conflito de interesses entre ambos os setores, com prejuízo para o nacional. Abordando esse assunto e o consequente estado de abandono em que se encontrava a única casa de óperas do Rio de Janeiro, o autor dá início à segunda parte.

Se não estivesse vinculado ideologicamente ao modernismo, o autor não empreenderia a tarefa de demonstrar que, em relação à sua primeira ópera, Carlos Gomes estava agora mais distante dos modelos europeus e aproximava-se da música que se praticava no Brasil. Apresenta um resumo do enredo da ópera, passando então a abordar sua música, o que o faz recorrer aos exemplos musicais que o auxiliam a comprovar sua tese.

> O que nesta [*A Noite do Castello*] ainda havia de submissão à melodia italiana, de Donizetti ou Verdi, é substituído por um desenvolvimento linear diferente, afoitamente pessoal, do qual não está ausente, inteiramente, a ambiência musical da Pátria, isto é, uma certa ternura apaixonada que já se ia fixando nas modinhas e lundus do tempo.[7]

Em mais uma nota de rodapé, o autor comenta que o público da época percebeu a presença de um "novo jeito melódico" de Carlos Gomes e dividiu-se: parte considerou vulgar, o que Azevedo denomina *o primeiro chamado da terra*, e parte valorizou o procedimento, tal como quem escreveu uma matéria de jornal que tem trecho citado. Comenta ainda que a mesma matéria referia-se a um novo trabalho do compositor, "no qual todos os gêneros nacionais entram à porfia". Conjectura se essa obra teria sido perdida; não seria ela "a única tentativa de Carlos Gomes, no sentido de criar *música brasileira?*" (p.223-4).

A disputa mencionada entre os grupos divergentes que constituíam a empresa encarregada de montar a nova ópera provocou sua protelação diversas vezes, assunto que Azevedo desenvolve em quase todo o restante do

---

[7] Ibid., p.223.

CARLOS GOMES – UM TEMA EM QUESTÃO   249

ensaio, merecendo ser destacado seu exemplar trabalho de pesquisa, nos jornais da época, que fornece o cerne da matéria, lembrando ainda que o autor não pode mais contar com o apoio de textos biográficos, como o de Rebouças, que se limita à ópera anterior, porque os demais textos quase nada traziam sobre o assunto.

Outro mérito do ensaio é elucidar a verdadeira data da estreia de *Joanna de Flandres*, citada erroneamente em tantos trabalhos anteriores: dia 15 de setembro de 1863. A disputa entre as facções quase pôs em perigo a estreia da ópera, mas o público não se deixou levar pelas manifestações encomendadas, e Carlos Gomes conseguiu seu segundo grande triunfo.

Encerrava-se ali o sonho da Ópera Nacional, assunto que despertou o interesse de muitos estudiosos, inclusive Mário de Andrade.[8] No fim do ensaio, Azevedo elucida mais uma data controversa: o dia em que Carlos Gomes partiu para a Itália, 9 de dezembro de 1863. Mesmo depois de seu próprio esforço para demonstrar a presença de elementos brasileiros na ópera estudada, o autor reproduz trecho de matéria do *Jornal do Commercio*, de 1863, referindo-se a *Joanna de Flandres*, que merece ser citado:

> Tem ele muita facilidade e espontaneidade na composição; essa mesma facilidade, contudo, o faz às vezes descer da altura em que poderia manter-se e cair aqui e ali no trivial. O estilo é puramente italiano, sendo, talvez, a falta de cunho próprio que, por vezes, faz parecer imitação o que todavia não é de ninguém, antes, quando muito, seria de todos.[9]

A primeira ópera do período italiano de Carlos Gomes é estudada, no artigo "*Il Guarany* (1870): algumas palavras sobre a ópera", de João Itiberê da Cunha (p.246-50). É um texto muito resumido, que se ocupa mais do prelúdio da ópera, mas comenta rapidamente também algumas outras passagens. A razão de tudo isso, justifica-se seu autor, é porque foi obrigado a elaborar o texto em pouco tempo para suprir a desistência de alguém (p.249).

---

8   Com o pseudônimo de Florestan, Mário de Andrade trata do assunto na revista *Ariel*. Cf. Andrade, M. de (pseudônimo: Florestan), Companhias nacionais. *Ariel*: Revista de Cultura Musical, n.11, p.383-6, ago. 1924.
9   Apud Azevedo, L. H. C. de, op. cit., p.245.

Ressalta que grande parte do sucesso obtido pela ópera foi por causa do conjunto de elementos atrativos ao público que possuía, um verdadeiro "delírio de exotismo!". Na seção final, cita Guimarães Junior, para comentar os fatos que envolveram a estreia da ópera, e termina com um lugar-comum, afirmando que sua Protofonia é o segundo Hino Nacional, "página fremente de patriotismo", com a qual Carlos Gomes "penetrou na imortalidade".

Dentre os estudos das óperas de Carlos Gomes, um deles está vinculado a este trabalho mais que qualquer outro. É o artigo *"Fosca* (1873)" (p.251-63), de Mário de Andrade, que já havia sido publicado em número anterior da mesma revista do ano de 1934, embora sem os exemplos musicais agora integrados ao corpo do texto.[10]

Trata-se de trabalho pioneiro na musicografia brasileira porque é um texto de apreciação crítica inteiramente fundamentado na análise musical. Desde o início deste livro, encontram-se textos cujos autores, geralmente literatos, referem-se a procedimentos que qualificam como "análises musicais", embora sejam, quase sempre, descrições de suas "impressões" subjetivas, vivenciadas perante determinados trechos musicais específicos. Mesmo em diferentes artigos desse mesmo número da revista que ora estudamos, há exemplos de temas e trechos musicais, todavia seu propósito é somente ilustrar alguns procedimentos comentados.

O artigo de Mário de Andrade, porém, abre novos caminhos para a musicologia brasileira. O autor não se abstém da apreciação subjetiva, sobretudo quando comenta sobre elementos tais como drama, caráter e até a própria música, entretanto realiza a identificação e classificação de diversos procedimentos musicais, baseando-se na observação analítica do comportamento dos mesmos. De maneira mais específica, procede a análise sistemática de todas as principais entidades temáticas da ópera.[11]

---

10 O artigo foi publicado, pela primeira vez, no *Diário de S. Paulo* de 20 dezembro de 1933; no ano seguinte, na *Revista Brasileira de Musica*, v.1, n.2, jun. 1934. Toni(Apres.), Carlos Gomes: a Fosca. *Revista do Instituto de Estudos Brasileiros*, n.40, p.253, 1996.

11 Em outubro de 1934, quase um ano após a primeira publicação do artigo, Mário de Andrade mostra preocupação com a ausência de análises em textos sobre música, comentando o lançamento de livro sobre Carlos Gomes, de Hermes P. Vieira, já citado. Lamentando que parte do livro só contenha poemas, acrescenta: "Isso: poesia, gente! Mas análise, não". Andrade, M. de, *Música e jornalismo: Diário de S. Paulo*, p.247.

No primeiro parágrafo, o autor já se mostra convencido do valor da obra que comentará; afirma que ela representa o "ponto culminante" que decidirá a estética do compositor doravante. Antes de falar da música, Mário de Andrade contextualiza a *Fosca* em seu entorno, esforçando-se por aceitar as justificativas práticas – o autor ainda reluta – daquilo que considera um retrocesso: a criação de *Salvador Rosa*, após uma ópera que "representa realmente, dentro da obra do campineiro, o talvez único momento em que ele pretendeu se elevar acima de si mesmo" (p.252).[12]

Mário de Andrade argumenta que somente a escolha de Ghislanzoni como seu libretista, o mais famoso dos libretistas italianos do momento, é prova de que Carlos Gomes "pretendia se elevar". Reconhece que o libreto "é musicalmente bem feito", embora seja, "humanamente falando", uma "bobagem inominável" (p.252).

O autor cita o *Guarany* e o *Escravo*, atribuindo-lhes valor simbólico, porque "representam idéias raciais, idéias nacionais, tendências evolutivas de nacionalidade, e principalmente reivindicações sociais". A *Fosca*, ao contrário, é "desprovida de qualquer interesse social"; necessitaria que o compositor possuísse tamanha genialidade, que "a sublimidade da música eternizasse a obra" (p.253).

Ressalta a qualidade da orquestração da ópera, afirmando que ela é "uma das obras-primas da música dramática do séc. XIX italiano". Nesse momento, Mário de Andrade realiza um de seus maiores "achados" no campo da apreciação musical. É quando observa a ambientação que Carlos Gomes criou na *Fosca*, a qual ele mesmo denomina "música sobre fundo de água". Tratando-se de ópera cujo enredo envolve corsários e os habitantes de Veneza, que transcorre toda ela junto ao mar, Mário de Andrade percebe que o compositor utiliza com frequência "movimentos barcarolados", ou seja, faz uso de compassos e andamentos que permitem subdivisão ternária, os quais, com naturalidade, se assemelham ao movimento de barcarolas (p.254).

A capacidade dramática do compositor é outro ponto que destaca, dizendo que "acerta muito bem no princípio lírico-dramático de caracteri-

---

12 Segundo Jorge Coli, a ocorrência "do criador que perde a alma artística para conquistar seu público é, evidentemente, oposta a todos os princípios éticos que Mário de Andrade sempre exigiu do artista". Coli, J., *Música final*: Mário de Andrade e sua coluna jornalística *Mundo musical*, p.321-2.

zação especial de cada cena". Há trechos que não são exatamente belos, contudo nos convencem por sua dramaticidade, e esta não se apresenta na simples leitura musical da obra, mas no teatro, o que demonstra o potencial teatral de Carlos Gomes (p.254).

Em *Quale orribile peccato*, vê antecipação do "caráter da melódica de Puccini", o lirismo ardente de *Mme. Butterfly*. Reconhece, porém, que a *Fosca* não vive apenas de seu drama: "na maioria das vezes, essa perfeição de dramaticidade se une a uma real beleza musical", tal como na introdução e no dueto que abre o segundo ato de Paulo e Delia (p.254).

A qualidade da "polifonia vocal" é mais uma das virtudes da ópera, principalmente nos duetos onde as "linhas se entrelaçam", não apenas harmonicamente, mas melodicamente também, sem que uma seja apenas suporte harmônico da outra. Com firmeza, afirma que o fim da ópera é um "modelo de estilo concertante" e "um dos finais mais admiráveis da ópera italiana". A orquestração, acrescenta, é surpreendente e causa admiração; o compositor procura libertar-se do "cantabile sistemático" que passa para a orquestra, enquanto a voz assume um "recitativo mais livre". Entretanto, o que ainda mais o surpreende é a "sistematização do motivo condutor" (p.254-5).

Mário então conjetura se Carlos Gomes conheceria a música de Wagner, sem encontrar razões para crer em uma resposta positiva, embora, na *Fosca*, os temas condutores sejam tão abundantes que até justificariam a pecha de "wagneriana" recebida pela ópera no meio italiano. Questiona se isso não teria sido por influência de Pedro II, protetor de Carlos Gomes e notório admirador de Wagner, uma atitude deliberada para agradar ao imperador (p.255).

Esse é o momento da longa reflexão de Mário de Andrade sobre o uso do *leitmotiv*, que se inicia com compositores anteriores a Wagner e prossegue até a sistematização do processo por ele realizada, um dos pontos altos do texto. Revela o profundo conhecimento que o escritor possuía da matéria, deixando transparecer também sua admiração pelo compositor alemão. Por fim, conclui que Carlos Gomes conhecia o processo "apenas pela rama", embora o tivesse empregado com frequência, aplicando-o, no entanto, não na verdadeira "acepção wagneriana" (p.255-6).

> Para ele o motivo-condutor [sic] é apenas uma recordação de valor expressivo psicológico, [...] não é um elemento de criação sinfônica, não procede da te-

matização curta própria da sinfonia e da música pura instrumental, [...] Mesmo aparecendo também na orquestra [...] não são elementos sinfônicos, são exatamente elementos melódicos, usados com caráter de melodia acompanhada, [...] jamais é um elemento de contextura, próprio para formar o tecido sinfônico, [...] sem ter a natureza, tem a essência da música vocal. Esse conceito vocal de melodia acompanhada é o que especifica o motivo-condutor [sic] de CARLOS GOMES, e mostra que ele, conhecendo por alto a teoria wagneriana, jamais praticara, ou quasi nada, a obra de Wagner.[13]

Abandona temporariamente a discussão teórica para identificar os dez temas condutores da *Fosca*, com fartos exemplos musicais, frisando, porém, que, em três casos, o compositor utilizou o "motivo-condutor [sic] na mais legítima e wagneriana acepção do termo", como na "Escala dos corsários", por exemplo (p.257).

Na conclusão do artigo, situa a *Fosca* em relação ao *Guarany*, sem perder a oportunidade de criticar duramente a ópera italiana daquele período.

Não apenas a *Fosca* representa um grande progresso musical sobre o *Guarany*, mas esse progresso é principalmente fruto dum esforço de Carlos Gomes, que pretendeu fazer obra já mais complexa que o melodismo passarinheiro da ópera italiana oitocentista. Nesse esforço, Carlos Gomes pretendeu ligar-se à doutrina wagneriana do *leitmotif* [sic], enriquecendo com isso a sua orquestra e consolidando a estrutura geral da obra.[14]

Ressalta ainda o "valor intrínseco excepcional" da ópera e alivia o peso da responsabilidade colocada sobre o compositor, pelo caminho trilhado a partir de então, comentando que tal música era produto de um espírito "que a estupidez dos homens ainda não desiludira de sua generosidade", visão compreensiva e humana que o faz contradizer-se a si mesmo em relação ao início do artigo (p.262).[15]

---

13 Andrade, M. de, Fosca (1873). *Revista Brasileira de Música*, v.3, n.2, p.256, jul. 1936.
14 Ibid., p.262.
15 Também em *O banquete*, nas duas citações ao compositor que se referem ao mesmo problema, Mário de Andrade é inflexível na primeira, condenando-o, porém muda sua postura, na segunda, absolvendo-o. Cf. Andrade, M. de, *O banquete*, p.68, 112.

Em mais uma das múltiplas alusões à questão da genialidade do compositor, presentes em tantos textos seus, o escritor justifica o ostracismo da *Fosca* por não ser ela obra de um gênio "de primeira grandeza", pois os compositores que o são, somente com a "projeção da genialidade", garantem a sobrevivência de muitas óperas, inclusive aquelas que não passam de "obras secundárias" (p.262-3).

Entretanto, demonstrando conhecer a dura realidade do mundo da ópera e os interesses nacionais que nele estão envolvidos, Mário de Andrade recorda-se de outro fator decisivo para a sobrevivência de uma ópera: são os "fenômenos nacionais", que, nesse caso, não dirigiriam o interesse dos italianos, como ademais quaisquer outros povos, a continuar produzindo óperas de um compositor brasileiro em detrimento de seus próprios compositores nativos (p.263).

Em comunicação que realizamos na ANPPOM, em 2007, buscamos complementar alguns dados e reflexões de Mário de Andrade, a começar do suposto conhecimento que o compositor teria da música de Wagner. De um lado, estabelecer contato com a partitura de *Lohengrin*, a primeira ópera desse autor tocada na Itália, não seria difícil para Carlos Gomes, pois seu editor, à época, a Casa Lucca, era também o único representante e promotor da música de Wagner naquele país. Além disso, as primeiras audições daquela ópera, em Bolonha e Milão, antecederam e sucederam, respectivamente, com pequena distância temporal, a estreia da *Fosca*.

De outro lado, em *Lohengrin*, Wagner ainda não utilizava sistematicamente o *leitmotiv*, portanto, essa ópera não poderia servir como exemplo de tal procedimento para Carlos Gomes ou qualquer outro compositor. As óperas de Wagner que o utilizavam somente seriam ouvidas anos mais tarde na Itália. Nem se essa fosse a sua vontade o compositor brasileiro não poderia ter utilizado, na *Fosca*, a prática sistemática do *leitmotiv*.[16]

Ressaltamos ainda outro ponto: se Mário de Andrade tantas vezes externou seu pensamento de que a ópera italiana estava em decadência no século XIX, enquanto a ópera wagneriana representava o progresso, e utilizou, para estudar a *Fosca*, ferramenta de análise característica das óperas de Wagner,

---

16 Rodrigues, Mário de Andrade, ouvinte e leitor de Carlos Gomes. Disponível em: <http://www.anppom.com.br/anais/anaiscongresso_anppom_2007/musicologia/musicol_LRodrigues.pdf>. Acesso em: 5 out. 2009.

ou seja, a procura dos motivos condutores, supomos que sua atitude estribava-se mais no interesse de ressaltar as qualidades da obra que mostrar suas deficiências. Seria mais uma atitude positiva em relação a Carlos Gomes. Por fim, é interessante observar que, nem uma vez sequer, em todo o artigo, Mário de Andrade faz qualquer objeção ao fato de Carlos Gomes ter feito ópera sobre assunto de interesse totalmente italiano, levando-nos a crer que ele, um dos iniciadores do modernismo, já via à distância alguns posicionamentos iniciais do movimento que, no entanto, mostram-se intocados em textos de outros autores, inclusive nessa mesma revista.

Um dia após ser publicado pela primeira vez o artigo de Mário de Andrade sobre a *Fosca*, o que ocorreu no dia 20 de dezembro de 1933, a ópera foi apresentada em São Paulo, no Teatro Santana, por uma companhia italiana. No dia seguinte, dia 22, no *Diário de S. Paulo*, Mário de Andrade voltou a escrever sobre a ópera, dessa vez não somente baseado em análise da partitura, mas na audição de sua própria música. A diferença entre as duas formas de apreciação da obra não passou despercebida ao escritor, comentando que, às vezes, pode-se ter ótima impressão da partitura, mas vê-la desfeita no teatro, ou então, localizar todas suas fraquezas por meio da análise e, depois, não as perceber na audição de sua música.

Embora eu conhecesse, por obrigação de ofício, muito particularizadamente a *Fosca*, e apesar de toda a admiração que já tinha pela opera, confesso que assim mesmo ainda ela me surpreendeu ontem pelo seu valor extraordinário. [...] Carlos Gomes era realmente um músico dramático de grande valor. Talvez a *Fosca* seja, nesse sentido, a sua melhor criação. É extraordinário como ele consegue valorizar as situações, aproveitando sempre com inteligência as melhores possibilidades dramáticas que o libreto lhe consegue. [...] E não é apenas no valorizar as intensidades dramáticas que está o gênio teatral de Carlos Gomes, como também na riqueza de contrastes, na extrema variedade de ambientes musicais que ele cria. [...] Por tudo isso, a *Fosca* é digna de se ouvir. E de fato ela demonstrou ontem uma pujança de vida, um poder de convicção esplêndido. Não envelheceu.[17]

---

17 Andrade, M. de, *Música e jornalismo:* Diário de S. Paulo, p.121-2. Esse texto é entremeado de numerosos exemplos de trechos musicais da ópera, comentados por Mário de Andrade, justificando sua apreciação.

Se esse texto for comparado com o início da seção sobre o compositor, no *Compendio de historia da musica*, estudado anterioriormente, será possível verificar significativa mudança do pensamento de Mário de Andrade. Enquanto ali afirmava que as óperas de Carlos Gomes eram inexequíveis, atualmente, porque envelheceram, assim como tantas outras óperas de diferentes compositores,[18] o mesmo critério de avaliação é utilizado agora para valorizar a *Fosca*, que "não envelheceu".[19]

Os demais textos sobre as óperas de Carlos Gomes são muito variados em forma, conteúdo e qualidade. O artigo de Leo Laner, "*Salvator Rosa* (1874)", concentra-se somente no prelúdio sinfônico da ópera, realizando interessante análise, mas sua página inicial contém proposição totalmente diferente daquela aceita pela maioria absoluta dos autores. Advoga que *Salvator Rosa* não representa uma regressão na carreira do compositor, conclusão que, afirma, foi estabelecida por críticas superficiais. Um exame mais aprofundado revelaria que Carlos Gomes evoluiu sempre, a partir do *Guarany*, que seria, ao contrário do que se apregoa, a mais limitada ópera do compositor (p.264-9).

"*Maria Tudor* (1879)", de Salvatore Ruberti (p.270-92), ocupa-se da reprodução de todo o libreto da ópera e seus detalhes de enredo, de maneira que os exemplos musicais têm a única função de ilustrar os trechos comentados. Merece destaque o testemunho do depoimento do grande maestro italiano Gino Marinuzzi, que muitas vezes esteve regendo no Brasil, enaltecendo *Maria Tudor*, ópera que estaria injustamente no esquecimento porque representava uma "manifestação de arte superior e imortal" (p.270).

O mesmo autor que escreveu sobre o *Guarany*, João Itiberê da Cunha, é também responsável por outro estudo, "*Lo Schiavo* (1889)". Novamente é um trabalho superficial, bem aquém do merecimento da obra, destacando-se, porém, alguns comentários que acompanham determinados exemplos musicais, como a "Dansa dos Tamoyos" (p.298), e alusões nacionalistas que evidenciam a familiaridade do autor com algumas ideias modernistas em voga (p.293-9).

---

18 Andrade, M. de, *Compendio de historia da musica*, 1929, p.158.
19 Um dia depois, foi apresentada a *Força do destino*, de Verdi, e Mário de Andrade voltou a usar o mesmo critério, afirmando que essa ópera havia envelhecido. Reitera então que a *Fosca* "não envelheceu e é admirabilíssima". Id., *Música e jornalismo: Diário de S. Paulo*, p.124.

"*Condor* (1891): notas sobre a estética dessa ópera", de Andrade Muricy (p.300-7), é mais consistente que o artigo anterior. O autor inicia falando das dificuldades vividas por Carlos Gomes, compositor que era dono de "inquietação interior", abundância inventiva e fértil imaginação, no limitado ambiente italiano de seu tempo. Além disso, ele possuía "a intuição do interesse arquitetônico na música dramática" e criava, com facilidade, temas breves que facilitavam o trabalho sinfônico. Também transpunha temas líricos para "um plano de heroicidade expressional" que favorecia o sinfonismo, mas não poderia, em seu tempo, encontrar campo propício, na Itália, para essa sua tendência (p.300-3).

De outro lado, o autor rechaça que Carlos Gomes tenha empregado o *leit-motif* [sic] [*leitmotiv*]. Expõe seu conceito sobre esse procedimento para prová-lo e, com isso, revela sua real admiração por Wagner (p.303).

Os temas orientais que o compositor utiliza, em *Condor*, não passam de "meras notas de pitoresco exótico", para criar a ambiência da ópera, sendo tão decorativos quanto as marchas turcas de Mozart e Beethoven. Contesta aqueles que afirmam que *Condor* seja pobre em melodias: "o caráter melódico é que mudou". O compositor já não segue os "caminhos batidos do *bel canto*" (p.303). Com convicção, afirma que Carlos Gomes foi mais que um precursor do verismo de Mascagni; foi um modelo para seu "Hino ao sol". Outra característica do verismo que ali está presente são as frases melódicas flexíveis, "menos quadradas e convencionais" que aquelas de óperas anteriores, o que é ilustrado por alguns exemplos musicais (p.304-5).

Por fim, ressalta a qualidade dos monólogos de Zuleida e Odaléa, comentando rapidamente a recepção da crítica e conclui reafirmando que não existia o wagnerismo de Carlos Gomes. Seu temperamento impetuoso "exigia expressão imediata", o que somente lhe poderia dar a melodia, e, por essa razão, sua música "é quase sempre linear" (p.306-7).

A última obra estudada é "*Colombo* (1892): análise musical do poema", título do artigo de Salvatore Ruberti (p.308-16). Ao contrário do texto anterior do autor, sobre *Maria Tudor*, que se concentra no libreto da ópera, o artigo preocupa-se um pouco mais com a música, como sugere seu título. No entanto, o termo "análise musical", discriminado no título do artigo, limita-se à descrição de cada passo do enredo da obra, seguida do comentário sobre seu correspondente acontecimento musical, geralmente na orquestra. Assemelha-se aos textos destinados a "acompanhar" a escuta de obras musicais tão comuns nos países de língua inglesa. Seu mérito reside no profundo conhecimento e admiração do autor pela obra, tornando seu trabalho honesto e consistente naquilo a que se propõe, o que permite ao leitor acompanhar cada passo da ação representada, dando-lhe a compreensão geral de *Colombo*.

A quarta seção da revista destina-se ao estudo do Epistolário que envolve o compositor. Foi visto, no início deste livro, que tal estudo já despertava interesse desde o fim do século XIX, sobretudo pela distância que nos separava de Carlos Gomes, vindo a adquirir maior importância ainda sob a luz do positivismo e da valorização documental. Novamente é a Azevedo que se deve o ponto máximo da seção, por meio de seu admirável trabalho "Carlos Gomes e Francisco Manoel: correspondência inédita (1864-1865)" (p.323-38).

O destaque do texto é a transcrição de cartas inéditas que se encontravam no Arquivo do Instituto Histórico e Geográfico Brasileiro, compreendendo um período de dois anos, 1864-1865, que são os primeiros anos de Carlos Gomes na Itália, período que sempre esteve envolto em mistérios, quase desconhecido pelos biógrafos do século XIX, justamente porque não se havia obtido acesso a tais documentos.

A transcrição das cartas é entremeada por valiosos comentários e notas de Azevedo. Esse trabalho ganhou importância histórica, pois esclareceu alguns episódios ainda nebulosos da vida do compositor, dentre eles um dos preferidos dos mencionados autores do século XIX: a gênese do *Guarany*. Quando Carlos Gomes teria iniciado a composição dessa ópera era uma questão que estimulava fantasias, entre as quais aquele episódio que teria sido o início de tudo, que se tornou mais conhecido, evocando o encontro casual da obra de Alencar, traduzida para o italiano e anunciada, em pregão, por humilde vendedor ambulante nas ruas de Milão.

O mistério é parcialmente esclarecido na carta de 3 de maio de 1865, em que o compositor lamenta a extinção da Imperial Academia de Música e Ópera Nacional, relatando que isso o desestimula a escrever o *Guarany*, por cujo libreto já teria pago oitocentos francos (p.334). A mesma carta esclarece também, anteriormente, a conturbada chegada do compositor, com problemas de saúde, em decorrência do frio de Milão, e acompanha o período em que se debatia com o estudo do contraponto nas aulas privadas de Lauro Rossi.

As razões da não aceitação de Carlos Gomes no Conservatório de Milão constituem outro episódio que ganha novas luzes: em vez do alegado motivo de ser estrangeiro, houve problema de vagas e sua idade ultrapassara o limite de entrada no Conservatório (p.326-7). Pode-se ainda conhecer melhor, por meio das cartas, a atividade musical brasileira da época e sua correspondente, de Milão, com a qual o compositor decepciona-se e não deixa de denunciar, em três cartas pelo menos, a decadência em que se encontrava a vida musical italiana e, em particular, a milanesa (p.331, 333, 338).

Azevedo não é condescendente com o manifesto egoísmo do compositor e sua alienação dos problemas brasileiros naquele momento histórico, recordando-se de que o país estava envolvido na Guerra do Paraguai (Nr, p.329-30). Entretanto, diante do quadro de dificuldades e inadaptação do compositor na Itália, o que se depreende das cartas, é difícil imaginar como Carlos Gomes alcançou tão grandes conquistas em tão curto espaço de tempo depois.

Em seguida, encontra-se um grupo bem mais numeroso de cartas que estão reunidas sob o título de "Cartas diversas" (p.339-83). Tal como o título sugere, muitos são os destinatários: familiares, amigos que cuidavam dos interesses do compositor, como Theodoro Teixeira Gomes, da Bahia (p.347-58), e Manoel José de Souza Guimarães, do Rio de Janeiro (p.358-66), duas das pessoas mais próximas ao compositor em diferentes períodos, e também músicos, como o compositor Francisco Braga (p.377-80). São cartas tão diversas que podem atender a variados interesses, tanto de estudiosos como de pesquisadores, fornecendo-lhes subsídios para aclarar múltiplas passagens da vida do compositor.

O último grupo de cartas refere-se, principalmente, à atividade profissional de Carlos Gomes; são as "Cartas aos editores G. Ricordi & Cia. (1873-1895)" (p.384-416), que foram enviadas à *Revista Brasileira de Música* pelo próprio estabelecimento Ricordi, segundo informações em rodapé. As mesmas não estão traduzidas para o português, o que limita seu alcance, porém elas constituem precioso material, principalmente para a compreensão do mecanismo que geria a complexa relação entre compositor e editor, algo um tanto distante do imaginário que hoje possuímos do assunto.

A última seção da revista tem por título "Contribuições várias" (p.419-78). Nela destacamos o trabalho de Roberto Seidl, "Carlos Gomes (ensaio de bibliographia)" (p.445-57), que nos serviu como texto de apoio ao primeiro capítulo deste trabalho. Sua virtude é mencionar algumas obras que não estão incluídas, na *Bibliografia musical brasileira*, de Luiz Heitor, ao menos na seção destinada à bibliografia específica sobre Carlos Gomes, o que nos causou estranheza, devido à proximidade entre os dois autores.

Ousamos afirmar que é inquestionável a importância do número especial da *Revista Brasileira de Musica* dedicado a Carlos Gomes para todos aqueles que se interessam pelo estudo do compositor. Embora seja uma publicação oficial, destinada a homenageá-lo, não está repleta de textos encomiásticos, sem nenhum conteúdo crítico, o que a diferencia, por exemplo, da maioria das publicações estudadas no Capítulo 1, demonstrando que se tratava de um novo tempo, porém, sobretudo, que o pensamento que dirigiu a escolha dos autores era bastante plural.

Entretanto, a revista apresenta considerável heterogeneidade quanto à qualidade do conteúdo de suas matérias, do que, de um lado, não se pode atribuir alguma culpa a seus organizadores, ao que parece liderados por Azevedo, pois os autores convidados representam o que possuíamos de melhor no Brasil para o cumprimento do projeto, de outro, demonstra a carência de musicólogos brasileiros competentes que, mesmo opinando de maneira diversa, poderiam garantir melhor conteúdo a seus escritos.

Azevedo e Mário de Andrade destacam-se do contexto como duas torres, tal a diferença da qualidade de seus trabalhos em relação aos demais. Entre estes, há nomes bastante conhecidos, todavia verifica-se que Azevedo necessitou recorrer a pessoas de atividades muito diversas para completar seu quadro de colaboradores. Assim, há críticos musicais, professores, militantes da área da ópera, mas somente ele e Mário de Andrade, de forma estrita, poderiam ser chamados de musicólogos, a julgar pelos trabalhos apresentados.

As posturas críticas são bem-vindas, justamente para dar ao trabalho feição de seriedade, e tanto Azevedo como Mário de Andrade não se esquivam de apontar deficiências na conduta de Carlos Gomes, ou sua própria música, após analisarem o máximo de circunstâncias envolvendo o objeto estudado; entretanto, há autores que partem de posições preconcebidas e realizam seus estudos até com desdém, de maneira superficial, desmerecendo completamente alguns setores da produção musical do compositor, que qualquer análise mais cuidadosa poderia demonstrar o contrário.

Nesse caso, enquadram-se os wagnerianos e germanistas, que não conseguem livrar-se de suas rígidas referências, para, ao menos, analisar a música de Carlos Gomes em relação a seu contexto italiano. Isso ocorre com Otávio Bevilacqua, Enio de Freitas e Castro e, em certa proporção, Andrade Muricy.

Quanto ao modernismo, ninguém mais apresenta as mesmas posições radicais dos primeiros anos do movimento em relação ao compositor. Talvez até a revista, como sendo publicação oficial, não o comportaria, mas alusões restritivas ao italianismo de sua música afloram, embora brandamente, em alguns textos, como no ensaio de Azevedo sobre suas primeiras óperas e o texto do crítico Eurico Nogueira França.

Por fim, supomos que se deva ao comprometimento com o pensamento modernista a atitude especial que transparece em alguns textos de Azevedo, o qual procura realçar, justamente, determinados aspectos de maior valor, na hierarquia modernista, em obras do compositor. É o caso, por exemplo, do destaque que é dado aos elementos folclóricos, no método de bandolim, composto por Carlos Gomes em 1890, ou do cuidadoso garimpo de elementos modinheiros que o autor empreende na segunda ópera do compositor, *Joanna de Flandres*, estreada em 1863.

Dentre as numerosas biografias de Carlos Gomes, surgidas em torno de 1936, motivadas pelo centenário de seu nascimento, há uma que não poderia deixar de ser aqui estudada. Foi afirmado na "Introdução" que esse estudo só se ocuparia de biografias em que o autor estivesse vinculado ao restante do trabalho. Pois é esse o caso do autor da biografia em questão, Renato Almeida, um dos personagens destacados do capítulo anterior, cuja relação com o modernismo e Mário de Andrade tornou-se notória. Vale recordar que as referências a Carlos Gomes em seus primeiros textos, incluindo a *Historia da musica brasileira*, de 1926, refletiam o antagonismo ao compositor que caracterizou os momentos iniciais do movimento modernista.

Trata-se de mais uma publicação oficial, com a chancela do Ministério da Educação e Saúde. O que melhor representa o pensamento de seu autor, em relação ao personagem a quem se refere o texto, encontra-se em suas páginas finais. É ali que o autor esclarece a natureza de seu trabalho, entretanto suas palavras geram dúvidas sobre sua própria sinceridade, no ato de realizá-lo. Ali também Renato Almeida assina o texto, com a data de "março de 1936", embora a publicação tenha ocorrido somente no ano seguinte, em 1937.

Não cabe aqui discutir o mérito da sua obra. Ao traçar esta rápida biografia de Carlos Gomes, conforme instruções de Sua Excelência o Senhor Ministro Gustavo Capanema, que, na realização de um alto e fecundo programa de cultura e civismo, tomou a si orientar e dirigir as celebrações do primeiro centenário do nascimento do grande músico, excluí dela qualquer intenção de crítica, limitando-se aos comentários quase que indispensáveis a encaminhar a narrativa.[20]

O texto que será estudado a seguir é um resumo biográfico, de pouco mais de trinta páginas, ilustrado com fotos e imagens do compositor e membros de sua família, além de reproduções fotográficas de algumas páginas de suas obras e outros documentos. É dividido em cinco capítulos, precedidos por pequena introdução: "Aurora", "Ascensão", "'O Guarani' e a Glória", "Tarde" e "A imortalidade". Os títulos dos capítulos já permitem supor que as concepções do autor haviam sofrido mudanças.

A introdução é rica de significados e somente ela fornece elementos suficientes para diversas reflexões (p.3-4). "Carlos Gomes teve o privilégio de contaminar com o *Guarani* a sensibilidade brasileira e assim ser o nosso músico por excelência"; essas são as primeiras palavras do texto. Compara as realizações de Carlos Gomes com aquelas de outros compositores brasileiros, porém estes "não chegaram a impressionar as massas e se conservam apenas na admiração das classes cultas", o que somente o *Guarani* conseguiu realizar, sobressaindo-se inclusive às demais obras do compositor. Estas "perderam a vibração, envelheceram e não têm projeção fora da música" (p.4).

O sortilégio foi do *Guarani*, já pelo assunto sensível ao nacionalismo sempre pronto à glorificação do índio, já pela música ardente e colorida, cuja vibração facilmente comoveu o nosso lirismo.[21]

A maior popularidade do *Guarani* era fato já presente nos textos estudados no primeiro capítulo, quase todos do século XIX, inclusive sua alusão

---
20 Almeida, *Carlos Gomes*, p.36-7. O fim do texto citado remete à nota de rodapé, na qual o autor reproduz o parágrafo final de sua *Historia da musica brasileira*, 1926, que faz severas restrições ao compositor, incluindo afirmações tal como a de que sua música prendeu-se a "gênero vulgar" e sua composição, em geral, era "pouco sólida", conceitos que a formação musical do autor não lhe autorizariam emitir (p.37).
21 Ibid., p.3.

como símbolo nacional, entretanto era incomum considerá-la superior em relação às demais óperas de maneira tão convicta. Separava-se seu valor patriótico do valor musical e costumava-se reconhecer a superioridade musical, ao menos, da *Fosca* e *Lo Schiavo*.

Como texto oficial encomendado, espera-se que sua natureza seja encomiástica, o que Renato Almeida consegue realizar durante quase todo o tempo; todavia, por intenção própria ou ausência de habilidade, o autor acaba gerando alguma impressão desfavorável ao compositor em determinados momentos. Por exemplo, pode-se ler que o mérito do *Guarani* não se deve à sua música; que as demais óperas "envelheceram", não conseguindo firmar-se "fora da música". Diante disto, a tarefa precípua de Carlos Gomes, a composição musical, não poderia ser mais desvalorizada.

Outra questão, da mesma natureza, nasce da afirmação de que "pouco importa" que o compositor "considerasse menos essa ópera do que as outras", sem levar em conta que Carlos Gomes, ao fazê-lo, pensava justamente na diferença do valor musical de suas óperas. Sendo assim, o que diz Renato Almeida também poderia ser lido de outra maneira: "pouco importa" que o valor musical do *Guarani* seja menor que o das demais óperas, ou mais além, que o valor musical não importa, desprezando praticamente a necessidade desse tipo de avaliação, diante os demais critérios.

Conclui a introdução deixando transparecer o contexto patriótico-nacionalista que cercava a efeméride de Carlos Gomes, que, como vimos, foi adotada pelo governo brasileiro da época, embora lhe sendo, também, muito conveniente:

> A comemoração, agora celebrada em todo o Brasil, é ao autor do *Guarani*, e ele perdura no nosso patrimônio espiritual com a garantia de duração perpétua. Não será apenas a glória de Carlos Gomes, mas a primeira afirmação de uma música brasileira.[22]

O conteúdo da biografia praticamente nada acrescenta aos textos do mesmo gênero que foram estudados no início deste livro, a não ser algumas alusões a determinadas preocupações modernistas ou contribuições recebidas de estudos mais recentes. No entanto, em função da natureza da publi-

---

22 Ibid., p.4.

cação, assunto que já comentamos anteriormente, o autor exclui de seu texto muito do que já escrevera sobre Carlos Gomes, com pouquíssimas exceções.

Almeida reconhece as contribuições dos textos precedentes, mencionando seus autores, entre eles Guimarães Junior, Mello Moraes Filho e Visconde de Taunay; contudo, mostra-se atualizado, incorporando informações de publicações bastante recentes, principalmente o livro biográfico escrito pela filha do compositor, Itala Gomes Vaz de Carvalho, publicado em 1935, *A vida de Carlos Gomes*, e textos de Mário de Andrade. Esses estão presentes como citações creditadas e como conceitos subjacentes que lhe são atribuídos, ora sim ora não.

Exemplo desses conceitos é o já mencionado envelhecimento das óperas de Carlos Gomes, característica que as tornaria inexequíveis nos dias atuais, um conceito que Mário de Andrade emitiu, em 1922, na revista *Klaxon*, e reiterou-o mais tarde em seu *Compendio de historia da musica* – por sinal citado diversas vezes por Almeida, no formato de sua segunda edição –, ao meu ver, motivado pela campanha que realizava, naquele momento, contra as temporadas líricas oficiais, assunto estudado no segundo capítulo.[23]

No texto de Almeida, os dois primeiros capítulos reproduzem publicações anteriores do autor, com duas curiosidades: afirma que o pai de Carlos Gomes era "de descendência portuguesa", informação frequente nas biografias do compositor publicadas em Portugal (p.6); emite algumas opiniões pessoais, sempre que esteja em desacordo com os fatos narrados, como, por exemplo, discorda dos que afirmam que o pai de Carlos Gomes "egoisticamente queria guardar o filho ao seu lado" (p.7). Tal procedimento do autor não se restringe aos capítulos iniciais.

Já no início do capítulo central, o mais longo deles porque trata do período que vai do *Guarani* ao *Escravo* (p.15-28), encontra-se mais um dos remanescentes de seus textos anteriores, conceito caro ao autor que persiste desde sua primeira aparição, em 1922, na revista *America Brasileira*: "Assim como o *Guarani* fora, no romance de Alencar, a afirmação da independência intelectual do Brasil", a mesma ópera "teria o destino de ser uma iniciação na música brasileira".[24] O autor sempre atribuiu a Graça Aranha a parte inicial desse conceito.

---

23 Cf. Andrade, M. de, *Compendio de historia da musica*, 1929, p.158.
24 Cf. Almeida, *Historia da musica brasileira*, 1926, p.85-6.

Surge então uma preocupação, vinda à discussão na última fase modernista, que não frequentava os textos anteriores do autor. É a questão se Carlos Gomes teria sido, ou não, o iniciador da música brasileira. Renato Almeida recorre ao *Compendio*, em trecho que Mário de Andrade argumenta que, por ainda não estar caracterizada a música popular brasileira, Carlos Gomes não teria podido espelhar-se nela para criar música de caráter nacional.[25] O autor esquiva-se de discutir o problema, afirmando que, embora o compositor não tivesse feito "em sentido exato ou aproximado música brasileira", com o *Guarani* conseguiu despertar "emoção brasileira" (p.15-6).

Tal como quase todos os biógrafos de Carlos Gomes, o autor reproduz Guimarães Junior para narrar a estreia do *Guarani*, porém utiliza citação deste autor extraída do livro de Itala Gomes Vaz de Carvalho, incorrendo em um descuido.[26] Pouco depois, reproduz outro trecho do mesmo livro, em que a autora mostrou-se ingênua, afirmando que um procedimento de Carlos Gomes, no *Guarani*, teria sido adotado por Wagner posteriormente.

> Este modo de harmonizar, combinando dois motivos diversos que se cruzam, foi tempo depois adotado por Wagner, em diversas óperas, e principalmente no *Crepúsculo dos Deuses*.[27]

Quando trata da *Fosca*, adota os conceitos que Mário de Andrade emitiu sobre a ópera em seu célebre artigo que já havia sido publicado, mas não perde a oportunidade de dar sua própria contribuição, explicando o significado de *Leitmotiv*, em nota de rodapé (p.21-2). No trecho sobre *Maria Tudor*, Almeida emite mais uma de suas opiniões pessoais, que, dessa vez, desautoriza o próprio compositor: "Não é, porém, uma ópera capaz de despertar grandes entusiasmos, mas Carlos Gomes (como é precário o juízo dos autores!) a considerava a sua melhor obra" (p.24).

Mário de Andrade volta à cena quando o autor passa a falar do *Escravo*. Ao contrário daquele, Almeida raramente consegue realizar afirmações irrestritas sobre fatos musicais, acrescentando sempre um "senão" àquilo

---

25 Cf. Andrade, M. de, op. cit., p.159.
26 Reproduz, na verdade, citação daquele autor que se encontra no livro de Itala Gomes Vaz de Carvalho e não percebe que, de roldão, inclui texto da autora como se fosse de Guimarães Junior. Cf. Almeida, *Carlos Gomes*, p.17-8; Carvalho, *A vida de Carlos Gomes*, p.98-9.
27 Almeida, op. cit., p.19. Cf. Carvalho, op. cit., p.118-9.

que afirma, algo que nuança, ou até mesmo contraria, o que foi dito, não oferecendo ao leitor a segurança de uma opinião conclusiva. Talvez fosse fruto de sua própria insegurança, em se tratando de assuntos provenientes de área que não dominava. Seja como for, é algo que lhe ocorre com alguma frequência. Ao falar do célebre trecho do *Escravo*, "Ciel di Parahyba", que Mário de Andrade, no *Compendio*, qualifica simplesmente como "sublime",[28] Almeida não se satisfaz e acrescenta: "cuja melodia pode não ter elevação, mas é cheia de doçura e enleivamento" (p.28).

No penúltimo capítulo (p.29-34), que termina com a morte do compositor, há dois parágrafos de maior interesse, em que o autor comenta a difícil relação de Carlos Gomes com a recém-chegada República, citando nomes de destaque, tais como Rodrigues Barbosa, que associa ao wagnerismo, e Leopoldo Miguez, cuja obra não possuía "nem a invenção nem o caráter daquela do autor do *Guarani*" (p.30). Embora seja um autor já favorecido pelo distanciamento dos fatos que cercaram a fase final da vida do compositor, ao contrário de seus antecessores, o texto pouco contribui para esclarecer os acontecimentos.

O capítulo final (p.35-7) volta a referir-se a Mário de Andrade, emprestando deste algumas palavras que concluem seu *Compendio de historia da musica*, as quais dão a Carlos Gomes, no Brasil, a posição de "seu grande músico" e reconhecem que, em nossa realidade, "ele tem uma colocação alta e excepcional" (p.36).[29] Por fim, o autor fala sobre a natureza de seu texto, parte que já foi citada no início deste estudo. Conclui falando da glória de Carlos Gomes e, mais uma vez, recorre a um conceito de Mário de Andrade.

> A glória de Carlos Gomes foi ter comovido a sensibilidade brasileira e ainda que a sua obra não seja mais uma fonte onde os artistas de hoje e os vindouros possam aurir inspiração ou buscar diretivas, viverá como um marco na nossa música, o início de um esforço que ele mais pressentiu do que realizou, e também como uma das mais espontâneas forças do nosso lirismo que vibrava na sua fantasia ardente.[30]

---

28 Andrade, M. de, op. cit., p.161.
29 Ibid., p.164.
30 Almeida, op. cit., p.37. Cf. Andrade, M. de, op. cit., p.164.

Como já foi mencionado, Renato Almeida assina seu texto em março de 1936, porém a publicação somente se efetivou no ano seguinte; pode-se ver que o autor não se beneficiou de valiosas informações que foram publicadas no número especial da *Revista Brasileira de Musica* dedicado a Carlos Gomes, que data de julho de 1936. Sobretudo os estudos de Azevedo, que foram publicados nesta *Revista*, poderiam ter auxiliado Almeida em diversos pontos de seu texto biográfico.

Mesmo contando com a preciosa contribuição de alguns textos de Mário de Andrade, o autor recorreu prioritariamente ao livro de Itala Gomes Vaz de Carvalho, recém-publicado, que contém numerosos equívocos, e não conseguiu deixar de trazê-los para sua própria obra. Quanto às referências dos autores do passado, não se diferencia, *grosso modo*, dos textos biográficos que o antecederam, a não ser pela referência a um autor quase desconhecido e pouco citado nas bibliografias de Carlos Gomes, Kinsman Benjamin (p.21-2).[31]

As ideias que dominavam os primeiros tempos modernistas, antagônicas ao compositor, já não encontram lugar nesse texto, da mesma maneira que ocorre com os textos de Mário de Andrade, escritos no fim da década anterior, aqui utilizados como referência. Entretanto, a prioridade que ele dá aos valores patrióticos e extramusicais da ópera *O Guarani*, sobrepondo-a a todas as demais criações do compositor, ignorando o valor musical de cada uma delas, inclusive do próprio *Guarani*, é tão prejudicial a Carlos Gomes quanto os prejuízos anteriores.

Ambas as posturas desvalorizam, igualmente, aquilo que, para ele, era preocupação prioritária, conforme atestam as inúmeras vezes em que se pronunciou a respeito e as próprias obras testemunham: a qualidade e evolução musical de suas óperas, em relação à atividade musical italiana, em que atuava. Aqueles pensamentos também desestimulam quaisquer tentativas futuras de estudar sua música com maior profundidade, já que seu valor musical é desprovido de importância, em um universo em que somente se salva o valor patriótico e nacional do *Guarani*.

---

31 Robert Benjamin, ou R. J. Kinsman Benjamin, não é mencionado nas bibliografias de Luiz Heitor Correia de Azevedo e Vicente Salles, mas na de Roberto Seidl, obras referenciais que utilizamos. Benjamin é o autor de *Esboços musicaes*, obra publicada em 1884, no Rio de Janeiro, que tem um trecho dedicado a Carlos Gomes. Seidl, op. cit., p.455.

Por fim, não se podem comparar o conteúdo dessa publicação com os textos anteriores do mesmo autor, referentes ao compositor, pelas próprias razões que levaram Almeida a escrevê-la, expostas na conclusão do texto. Embora fosse um texto encomendado, teria ele contribuído para mudar o pensamento de seu autor sobre Carlos Gomes? Seus próximos textos deverão responder a essa pergunta.

O *Compendio de historia da musica* sofreu alterações editoriais e foi reformulado por seu autor nas edições seguintes, conforme descreve Marcos Antonio de Moraes:

> A Casa Chiarato & Cia (depois, com nova razão social, L.G. Miranda) publicou três edições do *Compendio de história da música* (1929, 1933, 1936), livro destinado principalmente aos alunos de Mário no Conservatório Dramático e Musical. Em 1942, o livro, revisto e atualizado pelo autor, agora editado pela Livraria Martins, recebe o título *Pequena história da música*.[32]

Entretanto, as mudanças mais significativas que ocorreram no texto principal sobre Carlos Gomes surgiram em sua segunda edição, de 1933.[33] Em sua correspondência com Bandeira, Mário de Andrade comenta sua intenção de alterar o texto da primeira edição do *Compendio*, em meados de 1929, já planejando sua reedição.

> Quanto ao meu *Compendio* aceitarei que você me lembre alvitres que possam melhorar a segunda edição dele. Porém será inútil me dizer que ele é uma m... Didaticamente é. Está tão concentrado por momentos lida com tais elementos noutros que pra aluno passivo é apenas uma inutilidade. Além disso tem senões bestas e outros cômicos.[34]

Na segunda edição, praticamente todo o início do referido texto foi mantido, inclusive as observações pejorativas ao teatro de ópera e o desaconselhamento da execução de muitas óperas antigas, que teriam somente valor

---

32 Andrade, M. de; Leite, *Mário, Otávio:* cartas de Mário de Andrade e Otávio Dias Leite (1936-1944), p.70n.
33 Andrade, M. de, *Compendio de historia da musica*, 1933.
34 Moraes, M. A. de (Org.), op. cit., 2001, p.421. A carta é de 2 de junho de 1929.

histórico, incluindo aquelas de Carlos Gomes. Ao mesmo tempo, todos os elogios ao melodismo do compositor ali também estão preservados.

Mantidas estão ainda as observações sobre o "cromatismo pueril" que acompanha o personagem Pery, contrapondo-se "ao diatonismo melódico da ópera italiana".[35] Tal como antes, Mário de Andrade continua a combater aqueles que têm a opinião que Carlos Gomes, fora o enredo das óperas, nada teria de brasileiro e utiliza os mesmos argumentos para questioná-los, inclusive reproduzindo texto e música da mesma modinha registrada por Langsdorff.[36]

As linhas que se referiam à "estranheza rítmica" do *Guarani* e do *Escravo* ganham continuidade, e o autor procura definir, com maior clareza, quais são os elementos estranhos à música europeia que também estão presentes em outras obras de Carlos Gomes. A maior diferença, porém, entre os dois textos, ocorre em seguida, quando Mário de Andrade suprime todos os valiosos comentários sobre diversos trechos musicais do *Escravo* e do *Guarani*, os quais possivelmente o desagradassem porque continham apreciações impressionistas e metafóricas, o que ele mesmo já recriminava na obra anterior,[37] entretanto sua supressão empobrecerá bastante as edições seguintes.

Parte da seção conclusiva foi também suprimida, perdendo-se a referência à melodia folclórica que se assemelha a um trecho do *Guarani*, citada também na segunda parte do *Ensaio*,[38] além da proposição de Carlos Gomes como antecessor de Villa-Lobos, em função dos elementos "bárbaros" que ambos empregam em suas músicas. Caiu também a empenhada exortação, provavelmente dirigida aos colegas modernistas, a que abandonassem toda a irreverência dirigida ao compositor, fazendo-lhe justiça. Mário de Andrade preservou somente o parágrafo final, ao qual acrescentou algumas linhas.

---

35 A única diferença consiste em que a palavra "melódico" substitui "monódico", do texto anterior.
36 As primeiras seis linhas do parágrafo seguinte ainda são fiéis ao texto da primeira edição do *Compendio*. As modificações começam a partir dali.
37 "Em geral me desagradam essas observações críticas metafóricas mais parecendo lirismo que realidade ..." Andrade, M. de, *Compendio de historia da musica*, 1929, p.162.
38 Id., *Ensaio sobre a música brasileira*, p.134.

A redução efetuada na segunda edição do *Compendio* será preservada na terceira edição e será mantida na *Pequena história da música*. A redução não foi processada somente por razões editorias; Mário de Andrade como foi visto, estava descontente com alguns trechos de seu texto, sobretudo aqueles que continham apreciações musicais repletas de "lirismo" e metáforas. Sua coerência estética, entretanto, privou os leitores das edições seguintes de preciosos comentários. Se a linguagem empregada não condizia com a objetividade do restante do texto, sua capacidade de análise, sensibilidade e cultura musical contribuíam somente para enriquecer o universo das apreciações musicais sobre a obra de Carlos Gomes.

De outro lado, a supressão de determinada parcela do texto conclusivo aparenta ter tido outro motivo. Mário de Andrade suprime tanto a proposição de Carlos Gomes como antecessor de Villa-Lobos como a exortação a que se abandone a irreverência ao compositor. Ambos os trechos, supomos, teriam sido dirigidos aos seus colegas modernistas, perdendo qualquer função em uma obra que se destinava ao ensino.

Em minha opinião, da mesma maneira que suprimiu a parte conclusiva que se aplicava às circunstâncias específicas do momento em que vivia, ao redigir o texto, em 1928, Mário de Andrade deveria haver igualmente suprimido, ou modificado, o trecho inicial em que desaconselha a execução contemporânea de óperas antigas, incluindo aquelas de Carlos Gomes. Também de natureza circunstancial, esse texto havia nascido no calor da batalha contra as temporadas líricas oficiais, em 1928, e aplicava-se àquele contexto especificamente. Era conceito controverso que incluía, sob o mesmo teto, óperas de natureza e épocas diferentes, do barroco ao fim do romantismo.

No referido texto, ao mesmo tempo em que considera as óperas de Carlos Gomes "inexequíveis no teatro atualmente", oferece-lhes, como alternativa, a execução "apenas de interesse histórico". Essa postura penaliza por demais o compositor e destoa do restante, que ali está escrito, que lhe é muito favorável. Deve-se lembrar que algumas óperas do compositor, como *Maria Tudor* e *Colombo* – que hoje é montada como ópera –, nunca sequer haviam sido executadas em São Paulo até então.[39]

Mário restringe amplamente a execução de inúmeras óperas, porém não oferece soluções; quais seriam, afinal, as óperas exequíveis, nos dias de

---

39 Cf. Cerquera, *Um século de ópera em São Paulo*, p.280. O livro nada traz sobre *Colombo*.

hoje? As obras-primas, aquelas compostas por autores considerados "gênios", as óperas contemporâneas, ou o quê? O texto não é muito específico, abrindo possibilidades: pode ser lido de diversas maneiras, desde o ponto de vista de que não é de todo excludente, pois afinal oferece a possibilidade da execução "de interesse histórico", até o extremo oposto, para o qual Mário de Andrade estaria sugerindo a extinção da própria ópera como gênero artístico.

O pessimismo momentâneo de Mário de Andrade – porque ele mesmo mudará seu pensamento em relação à ópera[40] – não se concretizou até nossos dias. Os países do mundo que possuem, no passado, compositores de óperas realizam grandes esforços para revivê-las.

O pior legado desse texto, que, mantido, tem sido lido por várias gerações, é sua influência sobre outros autores que não souberam nuançar seu significado, relacionando-o ao contexto em que foi escrito. Esses autores tomaram o texto ao pé da letra, como pensamento definitivo de Mário de Andrade e, assim, contribuíram para disseminar, ainda mais, um texto de natureza circunstancial. Entre eles encontra-se Almeida, para quem o texto está subjacente, no argumento que utiliza para desmerecer as óperas de Carlos Gomes, com exceção do *Guarani*, e esta, mesmo assim, por razões mais patrióticas que musicais, justamente no trabalho biográfico de sua autoria que antecede este estudo.[41]

Quase vinte anos após a publicação de sua controvertida primeira edição, Almeida publica, em 1942, a segunda edição da *História da música brasileira*.[42] O autor esclarece que a obra foi "correta e aumentada", contudo trata-se praticamente de um novo livro, com cerca de trezentas páginas a mais que o primeiro. Muito diferente é também a distribuição da matéria que compõe a obra. Tal como *A musica no Brasil*, de Guilherme Theodoro Pereira de Mello, toda a primeira parte do livro é dedicada ao estudo da música popular brasileira, restando, para a segunda parte, o que se convenciona denominar história da música. Foi visto, no estudo da primeira edição, que a obra não foi bem recebida pelos modernistas e provocou ressalvas de

---

40 Ver comentários sobre o assunto, em nota de rodapé, no fim do estudo do *Compendio de historia da musica*, que se encontra na seção final da segunda parte deste livro.
41 Cf. Almeida, op. cit., p.3-4.
42 Almeida, *Historia da música brasileira*, 1942.

Mário de Andrade, embora de maneira comedida, como era de seu feitio quando se tratava de pessoa em quem ele ainda acreditava que pudesse dar bons frutos. Mário de Andrade havia criticado a "falta de caráter prático" da obra, querendo dizer com isso que ela restringia-se a contar a história da vida dos músicos e não trazia sequer um único exemplo das muitas manifestações musicais brasileiras de origem popular, de onde, segundo o próprio autor do livro, viria o material básico para a criação da música artística de caráter brasileiro, tese defendida por Almeida.

Foi visto também que Mário de Andrade, explicando ao autor suas ressalvas, por cartas, havia estimulado Almeida a que se dedicasse ao estudo das manifestações folclóricas, mesmo não possuindo qualquer formação musical. Seja como for, Almeida veio a tornar-se um dos mais respeitados folcloristas brasileiros, e a segunda edição da *História da música brasileira* oferece espaço prioritário à musica popular, reservando-lhe sua primeira e maior parte, enriquecida com numerosos exemplos musicais de manifestações populares. A autora, que reuniu e estudou a correspondência entre os dois escritores, ousa afirmar que:

> [...] a segunda edição da *História da música brasileira* foi decorrência de um vasto processo de formação empreendido pelo missivista paulista junto a Renato de Almeida no Rio de Janeiro.[43]

No "Prefácio à segunda edição", que abre o livro, o autor explica, com certo orgulho e segurança, o caminho percorrido entre as duas edições.

> Em 1926, resumi as impressões e os dados históricos que me permitiam concluir pela afirmação da existência de uma música brasileira, haurida nas fontes populares e que se vinha formando lentamente através do tempo. Hoje, apresento o processo que comprova aquelas conclusões.[44]

Justifica-se dizendo que antes era difícil alcançar os mesmos resultados porque os "estudos especializados de folclore" somente vieram a partir de

---

43 Nogueira, M. G. P., *Edição anotada da correspondência Mário de Andrade e Renato de Almeida*, p.XLVII.
44 Almeida, op. cit., p.XI.

então. Na parte final, reservada aos agradecimentos, os dois primeiros nomes mencionados, destacados dos demais, são Mário de Andrade e Luis da Câmara Cascudo.[45]

De cujos conhecimentos me vali tantas vezes e que, com a maior solicitude, não só proporcionaram inestimáveis contribuições ao meu estudo, como ainda me apoiaram com o estímulo e a autoridade de profundos conhecedores do folclore musical e de abalizados musicólogos.[46]

Entretanto, após a "Bibliografia", que ocupa lugar pouco convencional em comparação às obras de hoje, o autor reproduz, integralmente, a parte introdutória da primeira edição, que lhe custou alguns comentários críticos desfavoráveis da parte de modernistas, principalmente por causa de seu conteúdo associado à filosofia de Graça Aranha, a quem o livro é dedicado, e sua linguagem característica, classificada como "Literatura de frases bonitas".[47] O nome da seção conserva seu correspondente da primeira edição, "Introdução: a sinfonia da terra".

A segunda parte, "História da música brasileira", naturalmente, baseia-se no texto da obra anterior, porém alguns trechos sofreram profundas modificações e o texto foi atualizado, incluindo compositores que, anteriormente, ainda despontavam no cenário brasileiro, como Camargo Guarnieri, por exemplo. A seção que se dedica a Carlos Gomes foi totalmente modificada em relação à primeira edição, porém reproduz, com diversas alterações, o texto do escorço biográfico *Carlos Gomes*, do mesmo autor, publicado em 1937 pelo Ministério de Educação e Saúde, estudado anteriormente.[48]

Sob o título de "Carlos Gomes e a música brasileira", o autor afirma que, depois de Pe. José Maurício, Carlos Gomes foi o "grande acontecimento" da música brasileira na parte final do século XIX. Embora enalteça o compositor, não adota postura idêntica a Mário de Andrade, em sua *Pequena*

---

45 Câmara Cascudo é autor do *Dicionário do folclore brasileiro*, publicado em 1954, em primeira edição. Cascudo, *Dicionário do folclore brasileiro*.
46 Almeida, op. cit., p.XII-XIII.
47 A frase foi empregada por Prudente de Morais, neto, em sua crítica ao livro de Renato Almeida. A crítica encontra-se na *Revista do Brasil*, n.1, p.29, 15 set. 1926 (2ª fase).
48 Entre as modificações realizadas, a parte que exercia a função de introdução foi remanejada para o interior da seção, surgindo, em seu lugar, um texto novo.

história da música, que o reconhece como "verdadeiro iniciador da música brasileira" porque, em sua época, a música popular, que fornece a base da música artística nacional, ainda "não dera entre nós a cantiga racial".[49] Renato Almeida nunca alcança a clareza das afirmações de Mário de Andrade, o que já foi comentado anteriormente. Mais uma vez, reluta em aceitar aquilo que para Mário de Andrade era evidente, mesmo recorrendo sempre ao auxílio de seus textos, entretanto encontra motivos para suas restrições.

[...] o músico paulista seria a primeira manifestação de uma música brasileira, que, com ele pode não ter tido, como não teve, a almejada amplitude, porque foi desvirtuada pelas escolas estrangeiras e porque não chegou mesmo a ser meditada profundamente pelo próprio Carlos Gomes. Mas, como expressão lírica espontânea, encontramos na obra gomesiana vários e significativos índices da nossa música. A arte internacional o dominava porém, e foi nos exemplos em voga que procurou as diretivas a seguir, sem prestar maior atenção aos impulsos nativistas que tantas vezes surgem na sua obra e lhe dão um sabor diferente.[50]

Cita o mesmo trecho acima mencionado, de Mário de Andrade, após argumentar que, "nas condições do tempo e do meio, seria difícil a Carlos Gomes uma orientação caracteristicamente brasileira". Conclui a introdução com mais uma de suas costumeiras "idas e vindas" de pensamento: "Portanto, Carlos Gomes não poderia fazer mais do que adivinhar, como adivinhou por vezes, o nosso lirismo musical, sem lhe dar, contudo, maior substância" (p.371).

Dá início, então, ao texto proveniente do escorço biográfico; todavia, sua divisão interna foi modificada, passando a ter seis seções, além da introdução:[51] "Aurora", "Ascensão", "O 'Guarani' e a Glória", "Outras Óperas", "Tarde" e "A imortalidade". Todas as observações seguintes são referentes às diferenças entre a biografia anterior e o texto que estudamos.

As duas primeiras seções não trazem mudanças significativas, a não ser o acréscimo de algumas datas de estreias de obras, como o dia da estreia

---

49 Andrade, M. de, *Pequena história da música*, p.176.
50 Almeida, op. cit., p.371.
51 O escorço biográfico possuía cinco seções, além da introdução, porém a seção central, a mais extensa delas, foi dividida em duas, resultando em seis seções, mais introdução.

de *Joanna de Flandres*, que permaneceu errada durante muitos anos até ser desvendada por Azevedo no ensaio sobre as primeiras óperas de Carlos Gomes, já estudado neste capítulo. A seção sobre o *Guarani* é a mais extensa e possui algumas modificações mais importantes[52] (p.376-80).

Na seção seguinte, "Outras óperas" (p.380-4), Almeida torna mais clara a citação do artigo de Mário de Andrade sobre a *Fosca*, livrando-a de uma confusa nota de rodapé anterior que definia *Leitmotiv*, e dá-lhe maior extensão e relevo. O trecho respectivo à ópera *Maria Tudor* foi também modificado, tornando-se mais objetivo, porém com os costumeiros "senões" de Almeida.[53]

Acrescenta algumas novas informações, no trecho que fala do *Escravo*, destacando-se a suposição de que Carlos Gomes teria se inspirado, para compor "Ciel di Parahyba", na paisagem da cidade de Paraíba do Sul, onde foi passar as férias na casa de um compadre, além dos comentários sobre o uso de instrumentos típicos brasileiros nessa ópera.[54]

A penúltima seção, "Tarde" (p.384-7), preservou o trecho que falava dos problemas do compositor com o advento da República e teve seu texto enriquecido com mais detalhes nos comentários específicos sobre as óperas *Condor* e *Colombo*. Reconhece o esforço de Carlos Gomes para renovar-se na primeira e destaca a qualidade da segunda, sem deixar a última palavra com o público carioca, que não soube reconhecer seu valor na desastrada estreia brasileira, maneira pela qual concluía o assunto sobre a ópera na biografia anterior (p.386).

"Imortalidade", a seção final, foi reduzida, deixando de ter as alusões ao ministro Capanema e a seu próprio esforço para não fazer crítica ao compositor em um texto que o homenageava, palavras específicas do escorço biográfico que haviam perdido a razão de ser. O autor retirou também a

---

52 A longa citação de Guimarães Junior, por meio do livro de Itala Gomes Vaz de Carvalho, é reduzida e passa a ser feita por meio de sua obra original, *Perfil biographico*. A introdução do escorço biográfico é acrescentada no fim da seção.

53 Quando escreve "é certo que a orquestra se desenvolve com maior predominância, o cantabile não tem as mesmas concessões à banalidade", estaria ele sugerindo que a banalidade ocorre no restante da ópera? Mais adiante, elogia alguns trechos da mesma, "conquanto seja um pouco pesada" (p.382).

54 Aqui também se manifesta a mesma característica do autor, falando da "Dansa dos Tamoyos": "embora sem nada de legítimo, é um bailado intenso e vibrante, incontestavelmente de sentido brasileiro [...]" (p.384).

nota de rodapé que reproduzia o parágrafo final da primeira edição da obra e era francamente desfavorável a Carlos Gomes.[55]

Ao contrário de sua primeira edição, que foi recebida com reservas e críticas contrárias, a segunda edição de *História da música brasileira* foi louvada por todos os segmentos interessados no assunto e tornou-se um marco da historiografia musical brasileira, fazendo que sua antecessora passasse a ser ignorada, caindo no esquecimento.

Até mesmo – e principalmente – Mário de Andrade, que evitara escrever qualquer crítica à primeira edição para não externar seu descontentamento, dessa vez foi um dos primeiros que se manifestaram positivamente. No *Diário de Notícias*, em 22 de março de 1942, publicou crítica, ressaltando as qualidades do livro, que começava assim:

> A música brasileira acaba de se esclarecer em sua história com um volume notabilíssimo em muitos sentidos [...] Embora já vários escritores tenham tentado a sistematização histórica dos nossos fatos musicais e da evolução da arte da música entre nós, ninguém conseguira realmente uma ordenação clara dos acontecimentos e muito menos uma visão equilibrada e lógica. Renato Almeida o conseguiu agora, com muito critério e segurança de concepção. Esta segunda edição de sua "História da música brasileira" se tornou enfim, [...] o livro de base que nos faltava, ponto indispensável de partida para os estudos e ensaios de caráter monográfico, que agora tem onde se estribar.[56]

O que Mário de Andrade mais destaca, em seguida, é o formato do livro, que valoriza igualmente a música popular e erudita. Critica a historiografia das artes que obedece "a esse ritmo imperialista das histórias políticas", destacando que não há razão para um tipo de arte prevalecer sobre o outro, "nem sequer sob o ponto de vista da beleza". Revelando sua crescente preocupação com a função social das artes e artistas, afirma que a arte popular nunca perde sua "funcionalidade social", ao contrário da erudita, que, às vezes, até a ignora (p.355).

A crítica continua discutindo questões relacionadas ao convívio dos dois tipos de arte, entretanto nada fala da parte historiográfica do livro, sugerindo,

---

55 É um longo parágrafo que está citado, na íntegra, no capítulo anterior, no fim do estudo sobre a primeira publicação de Renato Almeida na revista *America Brasileira*, em 1922.
56 Andrade, M. de, *Música, doce música*, p.354.

CARLOS GOMES – UM TEMA EM QUESTÃO   277

mais uma vez, o pouco interesse de Mário de Andrade pelo enfoque biográfico de tais textos, que é aquele preferido por Almeida. No fim, menciona e dá exemplos de sambas cariocas, enaltecendo o estudo do folclore, porém não deixa de contribuir com seus comentários significativos: "Renato Almeida nos prova mais uma vez que quando a música brasileira erudita quis sair do seu incógnito licencioso, nas fontes populares precisou beber" (p.358).

No que se refere a Carlos Gomes, há profunda mudança em relação ao texto da primeira edição, que praticamente foi substituído por outro, o texto do escorço biográfico. Curiosa é sua escolha, porém, se considerarmos que esse último texto continha a ressalva do próprio autor dizendo que havia excluído "qualquer intenção de crítica" porque ali não caberia discutir o mérito da obra do compositor, em se tratando de publicação oficial que se destinava a homenageá-lo.

É contraditório que, na segunda edição de seu livro, onde teria liberdade para expor aquilo que realmente pensava sobre Carlos Gomes, preferiu reproduzir, quase integralmente, o texto do escorço biográfico. Seria pela comodidade de aproveitar texto pronto ou Almeida havia se convencido, finalmente, do valor do compositor? Além de já lhe ser propício, em sua forma original, as pequenas mudanças efetuadas no texto do escorço biográfico tornaram-no ainda mais favorável a Carlos Gomes. A única restrição continua sendo a supervalorização do *Guarani*, pelas razões já comentadas, que traz em si uma visão distorcida pelo exacerbado nacionalismo.

Os vestígios dos textos anteriores do autor, repletos de indícios do primeiro pensamento modernista, deixaram de existir, passando a imperar novo conceito que dá ao compositor "uma colocação alta e excepcional" no cenário brasileiro, palavras já utilizadas por Mário de Andrade, no fim do *Compendio de historia da musica*, que evidenciam sua influência na mudança de rumos de Almeida. Somente restou uma indicação do pensamento anterior, a relutância em aceitar a proposição de Mário de Andrade, declarando Carlos Gomes "verdadeiro iniciador da música brasileira", o que Almeida não consegue aceitar porque sua música "foi desvirtuada pelas escolas estrangeiras" e o compositor era dominado pela "arte internacional".[57]

Em outro ponto da obra, no texto introdutório do Capítulo XV, "Tendências nativistas da música brasileira", em que fala separadamente de diversos compositores, Almeida volta a demonstrar igual postura, a mesma

---
57 Cf. Andrade, M. de, *Compendio de historia da musica*, 1929, p.164, 159; Almeida, op. cit., p.371.

relutância em aceitá-lo como fundador da música brasileira, embora, uma vez mais, não esconda a influência de Mário de Andrade.

É, de modo impreciso, em Carlos Gomes que vamos encontrar os primeiros anseios por uma música brasileira. Embora compondo dentro dos moldes italianos, surgem de quando em vez acentos perfeitamente nacionais nas suas óperas, em que a inspiração nativa domina as diretivas de escola. É uma luz porém que tem brilho e não calor, de sorte que não pôde fecundar como teria sido para desejar.[58]

A *História da música brasileira*, de F. Acquarone, publicada no fim da década de 1940,[59] certamente é a mais curiosa obra do gênero de toda nossa historiografia musical. Sua inclusão neste estudo é devida à sua contemporaneidade em relação às demais obras do gênero estudadas, de autores vinculados ao modernismo, tais como Almeida e Mário de Andrade. Além de oferecer-nos a oportunidade de estabelecer comparações entre autores de uma mesma época, é exemplo de obra surgida, ao que parece, fora do círculo modernista, possibilitando-nos avaliar o alcance da influência desse pensamento.

Seu autor atuava como pintor e desenhista, tendo já escrito uma *História das artes plásticas no Brasil*, sendo, portanto, natural que a obra valorize o uso de imagens, sejam elas fotografias ou desenhos, estes atribuídos ao próprio autor. Sua riqueza iconográfica é surpreendente; alcança tal grandeza que a torna incomparável a qualquer outra obra do gênero. Nas palavras introdutórias, o autor externa curioso pensamento: já possuímos "música com características próprias", mas não conseguimos "estruturar até hoje uma 'escola' brasileira para as artes plásticas"[60] (p.8).

---

58 Almeida, op. cit., p.423.
59 Acquarone, *História da música brasileira*. Na página seguinte à página de rosto, há uma dedicatória, *in memoriam* de Lorenzo Fernandez, dizendo que a obra "já estava inteiramente impressa" quando foi noticiado o falecimento do compositor, ocorrido em 27 de agosto de 1948, sendo este, portanto, o ano de sua publicação.
60 A julgar pela foto de um quadro seu, sobre Carlos Gomes, ao lado do qual se encontra o autor do livro, e os inúmeros desenhos seus contidos na obra, entendem-se suas palavras sobre a situação das artes plásticas no Brasil. Aparenta ter sido pintor, de estética bastante conservadora, que talvez não considerasse o movimento de renovação na pintura brasileira. É curioso que, em sua área, a pintura, o autor não acuse a influência modernista, ao contrário de quando se aventura a falar de música.

A solução formal da obra é também *sui generis* e, na "Ouverture", o autor fornece elementos que auxiliam sua compreensão. De início, afirma que "a matéria está apresentada em forma literária", querendo dizer com isso que, em sua obra, não há qualquer "análise técnica da música de fulano ou de beltrano, dessa ou daquela época". Evitou o "caráter didático" e as citações musicais, pois tais obras "não faltam em nosso país". Sua intenção foi "escrever para o povo" que não entende dissertações eruditas e, assim, contribuir para a "vulgarização da história musical do Brasil" (p.8). No fim, repudia a exposição da bibliografia utilizada porque, em suas palavras, "sempre impliquei com tais demonstrações de erudição fácil" (p.12).

Suas primeiras cinquenta páginas destinam-se ao que o autor denominou "entrevista dos 'três grandes' da nossa música atual": Villa-Lobos, Lorenzo Fernandez e Francisco Mignone. Após as entrevistas, um capítulo trata "Do internacionalismo ao nacionalismo musical", e outro fala das "Contribuições do índio e do negro". Enquanto um está repleto de impressões pessoais e considerações sobre a "flor amorosa de três raças tristes...", a música brasileira, o outro descreve inúmeras manifestações musicais e instrumentos, indígenas e afro-brasileiros, com rica iconografia.

"Folclore e música popular" voltam a ser assuntos do penúltimo capítulo e um apanhado histórico sobre o *ballet*, a ópera e o virtuosismo no Brasil conclui a obra. A seção central, a mais extensa do livro, incumbe-se da tarefa de abordar a história da música brasileira, fazendo-o da maneira mais frequente, cronologicamente, desde os primeiros tempos coloniais até os compositores da atualidade. Termina com o retorno da entrevista dos "três grandes", que então falam sobre a "música do futuro".

Um capítulo é dedicado a Carlos Gomes, "O gênio campineiro", com quase vinte páginas (p.193-210), embora já tivesse sido assunto da seção anterior, sobre a "Imperial Academia de Música e Ópera Nacional", por sinal, um dos textos mais informativos sobre essa instituição, o que se deve aparentemente a Azevedo, que é citado tanto no texto como nos agradecimentos iniciais.

Tem méritos e originalidade a introdução do capítulo que se dedica ao compositor, falando do indianismo sem irreverência, com compreensão; mais tarde, quando comenta as acusações de que Carlos Gomes era músico italiano, compara-o a Pedro Américo e Vítor Meireles [sic], pintores que ainda não poderiam traduzir em suas obras o nacionalismo que "apenas se esboçava", porém deixaram transparecer "notas características da vida brasileira". Nesse momento, pode-se notar alguma similaridade com o pensamento de Almeida:

> Na obra de Carlos Gomes dá-se o mesmo fenômeno. Dentro da orientação italiana que ele sempre seguiu, surge de vez em quando o grito da raça, ovante e glorioso, em notas características e distintas. Nesses momentos, sua música quase que adquire um espírito autônomo, diferente dos Verdi, dos Wagner e dos Ponchielli. Mas esses surtos duravam pouco. Eram abafados logo pela corrente convencionalista que impunha diretrizes, traçando-lhes rumos de caráter universal. Tais impulsos nativistas são, porém, reconhecidos na sua obra, embora desvirtuados pelas escolas estrangeiras.[61]

O texto continua afirmando que já eram sinais do "avassalador espírito nacionalista" que levaria Levy, Nepomuceno e Villa-Lobos a voos mais altos. O autor reconhece que seu texto é devedor da biografia de Carlos Gomes escrita por sua filha, Itala Gomes Vaz de Carvalho, texto que considera "o mais vivo repositório de dados biográficos e de passagens emotivas do genial compositor", da mesma maneira que o fizera Almeida na segunda edição de sua obra.

Tal como esse autor, o episódio da estreia do *Guarany* é pretensamente baseado em Guimarães Junior, por meio da citação realizada por Itala Gomes Vaz de Carvalho. De original, somente há os comentários sobre os instrumentos indígenas empregados na ópera, demonstrando "a intenção do artista de emprestar cunho nativista" à sua obra e sobre o cenário do *Guarany* – reproduzido em imagem, à página 203 –, que o compositor pretendia que representasse com fidelidade as selvas brasileiras (p.198).

O restante do texto não traz contribuições originais, com exceção de algumas manifestações emotivas do autor (p.206, por exemplo), a não ser a iconografia. Destaca-se a oposição das fotos, em páginas subsequentes, da imponente mansão em Maggianico e da última residência de Carlos Gomes em Milão, que não deixa qualquer dúvida sobre a real situação econômica do compositor no fim de sua vida (p.205-206).

---

61 Acquarone, op. cit., p.194.

O conteúdo inteiro da obra torna evidente a influência recebida por seu autor das ideias do modernismo-nacionalista, procurando seguir inclusive os preceitos de Mário de Andrade, relacionados à valorização do folclore e da cultura popular, elementos que desfrutam de amplo espaço e numerosa iconografia. Provavelmente a contribuição mais original da obra seja a extensa seção dedicada ao rádio e seus artistas, com farta iconografia, algo que os demais livros de história da música brasileira praticamente ignoram, a não ser aqueles que se dedicam somente à música popular (p.304-16).

A postura em relação a Carlos Gomes, por mais favorável que lhe seja, contrariando o primeiro modernismo, ainda insiste nas tradicionais objeções a seu italianismo, embora reconhecendo as atenuantes oferecidas pela época em que viveu, algo que Mário de Andrade, no fim dos anos 1920, praticamente relegava em favor da inclusão do compositor nas fileiras nacionais como verdadeiro precursor da música brasileira.

Carlos Gomes na historiografia da cultura brasileira

Um personagem com raízes tão profundas na cultura brasileira, que gozava do privilégio de ser o artista nacional de maior aceitação popular e que somente a meio século de distância mobilizara os literatos de todo o país em seu favor, tal como nunca havia acontecido com qualquer outro personagem da nossa história, não poderia estar restrito à historiografia musical, deixando de marcar sua presença no universo mais amplo da historiografia da cultura brasileira. Por conseguinte, Carlos Gomes está presente também nas grandes obras dedicadas ao estudo da cultura brasileira; entretanto, pode ser constatado que essas obras de maneira nenhuma se mantiveram refratárias ao pensamento modernista.

A influência de tal pensamento tampouco se restringiu à específica bibliografia musical naquilo que concerne às múltiplas alusões ao compositor Carlos Gomes. Em obras sobre cultura brasileira, que costumam ser muito mais abrangentes e difundidas por toda a sociedade, pode-se notar a grande influência das mesmas referências modernistas da área musical, direcionando o conteúdo final das matérias e a visão de seus autores, com frequência, também simpatizantes do próprio modernismo.

Ocorreu muitas vezes que esses autores, geralmente oriundos de outras áreas da cultura, quando necessitaram escrever sobre a música brasileira, recorreram a seus contemporâneos mais conceituados na área musical, naquele momento, dominada pelo pensamento modernista de tendência nacionalista.

Com raras exceções, o que se encontra referente a Carlos Gomes reproduz o que escreveram os autores modernistas da área musical, sobretudo Mário de Andrade e, em menor parcela, Almeida e Azevedo, sem maiores questionamentos. Dependendo das fontes escolhidas, refletem também os diversos matizes do pensamento dos autores referenciais, correspondentes ao momento em que seus textos foram escritos.

Foram eleitas, como amostragem, duas obras do universo da historiografia da cultura brasileira, por sinal não numeroso, como objeto de estudo. A primeira delas, *A cultura brasileira*, de Fernando de Azevedo, cuja primeira edição foi publicada em 1943. Tais como os demais textos similares, o livro é uma obra monumental, em um único volume, com mais de oitocentas páginas.[62]

A obra é dividida em três grandes seções: "Os fatores da cultura", "A cultura" e "A transmissão da cultura". A segunda seção dedica-se a diversas áreas da cultura, entre elas "A cultura artística", setor em que se encontra o texto que será analisado.[63] A bibliografia relacionada à música baseia-se nos autores modernistas, com poucas exceções;[64] entretanto, o próprio texto hierarquiza as diversas contribuições, destacando-se as referências provenientes de obras de Mário de Andrade, autor que é citado várias vezes.

---

62 Azevedo, F. de, *A cultura brasileira*.
63 Neste setor, o texto é contínuo, sem subdivisões delimitadas, mas cada matéria referente a um determinado setor da atividade artística tem seu próprio espaço restrito. A música é uma das últimas atividades estudadas. No fim do texto sobre cada área, encontra-se a bibliografia empregada.
64 De Mário de Andrade, estão citados o *Compendio de historia da musica*, em sua terceira edição, e o ensaio *Música do Brasil*, de 1941; de Renato Almeida, a segunda edição de *História da música brasileira* [1942] e obras de menor extensão; de Luiz Heitor Correia de Azevedo, textos sobre o Pe. José Maurício, folclore brasileiro e a *Relação das óperas de autores brasileiros*. Estão presentes ainda: Guilherme Pereira de Mello (*A musica no Brasil*), Hermes Vieira (*O romance de Carlos Gomes*) e Curt Lange com um texto sobre Villa-Lobos, publicado no *Boletim latino-americano de música*, de abril de 1935. Não citados na bibliografia, há diversas outras contribuições, ao longo do texto, provenientes da *Revista Brasileira de Música*, e autores como André Rebouças e Taunay. Azevedo, F. de, op. cit., p.502-5.

O primeiro período da nossa história musical que merece maior atenção do autor é aquele em torno da vinda de D. João VI para o Brasil. Logo aborda o Segundo Império, suas instituições e preferências musicais, com destaque para a nota sobre o Conservatório de Música (p.472-473). Carlos Gomes é mencionado, rapidamente, como "o criador da música brasileira" (p.473), sendo citado, em seguida, entre aqueles que, segundo Mário de Andrade, "refletem a preocupação nacionalista", ao lado de Levy e Miguez[65] (p.474).

Em nosso romantismo musical, as "figuras de maior vulto" citadas são Henrique Oswald e Carlos Gomes, "o maior de todos". Menciona as duas tendências do mundo da ópera, a italiana e a wagneriana, na qual inclui Miguez, compositor que, em sua ópera *Saldunes*, mostrou-se "sem grande poder de invenção musical". Carlos Gomes, de outro lado, "deixou marcada da influência italiana quase toda a sua produção". O autor cita a *Fosca*, *Salvador Rosa* e *Maria Tudor*, óperas "de inspiração e fatura italianas".[66]

Curiosamente, ao falar que o estilo de Carlos Gomes era o mesmo "dos contemporâneos de Verdi, em quase toda a sua obra", considera o *Guarany* uma exceção, ópera que se destaca das demais, sendo "a mais famosa e talvez a mais original" (p.474). Tal como a maioria dos autores, principalmente Mário de Andrade, ressalta o compositor como "um dos grandes melodistas do século XIX",[67] fazendo-lhe, porém, a ressalva de que sua música deve "muito pouco às fontes americanas" (p.475). Concluindo a seção em que se destaca Carlos Gomes, o autor realiza sua apreciação geral.

Se faltava ao compositor brasileiro esse vivo sentimento da cena, quase inato em Verdi, e se a inspiração, larga e espontânea, não obedecia sempre à vontade na pesquisa das formas novas, a sua obra, desigual, sem dúvida, é, em toda a produção musical do Brasil, uma das mais belas e robustas, pelo calor lírico, pela melodia quase sempre abundante, de uma firmeza de desenho e de uma

---

65 Cf. Andrade, M. de, op. cit., p.157. Não somente a citação, mas o trecho em questão da obra de Fernando de Azevedo baseia-se nessa passagem do *Compendio*.
66 Cf. Almeida, *Historia da musica brasileira*, 1926, p.89. A frase já fora empregada pelo autor, em 1922, na revista *America Brasileira*; não foi possível oferecermos referência pois a publicação não possui números de páginas. É estranho que justamente a obra incluída na bibliografia, a segunda edição do livro de Renato Almeida, não contenha a frase citada.
67 Cf. Andrade, M. de, op. cit., p.158.

franqueza de desenvolvimento bem caracterizada e ainda pela força do sentimento criador que raramente perde alguma coisa de sua riqueza, de sua frescura e de seu poder de comunicação.[68]

O autor refere-se novamente a Carlos Gomes, algumas páginas adiante, quando fala da "renovação" experimentada pela música brasileira, por meio de sua aproximação às "fontes ingênuas" da cultura popular. Citando mais uma vez Mário de Andrade, afirma que "a base essencial das músicas nacionais, a obra popular, ainda não dera entre nós a cantiga racial",[69] na época de Carlos Gomes. A "plena fixação" do nativismo em nossa música somente se deu nos "últimos vinte anos", graças à evolução da música popular (p.486-7).

Passa então a falar de Villa-Lobos, "seu expoente mais alto", dedicando-lhe parte maior do texto (p.487-90) que recorre a citações de Curt Lange. A narração é interrompida, alguns momentos, por breves comentários sobre os compositores "mais moços que Villa-Lobos": Lorenzo Fernandez, Mignone, Guarnieri e Gallet.[70] O quadro de valores que o autor aparentemente compartilha deixa transparecer sua afinidade com o pensamento modernista de inspiração nacionalista, que, como já foi dito, praticamente dominava a vida musical brasileira do período, liderada por Villa-Lobos.

Fernando de Azevedo, no entanto, valeu-se de referências, da área musical, provenientes de um período já distante dos conflitos em torno da Semana de Arte Moderna. Por essa razão, o compositor Carlos Gomes é enaltecido, embora não consiga livrar-se de alguns "senões" e da insistente lembrança de que sua música possui "inspiração e fatura italianas", frase empregada por Renato Almeida em 1922 que se disseminou por diversos textos e autores, cujo conteúdo pouco significava para o brasileiro do século XIX, mas que passou a soar mal aos ouvidos modernistas.

A *História da inteligência brasileira*, de Wilson Martins,[71] é a segunda obra que passamos a estudar do campo da história da cultura. A obra com-

---

68 Azevedo, F. de, op. cit., p.475. O trecho citado remete a uma nota, em rodapé, que comenta as estreias italiana e brasileira do *Guarany*, o encontro do compositor com André Rebouças e a ação deste na divulgação de Carlos Gomes e sua obra.
69 Cf. Andrade, M. de, op. cit., p.159.
70 Nesse ponto, outra nota de rodapé refere-se a uma "obra recente" de Mário de Andrade, *Música do Brasil*, de 1941, que traz a célebre divisão da evolução social da música brasileira em três períodos, resumidos e comentados, na mesma nota (p.489).
71 Martins, *História da inteligência brasileira*.

preende sete volumes, nos quais a matéria é dividida por períodos históricos, cronologicamente, de 1550 a 1960.[72] No interior das seções, os assuntos são narrados de maneira multidisciplinar. O texto é então contínuo, passando de uma área a outra: literatura, música, artes visuais e assim por diante. O processo é repetido em cada nova seção.

As primeiras referências a Carlos Gomes encontram-se no terceiro volume, acusando o surgimento de sua primeira ópera, *A Noite no Castelo* [sic]. Comenta que o compositor paraense Henrique Gurjão esteve presente à estreia da ópera, compositor este que havia estudado na Itália. Por essa razão, o autor estabelece ligação entre os destinos dos dois compositores, revelando sua opinião sobre o gênero operístico:

[...] a própria ópera era, por assim dizer, um gênero especificamente italiano, inaceitável fora do seu universo lingüístico e musical, o que pode explicar o evidente insucesso das tentativas que aqui se fizeram (v.3, p.124).

Pouco depois, retornando ao assunto da estreia da mesma ópera, afirma que ela foi traduzida para o italiano por Luis Vicente de Simoni, o que Azevedo já havia contestado.[73] Na ocasião, lança outra afirmação polêmica e reitera o que já dissera anteriormente: "tratava-se de mais uma tentativa de criação da ópera brasileira;[74] contudo, como dissemos, o idioma oficial da ópera, enquanto gênero artístico, era o italiano [...]" (p.144).

Ao falar da ópera *Joana de Flandres*, afirma que, nela, Carlos Gomes continuou fiel ao "romantismo gótico". No mesmo ponto, reproduz artigo de Salvador de Mendonça, autor do libreto da ópera e fiel amigo do compositor, do ano de 1905, em que este relembra sua estreia. Ele narra que Carlos Gomes, ao receber a comenda de "Oficial da Rosa", pediu ao imperador

---

72 Caminhando praticamente ano a ano, a matéria é separada em pequenas seções, com títulos alusivos às ocorrências mais marcantes. Dessa maneira, o autor percorre os principais acontecimentos artístico-culturais.
73 Essa informação encontra-se na obra de Sacramento Blake. Luiz Heitor Correia de Azevedo disse: "Não conheço essa tradução; nem me consta que *A Noite do Castello* tenha sido cantada, alguma vez, em italiano". Azevedo, op. cit., p.164.
74 Ao que se sabe, a Academia de Música e Ópera Nacional, instituição que promoveu a estreia de *A Noite do Castello*, representa a primeira tentativa de promover o canto de óperas, em vernáculo; nenhuma outra teria ocorrido anteriormente no Brasil.

que, em vez da comenda, preferiria que seu pai fosse nomeado mestre da Capela Imperial, acrescentando: "E a nomeação foi feita".[75]

Ainda referindo-se a Salvador de Mendonça, cita trecho da carta que lhe foi endereçada, escrita por Machado de Assis, em 1904, na qual este relembra as festividades que se seguiram à estreia da mesma ópera: "tu, eu e tantos outros, cercando o Carlos Gomes, descemos em aclamações ali pela Rua dos Ciganos abaixo"[76] (p.190-1).

Adiante, menciona mais uma vez a mesma ópera, citando Azevedo, que nela via "reflexos de musicalidade brasileira"[77] porque continha trechos modinheiros, enquanto lamenta a ida do compositor para a Itália, fazendo coro com wagnerianos e modernistas.

> Essa "tentativa primaveril" ficaria truncada para sempre com a partida do compositor e subseqüente integração numa corrente musical que, precisamente por estar no apogeu, já havia iniciado o seu período de declínio histórico. Em outras palavras, o jovem Carlos Gomes começou a caminhar para o passado, [...] enquanto a arte musical, inclusive a operática, marchava decididamente para o futuro.[78]

O autor não deixa dúvidas sobre seu conceito de "futuro", na citação acima, quando afirma que esteve "nas mãos de Carlos Gomes" escolher entre a Alemanha de Wagner, como queria o imperador, ou a Itália de Verdi, que acabou preferindo, por "interferência" da imperatriz (p.308).

Pouco antes, já havia comentado a estreia do *Guarany*, utilizando termos semelhantes ao primeiro modernismo.

> *Il Guarany* representa, em certo sentido, e apesar das aparências temáticas, uma distorção de rumos na carreira de Carlos Gomes e uma oportunidade perdida na história da música brasileira (p.307).

---

75 Tratava-se de um posto honorário, pois o mestre de capela, à época, era Francisco Manoel da Silva. A nomeação é confirmada por André Cardoso em: Cardoso, A *música na capela Real e Imperial do Rio de Janeiro*, p.150-1.
76 A carta foi datada em 21 de jullho de 1904 e encontra-se em: Azevedo, J. A. M., *Vida e obra de Salvador de Mendonça*, p.426.
77 Ver Azevedo, L. H. C. de, *Música e músicos do Brasil*, p.181 et seq.
78 Martins, op. cit., v.3, p.308.

Reiterando que a ida do compositor para a Itália foi um erro, pois a ópera italiana já declinava, alerta que "o triunfo 'italiano' de Carlos Gomes, em 1870, era, pois, um triunfo que trazia escondido em si mesmo um veneno mortal:" (p.308).

Quanto à estreia brasileira da ópera, ressalta o momento de exacerbado nacionalismo em que o país vivia e recorda-se que, nove meses antes, o Rio de Janeiro já havia entrado em delírio, com a estreia das *Variações sobre o Hino Nacional Brasileiro*, de Gottschalk (p.307). *Il Guarany* foi recebido "como ópera nacionalista e 'moderna'", tendo sido um "poderoso tônico para o orgulho nacional", no momento em que principiava um importante período de nossa história, denominado "Ilustração Brasileira"[79] (p.308).

Mais adiante, como introdução à *Fosca*, retorna ao mesmo assunto e destaca as "opções possíveis", da vida intelectual brasileira, que se ofereciam a Carlos Gomes.

Depois do triunfo exultante do *Guarani*, em 1870, que era, entretanto, como dissemos a seu tempo, o triunfo enganador de fórmulas musicais esgotadas, ele demonstra a extraordinária coragem e decisão de enfrentar o desconhecido, escrevendo a *Fosca*, em 1872 (representada no ano seguinte).[80]

Ao falar da *Fosca*, Wilson Martins abandona as objeções a Carlos Gomes e, para destacar as qualidades dessa ópera, recorre a Mário de Andrade. Menciona que este considerava a *Fosca* o verdadeiro ponto culminante da carreira do compositor, que, "se não decidiu da sua vida, decidiu da sua estética". Para sublinhar ainda mais seu valor, cita um trecho do célebre artigo escrito por Mário de Andrade sobre essa ópera[81] (p.369).

Entretanto, o abandono da opção estética representada pela *Fosca* é lamentado pelo autor na mesma proporção em que a enalteceu. Carlos Gomes "rejeitou, pela segunda vez, a via wagneriana que se lhe oferecia, voltando ao estilo peninsular como [sic] o *Salvator Rosa*, em 1874". O autor afirma

---

79 O autor explica que foi Roque Spencer Maciel de Barros quem propôs essa denominação referente ao período que compreende os anos de 1870 a 1914.
80 Martins, op. cit., p.368.
81 Essa frase encontra-se no fim do primeiro parágrafo do mesmo artigo, e o trecho citado pertence ao início do segundo parágrafo da página 252. Cf. Andrade, M. de, Fosca (1873). *Revista Brasileira de Música*, v.3, n.2, jul. 1936.

que, ao contrário do que dissera Mário de Andrade, o episódio decidiu, sim, a vida de Carlos Gomes, pois sua "fecundidade (e não apenas em volume) entra desde então num ciclo claramente depressivo". Utiliza, como simples argumento, o maior espaço de tempo que separa a composição de suas futuras óperas[82] (p.369).

Volta a falar da *Fosca*, comentando a recepção de sua estreia no Rio de Janeiro, em 1877, como exemplo do contexto em que se vivia, no qual ocorria a "transição atormentada" das "novas visões da arte e dos estilos". A obra, "uma ópera 'wagneriana', cujo único erro tinha sido a tentativa de impô-la ao gosto italiano, no centro mesmo do seu império", tampouco foi bem recebida no Rio de Janeiro, onde "a crítica musical foi unanimemente desfavorável" (v.4, p.4). Nesse mesmo ano, *Lohengrin* foi também apresentada no Rio de Janeiro, mas sem sucesso.

Com exceção da *Fosca*, o autor continua a não demonstrar qualquer simpatia pelas demais óperas do compositor: "A essa altura, Carlos Gomes, trabalhando em *Maria Tudor*, encetava um duplo regresso romântico: a Verdi e a Victor Hugo". Lembra-se ainda que, nesse mesmo momento, Pedro II realizou histórico encontro com o célebre escritor francês (p.5).

Ao comentar os *Estudos críticos*, de Taunay, observa que este autor demonstra "interesse" e possui "sérios conhecimentos" sobre música brasileira. Taunay, acrescenta, refere-se a Carlos Gomes como "essa bela glória nacional" e cita trechos da crítica carioca desfavoráveis a apresentações de óperas de Wagner (p.181-2). Wilson Martins, que já deixara entrever sua simpatia pelo compositor alemão, revela suas preferências, mais adiante, de maneira ainda menos passível de dúvidas.

> Desde o ano anterior, como vimos, o *Lohengrin* havia sido levado na capital do Império; sem jamais destronar a música italiana, o wagnerismo introduziu em nossa música um espírito de modernidade e diversificação que lhe condicionou o desenvolvimento posterior.[83]

---

[82] É um argumento frágil que leva em conta somente o dado físico inflexível da passagem do tempo. Há muitos exemplos que demonstram sua fragilidade, um deles muito próximo, o caso de Verdi. O compositor que, ao contrário de Carlos Gomes, tinha a seu dispor todas as facilidades materiais necessárias para produzir quantas óperas quisesse, podendo escolher as condições ideais para a composição e produção das mesmas. No entanto, a partir de *Aida*, demorou mais de quinze anos para estrear suas últimas óperas, fazendo-o com maestria insuperável.

[83] Martins, op. cit., v.4, p.208.

Entretanto, contradizendo-se a si mesmo, torna a ser condescendente com Carlos Gomes ao falar de *Lo Schiavo*, cuja estreia é assunto que acompanha a narração do último baile do Império, na Ilha Fiscal, com o qual se confunde, em clima de nostalgia. O autor vale-se do texto de Senna, publicado em *Rascunhos e perfis*, que estudamos no início deste livro, para reproduzir crítica de autor desconhecido, do *Jornal do Commercio*, referente à estreia da ópera.[84]

Reitera que o julgamento favorável à ópera mantém-se até os dias atuais, citando as palavras de "um especialista", Azevedo, que afirma ser a ópera "mais formosa que o gênio de Carlos Gomes produziu".[85]

A partir desse ponto, não há referências aos derradeiros trabalhos do compositor, ou sobre o período final de sua vida, a não ser no quinto volume, correspondente ao período de 1897 a 1914, em que se encontra uma última menção ao seu nome em um texto que parece resumir tudo o que sobre ele foi falado, reiterando alguns pontos em que o autor mais insistiu.

Assim, o anacronismo estético de Carlos Gomes, que Pedro II tentara inutilmente prevenir quando sugeriu mandá-lo estudar na Alemanha de Wagner e não na Itália de Verdi, não só era agora mais do que evidente, mas, ainda, permitia perceber com clareza o desperdício irreparável de um talento, sacrificado ao gosto do momento; Carlos Gomes era um pouco, pelo que representava na música, o que a Sé da Bahia representava na arquitetura, no urbanismo e até na ideologia religiosa, isto é, um monumento do passado, um obstáculo ao desenvolvimento.[86]

Na página anterior, Wilson Martins referiu-se à campanha, iniciada em 1912, que durou vinte e um anos, pela demolição da Sé da Bahia, "em nome da 'modernidade' e do progresso", contra o "passadismo" e o atraso. Essa "ideologia do progresso" havia encontrado sua primeira manifestação nas obras modernizadoras do Rio de Janeiro (v.5, p.520).

---

84 A crítica é favorável ao compositor e o que a diferencia é a opção, declarada pelo autor, de analisar a obra de Carlos Gomes, no contexto italiano ao qual pertence, deixando de lado a "escola moderníssima" então em voga. Partes desse texto foram reproduzidas em várias obras posteriores. Cf. Senna, *Lo Schiavo*. In: *Rascunhos e perfis*: notas de um reporter, p.529-51.
85 Essas palavras encontram-se, em Azevedo, L. H. C. de, *150 anos de música no Brasil*, p.86-7.
86 Martins, op. cit., v.5, p.521.

É clara a analogia realizada pelo autor entre Carlos Gomes e a Sé da Bahia, referindo-se a ambos como obstáculos a serem removidos em nome do progresso. Essa imagem torna a conclusão ainda mais cruel com o compositor do que se poderia prever pelo conteúdo das afirmações anteriores. Torna-se emblemática também sua insistência, pela terceira vez, em enfatizar o erro da opção de Carlos Gomes pela Itália.

Wilson Martins deixa transparecer influências modernistas em diversos pontos, tal como quando valoriza especialmente a ópera *Joana de Flandres*, por conter alguns elementos modinheiros, alertado por Azevedo, ou então busca o auxílio de Mário de Andrade para falar da *Fosca*, ou ainda recorre novamente a Azevedo para formar seu juízo sobre *Lo Schiavo*. Até mesmo suas primeiras palavras contrárias à ópera como "gênero especificamente italiano" poderiam ter motivação modernista.

Entretanto, a submissão de Carlos Gomes ao veredicto dessa "ideologia do progresso", cujo nome o próprio autor atribui a Fernando da Rocha Peres, é anterior ao modernismo de 1922 e será até mesmo antagônico a ele na segunda metade da década de 1920, quando os modernistas começarem a olhar nosso passado cultural com outros olhos. É pensamento que compactua com o processo da "regeneração" implantado no Rio de Janeiro[87] no início do século XX, que culminou com a reurbanização de todo o centro da cidade, fato, aliás, ao qual se refere o autor.

Os textos de autores modernistas que são empregados nos trechos referentes a Carlos Gomes são todos posteriores ao período em que o compositor foi hostilizado pelo movimento. Não poderiam ser eles os responsáveis pelo antagonismo que o autor demonstra em relação ao compositor. Resta uma razão que se evidencia cada vez mais ao longo do texto: seu comprometimento com o wagnerismo.

A valorização que é dada à *Fosca*, "uma ópera 'wagneriana'", e a decepção do autor com a má acolhida das óperas de Wagner, no Rio de Janeiro, as quais, mesmo assim, introduziram "um espírito de modernidade e diversificação" em nossa música, condicionando seu "desenvolvimento

---

87 Ver Sevcenko, *Orfeu extático na metrópole:* São Paulo, sociedade e cultura nos frementes anos 20, p.255. O autor estuda esse processo com maior profundidade em Sevcenko, *Literatura como missão:* tensões sociais e criação cultural na Primeira República.

posterior", são palavras que não deixam dúvidas quanto à sua filiação ao wagnerismo, mas ainda há mais um aspecto a ser lembrado.

Desde o momento em que narra a partida do compositor para a Itália, destaca que ele teria tido a opção de estudar na Alemanha, terra de Wagner, como era a vontade do imperador. Esse antigo argumento dos wagnerianos do século XIX, que foi modificado pelos modernistas que preferiam que Carlos Gomes tivesse permanecido no Brasil, transforma-se quase em *Leitmotiv* de Wilson Martins, estando presente em três diferentes momentos de seu texto: na já mencionada partida do compositor para a Itália, na mudança estética do compositor após a *Fosca* e no trecho citado por último, em que Carlos Gomes é comparado com a antiga Sé da Bahia.

Wilson Martins reflete, então, não somente o pensamento modernista, dialogando com os interlocutores mais ilustres que o representam na área musical, Mário de Andrade e Azevedo, porém também torna evidente sua admiração por Wagner, utilizando-o para antagonizar e desmerecer Carlos Gomes, atitude que nos faz evocar o comportamento de Oswald de Andrade nos idos de 1922.

Epílogo

Pode-se perceber que, em se tratando de Carlos Gomes, nos textos estudados houve consideráveis mudanças de enfoque, metodologia de estudo e até mesmo do próprio objeto de estudo, em relação aos textos abordados anteriormente. Torna-se necessária a separação desses elementos para melhor entender as mudanças processadas.

Quanto ao enfoque, constata-se a presença dominante de três vertentes principais, modernismo, wagnerismo e nacionalismo, das quais a primeira e a terceira, com frequência, encontram-se associadas.

A visão modernista, predominante entre os autores, é a responsável pela maior transformação verificada. Não mais corresponde ao momento de grande tensão, quando se tornou notório o antagonismo à imagem do compositor, nos primeiros anos do movimento. O que os textos agora transmitem é um novo estágio do pensamento modernista, refletindo as mudanças de postura evidenciadas por Mário de Andrade em seus últimos textos da década de 1920.

O compositor foi novamente integrado à música brasileira, retomando sua posição de destaque e, de acordo com Mário de Andrade, até teria sido seu fundador. Ocorre, porém, que nem todas as suas proposições foram aceitas, assimiladas e aplicadas, automaticamente, nos textos dos demais seguidores do movimento. Tal como Renato Almeida relutava em aceitar a nova condição de Carlos Gomes, de fundador da música brasileira, outros autores não renunciavam a suas ocasionais restrições ao italianismo de sua música.

Entretanto, o legado modernista nos textos estudados tem grande importância. Foi esse ideal que impulsionou novos autores, como Luiz Heitor Correia de Azevedo, a realizar trabalhos de tão alto nível, resultantes de infindáveis pesquisas, que somente o amor à causa poderia tê-los gerado, associado, a bem da verdade, à sua inegável competência. O mesmo ideal levou Renato Almeida a transformar-se em um respeitável folclorista, mesmo partindo de sua condição inicial de literato, e reformular inteiramente seu livro de história da música.

Mário de Andrade, por sua vez, modernista histórico, motivado pela apresentação iminente da obra e pressentido a proximidade da efeméride do centenário de Carlos Gomes, pôs-se a estudar, especialmente, uma de suas óperas que nada continha de nacional, comprovando o valor da obra, apregoado por muitos desde sua composição, e deixando-nos um testemunho definitivo, o artigo *"Fosca"*.

Diversos procedimentos caracterizam a presença do pensamento modernista; o mais frequente deles é a valorização do folclore e das manifestações populares, da qual a reformulação da segunda edição da *História da música brasileira*, de Almeida, é o exemplo mais emblemático. Quanto à música de Carlos Gomes, seu correspondente é a identificação de elementos de origem nacional, o que os autores antigos percebiam, intuitivamente, e mesmo Mário de Andrade, no *Ensaio*, ainda denominava "rúim exquisito", vindo a identificá-los com maior precisão pouco depois. Azevedo, nas antigas óperas brasileiras, procurou identificar a presença de modinhas. Almeida, sem poder contribuir na mesma direção, enveredou por realçar o valor simbólico-patriótico de trechos do *Guarani*.

Naquilo que é favorável ao compositor, os autores modernistas realçam qualidades reconhecidas há muito tempo, como o melodismo e sua veia dramática, porém revelam o valor de obras antes quase ignoradas, como a

Fosca e as óperas brasileiras de sua fase inicial. A *Fosca* é reavaliada, destacando-se a riqueza de sua elaboração temática, sua ambientação e até mesmo a similitude ali existente com os motivos condutores de Wagner.

No que lhe é considerado desfavorável, ressalta-se o italianismo de sua música, tema recorrente entre diversos autores, tais como Almeida, Acquarone, Nogueira França e Fernando de Azevedo. Entre nós, esse assunto nunca chegou a ser totalmente digerido, inclusive por autores influenciados pelos modernistas de gerações vindouras.

Outro fator desfavorável é a manifesta desconfiança do valor de suas óperas que não alcançaram o sucesso popular, tanto no Brasil como na Itália. Esse juízo costuma ignorar a multiplicidade de fatores que interfere diretamente na recepção desse tipo de espetáculo, prejudicado ainda mais pela ausência de trabalhos musicais de natureza crítica, realizados por especialistas, que poderiam contradizer tais apreciações. Essas desconfianças ainda são resquícios do primeiro modernismo que subsistem, como seria provavelmente o caso de Almeida e, por seu intermédio, Fernando de Azevedo, restringindo-nos aos autores estudados.

Se todas as tendências forem consideradas, será possível perceber que o pensamento modernista, presente nos textos do período aqui estudado, em seus diversos matizes, gerou consequências e ações que, no cômputo geral, foram mais favoráveis que desfavoráveis a Carlos Gomes.

O wagnerismo, ao contrário, sempre lhe foi desfavorável. Esse é o caso de alguns autores do número especial da *Revista Brasileira de Música*, como Otávio Bevilacqua, porém o mais importante deles é Wilson Martins. Em sua *História da inteligência brasileira*, não esconde suas reservas para com o compositor, o que deve ser fruto do primeiro momento modernista, associado a um convicto partidarismo de Wagner. O autor insiste em argumentos anacrônicos, e até surpreendentes para sua condição cultural, que o remetem aos tempos de Pedro II, desejando que Carlos Gomes fosse estudar, não na Itália de Verdi, mas na Alemanha de Wagner.

Em seu estudo sobre as primeiras óperas de Carlos Gomes, Azevedo revela-nos que, antes de partir para a Itália, Carlos Gomes já compunha à maneira italiana. Ela era, portanto, a tendência natural do compositor, decorrente de sua própria formação e do meio italianizado em que vivia no Rio de Janeiro. Diante dessa verdade, aquela aspiração wagneriana tornar-se-ia impossível. O curioso é que o autor recorre a Azevedo em diversos momentos de seu trabalho, inclusive para obter informações sobre as óperas do período acima comentado, porém nada o demove da posição assumida.

Wilson Martins continua a não ver quaisquer atenuantes e insiste em que o compositor errou ao preferir a Itália, e esse erro condenou-o a juntar--se ao passado e não caminhar em direção ao futuro. A importância da obra desse autor, porém, dá relevo à sua opinião, fazendo que seja mencionada, inclusive, em trabalhos biográficos de Carlos Gomes.[88] Se o wagnerismo ainda era latente nos textos brasileiros do século XIX, sua presença torna--se agora mais efetiva, provavelmente por causa da expansão da música de Wagner verificada no Brasil no primeiro quartel do século XX.

Por sua vez, o enfoque nacionalista associado ao compositor é antigo. Entretanto, nos textos aqui apresentados, ele é fruto da oficialização do Centenário de Carlos Gomes, pelo Governo Federal, em 1936. Esse evento foi responsável pela existência de alguns dos textos estudados, entre eles o escorço biográfico, escrito por Almeida em 1937, no qual se percebe a aplicação efetiva do direcionamento nacionalista. Torna-se preocupante, nesse pequeno texto, a eleição do *Guarani* como única obra meritória do compositor, principalmente por sua associação patriótica. O *Guarani* permanece, "pouco importa" seu valor musical – é o que se pode ler nas entrelinhas – enquanto as demais óperas "envelheceram", porque "não têm projeção fora da música". Para os que pensam dessa maneira, o valor musical importa menos que o valor patriótico.

O alcance da oficialização dos festejos, em 1936, foi de tal grandeza que o Governo Federal decretou feriado em todo o território nacional o dia 11 de julho, data de nascimento do compositor, válido exclusivamente para o ano do centenário. Azevedo comenta que, nos espetáculos realizados nesse dia, "o entusiasmo popular atingiu o paroxismo". No mesmo artigo, o autor narra a atuação governamental, permitindo-nos avaliá-la.[89]

> Reconhecendo, porém, que em um meio social de formação ainda precária, [...] é necessário fixar a atenção do povo sobre certos tipos padrões, que [...]

---

88 Cf. Góes, *Carlos Gomes:* a força indômita, p.16, 140, 147.
89 Um bom estudo sobre as diversas implicações sociopolíticas que envolveram a imagem do compositor nesse período, inclusive suas particularidades paulistas, encontra-se em Coelho, *O gênio da floresta: O Guarany* e a Ópera de Lisboa, p.57-75.

devem encarnar a própria confiança nas forças da nacionalidade, [...] as nossas autoridades serviram-se de Carlos Gomes como de um símbolo, aproveitando-se do prestígio popular do seu nome e do caráter accessível de sua obra.[90]

Quanto à metodologia empregada na abordagem das obras musicais, se na maioria dos textos permaneceu tal como anteriormente, em alguns casos ocorreram mudanças de grande significado para a musicologia brasileira. Seus principais exemplos foram realizados por Mário de Andrade e Azevedo, respectivamente *"Fosca"* e *"As primeiras óperas de Carlos Gomes"*. São estudos analíticos pioneiros no Brasil pela maneira em que os exemplos musicais são apresentados; não mais somente como "ilustrações" dos trechos comentados, mas como representações de elementos estruturais sonoros, identificados e classificados por meio da análise, que exercem funções determinadas na estrutura da obra musical.

Foi também ampliado o universo musical do objeto de estudo, até então restrito às óperas italianas do compositor. O principal exemplo é, novamente, o ensaio de Azevedo sobre as primeiras óperas ainda compostas no Brasil, trazendo à luz parcela quase desconhecida da obra de Carlos Gomes. Outros setores dessa obra, que se encontravam nas mesmas condições, foram também contemplados no mesmo número da *Revista Brasileira de Musica*.

Em 1950, Azevedo publicou *Música e músicos do Brasil*,[91] livro que reproduz seus textos já publicados no número especial da *Revista Brasileira de Musica* dedicado a Carlos Gomes. Alguns anos mais tarde, em 1956, o mesmo autor publicou *150 anos de música no Brasil*, livro que traz importante capítulo sobre Carlos Gomes.[92] Os dois livros de Azevedo considerados como uma unidade, *Pequena história da música*, de Mário de Andrade, e *História da música brasileira*, de Almeida, estes dois compreendidos neste trabalho, passaram a constituir uma espécie de trindade que se tornou referencial para todos os autores seguintes da historiografia musical brasileira, bem como para aqueles que, doravante, dedicaram-se ao estudo da música brasileira.

---

90 Azevedo, L. H. C. de, *Música e músicos do Brasil*, p.153.
91 Ibid.
92 Id., Antonio Carlos Gomes no Brasil e na Itália. In: *150 anos de música no Brasil*, p.73-89.

Conclusão

*"O sentimento de humanidade vencerá
talvez um dia o preconceito das pátrias restritas".*

Mário de Andrade

Este livro almejou ser uma das possíveis respostas ao chamado do musicólogo brasileiro Antônio Alexandre Bispo, realizado nos anos 1980, embora não seja um estudo específico do século XIX, mas de um personagem que ali viveu, cuja memória esteve sujeita aos mesmos efeitos por ele denunciados.

O desenvolvimento da investigação musicológica específica do século XIX no Brasil [...] parece ser, entretanto, prejudicado por traços de um certo mal-estar, resíduos de uma atitude negativa, a qual foi fomentada pelos ideais reformadores de um passado recente. Urge assumir uma posição livre de julgamentos prévios de valor estético perante a problemática musical dessa fase da história brasileira, possibilitando, assim, o estudo mais objetivo dos fatos históricos e a reflexão mais produtiva sobre os valores próprios da expressão musical do homem brasileiro desse período. Re-valorizar significa, neste contexto, tentar neutralizar os efeitos do processo de desvalorização estética experimentado pela herança musical do passado, na primeira metade do século XX.[1]

Efeito análogo sofreram diversos "processos culturais relevantes", anteriores a 1922, fenômeno assim denunciado:

---

[1] Bispo, O século XIX na pesquisa histórico-musical brasileira: necessidade de sua reconsideração. *Revista de Música Latino Americana*, Austin, v.2, n.1, p. 131, Spring/Summer 1981.

Boa parte da crítica e das histórias culturais e literárias produzidas desde então construíram modelos de interpretação, periodizaram, releram o passado cultural do país, enfim, com as lentes do movimento de 1922.

O mesmo autor denuncia que um dos efeitos desse processo foi a exclusão de um grande universo que "não se enquadrava nos cânones de 1922".[2] As "lentes" modernistas – também nós utilizamos essa denominação ao longo do trabalho, referindo-nos somente ao grupo de 22 – são agentes do processo referido por Bispo, embora não tenha atribuído nomes, as quais nos legaram a visão preconcebida do passado recente, ali denunciada, que nós, ainda imersos na herança modernista, sentíamos dificuldade de perceber e somente agora principiamos a fazê-lo.

Durante a pesquisa que resultou este livro, deparamo-nos com inúmeras coincidências com pensamentos modernistas, porém, muito anteriores, que poderiam ser atribuídas aos que o historiador acima mencionado denominou "antigos modernistas". A mais remota delas, de 1857, é um verdadeiro pensamento modernista que defende o direito de possuirmos música com características brasileiras, o que será bandeira do movimento setenta anos mais tarde.

> A música não é absolutamente a mesma em todas as nações: sujeita às grandes regras da arte, ela se modifica no estilo e no gosto em cada nação, segundo as inspirações da natureza do país, os costumes, a índole e as tendências do povo.[3]

Outro exemplo é da autoria de um verdadeiro "antigo modernista", o célebre crítico literário José Verissimo [Dias de Mattos], que também era grande admirador de Carlos Gomes. Referindo-se à existência ou não de arte nacional, antecipa posição modernista, inclusive nas restrições a Carlos Gomes. O texto é de 1883.

> Está claro que dependendo a existência de uma arte nacional da existência de uma corrente de tradições históricas, literárias, étnicas, artísticas, que todas concorram para alimentar o sentimento estético, não pode existir no Brasil uma arte

---

2 Hardman, Antigos modernistas. In: Novaes (Org.), *Tempo e história*, p.290.
3 Cernicchiaro, *Storia della musica nel Brasile:* dai tempi coloniali sino ai nostri giorni (1549-1925), p.202. O texto integra o programa da Academia de Ópera Nacional.

brasileira. Possuímos alguns grandes artistas de que nos podemos orgulhar como Carlos Gomes na música, Victor Meireles [sic] e Pedro Américo na pintura, Bernardelli na estatuária, mas não temos arte, porque esses todos são ou italianos ou franceses, conforme as escolas em que estudaram e as tendências do seu espírito.[4]

O mesmo autor, em sua *História da literatura brasileira* (1916), já havia denominado de *modernismo* o "movimento sociocultural de idéias e reivindicações" que envolvia numerosos intelectuais brasileiros desde cerca de 1870.[5] Entretanto, esse movimento foi relegado e até mesmo esquecido após a chegada do grupo hegemônico com o aparato que realizou a Semana de 22. São sintomáticas as palavras de um estudioso desse período, referindo-se ao grupo anterior: "Mas não seria essa a corrente que vingaria".[6]

Com Carlos Gomes ocorreu um processo bem mais explosivo, e sua imagem sofreu o efeito das lentes modernistas, talvez ainda em maior proporção. Vimos, no início deste livro, a importância que alcançou junto aos intelectuais brasileiros – leia-se literatos –, tornando-se o mais festejado dos artistas brasileiros pelos literatos de seu tempo e, talvez, de toda a nossa história. Tal foi o alcance de sua glória que esta chegou até o povo, transformando-se em popularidade que envolvia todas as camadas sociais no país inteiro.

Essa popularidade nunca foi ameaçada, a não ser atualmente, pela comunicação de massas. Sempre que, não nas esferas populares, algum perigo rondava sua imagem, um acontecimento, ou uma efeméride, vinha em seu socorro, restabelecendo a ordem das coisas. Foi assim com a implantação da República, mas logo seguida por sua morte, que envolveu o país. Se o modernismo conseguiu atingir sua imagem, entre os intelectuais, logo vieram as comemorações de seu centenário de nascimento, em 1936, encampadas pelo governo Vargas, que se aproveitou da própria popularidade do compositor em seu favor, fazendo-a crescer ainda mais.

Carlos Gomes, mais que ninguém, tinha seu nome associado aos literatos do século XIX; no momento em que o modernismo, movimento liderado por literatos, decidiu combater seus antecessores, o compositor, com eles identificado, tornou-se um alvo privilegiado. O alcance desse ataque,

---

4 Verissimo [Dias de Mattos], *Teoria, crítica e história literária*, p.245.
5 Hardman, op. cit., p.290.
6 Sevcenko, *Orfeu extático na metrópole:* São Paulo, sociedade e cultura nos fremêntes anos 20, p.238.

porém, teve maior significado do que as fronteiras da vida literária poderiam conter. Carlos Gomes era o maior nome do passado cultural brasileiro, verdadeiro símbolo desse passado; combatê-lo significava combater todo o passado contra o qual se insurgiram os modernistas.

Entretanto, ao contrário dos literatos do passado que lograram disseminar a imagem do compositor entre o povo – para isso também contaram com muito mais tempo –, os literatos modernistas, representantes de um movimento de origem elitista que partiu de um grande evento patrocinado pela aristocracia paulistana, não conseguiram afetar a popularidade de Carlos Gomes junto ao povo. Porém, sua ação foi eficaz entre a intelectualidade brasileira, transmitindo às gerações futuras seu julgamento, segundo sua ótica, tal como o fizeram com as obras e intelectuais que os precederam.

De outro lado, vimos também que se distendeu a tensão dirigida ao compositor e, ainda durante os anos 1920, ele foi reabilitado e integrado, com posição destacada entre nossos compositores. Essa era a posição pessoal de Mário de Andrade, o maior líder da vertente musical do movimento; entretanto, tal posição não foi acompanhada, *in totum*, por todos os membros do grupo – a essa altura completamente dividido – e seus seguidores.

De maneira análoga ao que aconteceu anteriormente em outras áreas da cultura, eclipsadas pelo que ocorreu durante a Semana de 22, a distensão verificada em relação a Carlos Gomes durante os anos seguintes não teve a mesma repercussão que os acontecimentos da Semana de 22; fora da área de alcance dos textos musicais de Mário de Andrade, essa distensão passou despercebida. Pode-se dizer que tanto os acontecimentos anteriores como os posteriores foram obscurecidos pelo grande brilho e pela visibilidade da Semana de Arte Moderna.

O poder de difusão da Semana de 22 foi tal que, mesmo não trazendo em sua programação comprovadamente nenhuma manifestação contrária ao compositor, alguns de seus subprodutos, tais como artigos de jornais e a polêmica entre Del Picchia e Guanabarino, ganharam enorme notoriedade e criaram a imagem da centralização de forças em oposição a Carlos Gomes. O mais contundente dos subprodutos foi o artigo de Oswald de Andrade publicado na véspera do evento, "Carlos Gomes *versus* Villa-Lobos", que começava assim: "Carlos Gomes é horrível". Ele passou a ser citado, pelo menos em parte, em quase todas as publicações que se referem ao modernismo e à Semana de 22, as quais já devem ter ultrapassado a grandeza dos três dígitos.

Ao contrário do que ocorre em diversos países onde a crítica de arte é realizada por especialistas, em relação a Carlos Gomes, aquilo que lhe foi mais nocivo não partiu de nenhum músico ou de crítico especializado. A pior consequência do episódio é que a maioria das pessoas não costuma questionar a credibilidade dos fatos que passaram pelo crivo da história, tomando-os como verdade. Tampouco se tem consciência de que foi apenas uma manifestação pontual que poderia não corresponder ao pensamento dos demais modernistas, mas é o que vingou, utilizando a mesma expressão já citada.

Tal como em outras áreas, novamente é a visão modernista que se impõe – nesse caso, a visão pessoal de um dos modernistas – que é passada adiante, de forma quase irresponsável, dando à imagem do compositor forte significado pejorativo. Toda a distensão verificada nos anos seguintes nunca chegou a ter o mesmo alcance e nem conseguiu refrear os efeitos danosos, já em curso, que se tornaram irreparáveis.

A área musical tem sua própria ótica e é alcançada, quase exclusivamente, por textos que lhe são dirigidos. A historiografia musical e os textos específicos dessa área foram mais sensíveis ao processo de distensão graças à projeção de Mário de Andrade nesse meio. Mesmo assim, o compositor não conseguiu livrar-se de certas pechas, como o propalado "italianismo" de sua música, que, na verdade, é anterior ao modernismo, mas com este ganhou significado mais pejorativo e assim foi passado adiante. Os arautos desse tema nunca levaram em conta que Carlos Gomes viveu metade de sua vida na Itália, onde não poderia ter sido aceito, a não ser compondo à maneira daquele país, tal como sempre ocorreu ao longo da história com compositores que foram viver em países estrangeiros de forte tradição musical própria.

Alguns importantes autores estrangeiros que viveram entre nós, mesmo temporariamente, conseguiram ver a questão com o distanciamento necessário, o que o pensamento modernista, associado ao nacionalismo, não nos permitia ver. Esses autores alertaram-nos sobre a estranheza dessa maneira de pensar.

Não se compreende, aliás, por que o compositor, homem do seu tempo e de fortes convicções nacionais, não teria tido o direito de exprimir essas convicções na melhor linguagem musical que conhecia: a de Verdi.[7]

---

[7] Carpeaux, *Uma nova história da música*, p.234.

Um deles, o musicólogo Curt Lange, foi ainda mais persuasivo, dando--nos motivos para vermos com naturalidade a opção estética do compositor.

A estética desse tempo era outra; a universalidade da ópera, cobrindo o mundo civilizado, era uma só, aceita por todos; e Carlos Gomes, estabelecido na Meca operística do Ocidente, já nutrido no Brasil, desde o estudo da partitura de *O Trovador*, até as suas experiências práticas com a ópera italiana no Rio, e posteriormente com as representações que viveu e assimilou avidamente em Milão, não podia, nem pretendia fugir delas, ou modificá-las segundo concepções que não nasceram na sua cabeça. Existia uma só meta: integrar-se no movimento presidido soberanamente por Verdi, vencer e ganhar consideração pública.[8]

A depreciação das óperas desconhecidas, ou que não alcançaram sucesso popular, e o enaltecimento exclusivo do *Guarany* são heranças mais do nacionalismo que do modernismo. O nacionalismo enfatiza o valor patriótico das óperas em detrimento de seu valor musical; acaba sendo tão prejudicial ao compositor quanto a oposição que lhe foi feita pelos wagnerianos. A mais nefasta consequência dessa corrente é o desestímulo ao estudo musical das óperas.

O wagnerismo, quase imperceptível nos textos inicialmente estudados aqui, mostra-se em evidência a partir de então, tornando-se um dos possíveis fatores que agiram, em conjunto com o modernismo, com o propósito de atingir Carlos Gomes durante os embates da Semana. Surpreendente, porém, é sua longevidade, surgindo renovado e forte, nos textos do terceiro capítulo. Deve-se a ele, mais que ao modernismo, o maior contraste presente em todo o trabalho envolvendo a glória vivida pelo compositor em seu tempo e a condição de "monumento do passado", obstáculo a ser removido, que adquire no livro de Martins.[9]

O segundo personagem em importância neste livro é Mário de Andrade. Na altura da Semana de Arte Moderna, seu contato com a bibliografia sobre

---

8 Lange, A música erudita na Regência e no Império. In: Holanda (Org.), *História geral da civilização brasileira*, v.3, p.403.
9 Martins, *História da inteligência brasileira*, v.5, p.521. Em seu texto, o autor cria analogia entre a Sé da Bahia, igreja antiga que foi demolida no começo do século XX, em nome da modernização da cidade, e Carlos Gomes, que, tal como a igreja, era "um monumento do passado, um obstáculo ao desenvolvimento".

Carlos Gomes era pequeno. Nesse momento, seu maior interesse, ao que parece, dirigia-se à música de Wagner. Durante aquele período conflituoso, como era de seu feitio, não participou de nenhum episódio polêmico envolvendo o nome de Carlos Gomes, embora tenha tido a coragem de replicar, publicamente, o terrível artigo de Menotti Del Picchia, "Matemos Peri!".

Pouco depois, em *Klaxon*, colocou-se contrário a Carlos Gomes de maneira mais incisiva; porém, nos anos seguintes, foi aceitando-o cada vez mais e passou a buscar, em sua música, indícios de brasilidade, aparentando conhecê-la, a cada dia, mais profundamente. Seu crescente envolvimento com a cultura popular levou-o a encontrar soluções próprias e assim se afastar, pouco a pouco, do grupo modernista que, por sinal, as diferentes tendências políticas já haviam logrado separar.

Mário de Andrade foi o responsável pela presteza com que as ideias modernistas chegaram até a música. Dele partiu também a reformulação desta, na busca de um caminho próprio para a música brasileira. Encontrou-o, no *Ensaio sobre a música brasileira*, propondo aos nossos músicos o novo caminho que seria por eles seguido a partir de então, tornando-se, assim, a voz mais ouvida de nossa historiografia musical até os dias de hoje. Se, no *Ensaio*, ainda não havia identificado com clareza os vagos elementos brasileiros presentes na música do compositor, no *Compendio de historia da musica*, encerrando a década de 1920, realizou um esforço de análise e retórica para defini-los.

Nessa mesma obra, Mário de Andrade combateu a irreverência ao compositor, dirigindo-se, provavelmente, a seus colegas modernistas, porém essa atitude chegou tarde para impedir o dano já causado. Também deu a Carlos Gomes a condição de fundador da música brasileira, condição que os modernistas, inclusive o próprio Mário de Andrade, tanto lamentaram anteriormente que o compositor havia perdido a oportunidade de alcançar indo para a Itália. A admiração de Mário de Andrade por Carlos Gomes continuou a ser expressa em muitos textos, de forma persistente, a partir do fim da década de 1920; foi percebida por aqueles que acompanhavam seus textos, sobretudo no âmbito musical, porém o efeito causado pela Semana de Arte Moderna alastrou-se pela cultura brasileira até os nossos dias.

O que fazer com a música de Carlos Gomes é uma pergunta para a qual o próprio Mário de Andrade poderia nos sugerir a resposta. No distante ano de 1924, na revista *Ariel*, Mário de Andrade realizou a comparação entre o compositor norte-americano Mac Dowell e Carlos Gomes, concluindo que nosso compositor não ficava atrás "nem na importância histórica nem no valor estritamente musical de criação".[10]

Creio que este é o caminho; que se deve buscar conhecer o "valor estritamente musical de criação" da obra de Carlos Gomes, livrando-a dos liames de todos os prejuízos extramusicais que tanto a envolveram para o bem ou para o mal. Tudo aquilo que dificultou a aceitação plena do compositor, tanto pelos modernistas, seus seguidores, ou por nós mesmos, expostos à sua herança, deveria ser revisto em busca de um novo tipo de conhecimento.

Felizmente começam a surgir estudos musicais dessa natureza,[11] mas são ainda poucos os pesquisadores que se aventuram nessa área. O estudo da história e recepção de suas obras esbarra na dificuldade de ter vivido em dois países distantes entre si. É também possível que o efeito denunciado por Alexandre Bispo, ao início, identificado por nós como modernismo e outros "ismos", ainda persista e não transmita segurança aos novos pesquisadores que assim não se sentem atraídos por esse objeto de estudo.

Em contrapartida, a historiografia, para ir adiante, necessita de novas conquistas da área técnica, musicológica, que venham demonstrar o real valor musical das obras de Carlos Gomes, com o suporte de estudos científicos e análises convincentes, substituindo as eternas "impressões" a que foram condenadas suas obras, unicamente por culpa da carência de conhecimento técnico-científico e melhores condições de trabalho. Foi essa mesma carência, no passado, que nos fez trilhar os caminhos tortuosos que percorremos, conforme o diagnóstico de um estudioso da história e de Carlos Gomes.

A falta de estudos outros sobre a música de Carlos Gomes, na linha, por exemplo, seguida por Mário de Andrade, possibilitou a ocupação dos espaços que seriam da reflexão problematizadora pelo registro biográfico, factual ou exaltador de uma obra virtualmente desconhecida no país, mesmo se tratando de *O Guarany*.[12]

---

10 Andrade, M. de (pseudônimo: Florestan), A situação musical no Brasil. *Ariel*: Revista de Cultura Musical, n.9, p.316, jun. 1924.
11 Cf. Nogueira, M. P., *Muito além do melodramma:* os prelúdios e sinfonias das óperas de Carlos Gomes. Virmond, *Condor de Antônio Carlos Gomes:* uma análise de sua história e música.
12 Coelho, *O gênio da floresta:* O Guarany e a Ópera de Lisboa, p.58.

O motivo que mais lhe causou controvérsias, ao longo da história, foi sua ida para a Itália, tornando-se cidadão de dois mundos, mas infelizmente dois mundos desiguais, em diferentes níveis de desenvolvimento, que não veem da mesma maneira. Mesmo crendo que seja possível existir isenção na pesquisa, os interesses nacionais também existem e são reais, não podendo ser ignorados. Por essa razão, não se deve transferir aos pesquisadores italianos a responsabilidade pelo estudo de Carlos Gomes. Se o fizerem, serão muito bem-vindos, mas compete aos brasileiros essa tarefa. Primeiramente, não se pode esquecer nunca que seu contexto era italiano, e nesse contexto, sua música deve ser vista e com ele comparado. São de grande importância as palavras de Azevedo:

> Temos, pois, de ajustar a objetiva às dimensões do quadro a focalizar. Temos de considerar Carlos Gomes na escola de ópera italiana do século XIX. E, malgrado os esforços da musicologia italiana contemporânea, temos de considerá-lo como a única figura notável, superiormente inspirada, que a ópera peninsular nos apresenta, na geração que medeia entre Verdi e o aparecimento do Verismo.[13]

Da mesma maneira que tivemos prejuízos por sua música ser italiana, os italianos poderiam muito bem não o aceitar plenamente por haver nascido no Brasil. Alcançar a glória em outro país, mantendo fortes laços com seu país de origem, custou-lhe essa condição dúbia, intermediária, que, para nós, porém, pouco importa. Carlos Gomes, tal como em seu tempo, ainda é uma glória nacional.

---

13 Azevedo, L. H. C. de, *Música e músicos do Brasil*, p.156.

REFERÊNCIAS

A. C. Carlos Gomes e o "Salvator Rosa". *Revista Musical e de Bellas Artes*, Rio de Janeiro: [s.n.], ano 2, n.22, p.173-4, ago. 1880.

ACQUARONE, F. *História da música brasileira*. Rio de Janeiro: Francisco Alves; Paulo de Azevedo, [s.d.].

ALMEIDA, Renato. A musica no Brasil, no seculo XIX. *America Brasileira*, Rio de Janeiro: [s.n.], ano I, n.9-12, 1922.

_____. *Historia da musica brasileira*. Rio de Janeiro: Briguiet, 1926.

_____. *Carlos Gomes*. Rio de Janeiro: Ministério da Educação e Saúde, 1937.

_____. *História da música brasileira*. 2.ed. cor. e aum. Rio de Janeiro: Briguiet, 1942.

ALVES, Antonio de Castro. A minha irman Adelaide. In: *Obras completas de Castro Alves*. Rio de Janeiro: Francisco Alves, 1921, v.1, p.266-8.

AMARAL, Aracy. *Artes plásticas na Semana de 22*. São Paulo: Perspectiva, 1970.

_____. *Blaise Cendrars no Brasil e os modernistas*. São Paulo: Martins, 1970.

AMARAL, Leopoldo. Carlos Gomes e André Rebouças: Guarany, Fosca e Salvator Rosa. *Revista do Centro de Sciencias, Letras e Artes*, Campinas: [s.n.], n.19, p.99-109, set. 1908.

AMARAL, Tancredo do. *A historia de São Paulo ensinada pela biographia de seus vultos mais notaveis*. Rio de Janeiro: Alves & C., 1895.

AMPHION. Lisboa: [s.n.], ano 10, n.18, 3ª série, p.143, set. 1896.

ANAIS DA BIBLIOTECA NACIONAL: Catálogo de jornais e revistas do Rio de Janeiro (1808-1889). Rio de Janeiro: Divisão de Publicações e Divulgação, 1965. v.85.

ANDRADE, Mário de. Musica brasileira. *Correio Musical Brasileiro*, São Paulo: [s.n.], n.4, p.5-6, 1-15 jun. 1921.

_____. A vingança de Scarlatti. *Ariel:* Revista de Cultura Musical. São Paulo: [s.n.], n.3, p.91-5, dez. 1923.

_____. (pseudônimo: FLORESTAN). A situação musical no Brasil. *Ariel:* Revista de Cultura Musical. São Paulo: [s.n.], n.9, p.315-8, jun. 1924.

ANDRADE, Mário de. (pseudônimo: FLORESTAN). Companhias nacionais. *Ariel: Revista de Cultura Musical.* São Paulo: [s.n.], n.11, p.383-6, ago. 1924.

_____. *Compendio de historia da musica.* São Paulo: Chiarato, 1929.

_____. *Compendio de historia da musica.* 2.ed. São Paulo: [Musical Brasileira], 1933.

_____. *Compendio de historia da musica.* 3.ed. São Paulo: L. G. Miranda, 1936.

_____. Fosca. *Revista Brasileira de Musica,* Rio de Janeiro: Instituto Nacional de Musica; Universidade do Rio de Janeiro, v.3, n.2, p.251-63, jul. 1936.

_____. *Obra imatura.* São Paulo: Martins, [1960]. (Obras completas de Mário de Andrade).

_____. *Macunaíma:* o herói sem nenhum caráter. 3.ed. São Paulo: Martins, [1962]. (Obras completas de Mário de Andrade).

_____. *Ensaio sobre a música brasileira.* 3.ed. São Paulo: Martins, 1972.

_____. O artista e o artesão. In: _____. *O baile das quatro artes.* 3.ed. São Paulo: Martins; Brasília: Instituto Nacional do Livro (INL), 1975, p.11-33.

_____. Romantismo musical. In: _____. *O baile das quatro artes.* 3.ed. São Paulo: Martins; Brasília: INL, 1975, p.35-66.

_____. *Os filhos da Candinha.* 3.ed. São Paulo: Martins; Brasília: INL, 1976.

_____. *Música, doce música.* 2.ed. São Paulo: Martins; Brasília: INL, 1976.

_____. Pianolatria. *Klaxon:* mensário de arte moderna. São Paulo: Martins; Secretaria da Cultura, Ciência e Tecnologia, n.1, p.8, 1976. Edição fac-similar.

_____. *Táxi e crônicas no* Diário Nacional. Estabelecimento de texto, introdução e notas de Telê Porto Ancona Lopez. São Paulo: Duas Cidades; Secretaria da Cultura, Ciência e Tecnologia, 1976.

_____. *Pequena história da música.* 8.ed. São Paulo: Martins, 1977.

_____. O movimento modernista. In: _____. *Aspectos da literatura brasileira.* 6.ed. São Paulo: Martins, 1978, p.231-55.

_____. *Modinhas Imperiais.* Belo Horizonte: Itatiaia, 1980. (Obras completas de Mário de Andrade, XVIII).

_____. *Namoros com a medicina.* 4.ed. São Paulo: Martins; Belo Horizonte: Itatiaia, 1980.

_____. *A lição do amigo:* cartas de Mário de Andrade a Carlos Drummond de Andrade, anotadas pelo destinatário. Rio de Janeiro: J. Olympio, 1982.

_____. *Entrevistas e depoimentos.* Org. Telê Porto Ancona Lopez. São Paulo: T. A. Queiroz, 1983.

_____. O Aleijadinho. In: _____. *Aspectos das artes plásticas no Brasil.* 3.ed. Belo Horizonte: Itatiaia, 1984.

_____. *O banquete.* 2.ed. São Paulo: Duas Cidades, 1989.

_____. *Dicionário musical brasileiro.* Coord. Oneyda Alvarenga e Flávia Camargo Toni. Belo Horizonte: Itatiaia; Brasília: Ministério da Cultura; São Paulo: Instituto de Estudos Brasileiros da Universidade de São Paulo (IEB-USP)/Editora da Universidade de São Paulo (Edusp), 1989.

_____. Os compositores e a língua nacional. In: _____. *Aspectos da música brasileira.* Belo Horizonte: Villa Rica, 1991, p.32-94. (Obras de Mário de Andrade, 11).

ANDRADE, Mário de. Evolução social da música no Brasil. In: _____. *Aspectos da música brasileira*. Belo Horizonte: Villa Rica, 1991, p.11-31. (Obras de Mário de Andrade, 11).

_____. *A arte religiosa no Brasil*. São Paulo: Experimento; Giordano, 1993.

_____. *Música e Jornalismo: Diário de S. Paulo*. Pesquisa, estabelecimento de texto, introdução e notas de Paulo Castagna. São Paulo: Hucitec; Edusp, 1993.

_____. Carlos Gomes e Villa Lobos. *Cultura Vozes*, Petrópolis: Vozes, v.88, n.2, p.86-9, mar./abr. 1994.

_____. O maior músico. In: COLI, Jorge. *Música final*: Mário de Andrade e sua coluna jornalística *Mundo musical*. Campinas: Editora da Universidade Estadual de Campinas (Unicamp), 1998, p.29-33.

_____. *De São Paulo*: cinco crônicas de Mário de Andrade, 1920-1921. Organização, introdução e notas de Telê Ancona Lopez. São Paulo: Senac, 2004.

_____; LEITE, Otávio Dias. *Mário, Otávio*: cartas de Mário de Andrade e Otávio Dias Leite (1936-1944). Organização, introdução e notas de Marcos Antonio de Moraes. São Paulo: Imprensa Oficial do Estado; Oficina do Livro Rubens Borba de Moraes; IEB-USP, 2006.

ANDRADE, Oswald de. O esforço intelectual do Brasil contemporâneo. In: BATISTA, Marta Rossetti; LOPEZ, Telê Porto Ancona; LIMA, Yone Soares de. *Brasil: 1º tempo modernista – 1917/29, Documentação*. São Paulo: IEB-USP, 1972, p.208-16.

_____. *Do Pau-Brasil à antropofagia e às utopias*: manifestos, teses de concursos e ensaios. Rio de Janeiro: Civilização Brasileira; Brasília: Ministério da Educação e Cultura (MEC), 1972. (Obras completas de Oswald de Andrade, 6).

_____. *Poesias reunidas*. 3.ed. Rio de Janeiro: Civilização Brasileira, 1972. (Obras completas de Oswald de Andrade, 7).

_____. *Ponta de lança*: polêmica. Rio de Janeiro: Civilização Brasileira, 1972. (Obras completas de Oswald de Andrade, 5).

_____. *Telefonema*. Rio de Janeiro: Civilização Brasileira; Brasília: INL, 1974. (Obras completas de Oswald de Andrade).

_____. Manifesto Antropófago. *Revista de Antropofagia*, [S.l.: s.n.], n.1, p.3, 7, maio 1928. São Paulo: Abril; Metal Leve, 1975. Edição fac-similar.

_____. *Os dentes do dragão*: entrevistas. São Paulo: Globo; Secretaria de Estado da Cultura, 1990.

_____. *Estética e política*. São Paulo: Globo, 1992. (Obras completas de Oswald de Andrade).

_____. Glórias de praça pública. In: BOAVENTURA, Maria Eugenia (Org.). *22 por 22*: a Semana de Arte Moderna vista pelos seus contemporâneos. São Paulo: Edusp, 2000, p.73-5.

_____. Carlos Gomes *versus* Villa-Lobos. In: BOAVENTURA, Maria Eugenia (Org.). *22 por 22*: a Semana de Arte Moderna vista pelos seus contemporâneos. São Paulo: Edusp, 2000, p.77-9.

ANDRADE, Oswald de. *Um homem sem profissão:* Sob as ordens de mamãe (memórias e confissões). 2.ed. São Paulo: Globo, 2002.

_____. *Serafim Ponte Grande.* São Paulo: Círculo do Livro, [s.d.].

ARANHA, Graça. *A estetica da vida.* Rio de Janeiro: Garnier, [s.d.].

_____. A emoção estética na arte moderna. In: AMARAL, Aracy. *Artes plásticas na Semana de 22.* São Paulo: Perspectiva, 1970, p.266-74.

ASSIS, Machado de. *Melhores crônicas.* São Paulo: Global, 2003, p.206-9.

ÁVILA, Affonso (Org.). *O modernismo.* São Paulo: Perspectiva; Secretaria da Cultura, Ciência e Tecnologia, 1975.

AZA-NEGRA. Recife: [s.n.], 4 jun. 1882. In: BOCCANERA, Silio. *Um artista brasileiro.* Bahia: Typ. Bahiana, de Cincinnato Melchiades, 1913, p.83-8.

AZEVEDO, Fernando de. *A cultura brasileira.* 5.ed. rev. e amp. São Paulo: Melhoramentos; Edusp, 1971. (Obras completas de Fernando de Azevedo, XIII).

AZEVEDO, José Affonso Mendonça. *Vida e obra de Salvador de Mendonça.* Brasília: Ministério das Relações Exteriores, 1971.

AZEVEDO, José Eustachio de. O piano de Carlos Gomes. In: *Bellas Artes:* palestras Litterarias. Belém: Livraria Carioca Editora, [s.d.], p.77-82.

AZEVEDO, Luiz Heitor Correia de. *Música e músicos do Brasil.* Rio de Janeiro: Casa do Estudante do Brasil, 1950.

_____. As primeiras óperas de Carlos Gomes: *A Noite do Castello* (1861). *Joana de Flandres* (1863). In: _____. *Música e músicos do Brasil.* Rio de Janeiro: Casa do Estudante do Brasil, 1950, p.158-202.

_____. Carlos Gomes e Francisco Manuel: correspondência inédita (1864-1865). In: _____. *Música e músicos do Brasil.* Rio de Janeiro: Casa do Estudante do Brasil, 1950, p.203-18.

_____. *Bibliografia musical brasileira (1820-1950).* Rio de Janeiro: Ministério da Educação e Saúde; INL, 1952.

_____. *150 anos de música no Brasil.* Rio de Janeiro: José Olympio, 1956.

_____. Antonio Carlos Gomes no Brasil e na Itália. In: _____. *150 anos de música no Brasil.* Rio de Janeiro: José Olympio, 1956, p.73-89.

BARRETO [DE MENESES], Tobias. A. Carlos Gomes. In: BOCCANERA, Silio. *Um artista brasileiro.* Bahia: Typ. Bahiana, de Cincinnato Melchiades, 1913, p.97-101.

BARROS, Roque Spencer Maciel de. *A ilustração brasileira e a idéia de universidade.* São Paulo: Convívio; Edusp, 1986.

BASTOS, Alfredo. Salvador Rosa. *Revista Brazileira*, Rio de Janeiro: [s.n.], ano 2, v.5, p.224-36, jul./set. 1880.

BATISTA, Marta Rossetti; LOPEZ, Telê Porto Ancona; LIMA, Yone Soares de (Orgs.). *Brasil:* 1° tempo modernista, documentação. São Paulo: IEB-USP, 1972.

BATISTA, Marta Rosseti (Org.). *Mário de Andrade:* cartas à Anita Malffati. Rio de Janeiro: Forense Universitária, 1989.

BISPO, Antonio Alexandre. O século XIX na pesquisa histórico-musical brasileira: necessidade de sua reconsideração. *Latin American Music Review*, Austin: [s.n.], v.2, n.1, p.130-42, Primavera/Verão 1981.

BISPO, Antonio Alexandre. Tendências e perspectivas da musicologia no Brasil. *Boletim da Sociedade Brasileira de Musicologia*, São Paulo: [s.n.], n.1, p.13-52, 1983.

BLAKE, Augusto Victorino Alves Sacramento. *Diccionario bibliographico brazileiro*. Nendeln, Liechtenstein: Kraus-Thompson, 1969. Edição fac-similar.

BLOCH, Marc. *Apologia da história, ou, o ofício de historiador*. Trad. André Telles. Rio de Janeiro: Zahar, 2001. Original francês.

BOAVENTURA, Maria Eugenia. *O salão e a selva:* uma biografia ilustrada de Oswald de Andrade. Campinas: Editora da Unicamp; São Paulo: Ex Libris, 1995.

_____. (Org.). *22 por 22:* a Semana de Arte Moderna vista pelos seus contemporâneos. São Paulo: Edusp, 2000.

BOCCANERA JUNIOR, Silio. *A Bahia a Carlos Gomes:* 1879 a 1896. Bahia: Litho--typ. V. Oliveira & Cia, 1904.

_____. *Um artista brasileiro*. Bahia: Typ. Bahiana, de Cincinnato Melchiades, 1913.

BOSI, Alfredo. Imagens do romantismo no Brasil. In: GUINSBURG, J. (Org.). *O romantismo*. 4.ed. reimp. São Paulo: Perspectiva, 2005, p.239-56.

BRITO, Jolumá (João Baptista de Sá). *Carlos Gomes:* o Tonico de Campinas. São Paulo: Liv. Edit. Record, 1936.

BRITO, Mário da Silva. *Panorama da poesia brasileira:* o modernismo. Rio de Janeiro: Civilização Brasileira, 1959, v.6.

_____. *História do modernismo brasileiro:* antecedentes da Semana de Arte Moderna. 2.ed. rev. Rio de Janeiro: Civilização Brasileira, 1964.

_____. *As metamorfoses de Oswald de Andrade*. São Paulo: Conselho Estadual de Cultura – Comissão de Literatura, 1972.

CAMPOS, Haroldo de. Uma poética da radicalidade. In: ANDRADE, Oswald de. *Poesias reunidas*. 3.ed. Rio de Janeiro: Civilização Brasileira, 1972, p.xi-lxi. (Obras completas de Oswald de Andrade, 7).

_____. *Morfologia do Macunaíma*. São Paulo: Perspectiva, 1973.

CANDIDO, Antonio. *Brigada ligeira*. 3.ed. rev. Rio de Janeiro: Ouro sobre Azul, 2004.

_____. *Formação da literatura brasileira:* momentos decisivos, 1750-1880. 11.ed. Rio de Janeiro: Ouro sobre Azul, 2007.

CARDOSO, André. *A música na capela Real e Imperial do Rio de Janeiro*. Rio de Janeiro: Academia Brasileira de Música, 2005.

CARPEAUX, Otto Maria. *Uma nova história da música*. 2.ed. rev. aum. Rio de Janeiro: Edições de Ouro, 1968.

_____. Prosa e ficção do romantismo. In: GUINSBURG, J. (Org.). *O romantismo*. 4.ed. reimp. São Paulo: Perspectiva, 2005, p.157-65.

CARVALHO, Itala Gomes Vaz de. *A vida de Carlos Gomes*. 2.ed. Rio de Janeiro: A Noite, 1937.

CASCUDO, Luis da Câmara. *Dicionário do folclore brasileiro*. Rio de Janeiro: MEC; INL, 1954.

CERNICCHIARO, Vincenzo. *Storia della musica nel Brasile:* dai tempi coloniali sino ai nostri giorni (1549-1925). Milano: Fratelli Riccioni, 1926.

CERQUERA, Paulo de Oliveira Castro. *Um século de ópera em São Paulo*. São Paulo: Editora Guia Fiscal, 1954.

CHALMERS, Vera Maria. *3 linhas e 4 verdades:* o jornalismo de Oswald de Andrade. São Paulo: Duas Cidades; Secretaria da Cultura, Ciência e Tecnologia, 1976.

CHIAFFARELLI, Luigi. *Carlos Gomes*. São Paulo: Duprat & Comp., 1909.

COELHO, Geraldo Mártires. *O brilho da supernova:* a morte bela de Carlos Gomes. Rio de Janeiro: Agir, 1995.

_____. *O gênio da floresta: O Guarany* e a Ópera de Lisboa. Rio de Janeiro: Agir; Belém: Prefeitura de Belém, 1996.

COLI Jr., Jorge Sidney. Mário de Andrade: introdução ao pensamento musical. *Revista do Instituto de Estudos Brasileiros*, São Paulo: IEB-USP, n.12, p.111-36, 1972.

COLI, Jorge; DANTAS, Luiz Carlos da Silva. Sobre *O banquete*. In: ANDRADE, Mário de. *O banquete*. 2.ed. São Paulo: Duas Cidades, 1989, p.11-40.

COLI, Jorge. *Música final:* Mário de Andrade e sua coluna jornalística *Mundo musical*. Campinas: Editora da Unicamp, 1998.

_____. Carlos Gomes e Villa-Lobos. In: _____. *A paixão segundo a ópera*. São Paulo: Perspectiva; Fapesp, 2003, p.101-31.

CORREIO MUSICAL BRASILEIRO. São Paulo: [s.n.], maio-ago. 1921. Quinzenal.

COSTA, Oswaldo (pseudônimo: TAMANDARÉ). Moquém: Hors d'oeuvre. *Revista de Antropofagia*, 2. dentição, n.5. In: *Diário de S. Paulo*, [São Paulo], p.6, 14 abr. 1929. São Paulo: Abril; Metal Leve, 1975. Edição fac-similar.

DAHLHAUS, Carl. *La musica dell'Ottocento*. Versão italiana de Laura Dallapicola. Firenze: La Nuova Italia, 1990. Original alemão.

DOSSE, François. *La apuesta biográfica:* escribir una vida. Trad. Josep Aguado, Concha Miñana. València: Universitat de València, 2007. Original francês.

DUPRAT, Régis. Análise, musicologia, positivismo. *Revista Música*, São Paulo: Departamento de Música da Escola de Comunicações e Artes da Universidade de São Paulo (CMU-ECA-USP), p.47-58, v.7, 1996.

EHRARD, Jean; PALMADE, Guy. *L'Histoire*. Paris: Armand Colin, 1964.

ENCICLOPÉDIA DA LITERATURA BRASILEIRA. 2.ed. rev. ampl. atual. il. São Paulo: Global; Rio de Janeiro: Fundação Biblioteca Nacional; Academia Brasileira de Letras, 2001.

EVOLUÇÃO: A. Carlos Gomes. Rio de Janeiro: Typ. Central, jul. 1880.

FABRIS, Annateresa. *Futurismo:* uma poética da modernidade. São Paulo: Perspectiva, 1987.

FONSECA, Edmur. Mário de Andrade e os mineiros: um depoimento. In: SILVA, Lúcia Neiza Pereira da (Org.). *Mário universal paulista:* algumas polaridades. São Paulo: Secretaria Municipal de Cultura; Departamento de Bibliotecas Públicas, 1997, p.19-43.

FONSECA, Rubem. *O selvagem da ópera*. São Paulo: Companhia das Letras, 1994.

FUBINI, Enrico. *La estética musical desde la antiguedad hasta el siglo XX*. Versão espanhola de Carlos Guillermo Pérez de Aranda. 3.ed. Madrid: Alianza Editorial, 2000. Original italiano.

GALLET, Luciano. *Estudos de folclore*. Rio de Janeiro: Carlos Wehrs, 1934.

GÓES, Marcus. *Carlos Gomes:* a força indômita. Belém: SECULT, 1996.

GONZAGA, Adhemar; GOMES, Paulo Emílio Salles. *70 anos de cinema brasileiro*. Rio de Janeiro: Expressão e Cultura, 1966.

GUANABARINO, Oscar. *Folhetins sobre a opera Fosca de Carlos Gomes*. Rio de Janeiro: Typ. Primeiro de Janeiro, 1880.

_____. Delírio intelectual. In: BOAVENTURA, Maria Eugenia (Org.). *22 por 22:* a Semana de Arte Moderna vista pelos seus contemporâneos. São Paulo: Edusp, 2000, p.291-8.

GUIMARÃES JUNIOR, Luiz. A. *Carlos Gomes:* perfil biographico. Rio de Janeiro: Typ. Perseverança, 1870.

HARDMAN, Francisco Foot. Antigos modernistas. In: NOVAES, Adauto (Org.). *Tempo e história*. São Paulo: Companhia das Letras; Secretaria Municipal de Cultura, 1992, p.289-305.

JUSTA, José Lino da. *Discurso pronunciado pelo Dr. José Lino da Justa:* orador official do "Centro Litterario", na sessão funebre consagrada a Carlos Gomes. Fortaleza: Typ. Studart, 1896.

KIEFER, Bruno. *História da música brasileira*. 3.ed. Porto Alegre: Movimento, 1982.

_____. *Villa-Lobos e o modernismo na música brasileira*. 2.ed. Porto Alegre: Movimento; Brasília: INL, 1986.

KOIFMAN, Georgina (Org.). *Cartas de Mário de Andrade a Prudente de Moraes, neto*. Rio de Janeiro: Nova Fronteira, 1985.

LANGE, Francisco Curt. A música erudita na Regência e no Império. In: HOLANDA, Sérgio Buarque de (Org.). *História geral da civilização brasileira*. 2.ed. São Paulo: Difusão Europeia do Livro, 1969, v.3, p.369-409.

LOBATO, Monteiro. *A barca de Gleyre*. São Paulo: Cia. Editora Nacional, 1944.

_____. *Urupês*. 24.ed. São Paulo: Brasiliense, 1980.

LOPEZ, Telê Porto Ancona. *Mário de Andrade:* ramais e caminho. São Paulo: Duas Cidades, 1972.

_____. *Macunaíma:* a margem e o texto. São Paulo: Hucitec; Secretaria de Cultura, Esporte e Turismo, 1974.

_____. Mário de Andrade no *Diário Nacional*. In: ANDRADE, Mário de. *Táxi e crônicas no* Diário Nacional. Estabelecimento de texto, introdução e notas de Telê Porto Ancona Lopez. São Paulo: Duas Cidades; Secretaria da Cultura, Ciência e Tecnologia, 1976, p.15-20.

MACHADO, Antônio de Alcântara. Um poeta e um prosador. *Revista de Antropofagia*, n.5, p.4, set. 1928. São Paulo: Abril; Metal Leve, 1975. Edição fac-similar.

MAGALDI, Cristina. *Music in Imperial Rio de Janeiro:* European Culture in a Tropical Milieu. Lanham, Maryland: Scarecrow Press, 2004.

MARIZ, Vasco. *Dicionário bio-bibliográfico musical:* brasileiro e internacional. Rio de Janeiro: Livraria Kosmos Editora, 1948.

_____. *Três musicólogos brasileiros:* Mário de Andrade, Renato Almeida, Luiz Heitor Correa de Azevedo. Rio de Janeiro: Civilização Brasileira; Brasília: INL, 1983.

MARIZ, Vasco. *Vida musical.* Rio de Janeiro: Civilização Brasileira, 1997.

_____. *História da música no Brasil.* 5.ed. Rio de Janeiro: Nova Fronteira, 2000.

MARTINS, Wilson. *História da inteligência brasileira.* São Paulo: Cultrix; Edusp, 1976-1979. 7v.

MARQUES, Gabriel. *O homem da cabeça de leão:* Carlos Gomes, suas músicas, seus amores. São Paulo: Revista dos Tribunais, 1971.

MELLO, Guilherme Theodoro Pereira de. *A musica no Brasil:* desde os tempos coloniais até o primeiro decenio da Republica. Bahia: Typ. de S. Joaquim, 1908.

MELLO, Guilherme Theodoro Pereira de. *A música no Brasil:* desde os tempos coloniais até o primeiro decênio da República. 2.ed. Rio de Janeiro: Imprensa Nacional, 1947.

MENEZES, Raimundo de. *Dicionário literário brasileiro.* 2.ed. rev. aum. e atual. Rio de Janeiro: Livros Técnicos e Científicos (LTC), 1978.

MENEZES FILHO, A. F. Cardoso de. Carlos Gomes. *O Album,* Rio de Janeiro: [s.n.], n.1, p.2-3, jan. 1893.

MORAES, Eduardo Jardim de. *A brasilidade modernista:* sua dimensão filosófica. Rio de Janeiro: Graal, 1978.

MORAES, Marcos Antonio de (Org.). *Correspondência Mário de Andrade & Manuel Bandeira.* 2.ed. São Paulo: Edusp; IEB-USP, 2001.

MORAES, Rubens Borba de. Recordações de um sobrevivente da Semana de Arte Moderna. In: AMARAL, Aracy. *Artes plásticas na Semana de 22.* São Paulo: Perspectiva, 1970, p.293-310.

MORAES FILHO, Alexandre José de Mello. *Artistas do meu tempo.* Rio de Janeiro/Paris: Garnier, 1905, p.81-116.

MORAIS, neto, Prudente de. Historia da musica brasileira – Renato Almeida – Almeida – Livraria Briguiet – Rio, 1926. *Revista do Brasil* [segunda fase], Rio de Janeiro: [s.n.], ano 1, n.1, p.29, 15 set. 1926.

NASCIMENTO, Luiz do. *História da imprensa de Pernambuco:* 1821-1954. Recife: Editora Universitária – UFPE, 1972, v.6.

NELLO VETRO, Gaspare. *Antonio Carlos Gomes: Il Guarany.* Parma: Collezione di "Malacoda", 1996.

NOGUEIRA, Maria Guadalupe Pessoa. *Edição anotada da Correspondência Mário de Andrade e Renato de Almeida.* 2003. 362 f. Dissertação (Mestrado em Teoria Literária e Literatura Comparada) – Faculdade de Filosofia, Letras e Ciências Humanas da Universidade de São Paulo (FFLCH-USP), São Paulo 2003.

NOGUEIRA, Marcos Pupo. *Muito além do melodramma:* os prelúdios e sinfonias das óperas de Carlos Gomes. São Paulo: Unesp, 2006.

ORTIZ, Renato. *Cultura brasileira e identidade nacional.* 9. reimp., 5.ed. São Paulo: Brasiliense, [s.d.].

PENALVA, José. *Carlos Gomes, o compositor.* Campinas: Papirus, 1986.

_____. Verdi e Carlos Gomes. *Boletim Informativo da Casa Romário Martins,* Curitiba: Fundação Cultural de Curitiba, v.23, n.109, p.89-104, jan. 1996.

PEREIRA, Avelino Romero. *Música, sociedade e política:* Alberto Nepomuceno e a República musical. Rio de Janeiro: Editora UFRJ, 2007.

PEREIRA, Gisete de Aguiar Coelho. *Ernani Braga:* vida e obra. Recife: Secretaria de Educação do Estado de Pernambuco; Departamento de Cultura, 1986.

PICCHIA, Menotti Del. *A longa viagem, 2ª etapa:* da revolução modernista à Revolução de 1930. São Paulo: Martins; Conselho Estadual de Cultura, 1972.

_____. *O Gedeão do modernismo:* 1920-22. Int. sel. e org. Yoshie Sakiyama Barreirinhas. Rio de Janeiro: Civilização Brasileira; São Paulo: Secretaria de Estado da Cultura, 1983.

PRADO, Paulo. Brecheret. In: BATISTA, Marta Rossetti; LOPEZ, Telê Porto Ancona; LIMA, Yone Soares de. *Brasil:* 1º tempo modernista – 1917/29, Documentação. São Paulo: IEB-USP, 1972, p.86-90.

_____. *Retrato do Brasil:* ensaio sobre a tristeza brasileira. Carlos Augusto Calil (Org.). 9.ed. São Paulo: Companhia das Letras, 1997.

PROENÇA, Manuel Cavalcanti. *Roteiro de Macunaíma.* 3.ed. Rio de Janeiro: Civilização Brasileira; Brasília: INL, 1974.

QUINTERO-RIVERA, Mareia. *A cor e o som da nação:* a idéia de mestiçagem na crítica musical do Caribe hispânico e do Brasil. São Paulo: Annablume; Fapesp, 2000.

REAL ACADEMIA DE AMADORES DE MUSICA: Homenagem à memoria de Carlos Gomes. Lisboa: Typ. da Cia. Nacional Editora, 1897.

REBOUÇAS, André. Notas Biographicas: Carlos Gomes. *Revista Musical e de Bellas Artes,* Rio de Janeiro: [s.n.], n.1, p.1-3, jan. 1879; n.2, p.3, jan. 1879; n.3, p.2-3, jan. 1879; n.4, p.2-3, jan. 1879; n.5, p.2-3, fev. 1879; n.6, p.2-3, fev. 1879; n.7, p.2, fev. 1879; n.8, p.2-3, fev. 1879; n.9, p.2-3, mar. 1879; n.10, p.2-4, mar. 1879; n.11, p.2-3, mar. 1879; n.12, p.3-4, mar. 1879; n.13, p.3-4, mar. 1879; n.14, p.2-4, abr. 1879; n.15, p.3-4, abr. 1879; n.16, p.3-5, abr. 1879, n.17, p.3-4, abr. 1879; n.18, p.3-4, maio 1879; n.19, p.3-4, maio 1879; n.20, p.3-4, maio 1879, n.21, p.3-4, maio 1879; n.22, p.3-4, maio 1879; n.23, p.3-4, jun. 1879; n.24, p.3-4, jun. 1879; n.25, p.3-4, jun. 1879; n.26, p.3-4, jun. 1879, n.27, p.3-4, jul. 1879.

_____. Ephemerides de Carlos Gomes: notas para o Taunay. *Revista do Instituto Historico e Geographico Brazileiro.* Rio de Janeiro: [s.n.], v.73, parte II, p.75-86, 1910.

_____. *Diário e notas autobiográficas.* Rio de Janeiro: José Olympio, 1938.

REVISTA DE ANTROPOFAGIA. São Paulo: Abril; Metal Leve, 1975. Edição fac--similar.

REVISTA BRASILEIRA DE MUSICA. Rio de Janeiro: Instituto Nacional de Música; Universidade do Rio de Janeiro, v.3, n.2, jul. 1936.

REVISTA DO GREMIO LITERARIO DA BAHIA. Salvador: Artes Gráficas, 1988. Edição fac-similar.

RODRIGUES, Lutero. *Pedro Malazarte,* uma ópera modernista. *Brasiliana,* Rio de Janeiro: Academia Brasileira de Música, n.26, p.14-21, dez. 2007.

ROMERO, Sílvio. *História da literatura brasileira.* 7.ed. Rio de Janeiro: José Olympio; Brasília: INL, 1980, v.2.

SALGADO, Plínio. A língua tupy. *Revista de Antropofagia,* [S.l.: s.n.], n.1, p.5-6, maio 1928. São Paulo: Abril; Metal Leve, 1975. Edição fac-similar.

SALLES, Fritz Teixeira de. *Das razões do modernismo*. Brasília: Editora Brasília, 1974.

SALLES, Vicente. Carlos Gomes: passagem e influência em várias regiões brasileiras. In: *Carlos Gomes*: uma obra em foco. Rio de Janeiro: Funarte, INM, Projeto MMB, 1987, p.7-33.

_____. *Bibliografia brasileira de Antônio Carlos Gomes*. Belém: Fundação Cultural do Município – FUMBEL, 1996.

_____. *Maestro Gama Malcher:* a figura humana e artística do compositor paraense. Belém: UFPA; SECULT, 2005.

_____. *Música e músicos do Pará*. 2.ed. rev. e aum. Belém: Secult; Seduc; Amu-PA, 2007.

SANTOS, Francisco Quirino dos. A. Carlos Gomes. In: *Almanach Litterario de S. Paulo para 1881*. São Paulo: Imprensa Oficial do Estado; Arquivo do Estado; Instituto Histórico e Geográfico de São Paulo, 1993, p.35-48. Edição fac-similar.

SEIDL, Roberto. Carlos Gomes: ensaio de bibliographia. *Revista Brasileira de Musica*, Rio de Janeiro: Instituto Nacional de Música; Universidade do Rio de Janeiro, v.3, n.2, p.445-57, jul. 1936.

SENNA [PEREIRA], Ernesto [Augusto de]. *Lo Schiavo*. In: _____. *Rascunhos e perfis:* notas de um reporter. Rio de Janeiro: Typ. Jornal do Commercio, 1909, p.529-51.

SEVCENKO, Nicolau. *Literatura como missão:* tensões sociais e criação cultural na Primeira República. 3.ed. São Paulo: Brasiliense, 1989.

_____. *Orfeu extático na metrópole:* São Paulo, sociedade e cultura nos frementes anos 20. São Paulo: Companhia das Letras, 1992.

SODRÉ, Nelson Werneck. *História da imprensa no Brasil*. Rio de Janeiro: Civilização Brasileira, 1996.

SOUSA, J. Galante de. *O teatro no Brasil*. Rio de Janeiro: MEC; INL, 1960, v.2.

SOUZA, Gilda de Mello e. *O tupi e o alaúde:* uma interpretação de *Macunaíma*. 2.ed. São Paulo: Duas Cidades, 2003.

SQUEFF, Enio; WISNIK, José Miguel. *O nacional e o popular na cultura brasileira*. 2.ed. São Paulo: Brasiliense, 1983.

TAUNAY, Affonso d'Escragnolle (Org.). Algumas cartas de Carlos Gomes ao Visconde de Taunay. *Revista do Instituto Historico e Geographico Brazileiro*, Rio de Janeiro: [s.n.], v.73, parte II, p.35-75, 1910.

TAUNAY, Alfredo d'Escragnolle. *Homenagem a Carlos Gomes*. Rio de Janeiro: Typ. de G. Leuzinger e Filhos, 1880.

_____. *Reminiscencias*. 2.ed. São Paulo: Melhoramentos, 1923.

_____. *Dous artistas maximos:* José Mauricio e Carlos Gomes. São Paulo: Melhoramentos, 1930.

TONI, Flávia Camargo (Apres.). Carlos Gomes: a *Fosca*. *Revista do Instituto de Estudos Brasileiros*, São Paulo: IEB-USP, n.40, p.253-270, 1996.

_____. *Café, uma ópera de Mário de Andrade:* estudo e edição anotada. 2004. 256 f. Tese (Livre-docência) – IEB-USP, São Paulo, 2004.

TRAVASSOS, Elizabeth. *Os mandarins milagrosos:* arte e etnografia em Mário de Andrade e Béla Bartók. Rio de Janeiro: Funarte; Zahar, 1997.

TRAVASSOS, Elizabeth. *Modernismo e música brasileira*. Rio de Janeiro: Zahar, 2000.

VENTURA, Roberto. *Estilo tropical:* história cultural e polêmicas literárias no Brasil, 1870-1914. São Paulo: Companhia das Letras, 1991.

VERISSIMO [DIAS DE MATTOS], José. *Carlos Gomes:* escorço. Pará: Typ. do livro do Commercio, 1882.

_____. *Teoria, crítica e história literária*. Rio de Janeiro: Livros Técnicos e Científicos; São Paulo: Edusp, 1977.

VIEIRA, Hermes. Carlos Gomes e os poetas brasileiros de seu tempo. *Revista Brasileira de Musica*, Rio de Janeiro: Instituto Nacional de Música; Universidade do Rio de Janeiro, v.3, n.2, p.432-6, jul. 1936.

_____. *O romance de Carlos Gomes*. São Paulo: L. G. Miranda, 1936.

VIRMOND, Marcos da Cunha Lopes. *Condor de Antônio Carlos Gomes:* uma análise de sua história e música. Bauru: Edusc, 2003.

VOLPE, Maria Alice. Algumas considerações sobre o conceito de romantismo musical no Brasil. *Brasiliana*, Rio de Janeiro: [s.n.], n.5, p.36-46, maio 2000.

_____. Carlos Gomes: a persistência de um paradigma em época de crepúsculo. *Brasiliana*, Rio de Janeiro: [s.n.], n.17, p.2-11, maio 2004.

WISNIK, José Miguel. *O coro dos contrários:* a música em torno da semana de 22. São Paulo: SCCT; Duas Cidades, 1977.

Material de arquivo

ALMEIDA, Renato. A musica no Brasil, no seculo XIX. *America Brasileira*. Rio de Janeiro, ano 1, n.9-12, 1922. In: Série Recortes, pasta 50, Arquivo do IEB-USP.

ANDRADE, Mário de. Curemos Pery (Carta aberta a Menotti Del Picchia). In: Recortes III, Álbum 35, p.115, Série Recortes, Arquivo Mário de Andrade, IEB-USP. Transcrição com atualização ortográfica, de Fernando ALVIM.

_____. Discurso pronunciado pelo distinto professor Mário de Andrade, na sessão de entrega dos diplomas aos alunos que concluíram seus cursos em 1922, realizada a 10 do corrente, no Salão do Conservatório Dramático e Musical de São Paulo, sendo o orador paraninfo nomeado pelos diplomandos. S. Paulo, *Correio Paulistano*, 9 mar. 1923. In: Recortes III, p.38-9, Série Recortes, Arquivo Mário de Andrade, IEB-USP (Consultada a transcrição de Flávia Camargo Toni).

_____. Série Manuscritos Mário de Andrade – *Fichário Analítico*, n.2747, Fundo Mário de Andrade, IEB-USP.

_____. Série Manuscritos Mário de Andrade – *Fichário Analítico*, n.2763, Fundo Mário de Andrade, IEB-USP.

_____. Série manuscritos Mário de Andrade – *Fichário Analítico*, n.2768, Fundo Mário de Andrade, IEB-USP.

PICCHIA, Menotti Del. O cinqüentenário. In: *O jornalismo de Menotti Del Picchia:* São Paulo, 1920-22. Pesquisa de Yoshie Sakiyama Barreirinhas, 1980. Arquivo do IEB-USP, v.1, p.196.

_____. Carlos Gomes. In: *O jornalismo de Menotti Del Picchia:* São Paulo, 1920-22. Pesquisa de Yoshie Sakiyama Barreirinhas, 1980. Arquivo do IEB-USP, v.1, p.245.

_____. Palestra das segundas. In: *O jornalismo de Menotti Del Picchia:* São Paulo, 1920-22. Pesquisa de Yoshie Sakiyama Barreirinhas, 1980. Arquivo do IEB-USP, v.1, p.95.

_____. Crônica social: um concerto. In: *O jornalismo de Menotti Del Picchia:* São Paulo, 1920-22. Pesquisa de Yoshie Sakiyama Barreirinhas, 1980. Arquivo do IEB--USP, v.3, p.25.

_____. Crônica social: uma noite suprema. In: *O jornalismo de Menotti Del Picchia:* São Paulo, 1920-22. Pesquisa de Yoshie Sakiyama Barreirinhas, 1980. Arquivo do IEB-USP, v.4, p.189.

Documentos eletrônicos

CADEIRA N. 31: Guilherme de Mello. Academia Brasileira de Música (ABM). Rio de Janeiro: ABM, [s.d.]. Sobre a ABM: Patronos. Disponível em: <http://www.abmusica.org.br>. Acesso em: 28 ago. 2008.

RODRIGUES, Lutero. Mário de Andrade, Ouvinte e Leitor de Carlos Gomes. XVII Congresso da ANPPOM, 2007, São Paulo. *Anais...* São Paulo: Associação Nacional de Pesquisa e Pós-Graduação em Música (ANPPOM)/Instituto de Artes da Universidade Estadual Paulista Júlio de Mesquita (IA-UNESP), 2007. Disponível em: <http://www.anppom.com.br/anais/anaiscongresso_anppom_2007/musicologia/musicol_LRodrigues.pdf>. Acesso em: 5 out. 2009.

O NOVO MUNDO: periodico illustrado do progresso da edade. New York: [s.n.], v.I-IX, n.1-108, out. 1870-nov. 1879. Disponível em: <http://www.onovomundo.net>. Acesso em: 10 maio 2011.

ANEXOS

Anexo I

Relação das publicações relacionadas a Carlos Gomes, até 1922, citadas nas obras bibliográficas de referência

Autor	Título	Fonte	Ano	Local	Leitura de M. A.
Textos biográficos					
1. Guimarães Junior, Luiz	Perfil biographico	LH/VS	1870	RJ	B
2. Rebouças, André	Notas biographicas: Carlos Gomes	LH/VS	1879	RJ	G
3. Santos, F. Quirino dos	A. Carlos Gomes	VS	1880	SP	C
4. Verissimo, José	Carlos Gomes (escorço)	LH/VS	1882	PA	H
5. Blake, Sacramento	Antonio Carlos Gomes	LH	1883	RJ	C
6. Menezes Filho	Carlos Gomes	LH/VS	1893	RJ	H
7. Tancredo do Amaral	A historia de S. Paulo ensinada...	LH/VS	1895	RJ	A
8. Boccanera Junior, Silio	A Bahia a Carlos Gomes	LH/VS	1904	BA	H
9. Moraes Filho, Mello	Artistas do meu tempo	LH/VS	1905	RJ	D
10. Mello, Guilherme Pereira de	A musica no Brasil desde os tempos coloniais até o primeiro decenio...	LH/VS	1908	BA	D
11. Rebouças, André	Ephemerides de Carlos Gomes	LH/VS	1910	RJ	D
12. Marcondes, Vitrúvio	Alma cívica	LH/VS	1917	SP	H

Continua

Continuação

Autor	Título	Fonte	Ano	Local	Leitura de M. A.
A fonte primária na const. das biografias					
1. Malcher, José C. da Gama	Relatório do Instituto "Carlos Gomes" 1899	VS	1900	PA	H
2. Pará. Governo do Estado	Regulamento do Instituto Carlos Gomes	VS	1903	PA	H
3. Amaral, Leopoldo	Carlos Gomes e André Rebouças: *Guarany, Fosca* e *Salvator Rosa*	LH/VS	1908	SP	C
4. Taunay, Affonso d'Escragnolle	Algumas cartas de Carlos Gomes ao Visconde de Taunay	LH/VS	1911	RJ	E
5. Boccanera Junior, Silio	Um artista brasileiro	LH/VS	1913	BA	F
Críticas e apreciação de obras					
1. A. C.	Carlos Gomes e o *Salvator Rosa*	LH/VS	1880	RJ	H
2. Bastos, Alfredo	*Salvador Rosa*	LH/VS	1880	RJ	H
3. Guanabarino, Oscar	Folhetins sobre a opera *Fosca* de Carlos Gomes	LH/VS	1880	RJ	H
4. Senna, Ernesto	Rascunhos e perfis	LH/VS	1909	RJ	H
5. Nunes, Bertoldo	O *Guarany* e a sua marcha triumphal no mundo culto	VS	1920	PA	H
Discursos e polianteias					
1. Taunay, Alfredo d'Escragnolle	Homenagem a Carlos Gomes	LH/VS	1880	RJ	D
2. Barreto, Tobias	A. Carlos Gomes	LH/VS	1882	PE	F
3. Justa, José Lino da	Discurso pronunciado pelo Dr. ...	LH/VS	1896	CE	H
4. Chiaffarelli, Luigi	Carlos Gomes	VS	1909	SP	C
5. Azevedo, José Eustachio de	Vindimas	VS	1913	PO	H
6. Azevedo, José Eustachio de	Bellas Artes	VS	1917	PA	H
1.	Evolução: A Carlos Gomes	LH/VS	1880	RJ	H
2.	A Estação Lyrica	VS	1882	PE	H
3.	Aza-Negra	VS	1882	PE	H
4.	Ao maestro Carlos Gomes	VS	1882	PE	H
5.	Carlos Gomes	LH/VS	1882	PE	H
6.	Homenagem ao Maestro Carlos Gomes	VS	1882	PE	H
7.	Mephistopheles	VS	1882	PE	H
8.	A Illustração	VS	1895	PE	H

Continua

Continuação

Autor	Título	Fonte	Ano	Local	Leitura de M. A.
9.	O Mosquito	VS	1895	PA	H
10.	Sociedade "Ordem e Progresso": Carlos Gomes	LH/VS	1896	PA	H
11.	O Brazil Republicano	VS	1896	PE	H
12.	Carlos Gomes	LH	1896	UR	H
13.	Carlos Gomes	LH	1896	RN	H
14.	**Real Academia de Amadores de Música: Homenagem à memoria de Carlos Gomes**	LH/VS	1897	PO	H
15.	Club Euterpe: Comemoração do primeiro aniversario do passamento do grande autor...	VS	1897	PA	H
16.	**Revista do Gremio Literario da Bahia**	LH/VS	1903	BA	H
17.	O *Guarany*	LH/VS	1920	PA	H
18.	**Correio Musical Brasileiro: Perfil biographico (e outros)**	LH/VS	1921	SP	A
Outros					
1. Povoa, Pessanha	Os heroes da arte: Pedro Américo e Carlos Gomes	LH/VS	1872	PO	H
2. Bastos, Alfredo	*Salvador Rosa* de Carlos Gomes	LH/VS	1880	RJ	H
3. Pacheco, Francisco	Carlos Gomes: *O Guarany*	LH/VS	1896	PA	H
4. Vale, Rodrigues	Carlos Gomes e a arte cristã	VS	1898	PA	H

Obs.
1. Estão em negrito as obras que foram estudadas.
2. Os títulos referem-se aos nomes das publicações, e não a possíveis capítulos ou trechos que foram estudados.
3. Os códigos utilizados para discriminar possíveis leituras de Mário de Andrade, que se encontram na coluna da extrema direita, têm os seguintes significados:
A: certeza da leitura, antes de 1922.
B: certeza da leitura, antes de 1922, mas apenas de parte do texto.
C: provavelmente foi lido, antes de 1922.
D: certeza da leitura, após 1922.
E: certeza da leitura, após 1922, mas apenas de parte do texto.
F: provavelmente foi lido, após 1922.
G: provavelmente foi lido, após 1922, mas parcialmente.
H: provavelmente não foi lido.
4. As siglas PO e UR, na coluna referente ao local da publicação, referem-se a Portugal e Uruguai, respectivamente.
5. A Fonte diz respeito às obras bibliográficas utilizadas como referência. LH significa que a obra é citada na *Bibliografia musical brasileira*, de Luiz Heitor Correia de Azevedo; VS, que é citada por Vicente Salles, em sua *Bibliografia brasileira de Antônio Carlos Gomes*.

Anexo II

Curemos Peri

(Carta aberta a Menotti Del Picchia)

Dileto companheiro de armas:

Li e reli, entre espanto e pavor o seu projetado assassinato. Apresso-me porém, como bom e sincero amigo, a vir tirar-lhe das mãos o machado carniceiro. Perdoa-me, não é verdade o crer será machado a arma preferida para a feia ação?... Mas o seu artigo do *Jornal do Commercio* predizia tanto ímpeto e violência tamanha, que não posso imaginar-lhe entre os dedos nervosos o estilete de Petrônio, a navalha de Don José e muito menos a lança de Klingsor... Há de ser machado, e machado sem gume... Não há de cortar, amassará.

Realmente o anunciado crime do amigo, renova em flamantes frases literárias o conselho que se disse foi dado por Von Ihering... Pois é mau conselho. Não! Absolutamente não lhe permitirei o assassínio. Inda que, heróico, me tenha de colocar adiante do índio inerme, e receber primeiro, num grande gesto de quinto ato, a golpe do "instrumento contundente". Os homicídios, amigo, acarretam quase sempre a morte do algoz... Morte moral que mais acabrunha e nulifica; e pesar-me-ia ver o autor emérito da "Juca Mulato", mesmo constrangido pelas ambições duma grande glória, trazer nas suas brancas mãos de descendente de raça galharda e azul, a mancha penal de Lady Mathbet.

Foi sem dúvida num momento de desmazelo neurastênico que a sua vária e formosa pena ditou aquela crua sentença: "Matemos Peri!". Depois de justificar o berro audaz vieram considerações, algumas acertadas e muito injustas. Para estas chamarei agora a atenção do leviano juiz, para que a sua sentença se transforme em outra de maior piedade e cordura.

Primeiramente há uma certa confusão no seu artigo. O amigo ora fala do Peri homem – solidão ambulante dos matagais, ora do Peri símbolo, múltiplo fantasma construído de ossos legítimos e de mortalhas falsas. Daquele diz que é "vadio, estúpido, inútil," que tem "a tez acapetada, nariz chato, higiene discutível", acrescentando saber disso tudo pelos livros sérios que leu. A estes poderia eu contrapor outros sérios livros onde a verdade não é a mesma. Não me levanto do meu lugar, para buscar na biblioteca os poucos livros que tenho sobre os nossos índios ou episodicamente informando sobre eles. O meu Roquette Pinto, em primeira edição, pelo seu descompassado volume não tem lugar nos raios da estante e aqui está numa gaveta da secretária. Se o tivesse lido, caríssimo Hélios, lá encontraria utilíssimas informações em estilo ameno e grácil. Lá acharia, além de observações próprias, as de outros etnógrafos que desdizem do seu acerto. E eu ainda poder-lhe-ia adiantar, que nas tabas "arrasadas na aurora de conquista pela galhardia dos lusitanos" muita imoralidade deslavada e decadência brotou ao roçar dessa mesma ínclita gente de que disse em lindo frasear: "homens que traziam consigo a bravura dos soldados de Ourique e uma civilização que se podia expandir pelos sonhos e realizações da escola de Sagres". Mas você, na sua loira visão de poeta, chega a negar até que os índios tenham contribuído para a formação da nossa sub-raça, ou das nossas sub-raças!!...

Sinto-o mais sonhador e romantizado que esse estudioso e grande Gonçalves Dias, autor de ensaios interessantíssimos e sérios, alcunhado com tanta impropriedade, pelo autor de "Lais" de "ridículo". Ridículo porque? Porque viveu as tendências da sua época? Porque sonhou, cantou, chorou, transplantando-os genialmente para o nosso meio os mesmos sonhos, cantares e lágrimas dos vates do seu tempo? Não seria melhor pensar com Émile Rayard, que as obras-primas de todas as eras se equivalem, não só pelo que possuem de representativo e de histórico, mas pelo que são como ânsias igualmente valorosos nesta insana porfia em que penamos, todos nós, poetas-crianças, em procura desse passarinho azul, que é a Beleza vária e mutável? Amigo, desassombrado lhe conto que no dia em que li o seu escrito lucrei horas de glorioso lazer relendo I-Juca-Pirama e os Timbiras. I-Juca-Pirama, embora Sarolea o desconheça, é mais belo que os Natchez, mais nobre que Rolla, mais forte que Hernani...

E os versos admiráveis produziram-me uma visão. Eu vi a Pátria, de olhos cegados por lágrimas tropicais, tempestuosas e escaldantes, procurar o corpo de Hélios, que também se apresenta para as letras pátrias musculoso e viril como o do índio núbil para as lutas contra a braveza da sombra verde. E ouvi que Ela dizia as palavras do velho tupi:

– "Filho meu, onde estás?"

Depois:

"Do filho os membros gélidos apalpa, e a dolorosa maciez das plumas conhece, estremecendo:" ....

"Tu prisioneiro, tu? – Vós o dissestes.
– Dos índios? – Sim – De que nação?"

Você ataca, e toda a razão lhe dou, o nacionalismo apertado de muita gente que só vê arte onde o caipira claudica num português desmanchado e sem mais sombra de latim.

Há nacionalistas, caipiristas seria o termo, encerrados nesse âmbito de dez palmos.

Mas se nessa restrita periferia já frondejou peroba feracíssima, a extensão iluminada dos plainos literários, artísticos, sociais, em vez duma árvore produzirá dez mil.

Se o horto mínimo deu flores de cacto, de colorido flamante como "Buriti perdido", se já nos ofertou Jacarandá como "Chôo-Pam", se já nele se encerrou a canícula úmida do "Inverno verde" onde rescendeu a baunilha de "Iracema", não há dúvida, que o vasto parque de todas as tendências do pensamento humano, para mais flores, para mais árvores, e para mais estações apresenta local imenso e desimpedido. Mas essas tendências estreitas não são mal incurável. Peri, que é delas o símbolo imaginado pelo sonhador de "Moisés", não merece a morte. Bem tratado, livre de barbeiros e do casinhoto sujíssimo, reviverá em melhor e mais alegre vida, terá forças para o bem e para as guerras; quando morrer de morte natural, aos 110 anos duma vida fecunda, cantando o treno de morte, que antes será epinício de vitória ou ditirambo de trabalhos audazes, irá viver para além dos Andes, a glorificação do respeito universal. Curemos Peri! Lembremo-nos de que o nacionalismo está também na observação das cidades e, que Machado de Assis, mestre que Sarolea talvez desconheça também por ignorância e leviandade, é tão nacionalista observando homens e costumes do Rio como Monteiro Lobato, como Alcides Maia, como Afrânio Peixoto ou como o grande Euclides. Apenas plantou noutro jardim. Reconheçamos antes, sem otimismo deslumbrador e despropositado que não temos, como diz o poeta fibra de audácia "reveladora de novos horizontes e de novas conquistas", que não "transmigram para cá todas as esperanças e aspirações do universo" que nenhuma "covardia moral nos tem prejudicado as afirmações da nossa personalidade" e que a observação das nossas pequenas mas nobres tradições e o enaltecimento delas não são "tabiques sentimentais que formam a represa de papelão duma raça formidável, que quer espalhar as suas forças em cem campos de atividade violenta nova". Somos povo como muitos outros, quiçá inferior a muitos outros, sem por enquanto termos mostrado qualidades excepcionais. Há possibilidades de formação duma grande gente mas não o povo imenso e formidável sonhado pelo vate. Que nos impulsione moral sadia e confiança e seremos o que nos compete ser. Se crescermos, naturalmente, um pouco mais naturalmente do que o fazemos, se os nossos governos se iluminarem em direções enérgicas e virtuosas, se abrirmos com capricho, mas cuidado, os braços ao estrangeiro portador de mais músculos e de ambições admissíveis, se principalmente seguirmos a traça aberta em sangue e suor pelos maiores que há muito andam esquecidos no mar dos nossos lazeres modorrados pelo mormaço, seremos um dia uma aglomeração mais uniforme, mais viril, mais povo enfim e poderemos então endireitar no caminho da gente grande, e tomar assento que ninguém ousará discutir nessa "Sociedade das Nações" despretensiosa e sem criador norte-americano: a basílica que sempre existiu, dos povos fortes, altivos e verdadeiramente livres. Então dirijamos de mãos dadas com outros. Por enquanto solidifiquemos a liberdade já secular e cada vez mais vacilante em quase todos, ou todos os terrenos. Mas para tanto, o assassino de Peri não só será inútil mas contraproducente. Não temos liberdade moral porque o Peri orgulhoso que foram os Camarões, os Bandeirantes, os Caxias, os Pedros Segundos foram assassinados pelos pandilhas da governança republicana. Não temos literatura brasileira porque o Peri sincero que foram os Vicentes do Salvador, os Gonçalves Dias, os Machados e os Ruys foram assassinados pelos que sofrem no Brasil luminoso e tempestuoso, doçuras silenciais de lagos de Como e outonos mórbidos de Paris. Não temos escultura nacional, porque ao invés de estudarmos os imaginários baianos, os trabalhos sublimes do Aleijadinho, (que o amigo insultou horrivelmente) as obras de Valentim, de Chagas e de tantos outros, transplantando para o Brasil os esforços que glorificaram Mestrovic, reproduzindo as obras do passado pátrio. Karl Millés copiando os baixos-relevos escandinavos, Bourdelle inspirando-se nas esculturas românicas que exornam o solo de França, vamos a Europa, copiar Canovas que jamais darão lugar a obras brasileiras.

A música, assassinados Peri, não estudando com mais apuro os nossos ritmos e as nossas melodias, como o fizeram para a Rússia o grupo dos Cinco, para a Espanha, Albeniz, Manuel da Falla, Granados, para a Itália Landino, Monteverde, Malipeiro, para a França Debussy retomando a orientação dos cravistas do século XVIII, para as nações germânicas Schubert,

Weber, Schumann, Wagner ou para os países tchecos Frederico Smetana. E em todos os ramos da nossa atividade o que se dá é mais ou menos isso. Devemos, é certo, conhecer o movimento atual de todo o mundo, para com ele nos fecundarmos, nos alargarmos, nos universalizarmos sem, porém, jogarmos à bancarrota a riqueza hereditária que nos legaram nossos avós. A doença do Peri é curável, desde que vejamos com mais realidade os passos da vida e com amor mais produtivo a imagem da pátria. Depois da operação de catarata que o cega, depois dum bom e farto jantar, dum banho perfumado de manacás, numa vida de conforto e mais higiene, Peri será outro e poderá ostentar a sua cara original e expressiva, por *quanta via, calle, atrazze, street* ou impasse haja nas babilônias do velho mundo. Que se riam os loiros! Mostrarão tão somente ignorância burguesa e a sinceridade um pouco tola daquele belga já agora conhecido de brasílicos. Tenho certeza de que o amigo ainda fará sua viajem à Europa de mãos dadas com Peri. Entendamos Peri! amigo Menotti, curemos Peri!

MÁRIO DE ANDRADE.

ANDRADE, M. de. Curemos Peri. *A Gazeta*, São Paulo, 31 jan. 1921. (Arquivo Mário de Andrade, IEB-USP).

Transcrição com atualização ortográfica de Fernando Alvim.

SOBRE O LIVRO

Formato: 16 x 23 cm
Mancha: 27,5 x 49,0 paicas
Tipologia: Horley Old Style 11/15
Papel: Off-set 75 g/m² (miolo)
Cartão Supremo 250 g/m² (capa)
1ª edição: 2011

EQUIPE DE REALIZAÇÃO

Assistência Editorial
Olivia Frade Zambone

Edição de Texto
Aline Marques (Copidesque)
Bárbara Borges (Preparação de original)
Giuliana Gramani (Revisão)

Capa
Andrea Yanaguita

Editoração Eletrônica
Eduardo Seiji Seji

Thony Print